부동산의 근본 구조 학습 트레이닝

# 쉽게익히는 부동산 개발사업

최필주 지음

드림디벨롭

부동산의 근본 구조 학습 트레이닝

# 쉽게 익히는

# 부동산 개발사업

# 머리말

'이해하기 쉬운 부동산개발사업'을 집필한지 3년의 시간이 지났습니다. '이해하기 쉬운 부동산개발사업'은 롯데건설을 퇴사하고 재정비의 시간에 재직시절 모았던 공부를 편집하여 출간한 도서입니다. 그 후 부동산 투자회사 운영을 하며 시행, 실물투자 등을 익히고, 공사, 견적, 설계 등을 지휘하며 경험의 폭을 넓힐 수 있었습니다. 하도급사 비용집행에 관여할 때는 개발사업에서 익힌 부가가치세의 환급과 비환급에 따른 공사비 변동을 더 잘 이해할 수 있었습니다. 시행 투자를 할 때는 시행사와 권리문제로 다퉈가며 계약서를 작성하고, 신탁사에서 공매 물건을 확보하고, 사업구도를 다양화하기 위해 개발신탁 등을 공부하였습니다. 공모사업을 지원할 때는 예치금 문제를 두고 금전채권신탁을 익힐 수 있었습니다. 2년간 부동산 투자도서를 집필하고, 블로그에 개발사업에 관한 글을 지속적으로 연재하며 '이해하기 쉬운 부동산개발사업' 개정증보판을 위한 토대를 마련했습니다. 전작의 내용을 보강하고, 새롭게 익힌 지식을 좀 더 기술했습니다. 업무를 진행하며 발생하는 새로운 지식을 정리하고, 근간에 작용하는 법률과 경제논리 공부를 계속하며 느낀 점은 부동산 개발사업은 참 흥미로운 분야라는 것입니다. 토지, 금융, 신탁, 법률, 인허가 등 많은 분야가 모여서 가치를 창출하기에 늘 새롭습니다. 부동산과 관련하여 다양한 분야의 기본 개념을 제대로 알고 있어야 창의적인 생각을 할 수 있습니다. 덕분에 제 모든 경험이 하나의 길을 찾은 기분입니다. 부동산개발사업책을 통해서 독자분들도 다양한 경험을 간접체험하고, 중요한 개념을 빠르게 습득하기를 바라는 마음으로 정성들여 적었습니다. 사업수지, 인허가, 신탁, 금융 등으로 목차를 나누어 서술하였는데, 별개의 분야가 아니어서 조금 중복되는 부분이 있습니다. 해당 부분을 정리하는 것보다 이야기의 흐름상 포함되는 것이 더 자연스러워 그대로 수록했으니 참조하시면서 책을 읽으셨으면 좋겠습니다. 이 책이 부동산 개발사업 전문가를 꿈꾸는 시공사/시행사/금융사분들에게 나침반이 되기를 바랍니다.

마지막으로 한 마디 덧붙이자면 개발사업은 철저히 사업의 영역이라는 것입니다. 간혹 개발사업을 수학처럼 여기는 분들이 있습니다. A상황에서는 B구도 이런 식의 접근법은 옳지 않습니다. 다양한 이해관계자, 각종 상황에 따라서 구도와 사업비 집행비율은 늘 변할 수 있음을 인지하고 책을 읽었으면 좋겠습니다.

또한 개발은 장기 프로젝트입니다. 이에 따라 현금 유동성과 위기관리 능력이 특히 중요합니다. 시장순환, 레버리지, 타이밍 등에 사업이 성공할 수도 혹은 실패할 수도 있습니다. 이는 경험과 최신 동향에 대한 학습으로 익힐 수 있습니다. 무의식과 의식이 일치할 때 시행사업을 진행하라고 조언하는 이유입니다. 소위 감이라는 것은 수많은 지식의 내재적 본능이라고 생각합니다. 지식의 끊임없는 축적으로 감이 좋은 우리가 되었으면 합니다.

# 머리말2

2024년 토지비를 제외한 필수사업비 1,100만원/평 수준으로 지방 부동산 침체는 불가피한 상황입니다. 수도권 인구집중화가 심화되고 있는 상황으로 주거상품은 사치재로 여겨지며 고가 상품 위주 개발상품이 유망할 것으로 사료됩니다. 인구집중화 가속되고, 제반 시스템 발전으로 탈 대기업화 지속되면 오피스, 지식산업센터가 금리인하시기에 선호 자산이 될 수 있습니다. 상승장에 내일이 없고, 저금리 기조가 영원할 것처럼 부동산 열풍이 불었습니다. 하지만 그런 광기에 조심해야 했습니다. 늘 광기에 조심하고, 두려움에 떨 때 용기를 내라고 했습니다. 현재 고금리 기조가 이어져 수익형 부동산이 망가지고 있습니다. 이 고금리 기조 뒤에도 중금리 기조가 온다고 합니다. 하지만 그건 또 모르는 일입니다. 다음 저금리 기조 혹은 고금리로 인한 월세 상승으로 충분히 수익형 시장의 새로운 지표가 열릴 수 있다고 봅니다.

요즘 제가 자주 말하는 개념은 건축물 사치재화입니다. 명품가방을 기능으로서의 목적물로 구매하는 사람은 없습니다. 명품이 주는 또 다른 가치 때문에 구매를 합니다.

서울의 부동산 역시 비슷한 기조가 될 것 같습니다. 13%의 땅덩어리에 주민등록상 52%, 실제 60%에 가까운 인구가 몰려있습니다. GTX 덕분에 남양주, 일산 등에서 메인 업무거리로 30분내에 접근이 가능해도 직주 근접의 수요, 인프라에 대한 욕구는 여전합니다. 거기서 얻을 수 있는 커뮤니티도 중요한 고려 요소입니다. 흔히 말하는 강남 건물주처럼 서울 부동산에 대한 열망 역시 높아지고 있습니다. 부자들이 명품의 가격이 올랐다고 팔지 않는 것처럼 서울 부동산도 소유 자체에 의미를 둘 가능성이 높습니다. 그렇게 되면 매도 물량이 줄고 가격은 더 높아질 것입니다.

하지만, 젊은이들은 유흥, 연애, 회사, 공부 등의 이유로 여전히 서울에 있어야 합니다. 일반 젊은이들은 가계부채 규제로 인해 더 이상 서울에 부동산을 구매하지 못 할 것이고, 이로 인해 월세 생활이 자연스러워 질 것입니다.

"서울은 당연히 월세로만 가능해"라고 생각하겠죠.

해당 기조로 인해 월세가 올라가면 일반인이 구매를 하지 못할 수준에서 가격은 계속해서 상승할 여지가 있습니다. 마치 독과점 형태처럼 보이기도 합니다.

이미 원자재가격의 상승으로 신규 부동산에 대한 가격 상승은

막을수가 없어졌습니다. 이러한 시기에 좋은 고민과 선택이 필요할듯 합니다.

| 현상 | 준비 | 현상 | 액션 |
|---|---|---|---|
| 금리 ↓<br>화폐가치 ↓<br>실물, 물가 ↑ | 유동성 확보, 부채축소, 실물처분<br>저평가 실물 매입준비<br>**선제 구조조정**<br>저성장국면 사업모델 준비<br>모니터링 | **금리 ↑**<br>**실물, 물가 ↓**<br>화폐가치 ↑<br>**중산층 ↓**<br>**서민층 ↑**<br>**경공매 물건 ↑** | 저평가 실물매입<br>사업확장준비<br>고성장 국면 사업모델 준비 |

저금리 기조로 화폐가치가 떨어지고, 실물과 물가 상승이 두드러졌습니다. 이 때는 선제적으로 부채축소 및 유동성확보, 실물 처분을 통하여 저평가 실물 매입을 준비해야 합니다. 하락장이 왔을 때 선제적 구조조정이 가능토록 준비해야 저상장 국면에 위태롭지 않을 수 있습니다.

하락장이 오면 금리는 상승하고 실물과 물가 가치는 떨어집니다. 현재의 상황이라 할 수 있습니다. 화폐의 가치는 점점 상승할 것이며 이 과정에서 중산층은 줄어들고 서민층이 증가합니다. 경매와 공매 물건이 많이 발생하는데 현재 이 수치는 역대 최고급입니다.

이 때 우리는 준비해둔 유동성으로 저평가 실물을 매입해야 합니다. 사업 확장에 대한 기회를 모색할 수 있으며 다시 돌아올 고성장 국면 사업모델을 준비해야할 시기입니다.

면밀한 모니터링과 공부가 가장 중요한 시기입니다.

그 지점에서 이 책을 읽는 독자분은 좋은 선택을 하신겁니다.

## CONTENTS

# 1부

# 부동산의 이해

부동산 개발에 앞서 부동산이 무엇인가에 대해서는 논의할 필요가 있다. 부동산을 한자어 그대로 풀이하면 움직일 수 없는 재산이라는 뜻이다. 수목, 미분리 과실도 부동산에 속하나 일반적으로는 토지와 건축물정착물을 부동산이라는 용어로 사용하고 있다. 부동산의 특성 중 하나는 등기절차 이행이다. 이와 유사하게 법적 등기를 해야 하는 재산으로는 비행기, 자동차 등이 있는데, 이를 준부동산 혹은 의제부동산이라 한다. 이러한 성격 덕분에 귀금속이나 화폐와 달리 실물을 넘기지 않더라도 근저당권, 수익권 등 법적 절차를 통해 금전을 유동화 할 수 있다. 본서에서는 토지와 그 정착물로 한정된 부동산을 상세히 살펴볼 예정이다.

부동산의 3요소는 기술, 경제, 법이다. 세가지 요소로 부동산을 분석하면 좀 더 이해가 편하다.

<부동산 3요소>

기술적 관점은 공학적 지식을 통해서 함양할 수 있다. 주 상품이 빌딩이나 공동주택과 같이 건축물이면 건축 혹은 교량, 도로와 같은 구조물이면 토목 그리고 공업소, 발전소와 같은 공장이면 기계에 관련된 공학을 공부해야 한다. 이 중 건축분야가 민간 개발시장이 가장 활성화되어 있다. 토목은 국영 개발이 주가 되고, 플랜트는 화학/기계관련 대기업에서 발주내 도급사업으로 진행되는 경우가 대부분이다. 그 이유는 규모와 그 수익성 때문이다. 토목사업은 사회간접시설로서 즉각적인 수익으로 반영되는 경우가 드물고, 플랜트는 일반분양이 아닌 발주자의 컨디션에 맞는 맞춤형 건축으로 진행되어야 한다. 이러한 사유로 우리는 민간 사업이 가장 많은 건축에 관련된 내용을 집중적으로 살펴볼 것이다.

건축공사는 아래와 그래프와 같은 프로세스로 진행된다.

이를 설명하자면

첫째, 땅을 파서 기초를 튼튼히 한다.

둘째, 철근과 콘크리트 혹은 철골과 콘크리트를 이용하여 뼈대를 만든다.

셋째, 외기 등을 막기 위해 겉면에 창호 및 도장공사를 진행한다.

넷째, 내부에 벽을 세우고 마감재에 맞는 건자재를 덧붙인다.

다섯째, 도배, 도장, 타일 등 최종 마감재를 설치한다.

**1st 토공사**
- 흙파기
- 토벽만들기(무너지는 것 방지)

**2st 골조공사**
- 철근 혹은 철골(H빔)으로 뼈대 세우기
- 콘크리트 치기

**3st 외장공사**
- 겉 면에 유리 벽 만들기(커튼 월)
- 겉 면에 콘크리트치기(갱폼이용)

**4st 내장공사**
- 가벽만들기(석고보드,경량철골 등 이용)
- 걸레받이,몰딩 등 설치

**5st 수장공사**
- 도배,도장,타일 등 최종 마감재 설치

<건축공사 프로세스>

이 다섯 가지가 큰 틀에서 건축공사가 이루어지는 순서다. 이를 효과적으로 익히고 싶다면, 본인이 담당하는 현장에 자주 방문해서 익히는 것이 가장 좋다. 이것이 힘들면 인터넷 등을 통해 동영상으로 살펴보아도 좋다. 건설공사 프로세스를 알고 있어야 개발사업 진행 시 각종 정보를 유기적으로 파악하기 좋기 때문이다. 좀 더 깊게 살펴본다면, 각 지반의 상태에 따라 터파기의 종류가 나뉘고, 프로젝트의 성격에 따라 건축물을 건설하는 공법이 바뀐다. 예를 들어 주변에 건물이 없으면 순타공법으로 진행하고, 도심지의 경우엔 역타공법으로 진행하는데, 이는 공사기간과 공사비용에 영향을 미친다. 공법에 따라 공사기간과 공사비용에 변동이 생기고, 공사기간의 변동은 간접비와 금융비용에 영향을 미친다. '시간이 돈이다.'라는 격언이

가장 잘 맞아떨어지는 사업분야가 개발사업이 아닌가 싶다. 개발사업관련 종사자는 기술적 관점을 순수 기술으로 보지 않고, 경제적 관점을 더 면밀하게 갖추기 위한 초석으로 삼는다. 원가에 대한 분석력이 올라가기 때문이다. 기술적인 부분은 시공사가 총괄하는 경우가 많다. 시공사는 원도급을 맺은 프로젝트를 하도급 계약을 통해 진행한다. 이 때 원도급과 하도급 구조를 이해하면 건설사가 어떤 방식으로 사고하고 협상에 참여하는지 이해할 수 있다. 이해관계자로서 각 사별 사업 진행 방식을 이해하면 프로젝트를 진행할 때 마찰이 적어져 비교적 순탄하게 협의를 이끌 수 있게 된다.

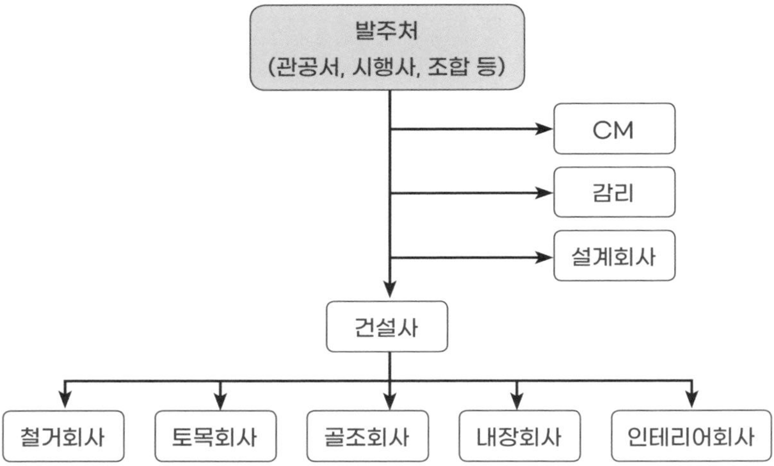


<건설업 발주구조>

건설사 자체사업도 있지만 일반적인 개발사업은 위와 같이 발주처로부터 시작된다. 발주처는 해당 토지에 대한 권리를 취득하고 상

품을 기획한 모두가 될 수 있다. 그런 의미에서 설계사도 발주처가 될 수 있고, 여타의 누구라도 발주처가 될 수 있다. 이 말은 누구나 시행사가 될 수 있다는 말과 일맥상통한다. 실제 모 성형외과 의사는 본인이 운영할 목적으로 병원건물을 지었다. 병원을 운영하며 1호점, 2호점 등 지속적으로 메디컬 빌딩 시행을 영위하였고 현재는 의료업은 그만두고 시행업만 진행하고 있다. 시행주체는 단일 법인, 다수가 시행 권리자인 조합지역주택조합, 재건축조합, 재개발조합, 직장인조합 등, 관공서가 될 수 있다. 이들은 시공사에게 건축물 공사업을 발주하기 때문에 발주처라고도 불린다. 실무적으로는 단일 법인이 발주하는 사업을 개발사업이라 하고, 재건축 및 재개발사업과 같이 다수의 조합원이 단체가 되어 사업을 진행하는 경우 조합사업이라 한다. 재건축이나 재개발과 같이 한 지역에 실물 부동산을 소유하고 있는 이를 조합원으로 삼는 것이 아니라, 시행사업에 투자한 이들을 조합원으로 설정하여 진행하는 지역주택사업, 직장인조합사업 등이 있다. 이 외에 공공기관에서 투명성 및 효율성을 목적으로 진행하는 공모사업이 있다.

우리가 본서에서 주로 다룰 시행사 발주 개발사업은 영리법인인 시행사가 발주처다. 이들은 철저히 사업의 영역에서 개발사업을 접근하므로 투자금대비 사업이익율을 극대화를 목적으로 한다. 그렇기 때문에 담보력이나 분양성에 있어서는 다수가 권리를 가지고, 준공되는 목적물을 조합원이 선점하는 조합사업이나 지자체가 발주 권한자인 공공발주 사업방식보다 리스크가 크다. 조합사업은 다수의 조합원이 하나의 집단을 만드는 것으로 담보력이 우수하고 조합원이 부동산을 배정받기 때문에 분양 리스크가 낮다. 국가가 발주처인 경우는 리스크가 국채급으로 낮아지며, 공공성과 수익성 두 마리 토끼 모두를 잡기위해 설계 공모, 사업 공모 등을 통하여 사업자를 선정하여 진행하는 경우가 많다.

발주처는 전문성이 떨어질 경우 CMConstruction Manager을 고용하여 공사 전반을 감독할 수 있다. 또한 공사 진행을 감독해줄 감리 선정을 별도의 공고를 통해 진행한다. CMConstruction Management 회사가 감리 업무를 병행하는 경우가 많으나 CMConstruction Management은 선택사항이고, 감리는 법적 의무사항이라는 점이 다르다. CMConstruction Management은 공사전반에 있어 발주처의 부족한 점을 보완해주는 역할을 진행하고, 감리는 시공사가 진행하는 공사를 한 번 더 확인하는 역할을 수행한다. 감리는 발주처에게 공사 기성대금 지급시에 공정률을 객관적으로 확인해줌과 동시에 품질에 대한 보증을 제공한다.

설계는 건축사사무소설계회사를 통하여 그리는 건물의 청사진이다. 건축사사무소는 법적 기준과 지자체 조례에 맞는 도면을 작성하여 허가권자에게 사업의 인가를 시행사를 대신하여 접수하고 허가받는다. 건축사는 법적 대리인이며, 주어진 조건 내에서 최고의 효율을 달성할 수 있는 계획을 세우고, 허가 후에는 건축물이 시공될 수 있도록 상세한 설계를 제공하는 역할을 한다.

<table>
<tr><th>구분</th><th>세부 확인내용</th><th>확인결과</th></tr>
<tr><td rowspan="2">1. 대중교통중심 역세권 여부</td><td>• 인근 지하철 등 역명</td><td>구일역</td></tr>
<tr><td>• 역 승강장 경계에서 350m 이내 여부</td><td>충족</td></tr>
<tr><td rowspan="14">2. 대상지 현황</td><td>• 용도지역현황(제2,3종주거, 준주거,준공업,일반상업)</td><td></td></tr>
<tr><td>• 용도지구, 구역 현황 등</td><td></td></tr>
<tr><td>① 재정비 촉진지구 여부</td><td>해당없음</td></tr>
<tr><td>② 도시환경정비 예정구역 여부</td><td>해당없음</td></tr>
<tr><td>③ 재건축, 재개발(예정)구역, 정비구역 여부</td><td>해당없음</td></tr>
<tr><td>• 대상지 면적</td><td></td></tr>
<tr><td>① 준주거지역 상향 시 500$m^2$ 이상</td><td>해당없음</td></tr>
<tr><td>② 상업지역 상향 시 1,000$m^2$ 이상</td><td>해당없음</td></tr>
<tr><td>③ 용도지역 변경 없이 추진</td><td>6,784.00</td></tr>
<tr><td>• 차량 진출입도로 최소폭원</td><td>충족여부</td></tr>
<tr><td>① 도로 1개: 300세대 미만 6m이상, 500세대 미만 8m이상, 1천세대 미만 12m이상, 2천세대 미만 15m이상</td><td>-</td></tr>
<tr><td>② 2개 도로폭 합계: 300세대 미만 10m이상, 500세대 미만 12m이상, 1천세대 미만 16m이상, 2천세대 미만 20m이상</td><td>6-10m</td></tr>
<tr><td rowspan="4">3. 인접 여부</td><td>• 다음 중 한 가지 요건 충족</td><td></td></tr>
<tr><td>① 상업지역 등과 바로 접함</td><td>해당없음</td></tr>
<tr><td>② 폭20m 이하 도로를 사이에 두고 접함</td><td>해당없음</td></tr>
<tr><td>③ 20m이상 간선도로에 접함</td><td>해당없음</td></tr>
<tr><td rowspan="3">4. 노후건축물 기준</td><td>• 다음 중 한 가지 요건 충족</td><td></td></tr>
<tr><td>- 20년 이상된 건축물 수가 전체건축물 수의 1/2 이상 (주택외 시설로 연면적 5천km이하, 부지면적의 2배 이하인 경우 예외)</td><td>1/2이상</td></tr>
<tr><td>- 20세대 이상 연립, 아파트 경과년수는 도시 및 주거환경 정비조례에 따름</td><td>주거용도 없음</td></tr>
<tr><td>5. 용도지역 상향 가능성</td><td><table>
<tr><th>구분</th><th>기존용도지역 기준</th><th>면적 기준</th><th>인접 기준</th></tr>
<tr><td rowspan="2">상업 상향</td><td rowspan="2">2, 3종일반, 준주거</td><td rowspan="2">1,000$m^2$ 이상</td><td>상업인접</td></tr>
<tr><td>노선상업 20% 이상 포함</td></tr>
<tr><td rowspan="2">준주거 상향</td><td rowspan="2">2종일반, 3종일반</td><td>500$m^2$ 이상</td><td>준주거, 상업인접</td></tr>
<tr><td>2,000$m^2$ 이상</td><td>-</td></tr>
</table></td><td>해당없음</td></tr>
<tr><td colspan="3">6. 종합검토의견(사업추진 가능여부 등)</td></tr>
</table>

<서울시 역세권 청년주택 대상지 건축사사무소 검토의견서>

흔히 건설사라고 부르는 시공사는 발주처의 도급을 받아 실제 공사를 진행한다. 기술적 관점에서 우리나라 건설사는 실질적인 CMConstruction Manager회사라고 할 수 있다. 그 이유는 건설사가 각 전문 공종별 업체를 선정하여 업무를 발주하기 때문이다. 이를 하도급이라 한다. 철거회사, 토목회사, 골조회사, 내장회사, 인테리어회사가 각각의 현장소장과 관리 인력을 파견하고 그들은 작업자를 진두지휘하여 담당 공정을 진행한다. 이 때 건설사는 하도급사 배치 및 전체 일정관리, 전체 품질점검 등을 담당하게 된다. 하도급사의 종류를 살펴보면 철거회사는 기존의 건물 등을 철거하는 업무를 담당하고, 토목회사는 기초공사건물의 하중을 지지하기 위해서 설치하는 구조물를 위한 흙파기와 스러지는 흙을 막는 흙막이 공사 등을 진행한다. 골조회사는 흔히 말하는 철근 콘크리트 공사를 진행하는 회사다. 구조에 따라서 철골 등이 들어가는 경우도 있고 조립식으로 건축할 수도 있다. 이 전체를 기초적인 뼈대를 구성하는 공사라고 하여 골조공사라 칭한다. 내장회사는 최종 마감재가 시공되기 전에 그 마감재에 맞는 밑바탕 건축자재를 시공하는 것이다. 예를 들어 천정을 막고, 방을 만들기 위해 가벽을 만들고 벽지시공을 위해서 석고보드 등을 콘크리트벽에 덧대거나 단열재를 설치하는 작업이다. 인테리어 공사는 아파트 단위세대 공사에서는 도배, 도장 등 각 공종 별로 나누어 시공한다. 하지만 근린생활시설커뮤니티시설 등에서는 내장과 인테리어 공사를 일괄 하도급 받아 단일 실내건축회사가 진행한다. 그 이유는 커뮤니티의 경우 내부 도면의 상세 디자인 등이 중요하고, 공동주택 단위세대와 달리 단순 반복 작업이 아니기 때문이다. 이는 작업 전반에 대한 디테일한 감독을 필요로 한다. 본 공사는 아니지만 모델하우스 공사의 경우에는 건축업과 실내건축업 면허를 모두 가진 회사가 건설사로부터 전 공정을 일괄 수주하여 공사를 진행한다. 이러한 공사순서와 공사진행 체계를 숙지한다면 시공사가 어떻게 사고하는지 알 수 있다. 상대방에 대한 이해가 선행될 때 사업진행이 위태롭지 않을 수 있다. 아래는 2022년부터 시행되는 전문건설업종 구조 변경안이다.

| 기본업종 | 대업종구도 및 명칭 | 공사분야 |
|---|---|---|
| 토공사업 | 기반조성포장공사업 | 기반조성 |
| 포장공사업 | | |
| 보링·그라우팅(파일)공사업 | | |
| 실내건축 | 실내건축공사업 | 구조물설치 |
| 금속구조물·창호·온실 | 금속·창호·지붕건축물조립공사업 | |
| 지붕판금·건축조립물 | | |
| 도장공사업 | 도장·습식·방수·석공공사업 | 내·외부마감 |
| 습식방수공사업 | | |
| 석공공사업 | | |
| 조경식재공사업 | 조경식재·시설물설치공사업 | 조경 |
| 조경시설물설치공사업 | | |
| 철근·콘크리트 | 철근콘크리트공사업 | 공통 |
| 비계구조물해체 | 구조물해체·비계공사업 | |
| 상·하수도설비 | 상·하수도설비공사업 | 특수공사 |
| 철도·궤도 | 철도·궤도공사업 | |
| 강구조물공사업 | 철강구조물공사업 | |
| 철강재설치공사업 | | |
| 수중공사업 | 수중·준설공사업 | |
| 준설공사업 | | |
| 승강기설치공사업 | 승강기·삭도설치공사업 | |
| 삭도설치공사업 | | |
| 기계설비 | 기계가스설비공사업 | |
| 가스시설시공업(제1종) | | |
| 가스시설시공업(제2종) | 가스난방시공업 | |
| 가스시설시공업(제3종) | | |
| 난방시공업(제1종) | | |
| 난방시공업(제2종) | | |
| 난방시공업(제3종) | | |
| 시설물유지관리업 | 종합 또는 전문 대업정으로 전환 | |

건설업에 대하여 자세하게 살펴보는 이유는 전체 개발사업에서 시공사가 차지하는 업무 가중치가 높기 때문이다. 개발사업 진행 시 건설사는 시행사에 비해 자본력이 강한 경우가 많다. 금융사는 철저한 리스크 회피 전략을 바탕으로 자금을 제공하는 경우가 많으며, 자금투입 후 인건비 외 원가가 투입되는 용역을 제공하지 않는다. 반면 시공사는 원가를 지속적으로 실행공사비 항목으로 지출한다. 여기에 책임준공을 경제적으로 강제하기 위하여 공사비 일부를 유보하게 되면 현금흐름이 리스크가 된다. 또한 계약서 상 책임준공 등을 제공하기 때문에 개발사업에서 실질적인 사업을 책임지는 책임자 역할은 시공사가 맡는 경우가 많다. 시공사가 책임준공 의무를 이행하지 아니하는 경우 대주 및 시공사의 별도의 의사표시가 없더라도 시공사는 즉시 차주의 대주에 대한 해당 시점의 대출 원리금 지급채무 전액을 병존적으로 인수한 것으로 간주하고, 시공사는 인수된 채무를 즉시 상환하는 의무를 지는데, 이는 계약서상 책임준공 미이행시 채무인수 항목으로 수록된다. 채무인수는 차주의 회생절차, 파산절차나 기업구조조정절차에서의 채무조정 등 여하한 사유로 차주의 채무의 내용이 변경되거나 그 전부 또는 일부가 면제 또는 소멸되더라도 변경되지 않는다. 시공사의 신용도가 부족한 경우 신탁사에서 연대 책임준공을 제공하는데 이 때는 신탁사의 책임자 역할이 좀 더 강화된다. 이러한 사유로 타 금융사와 달리 신탁사에는 기술적 검토를 진행하는 기술부서가 별도로 존재한다.

경제적 관점은 사업을 영위함에 있어서는 가장 중요한 관점이라고 할 수 있다. 모든 관점이 경제성 분석의 극대화를 위한 수단이라고 봐도 될 정도다. 그 이유는 학문적 중요성 때문이 아니라, 우리가 다루는 개발사업이 철저히 사업의 영역이기 때문이다.

부동산 개발사업은 부동산토지와 정착물을 상품으로 만들어 분양하는 경제 활동을 말한다. 경제활동에서 가장 중요한 것은 사업성의 여부이다. 사업성을 분석하는 가장 기본적인 도구가 사업수지이다. 사업수지의 상세항목은 후술하겠지만 크게 수입과 지출로 나뉜다.

| 이익 10-20% | 사업비 10-20% | 공사비 40-50% | 토지비 20-30% |
|---|---|---|---|
| | 설계비,<br>금융비 등 | 실행공사비, 하자보수비, 민원처리비<br>사업추진비, 본사관리비 | 토지매입,<br>취득제세,용역비 |

<사업수지 막대그래프>

여기서 어느 정도의 이익 확보가 가능한지 파악하는 것이 중요하다. 사업수지를 분석할 때는 비중이 큰 요소를 먼저 검토한 뒤 세부 요소를 파악한다. 가장 먼저 주변 분양가 혹은 매각가에 맞는 수입을 산정하고, 토지비와 공사비 및 금융비용을 차감한다. 적정 이익 확보가 가능하다고 판단되면 사업을 진행할 수 있다. 부동산 개발사업의 묘미는 사업성이 나오지 않는 사업을 개선할 때 빛을 발한다. 이익이 나지 않는 프로젝트의 상품을 개선하여 사업을 진행할 때 가장 보람차다. 가령, 오피스텔을 역세권 청년주택으로 바꾸어 분양성을 개선하거나 공업지역에 계획되어 있는 오피스텔을 지식산업센터로

바꾸고, 여기에 드라이브인 제조 호실을 추가하여 연면적을 늘려 매출액을 높일 수 있다. 또는 라이브 오피스 등의 상품으로 이익을 극대화할 수도 있다. 물류창고 사업진행 시 디자인을 개선해서 물류센터의 적재율을 늘리거나 제척 용지에 근린생활시설을 계획하여 매출 극대화를 꾀할 수 있다. 또한 PFVProject Financing Vehicle나 특수목적법인Special Purpose Company, SPC설립을 통해 리스크를 줄이고 세금 혜택 등으로 사업성을 개선할 수 있다. 혹은 스왑Swap거래, 신용보강, 확정매출채권 유동화, 선매각 등과 같은 금융방법으로 전체 사업이익을 증진시킴과 동시에 이해관계자 다수의 필요를 충족시킬 수도 있다. 기술을 이용하여 사업성을 개선하는 방법도 있다. 공법개발로 기둥 배치 변경을 통한 분양면적 증가, Value Engineering를 통한 원가개선 등은 사업이익 극대화를 위해 빠뜨릴 수 없는 중요한 요소다. 이렇게 경제적 가치 그 자체를 제고하거나 이익 극대화를 목적으로 다른 시점을 유기적으로 이용하는 것이 경제적 관점이라 할 수 있다.

상기에 언급한 다양한 방법을 고안하기 위해서는 개발 참여주체를 파악하고 있어야 한다. 개발사업 참여주체는 다음과 같다.

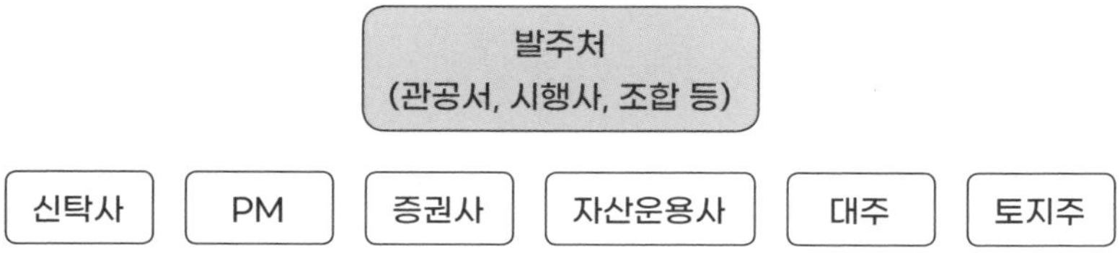


<개발사업 참여주체>

신탁사는 자산유동화, 자산관리 등의 업무를 진행하는 신탁과 부동산 신탁으로 나뉜다. 자산 유동화관련 신탁업무는 금융사의 자금조달 과정으로 사용된다. 밀접 이해관계자로서의 신탁사는 부동산 신탁으로 한정할 수 있고, 여타의 신탁업무 범위는 다음 챕터에서 다루도록 하겠다. 신탁은 이름 그대로 신뢰를 위해 재산과 업무를 수탁하는 회사이다. 금융을 일으킬 때 토지의 우선수익권 등을 설정하고, 자금의 투명한 관리를 진행한다. 시공사 단독 책임준공에 대한 신뢰가 부족할 때는 대주의 필요에 따라서 신탁사에서 연대 책임준공 확약을 제공한다. 신탁사가 책임준공을 약속하면 사업 진행 시 시공사가 책임준공을 이행하지 못하는 경우 신탁사가 채무를 인수하여 타 시공사를 선정하여 준공을 해야 한다. 이외에도 신탁사가 주체가 되어 개발을 진행하는 개발형 신탁, 토지비 외 자금을 차입해주는 차입형 신탁 등이 존재한다.

증권사는 차주로부터 부동산 개발사업에 필요한 전반적인 금융에 대한 자문을 제공하고 금융을 주선한다. 크게 토지 계약금 대출을 일컫는 PIPrincipal Investment, 토지계약금 지출 후 중도금 및 잔금 등을 대출해주는 Bridge Loan, 공사대금 및 필수사업비를 대출해주는 PFProject Financing 등이 있다. 이 때 직접 대출을 제공하는 경우도 있고 다른 대주자금을 제공하는 주체를 구해서 주선만 제공하는 경우도 있다. 이 때 사업과 관련하여 증권 등을 발행해 유동화하고 판매한다. 이 때 발생하는 주선 수수료, 판매 수수료 등이 영업이익 재원이다.

자산운용사는 자산을 운용하고, 그 수익에 대한 대가를 운용보수와 수익분배로 수취하는 회사를 일컫는다. 유사한 개념으로는 Private Equity^PE 사모펀드 운영사가 있다. 고객이 49인 이하면 사모펀드에서 증권신고서를 제출하지 않고 운용하고, 일반 투자자에게 펀드를 권유하여 공모하게 되면 자산운용사가 공모펀드로 관리한다. 실무에서는 증권사와 자산운용사 모두 직접시행, 금융주선, PM, 매각주관 등의 역할을 수행한다.

펀드, 자산운용 등에 대한 정보는 펀드 정보시스템fund.kofia.or.kr에서 조회가 가능하다.

<펀드정보시스템 예시>

대주는 돈을 빌려주는 회사 혹은 개인이 될 수 있다. 은행, 저축은행, 캐피탈 회사, 손해보험사 등이 대주로서 증권사, 자산운용사 등을 통하여 자금을 대여하거나 직접 대출을 진행한다.

PMProject Manager은 발주처가 역량이 부족하거나 전문적인 관리업무가 필요할 때 선정하는 경우가 많다. 이들은 인허가, 시공사 및 금융사 선정 등 전문적인 사업시행관리를 진행한다. 이들은 기술적 관점에서 살펴본 CMConstruction Manager과 유사하나 기술보다는 사업 그 자체에 초점을 둔다.

대주를 설득하기 위한 사업성평가자료를 만드는 사업성 평가회사, 비주거 시설의 운용을 책임지는 운용사, 자산관리 및 업무 위탁을 수행하는 법인, 회사의 부실채권 및 부동산 관리 등을 주로 하는 AMCAsset Manager Company, 세무 및 회계처리를 담당하는 회계사, 법률자문을 제공하는 변호사, 도시개발사업 인허가를 진행하는 도시개발엔지니어링, 지구단위계획 사업 인허가를 진행하는 지구단위엔지니어링, 개발 전과 후의 감정평가를 통하여 LTVLoan to Value산정의 기준이 되는 평가금액을 산출하는 감정평가사, 숙박시설을 운용하는 숙박시설운영사, 토지 정보 등을 제공하고 그에 따른 용역을 제공하는 토지작업자 등이 있다. 사업과 관련된 이해관계자와 기술적 관점을 분석할 때 나온 공사주체들을 함께 보면 부동산 개발사업 전체의 플레이어를 파악할 수 있다.

부동산 개발사업은 그 근간을 토지와 건축물에 두고 있다. 토지의 유한성과 건축물의 반영속성 및 공공성으로 인해 파급 효과가 상당하기 때문에 다양한 법률로 이를 제한하고 있다. 이 때 중요한 것이 부동산의 법적 관점 혹은 법리적 관점이다.

우리나라에서는 무분별한 개발을 막기 위해 국토기본법으로 국토종합계획을 세우고 국토의 계획 및 이용에 관한 법률 등과 같은 수단으로 광역도시계획을 수립하고 있다. 여기에 정부는 도시·군기본계획과 도시·군관리계획을 수립하여 아래와 같이 선계획 후개발의 원칙으로 국토와 부동산 시장을 관리하고 있다.

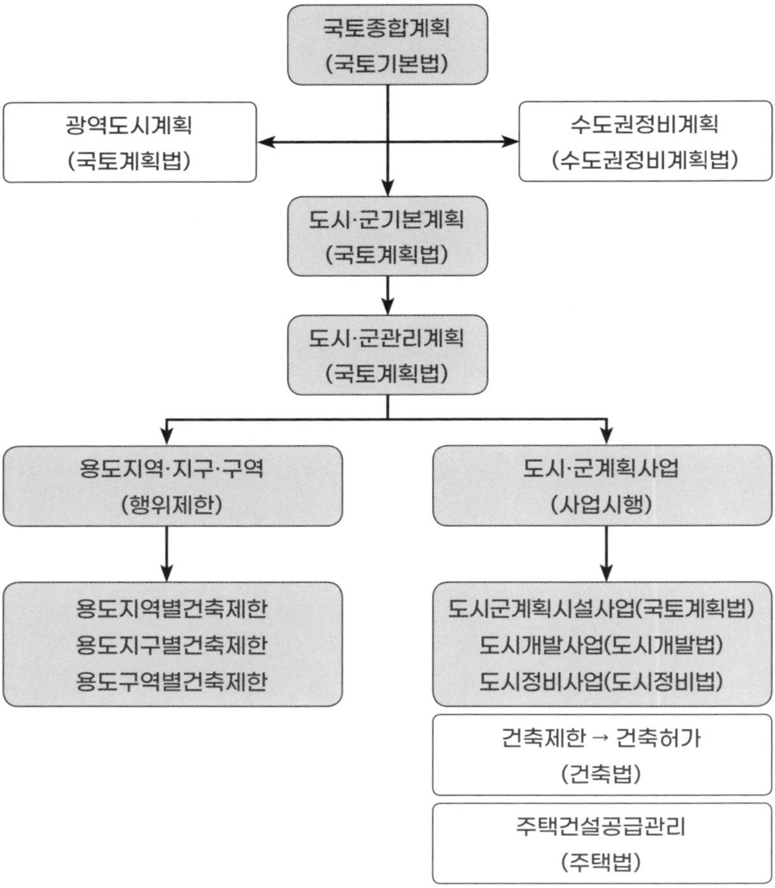


<국토계획 기본도>

상기와 같은 제한 요건 때문에 부동산개발사업에 있어 토지의 용도 일반상업지역, 주거지역 등는 매우 중요하다. 그 이유는 이러한 용도가 상품성과 직결되는 용적률과 건폐율 등을 규정하기 때문이다. 우리는 투입원가 대비 최대 효익을 창출해야 하기 때문에 법적 관점은 전체 사업의 성패를 결정짓는 필수 요소라 할 수 있다. 실무적으로 이를 손쉽게 파악하려면 각종 정부 제공 사이트를 이용하는 것이 좋다. 토지 정보가 들어왔을 때 토지이음www.eum.go.kr, 대법원 인터넷 등기소www.iros.go.kr, 국가법령정보센터www.law.go.kr는 사업성 초기 분석 시 기본적으로 이용하는 인터넷 분석 사이트다. 토지이음 사이트부터 차례대로 상세히 살펴보도록 하자.

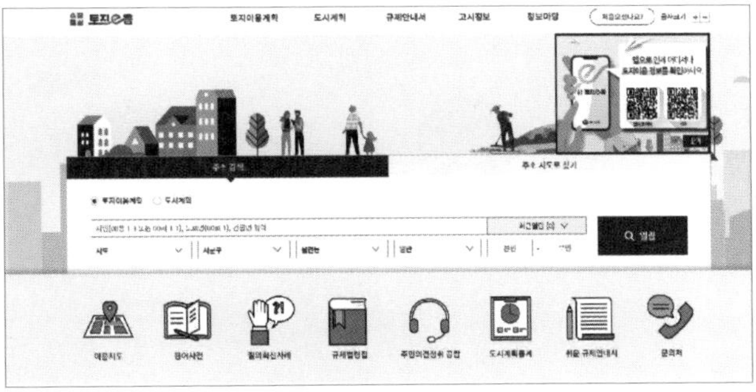

<토지이음 사이트 예시1>

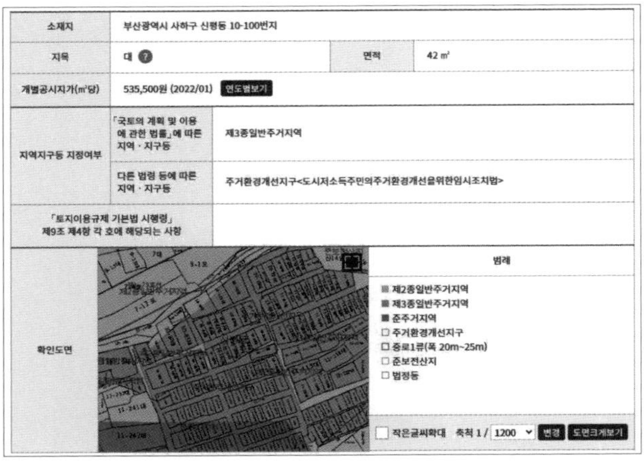


<토지이음 사이트 예시2>

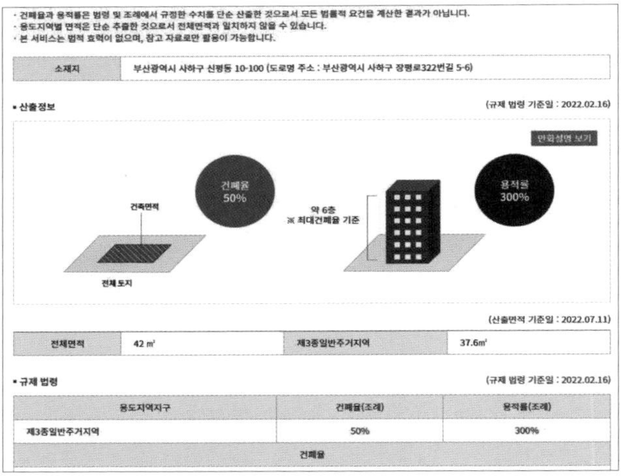


<토지이음 사이트예시3>

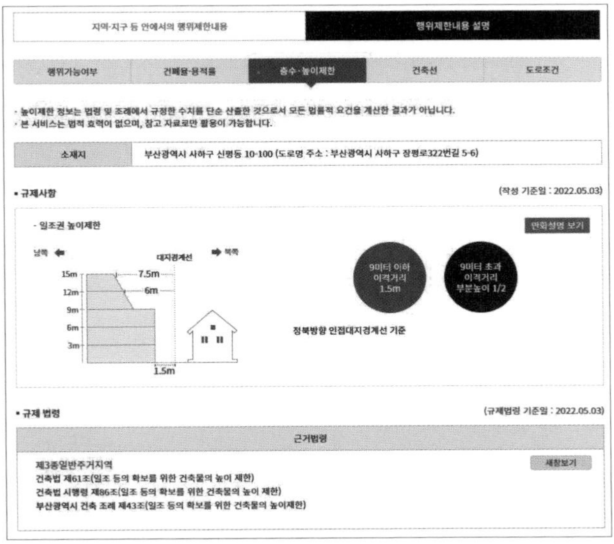


<토지이음 사이트예시4>

토지이음은 해당 주소지에 어떤 건축물을 지을 수 있고, 용적률, 건폐율과 같은 규제는 어떻게 되는지 등을 알 수 있다. 다만, 인센티브 사항이나 변경 사항이 반영되지 않은 경우가 있으므로 담당관에게 전화해서 한 번씩 더 확인할 필요가 있다.

<인터넷등기소 사이트 예시>

대법원 인터넷 등기소는 권리관계를 분석할 때 유용하다. 부동산 등기부등본을 발급하여 토지 소유자나 권리관계대출금액, 신탁 사항등을 확인할 수 있다.

<법제처 사이트 예시>

법제처 국가법령정보센터에서는 주택법, 건축법 등과 같은 법령과 판례를 검색할 수 있다. 법령과 판례를 통해 사업 추진 시 다양한 경우의 수를 사전에 검토하는 것이 가능하다. 또한 각종 분부담금 역시 법에 근거하고 있으므로 사업수지를 작성할 때도 유용하게 사용할 수 있다. 부동산 개발사업 입문자들은 부동산의 기초가 되는 용어를 익히기 위한 수단으로 사용해도 좋다. 예를 들어 건축 연면적이라는 단어가 궁금할 수 있다. 인터넷 검색사이트에서 찾아보는 것도 답이 될 수 있겠지만 사업을 진행하며 생기는 상세사항은 파악하기가 어려운 것이 사실이다. 법리적 관점을 갖추어 사업을 제대로 분석하려면 이 용어 역시 법적인 의미를 알아야 한다. 대도시 권 광역

교통 관리에 관한 특별법 시행령약칭: 광역교통법 시행령 제16조 2항에서는 연면적에서 아래와 같은 것을 제외하라라고 언급한다.

**대도시권 광역교통 관리에 관한 특별법 시행령**

1. 지하층(주거용인 경우를 제외한다)과 건축물 안의 주차장
2. 공용의 청사와 「학교용지 확보 등에 관한 특례법」 제1조에 따른 각급 학교
3. 「주택법」 제2조제13호에 따른 부대시설 및 같은 조 제14호에 따른 복리시설

   3의 2. 「주택 건설기준 등에 관한 규정」 제2조제3호에 따른 주민공동시설 (제3호에 해당하는 시설은 제외한다)
4. 「도시 및 주거환경 정비법」에 따른 재개발사업 및 재건축 사업의 경우 해당 사업이 시행되는 구역 내 종전 건축물의 연면적
5. 「빈집 및 소규모 주택 정비에 관한 특례법」에 따른 소규모 주택정비 사업의 경우 해당 사업이 시행되는 구역 내 종전 건축물의 연면적
6. 「주택법」 제2조제6호의 국민주택 규모 이하인 임대주택의 연면적

이처럼 연면적의 법적 의미를 파악하면 사업성 개선을 위한 인사이트가 생긴다. 가령, 국민주택 규모 이하인 임대주택의 연면적이 건축연면적에서 제외된다는 것과 공공청사가 제외된다는 것 등이 있다.

이러한 사실을 알고 있다면 사업수지가 원하는 만큼 나오지 않더라도 임대주택을 넣거나 공공청사 기부채납 방법을 통하여 해결책의 실마리를 찾을 수 있다. 판례를 통해서는 사회적으로 통용되는 상식을 갖출 수 있다. 예를 들어서 누군가가 나에게 약속한 바를 다하지 않았을 때 사기라고 생각할 수 있으나 법에는 애초에 그럴 능력이

없거나 기만하려는 의도를 가지고 있을 때만 사기라고 정의하고 있다. 발주처가 원도급사에게 지급한 선금은 하도급사에게 배정하지 않았을 경우 최대40%의 이자를 납부해야 하며, 관공서가 발주처일 경우에는 국고금관리법 등에 의거하여 기성을 개산급의 형식으로 미리 받을 수 있다. 또한 토지확보가 주식으로 치환되었을 때 매도청구가 가능한 토지확보율을 충족시킬 수 있는지, 진입도로 등에 대한 매도청구 사례가 있는지 등을 알 수 있다. 그래서 어떠한 정보를 찾아볼 때 첫 번째로 법률을 찾아보고 두 번째로는 판례를 찾아보면 마치 수학문제처럼 법률을 통해 공식을 파악하고, 예제로 다양한 사례와 쓰임새를 익히는 것과 같다고 할 수 있다. 법률과 판례로 비즈니스의 세계에서 통용되는 상식을 익힐 수 있다.

# 2부

# 부동산개발사업 추진구조의 이해

| 사업화 이전단계 (1단계) | 사업화 단계 (2단계) | 사업 단계 (3단계) | 정산 단계 (4단계) |
|---|---|---|---|
| 정보수집 기획 | 계획수립<br>사업성 검토 | 사업인허가<br>분양/착공 | 준공/입주 정산 |

<부동산개발사업 추진구도>

부동산 개발사업의 추진 과정은 보통 사업화를 기준으로 나누며 사업화 이전단계, 사업화 단계, 사업 단계, 정산 단계로 나눌 수 있다. 1단계에서는 정보수집 및 개발의 방향성을 설정한다. 2단계에서는 구체적인 사업성 검토와 개발 계획을 수립한다. 이 때 사업수지와 인허가 검토 등을 진행한다. 3단계가 되면 건축사사무소에서 먼저 사업인허가를 진행하고 완료됨과 동시에 분양 및 착공을 진행한다. 마지막 정산단계에서는 수분양자가 입주절차를 진행하며 사업주는 사업

이익을 정산하게 된다.

부동산 개발의 시작은 토지에 대한 정보 취득이다. 사업성 분석, 인허가 검토, 분양성 검토 등 모든 작업은 토지에 대한 정보가 있다는 가정하에 빛을 발한다. 그렇다면 땅을 찾기 위해선 어떻게 해야 할까? 수많은 땅을 모두 방문해서 가격을 물어보고 다녀야 한다면 부동산 개발사업은 3D업종이 되었을 것이다. 지금은 4차 산업혁명인 정보화 시대를 넘어 인간에 대한 도전이라는 5차 산업혁명이 진행 중이다. 이런 기조에 발맞춰 몇 프롭테크 회사는 단순히 사업성을 분석해주는 프로그램을 개발하는 것을 넘어 토지 소유자가 매물을 등록하면 자동으로 설계 및 인허가 검토를 하고 사업성이 나올 시 증권사, 시공사, 시행사 등에게 정보를 제공하는 기술을 개발하고 있다. 아직 이러한 기술을 적극적으로 사용하지는 않더라도 굳이 토지주를 직접 찾아 다닐 필요는 없다. 지역 공인중개사, 대규모 공인중개 법인, 시행사, 신탁사, 증권사, 일반 기업, 제1 및 2금융권, 분양 대행사 등 업무를 함께 진행하는 이해관계자에게 정보를 얻을 수 있기 때문이다. 정보라는 것은 사람으로부터 온다. 누가 보아도 좋은 사업장을 발견했다고 가정해보자. 사업에 대한 권리를 확보하지 못한 경우라면 믿을 수 있는 사람에게만 정보를 공개하고 계획을 세울 것이다. 권리를 확보한 뒤에는 가까운 사람에게 먼저 협업을 제안할 것이다. 적절한 사업이윤 확보가 전제된다면 미세한 차이는 신의가 있는 사람과 진행하는 편이 장기적으로 더 현명하다. 이러한 연유로 신뢰를 기반으로 많은 사람을 아는 것이 사업의 절반인 시작을 잘 할 수 있는 비결이다. 예를 들어 분양을 진행하며 알게 된 지역 공인중개사는 지역 유지가 오랫동안 토지를 팔지 않아 개발이 안되던 땅을 확보하는 경우가 있다. 이런 지역 공인중개사는 당연히 친분이 있는 개발 종사자에게 먼저 연락을 할 것이다. 또한 대규모 공인중개 법인은 여기저기 지역 공인중개사와의 네트워크를 활용하여 토지 정보를 제공한다. 이외에도 많은 시행사를 알고 있는 이는 사업권 양수도로 물건을 확보하거나 유통사나 은행에서 사업을 위한 필지를 공매로 매수하기도 한다. 이러한 사유로 개발사업관련 이해관계자들은 시행사, 신탁사, 증권사 등과 주기적으로 차를 마시고 밥을 함께 먹는다. 그 이유는 각 사별 동향을 파악할 수도 있고, 생각지도 못한 토지에 대한 정보가 들어오는 경우가 많기 때문이다.

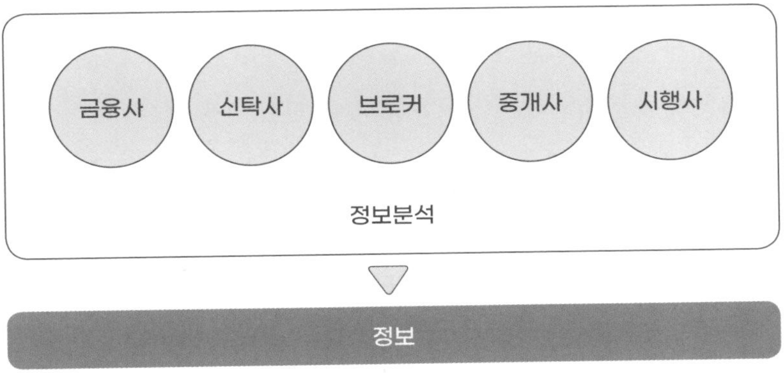


<정보수집도>

공모, 단순매입, 입찰 등으로 토지 권리를 확보하기 직전 토지분석은 디벨로퍼Developer가 행하는 최초의 작업이자 가장 중요한 작업

이다. 이러한 분석만 잘해도 주변에서 사업을 들고 찾아온다. 기본적인 분석방법으로는 용도분석, 구조분석, 권리분석, 법률분석, 입지분석, 가치분석, 상권분석, 시장경쟁분석이 있다. 이러한 분석이 좋은 사업을 만드는 초석이 된다.

용도분석은 해당토지의 용도를 분석하여 개발방향을 설정하기 위한 것으로서 인허가의 초석이 된다. 토지분석을 할 때 앞에서 언급한 법리적 관점에서의 접근이 필요하다. 토지 정보 제공 사이트 '이음 Luris.molit.go.kr'을 통해 12개분야 19개지구의 분류용도지역과 지구, 도시계획시설, 건축 가능한 건물, 건폐율과 용적률, 층수 및 높이제한, 건축선, 도로조건 등을 파악할 수 있다. 만약 검토하는 토지가 도시계획구역 내에 존재한다면 도시계획 확인원을 신청하여 해당 토지 주변의 도로나 공원 설치 등과 같은 도시계획내용 역시 확인해야 한다. 이 때 단순히 사이트만 보고 끝내지 말고 담당 주무관과는 꼭 한 번 더 통화해서 내용을 확인하는 것이 중요하다. 인터넷 정보는 업데이트 되지 않은 정보나 틀린 정보가 있을 수 있다. 또한 경기동향, 주택동향, 전세가동향 등을 파악하고 국토이용관리법, 도시계획법, 건축법, 주택건설촉진법, 집합건물법 등을 살펴본다. 검토하는 토지가 자연 녹지라면 시가지예정계획 및 도시계획사항 등을 파악해야 한다. 인허가사항은 늘 법규검토시 최대치만 고려하는데, 주변에 유사한 프로젝트를 검색하고 사례조사를 하는 것이 좋다. 각 지자체별로 최대 용적률을 받기 힘든 곳이 존재하기 때문이다. 유사 사례가 있으면 해당 프로젝트 시행사, 건축사사무소, 신탁사, 시공사 등과 연락하여 인허가 진행 시 특이사항은 없었는지 까다로운 평가항목은 무엇인지 등을 물어보는 것이 좋다. 필자도 이러한 작업을 통하여 인허가 진행 시 용적률이 줄어들거나 공사 원가가 증대되는 요소를 미리 파악할 수 있었다. 추가적으로 최소한 지자체상하수도과, 건축과, 도시계획과, 교육청, 한국전력공사 등에는 유선 및 대면질의를 진행해야 한다. 각 요소별로 설계나 기부채납을 통해 해결할 수 있는 장애물과 사업 자체를 취소시키는 요소가 있기 때문이다. 또한 분양가에 있어서는 분양가 상한제, 조정지역, 주택도시보증공사HUG의 기조, 지자체의 분양가 제한 여부 등을 확인하고, 주변 여건상 건축물 배치에 영향을 줄 수 있는 요소소음, 토질 등를 모두 파악하고 반영해야 한다. 최악의 상황을 고려해보고 그것을 감당할 수 있을 때 사업을 진행하는 것이 마땅하다.

구조분석은 토지의 형태를 분석하는 것이다. 현재 건축허가를 받으려면 보행 및 자동차 통행이 가능한 폭4m의 도로를 2m이상 접해야 한다. 연면적 합계가 600평 이상인 건축물의 대지는 너비 6m이상의 도로에 4m이상 접해야 한다. 단지에 따른 진입도로의 폭은 주택건설기준 등에 관한 규정 제 25조에 수록되어 있다. 만약에 맹지라면 도로 개설비용 역시 고려하여야 한다. 그 방법은 도로법에 의한 진입도로 개설 혹은 도로지정 고시, 사도법에 의한 사도개설, 인접 토지 매입에 의한 사설 도로 개설, 진입토지에 대한 도로사용 승락서를 받은 뒤 도로 개발, 구거의 하천 점용 허가에 의한 도로개설, 민법상 주위토지 통행권의 주장, 통로를 위한 민법상 지역권 혹은 지상권 설정으로 도로개설 등이다. 이 중에서 많이 사용하는 것이 인접토지 매입에 의한 사설도로 개설 혹은 토지사용 승락이다. 진행했던 오산 프로젝트의 경우에도 건축허가에는 토지사용 승락으로 진행한 뒤 향후 도로를 매입하고 도로부지를 기부채납하는 방법으로 진행하였다. 또한 토지의 구조적 형태에 따라 지자체는 고속도로 등과 인접한 경우 방음벽 및 완충녹지를 인허가 사항으로 요구할 수 있다. 이와 더불어 공동주택의 경우 모 사업지는 아파트 동 배치까지 인허가 사항으로 조정이 되어 사업성이 떨어진 경우도 있다. 이를 대비하기 위하여 미리 지적도와 지형도를 열람하고 임장활동을 통해서 예측치 못한 리스크를 줄여야 한다. 예를 들어 자연녹지에 진행하는 도시개발 프로젝트의 경우 평균 표고 68m, 최대 표고 100m, 경사도 7도, 평균경사도 25도 이하로 녹지를 개발하기에는 문제가 없어 보였다. 도시개발사업으로 진행할 때 자연녹지 지역이 10,000㎡으로 도시개발법 시행령 제2조에 따라 지정대상지역 및 규모에 적합했다. 초등학교 통학거리는 도시군계획시설의 결정구조 및 설치기준에 관한 규칙 제89조를 바탕으로 교육청과 협의하여 조정이 가능했고, 학생수용은 기존 학교 증축으로 협의를 마쳤다. 중학교는 해당 지역 중학교가 다른 사업자와 증축 협의중이라서 추가 협의로 진행이 가능했다. 진입도로는 1,000세대 미만 시 13m중로를 이용가능하여 주택건설기준 등에 관한 규정 제25조를 만족했다. 도시기본계획 검토를 한 결과 해당 생활권 계획인구 대비 여유인구가 2만인이 남아있어 진행 가능한 사업장처럼 보였다. 그러나 도시기본계획상 주거용 시가화 예정용지가 290,000㎡로 사안이 시급하거나 반드시 필요하지 않은 경우 배정이 어려워 마지막 순간에 좌초되었다. 이런 경우가 적절한 구조분석으로 기회비용을 잃지 않는 선택을 한 사례다.

| 주택단지의 총 세대수 | 기간도로와 접하는 너비 또는 진입도로의 너비 |
|---|---|
| 300세대 미만 | 6m 이상 |
| 300세대 이상 500세대 미만 | 8m이상 |
| 500세대 이상 1,000세대 미만 | 12m이상 |
| 1,000세대 이상 2,000세대 미만 | 15m이상 |
| 2,000세대 이상 | 20m이상 |

| 주택단지의 총 세대수 | 너비4m 이상의 진입도로 중 2개의 진입도로 너비의 합계 |
|---|---|
| 300세대 미만 | 10m 이상 |
| 300세대 이상 500세대 미만 | 12m이상 |
| 500세대 이상 1,000세대 미만 | 16m이상 |
| 1,000세대 이상 2,000세대 미만 | 20m이상 |
| 2,000세대 이상 | 25m이상 |

대지와 도로와의 관계

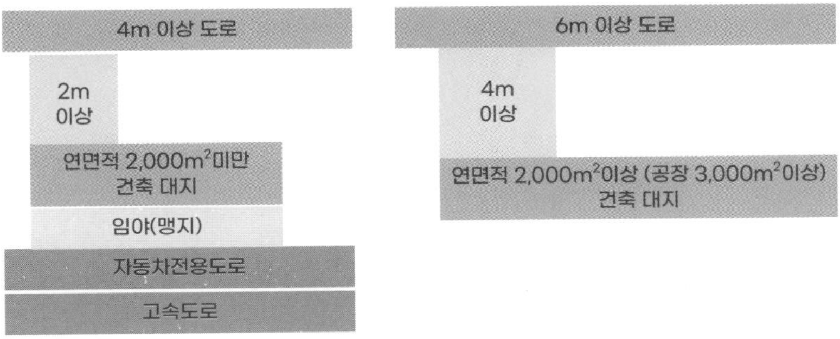


연면적 2,000m2 미만의 건축물의 대지는 2m이상이 4m이상의 도로에 접해야 하고 2,000m2 이상의 건축물의 대지는 6m이상이 접해야 한다. 위 그림 임야의 경우 고속도로, 자동차전용도로는 건축 인·허가의 도로로 인정되지 않기에 이들 도로에 접한 토지는 반대편에 이면도로가 없다면 맹지와 다를 바 없다.

## 막다른 도로

- 막다른 도로의 길이에 따라 도로의 너비가 다른 이유는
  위급 재난시 소방차, 구급차 등의 진출입과 자동차의 교차를 고려한 것이다.

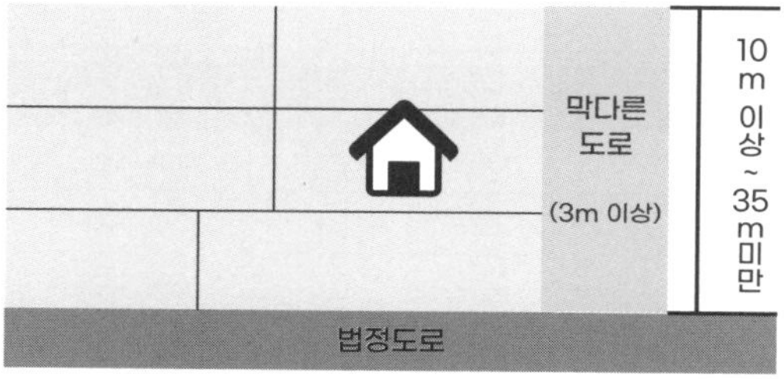


- 막다른 도로의 길이가 10~35m 미만이면 도로의 너비는 3m이상 이어야 한다.

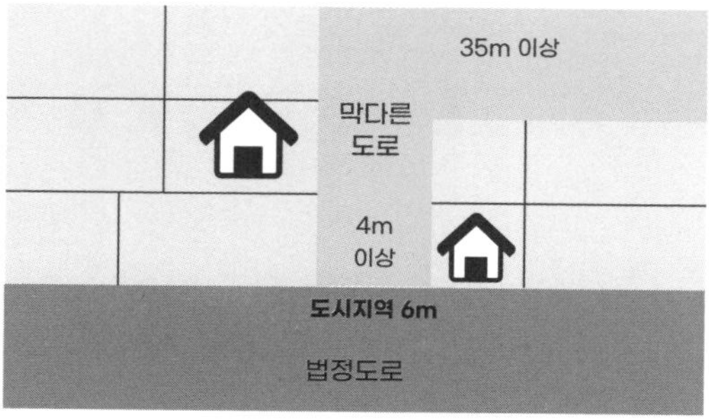


- 막다른 도로의 길이가 35m 이상이면 도로의 너비는 6m이상,
  비도시 읍·면지역은 4m이상의 너비를 갖춰야 한다.

사실 실무에서는 이와 같은 사항을 건축사한테 일임하는 경우가 많다. 사업을 진행하며 함께 업무를 진행한 건축사 사무소에서는 파트너십을 갖고 차기 사업에 대한 검토를 제공해주기도 한다. 다만 기본적인 분석은 할 수 있어야 한다. 기초적인 확인도 진행되지 않은 사업에 대한 검토를 의뢰하는 것은 예의도 아니고, 상대방으로 하여금 나에 대한 불신을 쌓을 수도 있기 때문이다. 건축사 사무소 입장에서도 하나의 프로젝트를 검토해주더라도 제대로 검토해주어야 사업 검토 의뢰자와 신뢰를 쌓을 수 있다. 하나의 프로젝트를 3개의 건축사 사무소에 공모 의뢰를 진행해보니 A사무소 계획안으로는 사업성이 음의 값, B사무소 계획안으로는 3%수익, C사무소 계획안으로는 10%수익이 산정된 적이 있었다. 건축사 사무소도 사무소별 역량의 차이가 크다. 그렇기 때문에 사업시행자는 진행하려는 프로젝트의 경험이 많고, 신뢰관계가 있는 건축사를 선별하려 한다. 실력이 없는 것은 부단한 노력을 통해 개선해야 하나, 검토에 성의가 없으면 쌓아온 관계가 무너질 수 있음을 명심하고 업무를 진행해야 한다.

권리분석은 부동산의 소유와 기타 법률적인 권리관계를 파악하는 과정이다. 이를 확인하기 위해서 실무자는 부동산 종합증명서와 등기부등본을 열람한다. 부동산 종합증명서는 지적, 건축물, 토지, 등기 등의 공부를 알려준다. 흔히 토지를 분석할 때 토지이용계획 확인서에서 국토계획법 및 도시계획조례에서 토지에 건축 가능한 건축물의 종류를 확인한다. 그 다음 지적도를 포함한 도시관리계획 도면을 보고 도시계획시설의 제한을 확인하고 건축물대장에서 건축물에 대한 정보를 파악한다. 마지막으로 등기사항증명서를 보고 법적권리를 확인하는데 이를 국토교통부 부동산통합민원사이트 일사편리 www.kras.go.kr에서 부동산 종합증명서를 열람 및 발급받아 한 번에 확인할 수 있다. 종합증명서에는 소유자현황, 등기 특정 권리사항, 토지이용계획, 건축물의 층별현황, 토지표시 연형, 건축물 변동 연형, 토지 소유자 연혁, 건축물 소유자 연혁, 대표 지번 개별 공시지가, 토지이용계획 확인 도면, 지적도, 경계점 좌표 등록사항 등을 확인할 수 있다.

<일사편리 사이트 예시>

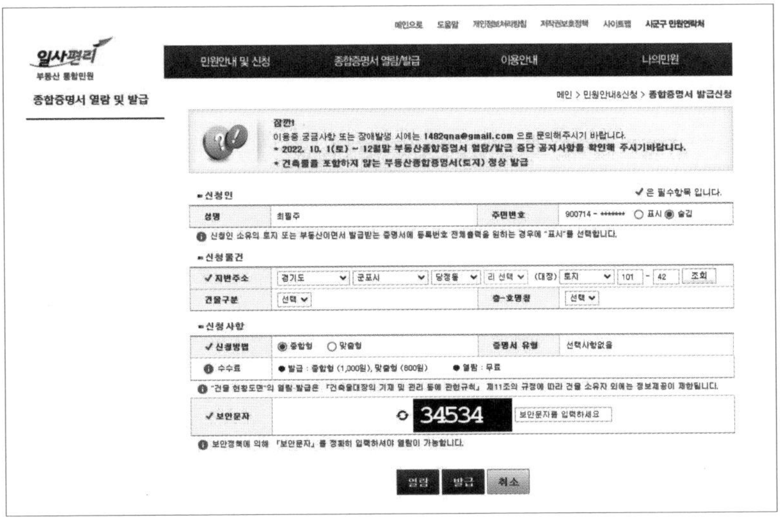


<일사편리예시2>

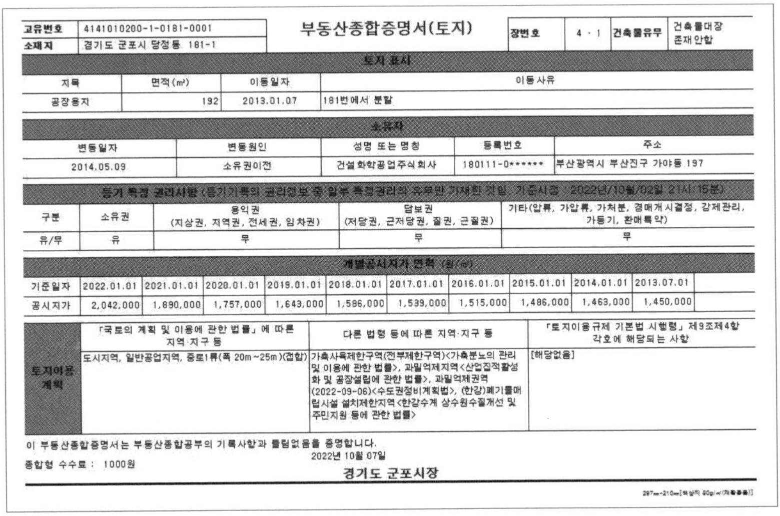

| | | | | | |
|---|---|---|---|---|---|
| **고유번호** | 4141010200-1-0181-0001 | **부동산종합증명서(토지)** | **장번호** | 4 - 1 | **건축물유무** 건축물대장 존재안함 |
| **소재지** | 경기도 군포시 당정동 181-1 | | | | |

**토지 표시**

| 지목 | 면적(㎡) | 이동일자 | 이동사유 |
|---|---|---|---|
| 공장용지 | 192 | 2013.01.07 | 181번에서 분할 |

**소유자**

| 변동일자 | 변동원인 | 성명 또는 명칭 | 등록번호 | 주소 |
|---|---|---|---|---|
| 2014.05.09 | 소유권이전 | 건설화학공업주식회사 | 180111-0****** | 부산광역시 부산진구 가야동 197 |

**등기 특정 권리사항** (등기기록의 권리정보 중 일부 특정권리의 유무만 기재한 것임. 기준시점 : 2022년/10월/02일 21시:15분)

| 구분 | 소유권 | 용익권 (지상권, 지역권, 전세권, 임차권) | 담보권 (저당권, 근저당권, 질권, 근질권) | 기타(압류, 가압류, 가처분, 경매개시결정, 강제관리, 가등기, 환매특약) |
|---|---|---|---|---|
| 유/무 | 유 | 무 | 무 | 무 |

**개별공시지가 연혁** (원/㎡)

| 기준일자 | 2022.01.01 | 2021.01.01 | 2020.01.01 | 2019.01.01 | 2018.01.01 | 2017.01.01 | 2016.01.01 | 2015.01.01 | 2014.01.01 | 2013.07.01 |
|---|---|---|---|---|---|---|---|---|---|---|
| 공시지가 | 2,042,000 | 1,890,000 | 1,757,000 | 1,643,000 | 1,586,000 | 1,539,000 | 1,515,000 | 1,486,000 | 1,463,000 | 1,450,000 |

| 토지이용계획 | 「국토의 계획 및 이용에 관한 법률」에 따른 지역·지구 등 | 다른 법령 등에 따른 지역·지구 등 | 「토지이용규제 기본법 시행령」 제9조제4항 각호에 해당되는 사항 |
|---|---|---|---|
| | 도시지역, 일반공업지역, 중로1류(폭 20m~25m)(접합) | 가축사육제한구역(전부제한구역)<가축분뇨의 관리 및 이용에 관한 법률>, 과밀억제지역<산업집적활성화 및 공장설립에 관한 법률>, 과밀억제권역(2022-09-06)<수도권정비계획법>, (한강)폐기물매립시설 설치제한지역<한강수계 상수원수질개선 및 주민지원 등에 관한 법률> | [해당없음] |

이 부동산종합증명서는 부동산종합공부의 기록사항과 틀림없음을 증명합니다.

2022년 10월 07일

종합형 수수료 : 1000원

**경기도 군포시장**

297mm×210mm[백상지 80g/㎡(재활용품)]

<일사편리예시3>

각각의 공부를 따로 확인해서 교차 확인을 하면 좋다. 토지이용계획 확인원은 앞서 언급한대로 진행하고, 등기부등본은 대법원 인터넷 등기소에서 열람 및 발급받을 수 있다. 이는 부동산의 주민등록증이라고 생각하면 편하다. 건물에 대한 정보, 건물의 소유권과 관련된 변동사항 등을 알 수 있다. 등기부등본은 표제부, 갑구, 을구 등으로 구분되어 있다.

[집합건물] 서울특별시 성동구 성수동1가 13-214 동진아이티타워 제3층 제311호

| 【 표 제 부 】 ( 전유부분의 건물의 표시 ) | | | | |
|---|---|---|---|---|
| 표시번호 | 접 수 | 건 물 번 호 | 건 물 내 역 | 등기원인 및 기타사항 |
| 1 | 2020년8월25일 | 제3층 제311호 | 철근콘크리트구조<br>91.46㎡ | 도면 제2020-229호 |

| ( 대지권의 표시 ) | | | |
|---|---|---|---|
| 표시번호 | 대지권종류 | 대지권비율 | 등기원인 및 기타사항 |
| 1 | 1 소유권대지권 | 1679.1분의 23.4 | 2020년8월7일 대지권<br>2020년8월25일 등기 |
| ~~2~~ | | | ~~별도등기 있음~~<br>~~1토지(갑구 5번 신탁 등기)~~<br>~~2020년8월25일 등기~~ |
| 3 | | | 2번 별도등기 말소<br>2020년9월29일 등기 |

| 【 갑 구 】 ( 소유권에 관한 사항 ) | | | | |
|---|---|---|---|---|
| 순위번호 | 등 기 목 적 | 접 수 | 등 기 원 인 | 권리자 및 기타사항 |
| 1 | 소유권보존 | 2020년8월25일<br>제148906호 | | 소유자 주식회사하나자산신탁 110111-1714818<br>서울특별시 강남구 테헤란로 127,<br>15층(역삼동,하나금융그룹 강남사옥) |
| | ~~신탁~~ | | | ~~신탁원부 제2020-9087호~~ |
| 2 | 소유권이전 | 2020년9월29일<br>제170526호 | 2018년10월10일<br>매매 | 소유자 최필주 900714-*******<br>~~서울특별시 은평구 응암로 189-11, 203호~~<br>~~(응암동,뉴월드애필리움)~~ |
| | 1번신탁등기말소 | | 신탁재산의<br>처분 | |



<등기부등본 예시1>

[집합건물] 서울특별시 성동구 성수동1가 13-214 동진아이티타워 제3층 제311호

| 【 을 구 】 ( 소유권 이외의 권리에 관한 사항 ) | | | | |
|---|---|---|---|---|
| 순위번호 | 등 기 목 적 | 접 수 | 등 기 원 인 | 권리자 및 기타사항 |
| ~~1~~ | ~~근저당권설정~~ | ~~2020년9월29일~~<br>~~제170530호~~ | ~~2020년9월16일~~<br>~~설정계약~~ | ~~채권최고액 금741,600,000원~~<br>~~채무자 최필주~~<br>~~서울특별시 은평구 응암로 189-11, 203호~~<br>~~(응암동,뉴월드애필리움)~~<br>~~근저당권자 주식회사신한은행 110111-0012809~~<br>~~서울특별시 중구 세종대로9길 20~~<br>~~(태평로2가)~~<br>~~( 뚝섬역지점 )~~ |
| 2 | 근저당권설정 | 2021년9월14일<br>제153532호 | 2021년9월14일<br>설정계약 | 채권최고액 금741,600,000원<br>채무자 최필주<br>서울특별시 강동구 고덕로 399, 104동<br>2602호 (고덕동, 고덕센트럴푸르지오)<br>근저당권자 주식회사국민은행 110111-2365321<br>서울특별시 영등포구 국제금융로8길 26<br>(여의도동)<br>( 대림동지점 ) |
| 3 | 1번근저당권설정등기말소 | 2021년9월16일<br>제154920호 | 2021년9월16일<br>해지 | |

-- 이 하 여 백 --

열람용

관할등기소 서울동부지방법원 등기국

<등기부등본 예시2>

표제부에는 부동산 소재지와 내용이 기재되어 있고, 갑구에는 소유권에 관한 내용이 표시되어 있으며 을구에는 소유권 이외의 권리가 표시되어 있다. 눈여겨볼 물권은 소유권, 저당권, 지상권, 전세권, 점유권, 유치권, 질권이다. 소유권은 법률상 그 소유물에 대해 사용, 처분할 권리를 말하는데, 부동산 소유에 대한 제한을 하고 있기 때문에 실제 소유자와 형식상 소유자가 다른 경우도 존재한다. 그러므로 실제 소유자를 정확히 확인해야 하고 계약서 작성시에는 실제 소유자와 법적 소유자 양자 모두와 계약하는 것이 타당하다. 저당권은 채무자가 점유를 이전하지 않고 채무의 담보로 제공한 부동산에 대해 다른 채권자보다 자기채권의 우선변제를 받을 권리를 말한다.

저당권 중에서 그 담보할 채무의 최고액만을 정하고 채무 확정을 장래에 유보하는 경우를 근저당이라 한다. 지상권은 타인의 토지에 건물 또는 기타 공작물이나 수목을 소유하여 그 토지를 사용하는 권리다. 가끔 경매로 토지를 확보했는데 그 곳에 지상권이 있다는 사실을 인지하지 못해 난감한 경우가 있다. 전세권은 전세권자가 전세금을 지급하고 부동산을 점유하는 경우로 그 부동산 전부에 대하여 후순위 권리자, 기타 채권자보다 전세금의 우선 변제를 받을 권리를 말한다. 점유권은 물권을 사실상 지배하는 권리를 말한다. 유치권은 유가증권을 점유한 자가 그 물건이나 유가증권에 관하여 생긴 채권이 변제기에 있는 경우에는 변제를 받을 때까지 그 물건 또는 유가증권을 유치할 권리를 말한다. 질권은 채권의 담보로 채무자가 제공한 동산을 점유하고 그 동산에 대해서 다른 채권자보다 자기채권의 우선 변제를 받을 권리를 말한다. 이와 같은 권리를 상세하게 분석하는 이유는 예상치 못한 권리문제 때문에 사업이 장기화되어 금융비용을 감당하지 못하고 도산하는 시행사가 꽤 많기 때문이다. 외에 토지대장과 임야대장을 통해 지목과 지번 등을 한 번 더 확인해야 한다. 임야도와 지적도는 토지대장 및 임야대장과 비슷한 것 같지만 조금 다르다. 이는 해당 필지에 대한 경계 현황을 알아야 할 때 쓰인다. 이를 통해 우리 필지와 주변 토지의 현황에 대해 구체적으로 파악할 수 있다. 면적은 등기부등본보다 토지대장이 우선하고, 권리관계는 등기부등본이 우선한다.

법률분석은 용도분석과 유사하다. 사업유형에 따라 기본적으로 국토의 계획 및 이용에 관한 법률, 건축법, 주택법부터 농지법, 도시공원법, 도시개발법 등에 이르기까지 다양한 법률이 적용되므로 해당 프로젝트의 특성에 맞춰서 분석하는 것이 필요하다. 용도지구에는 일반상업용지로 명기되어 있어 주상복합 건물을 시행할 수 있을 줄 알았는데, 지구단위계획 주석에 주거시설 건설이 불가함을 명시한 경우도 있다. 이 밖에도 시장에는 토지 확보율 기만행위, 금융자문 이중 체결, 자기자본금 횡령, 우발채무 및 사해행위 등 다양한 리스크를 내재한 프로젝트가 존재한다. 사업장 분석 시 사업 제안자의 의견을 무조건적으로 수용하기 보다는 참조사항으로만 여기는 것이 현명하다. 반드시 모든 사항은 직접 눈으로 확인하여야 한다. 자료를 너무 급하게 줘서 검토할 시간을 충분히 주지 않는 시행사, 경쟁구도를 은연중에 드러내어 단편적인 정보만으로 빠른 수주를 압박하는 이해관계자가 있다면 더욱 조심해야 한다. 급할수록 돌아 가야한다. 철저한 분석을 통해서 지구단위계획에서부터 인허가, 토지조사 등을 꼼꼼히 진행한 뒤 문제가 되는 사업장은 피하고, 좋은 사업장을 선별해야 살아남을 수 있다.

입지분석은 부동산의 위치가 최대유효이익을 창출하는지 보는 것이다. 방법은 포털 사이트 부동산 지도를 켜서 그 위치를 검색해 보는 것이 시작이다. 주변상권과 특성 변화추이, 기대 유효 수요 등을 분석한다. 시장성 분석을 위해서는 지형, 입지, 교통, 학교, 병원 등 생활편의시설 및 기반시설 설치여부를 파악해야 한다. 주변 아파트 노후화정도를 파악하고, 산업단지 등도 함께 조사하면 좋다. 또한 해당 사업지가 도시설계 및 상세구획으로 지정되어 있는지 미리 파악하고 주변계획을 조사하여야 한다. 도시계획구역 내인 경우에는 도시계획에 따른 건축제한 등에 대한 면밀한 검토도 필요하다. 사업지 분석 시에는 교통망조사도 필수다. 사업지의 교통 접근성을 지적도, 도로망도, 지하철 노선도를 통해 구조화한 뒤 시장성을 파악한다. 이는 경험을 통해서 익힐 수 있는 귀납적 지식이다. 임장활동 시 실제 지역의 분위기를 느끼는 것도 입지분석의 일환이다. 흔히 주간에만 방문하는 경우가 많은데 주간과 야간 모두 살펴보는 것이 좋다. 이 때 지하철 역에서 사업지까지 걷기 더 좋은 길을 선별하여 분양홍보 시 주 동선으로 사용하면 분양자에게 더 좋은 이미지를 줄 수 있다. 또한 대중교통까지의 도로상태 혹은 시장의 유무나 골목 등은 단순히 인터넷 기반 지도로만 볼 것이 아니라, 직접 걸어서 이동해보면 새로운 시각이 생길 수 있다. 예를 들어 상가를 구성할 때는 유사상권 및 해당 상권에서 시간대별 유동인구와 대중교통 승차량을 알아보고, 가격대별 매출액 등을 분석하여 상가MD를 진행할 수 있다. 주변 교통 및 기반시설을 통한 분양홍보 계획도 세울 수 있다. 주변환경은 사진촬영 및 정밀지도를 이용하여 정밀 분석한다. 분양여건은 현장조사 및 빌딩 전문지 자료 등을 이용하는데 분양대행사에게 의뢰한다. 물리적 조건은 토지대장과 지적도 등을 통해 공부확인을 한다. 가격은 지가를 확인하고 매매 사례를 인근 중개소와 인터넷을 통해 알아본다. 이 때 괜히 사업 대상지에 개발이 될 수 있다는 소문이 돌 수 있기 때문에 소속은 숨기는 것이 좋다. 작은 무심함이 사업주체에겐 큰 피해가 될 수 있다.

토지를 분석할 때는 송전탑, 변전소, 송전선의 유무도 중요한 검토 요소 중 하나이다. 관련 공사비는 한국전력공사가 부담할 수도 개발업주가 부담할 수도 있다. 사유지에 설치된 배선 전로가 건축물 신축 혹은 증축을 전제로 한 토지형질 변경공사에 지장이 되는 경우의 이설비용은 한국전력공사가 부담한다. 하지만, 토지구획 정리사업으로 인한 토지형질 변경에 따른 지장전주이설 비용은 토지구획정리 사업시행자가 부담하여야 한다. 고압전선, 전주 등이 심각한 불편을 초래하거나 신축 혹은 증축을 진행할 때 방해가 된다면 건축허가서, 토지대장등본, 현장사진 등을 들고가서 이설을 신청할 수 있다. 이 때 다음과 같은 경우는 부담주체가 고객이라고 한국전력공사 홈페이지 Q&A에 수록되어 있다.

1) 공공용지 또는 타인의 사유지에 위치한 배전선로를 이설 요청하는 경우
2) 사유지내의 배전선로를 미관상의 이유로 이설 요청하는 경우
3) 공공용지에 있는 배전선로가 대문, 창고, 주차장 등 효용을 저해하는 경우
4) 협의 보상이 완료된 배전철탑 등의 이설시 고객의 전기사용 편의 및 고객 전용으로 전기를 공급하기 위해 고객의 요청 및 동의 하에 설치된 배전선로를 신·증축 및 구내활용 지장으로 이설신청 할 경우
5) 토지소유자의 요청에 의하여 한전부담으로 이설된 전선로를 동일소유자가 재 이설 요청하는 경우
6) 농경지 둑이나 농로에 설치된 전선로를 구획정리 또는 농기계 출입이외의 사유로 지장이 되어 이설요청하는 경우 (둑이나 농로에 근접하여 시설된 경우 포함)
7) 경지정리 대상지역의 토지에 설치된 전선로를 이설요청 하는 경우(경지정리 시 한전 부담으로 이설)

한국전력공사가 부담하는 경우는 다음과 같다.

1) 공공용지 또는 타인의 사유지에 위치한 배전선로가 신·증축 건조물과 전기설비 기술기준에서 정한 측방 이격거리가 미달되어 건축주가 이설 요청하는 경우
2) 사유지내에 설치된 배전선로가 건조물 신·증축에 지장
3) 사유지내의 배전선로가 정원조성, 담장개축 주차공간 활용 등 구내활용에 지장이 되는 경우
4) 사유지내의 배전선로가 건물과의 이격 미달하는 경우
5) 도로관리청에서 시행하는 육교의 신설, 개축 및 수선에 관한 공사에 지장이 되는 전주의 이설공사 비는 한전이 도로 점용료를 감면받은 경우 한전에서 부담
6) 공공용지에 설치된 전선로가 공중의 통행에 지장을 주거나 교통사고의 위험이 있어 행정관서장 또는 주민 대표가 이설요청 하는 경우
7) 농경지내의 전주가 구획정리, 개전, 개답, 비닐하우스 설치 등의 농경지 활용에 지장이 되는 경우 및 트랙터, 콤바인 등의 농기계 사용에 지장이 되는 경우
8) 협의 보상이 되지 않은 배전철탑 등의 이설
9) 전주일부가 사유지를 점유하고 있고 전주 이외의 배전시설물(전선 등)이 사유 지를 통과함으로 인하여 건물신축에 지장이 되어 이설할 경우

상기와 같은 비용의 문제도 있을 뿐만 아니라 집행시기의 문제도 존재한다. 흔히 1심 판결 후 가집행이 가능하나 철거될 경우 주변의 전력공급이 불안정하게 될 위험이 있으면 가집행선고를 하지 않고 대법원까지 간 뒤에 확정이 된다. 이렇게 되면 몇 년의 시간이 흐르기 때문에 사업성에 막대한 지장이 생긴다. 또한 변전소와 고압선은 인체에 해를 가할 수 있다. 이전을 하지 않으면 처리하는데 몇 백억 원

에 달하는 돈이 들어가고, 이를 투입하고도 인체에 해가 없다고 장담할 수 없다. 그렇기 때문에 토지를 분석할 때는 고압선과 변전소 등의 사항을 꼭 확인해야 한다. 확인을 위해서는 한국전력 관할 관리처를 방문하여 이설, 철거계획, 비용부담, 일정 등을 확인하는 것이 좋다.

소음에 관련된 사항도 중요한 검토사항 중 하나이다. 주택건설기준 등에 관한 규정 제9조에는 공동주택의 건설지점의 소음도는 65데시벨 미만이 되도록 규정하고 있다. 고속도로, 전철, 버스정류장 등이 있으면 이 소음기준을 초과할 수 있다. 이 때 완충녹지와 방음벽 설치로 인해 개발가능 면적이 줄어들어 사업성이 악화될 수 있다. 토지매입 시에는 반드시 관할 지자체, 교육청, 한국전력공사 등을 방문해서 검토하는 습관을 들이는 것이 좋다.

가치분석은 자금조달 시 기준이 되는 사업지의 가치를 분석하는 것을 말한다. 사업진행 시 자금조달은 필수요소다. 개발자는 해당 부동산에 대해 합리적으로 현재의 상황과 미래의 잠재력을 계산해야 한다. 이를 사업수지에 반영한다. 사업주체의 의견은 객관적이지 못하기 때문에 이해관계자들은 LTV Loan to Value 산정의 기반인 토지가치를 객관적으로 평가하기 위해 노력한다. 가치의 기준으로 삼을 수 있는 것은 매매가, 공시지가, 감정평가가 있다. 초기 자금 대출 시 각종 이해관계에 따라 달라질 수 있는 매매가가 아닌 감정평가를 통해서 가치를 산정한다. 감정평가는 흔히 원가법, 거래사례비교법 등으로 산정한다. 감정평가는 감정평가사의 의견이 반영되므로 담당자마다 다를 수 있다. 높으면서도 감정평가액의 신뢰를 높이기 위해 다수의 국토교통부 인증 감정평가 법인에게 탁상감정을 의뢰하는 경우가 많다. 탁상감정이란 정식 평가전 대략적인 금액을 구두로 평가받는 것을 말한다. 최근 금융 규제에 따라 과도한 감정평가는 어려워지고 있으며, 매매가액과 감정평가액 중 더 낮은 금액을 LTVLoan to Value산정 시 사용하고 있는 추세다. 금융권에서 PIPrincipal Investment와 Bridge Loan이 실행될 때는 개발 전 감정평가로 LTVLoan to Value를 산정하여 그에 맞게 선/중/후순위 대주를 설정하게 된다. 다음으로는 사업 진행 여부를 결정짓는 개발 후 가치 평가가 있다. 개발 후 가치를 평가는 거래사례비교법을 적극적으로 활용함과 동시에 분양가 규제 등으로 인한 분양가 상한제 기준 혹은 주택도시보증공사 보증 허가 가능한 분양가로 추산한다. 이 때 평가되는 금액이 적정 사업이익이면 PFProject Financing가 진행되고 이 때는 LTVLoan to Value와 대주가 EXIT 할 수 있는 분양율을 기준으로 선/중/후순위 대주가 선정된다.

상권분석은 대상 상가가 흡입할 수 있는 실제 소비자 숫자가 존재하는 권역으로 상업활동을 성립시키는 공간 분석을 말한다. 주상복합, 오피스텔, 생활형숙박시설의 경우 상권분석을 통해서 생산성 예측, 시설규모, 적정업종 등 개발 방향을 설정하여 가치를 최대화할 수 있다. 상가의 분양가는 공동주택의 분양가 보다 높아 수익성이 좋지만 분양성 측면과 현금흐름 측면에서는 단점도 있다. 이러한 특성 때문에 상가 배치나 규모 등에 대한 분석이 필요하다. 상권분석에 도움이 되는 사이트는 소상공인시장진흥공단www.semas.or.kr이 있다. 여기서 상권정보시스템 바로가기를 누르면 아래와 같은 상권분석정보를 얻을 수 있다.

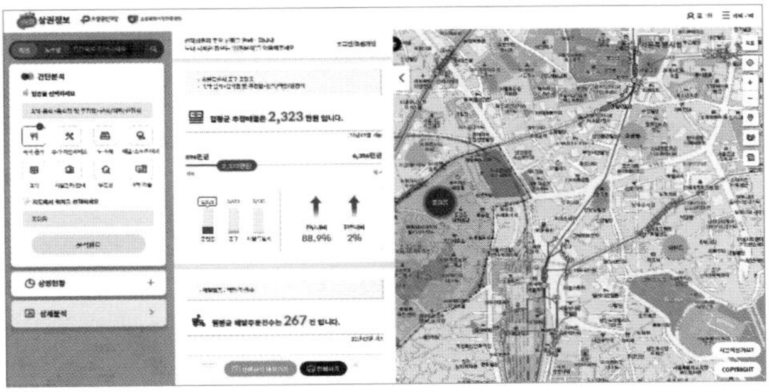


<소상공인시장진흥공단 사이트 예시>

상품이 공장이나 지식산업센터 등과 같이 산업시설이면 국토교통부에서 제공하는 산업입지 정보시스템www.industryland.or.kr을 참조하면 좋다.

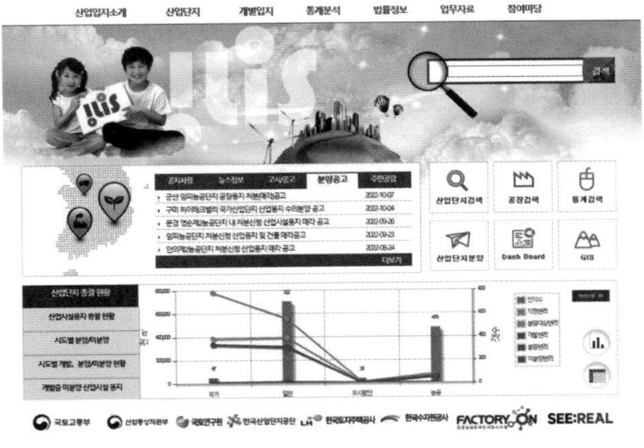


<산업입지정보시스템 사이트 예시>

수학적 분석으로는 규모와 거리를 수치화한 허프의 확률모델과 인구와 거리를 수치화한 레일리 법칙 등이 있다. 이런 법칙이 무슨 의미가 있겠냐고 핀잔하는 이들이 있을 수 있으나 상권이 활성화될 수 있을지 여부를 미리 가늠할 때 유용하다. 그 이유는 주변 비교 사례가 없는 경우 확률모델 등을 활용하여 매출액 등을 가늠하고 매각액을 산정하는 근거 자료로 쓸 수 있기 때문이다.

허프가 중력이론을 토대로 대도시에서 쇼핑 패턴을 결정하는 확률을 제시한 모델이 허프의 확률 모델이다. 특정 쇼핑센터에 갈 확률을 소비자와 행선지의 거리, 경쟁하는 쇼핑센터 수, 쇼핑센터의 크기로 결정한다고 생각했다. 확률 모델식은 다음과 같다.

$$P_i = \frac{S_j}{T_j^b} \div [\sum_{j=1}^{n} \frac{S_j}{T_j^b}]$$

($P_i$=거주지역 $i$에서 특정쇼핑센터로 갈 소비자의 확률, $S_j$=쇼핑센터의 크기(매장면적), $T_j$=$i$와 쇼핑센터의 소요시간, $n$=경합하는 쇼핑센터의 수, $b$=지수)

만약 쇼핑센터규모가 10평이고 I지역과의 거리가 1km 기존 A의 규모가 20평이고 I지역과의 거리가 2km, 기존 B의 규모가 30평이고 3km일 때 타겟 쇼핑센터에 갈 확률은 $\frac{\frac{10}{1^2}}{\frac{10}{1^2}+\frac{20}{2^2}+\frac{30}{3^2}}$=54.5%이다.

레일리 법칙은 2개 도시의 상거래 흡입력을 경험에 의한 결과에 의해 상권을 확률적으로 비교 분석하는 이론이다. 하나의 도시에 있는 인구가 다른 두 도시의 상권에 흡입되는 확률은 두 도시 인구에 비례하고 두 도시 분기점으로부터의 거리의 제곱에 반비례한다.

$$\frac{B_A}{B_B} = \frac{P_A}{P_B}(\frac{D_B^2}{D_A})$$

($B_A$=도시 $A$가 중간지점으로부터 유인한 소매거리비율, $B_B$= 도시 $B$가 중간지점으로부터 유인한 소매거리비율, $P_A$=도시 $A$의 인구, $P_B$=도시 $B$의 인구, $D_A$=중간지역에서부터 도시 $A$까지의 거리, $D_B$=중간지역에서부터 도시 $B$까지의 거리)

만약 A지역 인구가 100명, B지역인구가 200명, A까지의 거리 1km, B까지의 거리2km라면, 100/200×$(\frac{2}{1})^2$=2로서 A지역에 흡입될 확률은 2/3즉 66%이다.

이러한 소비자 집객률은 상가 매출액에 있어 중요한 요소 중 하나이다.

추가적으로 사업지 분석을 위하여 ARMArea Relation Management, 산업입지계수, 인근지역생애주기분석등의 모형을 사용하기도 한다. ARM은 해당지역의 환경, 주민행태, 산업특징, 인구, 소득, 소비의 특징 등 지역적인 특성을 세부적으로 분석하는 것이고, 산업입지계수는 해당지역의 산업적 특성을 분석하는 것으로 특정지역의 특정산업은 전국지역의 특정산업에 비해 어느 정도 비중이 있는지 비교하는 것이다. 이는 지식산업센터나 오피스 사업을 검토할 때 특히 유용하다.

$$
\text{산업입지계수} = \frac{\frac{\text{해당지역 해당 산업의 생산성}}{\text{해당지역 전체 산업의 생산성}}}{\frac{\text{전국지역 해당 산업의 생산성}}{\text{전국지역 전체 산업의 생산성}}}
$$

인근 지역 생애주기분석은 도시의 성장과 쇠퇴 과정에서 지역적인 특성과 부동산의 수급관계를 분석 비교하는 것이다. 생애주기는 도입기, 성장기, 성숙기, 쇠퇴기, 재건축/재개발로 나뉜다. 굳이 복잡한 모듈을 사용하는 이유는 사업성을 정량화해서 다른 프로젝트와의 비교하여 구체적으로 파악하고 싶기 때문이다.

시장경쟁분석은 상품에 대한 경쟁구조를 분석하는 것이다. 공동주택의 경우 인근 지역이 동일시장이지만, 때에 따라서는 거리가 다소 멀어도 유사 상품을 기준으로 책정하기도 한다. 상가개발사업은 상권 형성 전에 프로젝트를 시작하는 경우가 많아서 범위가 훨씬 더 광역적이다. 전혀 다른 지역의 상권을 표본으로 비교하기도 하고, 주변 상권으로 비교하기도 한다. 가장 흔한 경쟁우위 분석방법으로는 포지셔닝과 SWOT분석이 있다. 포지셔닝은 소비자가 선호하는 요소들을 기준점으로 설정해 두고 제품의 바람직한 위치를 형성하여 제품 효익을 개발하도록 설정하는 분석법이다. 가격, 교통, 학군 등의 측정값 중 우리의 제품이 어떤 위치에 놓여 타 상품대비 가치가 있는가를 분석한다. SWOT는 환경분석을 통해 강점, 약점, 기회, 위협 요인을 규정하고 이를 토대로 마케팅 전략을 수립하는 것이다.

토지를 매입할 때 하자가 있는지도 확인해야 한다. 매도인 입장에서는 향후 하자담보책임을 면책하기 위해서 특약사항에 등기부상

목록과 물건 현상의 상위 또는 부족, 시가지 계획, 편입, 환지, 징발, 개발제한 기타 법률상 또는 행정상 규제로 인한 권리의 제한, 권리의 일부가 타인에게 속함으로써 받는 권리의 제한, 기타 매매목적물 자체의 하자 또는 권리상의 하자에 대해서는 책임을 지지 않는다는 것을 수록하면 된다. 매수인은 반대로 이러한 경우에 매도인이 책임을 져야 한다고 수록하면 알지못한 하자로부터 보호받을 수 있다. 고급주거단지 프로젝트 진행시 토지에서 오염토가 발견되어 하자보수 비용으로 100억에 가까운 돈이 지출되어 소송으로 번진 적이 있다. 개발사업은 예측하기 어려운 모든 리스크를 줄이는 것이 성공으로 가는 지름길임을 명심하고 토지 매입시점부터 리스크 관리에 최선을 다해야 한다.

이렇게 토지 분석 끝나면 수익성 검증 단계로 진입한다. 분양을 통한 수입과 사업에 필요한 지출금액을 산정한 후 수익률을 확인한다. 수익률의 극대화를 위해서 분양면적의 추가확보, 상품성 개선, 다양한 금융구도를 검토한다. 적정 수익률이 나오지 않으면 과감히 다른 사업을 검토해야 한다. 수익률을 수치화한 방법은 투자자본수익률ROI, 자기자본수익률ROE, 평균이익률ARR, 자본회수기간법, 지렛대효과, 자본환원율 등이 있고, 현가할인방법으로는 내부수익률법IRR, 순현재가치법NPV, 수익성지표, 현재가치유출할인법이 있다. 기업에서는 주로 투자자본수익률과 자기자본수익률을 통해 사업을 평가를 하기 때문에 산정방법을 간단하게 알아보고 넘어가도록 하겠다. 투자자본수익률은 $\frac{\text{수익(총수입-총지출)}}{\text{총투자자본(자기자본+타인자본)}}$%로 산정 가능하고, 자기자본수익률은 $\frac{\text{투자수익}}{\text{자기자본}}$%로 구할 수 있다. 자기자본수익률은 투자자본수익률과 달리 순수 자기자본의 수익률을 알 수 있다는 장점이 있다.

평균이익률은 $\frac{\text{투자수익}}{\text{사업기간}}$%로 알 수 있는데, 이는 투자자본에 대한 연평균 예상수익을 나타내는 것으로 장기사업 분석에 유용한 방법이다. 개발사업은 재건축이나 재개발사업에 비해서 그 기간이 짧아 현재가치로 환산한 이익률 분석이 큰 의미는 없다고 볼 수 있으나 도시개발사업, 지구단위계획 변경사업, 복합프로젝트 등에서는 해당 분석법이 유용하다. 자본회수기간법은 투자자본/순수익으로 구할 수 있는데, 개발사업은 사업이 종료됨으로써 자본회수가 끝나고 분양률에 따라서 초기투자자본을 회수하는 기간에 대한 차이가 크기 때문에 큰 의미가 없다. 다만, 임대사업이나 운영사업에서는 유용하게 활용된다. 이외에도 내부수익률, 순현재가치법 등이 있다. 내부수익률과 순현재가치법은 자산운용사에서 자주 사용하는 분석법이다. 그 이유는 펀드를 사용함에 있어 내부수익률과 순현재가치 기준이 있기 때문이다. 일반적으로 내부수익률 기준은 12~15%는 초과하도록 권장되는 편이다.

토지적합성을 만족하고 기본적인 수지가 나오는 사업지라면 본격적으로 사업을 진행해야 한다. 시행 방법은 사업주체에 따라 자체개발, 공동개발, 신탁개발, 도급개발 등으로 분류된다. 자체개발은 사업자가 직접 토지를 매입하여 사업자 이름으로 개발하는 방식이고, 공동개발방식은 토지주와 건설사 같이 둘 이상의 이해관계자가 공동으로 개발하는 방식이며, 신탁개발방식은 토지주가 소유하고 있는 토지와 권리를 신탁사에 위탁하여 개발하는 방식이다. 도급개발방식은 토지주가 토지의 명의를 가지고 있되 건설사에 일괄적으로 개발사업을 위임하는 방식이다. 외에도 지주공동사업, 민관합동 임대사업 등이 있다. 민간개발사업의 시작은 시행사다. 시행의 의미가 구체적으로 와 닿지 않으면 "시행사=건축주=사업주체자"라고 봐도 무방하다. 실무적인 토지 권한 확보 및 시행 구도는 현금 보유력이 우수한 시공사나 제3자의 단순 대여 후 사업을 진행하는 방법, 신용도가 우수한 신탁사 혹은 시공사의 연대보증 및 지급보증과 같은 신용보강을 통해서 사업주체가 사업비를 대출받아 진행하는 방법, 자산운용사와 PFV를 설립하여 투자금과 수익을 분배하여 진행하거나 다른 금융사를 통해 자금을 차입하는 방법, 시행법인 혹은 계열사의 신용도로 대출을 받아 사업을 진행하는 방법 등이 있다.

연대보증에 대하여 간략히 설명하자면 연대보증인은 별도의 약정이 없더라도 차주의 대주에 대한 피담보채무가 전액 상환될 때까지 차주의 대주에 대한 피담보채무를 연대하여 보증하며, 해당 건 피담보채무의 변제기가 도래하는 경우 대주에게 본 항에 따른 연대보증채무를 이행하여야 한다. 이는 채권자에 대하여 최고 및 검색의 항변권 및 분별의 이익을 가지지 못하고, 연대보증채무를 이행하기 전에는 차주의 대주에 대한 예금 기타 채권에 의한 주채무와의 상계, 공제 기타 사유를 이주로 대주에게 대항할 수 없다. 연대보증인은 대주가 피담보채무를 전액 변제받기 전까지는 차주에 대하여 구상권, 대위권, 기타 일체의 권리는 대주의 차주에 대한 이 약정상의 채권보다 후순위임을 인정하며 대주의 권리보다 앞서서 행사하지 못한다.

일반적으로 토지 계약을 진행할 때는 금융사를 통해서 대출을 진행하는 경우가 많다. 대출기간은 금융비용과 직결되므로 토지를 계약하는 것도 전략이 필요하다. 토지를 계약할 때는 보유량이 많은 토지주, 종중부지, 지역사회에 영향력이 많은 사람의 토지 순으로 빠르게 계약하여 토지가격이 과도하게 상승하는 것을 예방하는 것이 현명한 판단이다. 토지주가 소수일 때는 일시에 계약하는 것도 방법이다. 토지대금은 계약금, 중도금, 잔금 혹은 계약금과 잔금으로 분할하여 납부한다. 중도금을 납입하게 되면 일방적인 계약해지가 불가한 속성이 있다. 다양한 이해관계에 따라 토지주와 시행사는 토지대금 납입방식을 상호합의 하에 정한다. 잔금은 PFProject Financing시 납부하는 것이 가장 이상적이나 협의에 따라 Bridge Loan으로 일부 지급하는 필지도 존재한다. 이 외에도 한국토지주택공사와 같은 공공기관에서 낙찰 받은 택지의 경우 중도금을 협의 하에 환불해주기도 하며 이 중도금반환 채권으로 자금을 유동화하는 방법 등도 존재한다. 각 단계별 상황별 금융기법을 상세히 알아보자.

첫 번째는 금융사 협조를 통한PIPrinciple Investment, Bridge Loan, PFProject Financing가 있다.

PIPrinciple Investment는 계약금에 대한 대출을 일컫는다. PIPrinciple Investment와 여타의 자금조달 방법에는 큰 차이는 바로 담보의 유무이다. 엔젤투자나 PIPrinciple Investment는 명확한 담보가 없이 사업성만 보고 진행되는 경우가 많다. 그래서 기업금융이나 부동산 계약금

투자에서는 적은 금액대비 과도한 수익률을 요구할 수 있는데, 그 이유는 투자금 전액 손실에 대한 리스크 때문이다. 이에 반해 Bridge Loan과 PFProject Financing는 자금회수전략이 있으므로 투자라기보다는 대출이라고 할 수 있다. PIPrinciple Investment를 바라보는 다른 시점 중 하나는 기간의 정함이다. 대출은 대출기간이 명시 되어있는 반면에 투자 성격의 PIPrinciple Investment는 대출기간이 정해져 있지 않고, Bridge Loan이나 PFProject Financing 시 혹은 사업 정산 시 투자 원금 및 수익금을 회수한다. PIPrinciple Investment를 받았을 때는 고금리의 이자, 사업지분 공여 등의 조건과 더불어 향후 금융에 대한 배타적인 권한이 부여된다. 이 때는 금융사도 시행사와 마찬가지로 투자 원금을 모두 잃을 수 있다. 그렇기 때문에 토지확보 리스크 검토, 인허가 검토, 분양성 검토 등 철저한 사업성 검토를 진행하고 자금을 조달하며, 요구하는 수익도 커진다.

Bridge Loan은 흔히 브릿지라고 일컬어진다. 이는 토지의 중도금 및 잔금과 필수사업비 중 일부의 용도로 사용된다. 금융사에서는 매매예약가등기나 토지담보신탁후 수익권 설정, 사업진행 불가사유 발생시 사업권 포기 각서 등을 요구하는 경우가 많다. 공동주택의 경우 선순위 70% ~ 80%, 중순위 90% ~ 100%, 후순위 100% ~ 120%의 LTVLoan to Value를 갖으며 이율은 All in Cost로 7% ~ 8%, 12% ~ 15%, 18% ~ 20%로 책정되고 지식산업센터는 선순위 60% ~ 70%, 중순위 70% ~ 80%, 후순위 80% ~ 100%로 책정되는 경우가 많다. 물류센터는 지식산업센터보다 10% ~ 20%정도 낮은 LTVLoan to Value

형성하는데, 녹지가 많고 인허가 기간이 짧아 Bridge Loan을 발생시키지 않고 계약금 후 바로 잔금 대출로 이어지는 경우가 많다. 이는 대략적인 근사값일 뿐 Cofix, CD금리로 인한 변동금리 이슈, 시장상황에 따른 각 회사별 경영전략 등에 따라 자주 변동된다. 그렇기 때문에 금융에 대해서는 늘 촌각을 곤두세워 시장 흐름을 따라가는 것이 더 중요하다.

PFProject Financing는 토지잔금, 필수사업비, 시공사 및 신탁사 등과 협의된 공사비 확보금액 등을 조달하는 자금조달 기법이다. 3가지 금융조달 방법 중에서 공사비와 필수사업비 포함 여부 때문에 가장 큰 조달금액이 필요하고, 이는 가장 큰 수수료를 수령할 수 있음을 뜻한다. 이러한 이유로 그 전에 다루었던 PIPrinciple Investment나 Bridge Loan에서 PFProject Financing 주선권에 대한 권리를 확보하는 것이다. PFProject Financing는 협의된 분양가에 매각이 완료되었을 때의 매각액을 분모로 설정하고, 대출액을 분자로 하여 LTVLoan to Value를 계산한다. 개발 후 가치평가다. 개발 후 감정평가를 상기와 같이 산정할 수 있는 가장 큰 이유는 건설사, 신탁사, 금융사 등이 모여 협의하여 분양가 혹은 매각가를 정하기 때문이다. 이 과정에서 적정 LTVLoan to Value를 설정하기 위해 분양율 시뮬레이션을 통해 조달금액을 줄이거나, 마케팅을 통한 매각가치에 대한 제고 역시 이루어진다.

모든 금융기법은 일정한 틀이 있는 것이 아니다. 기본적으로 부동산 금융은 차주의 신용과는 별개인 비소구금융이다. 그렇기 때문에 사업성에 대한 평가가 우수하면 얼마든지 다른 구도가 성립할 수 있다. 또한 차주의 신용도가 우수하다면 비소구금융이 아닌 일부 소구금융방법을 이용하여 자금조달을 할 수도 있다. 금융자문사는 경쟁력을 갖추기 위해서 다양한 금융구도를 제안함과 동시에 금융권에서는 적합한 시공사 및 매각자문사 선정 등의 자문을 제공하기도 한다. 금융자문을 체결하면 대부분의 경우 Bridge Loan 및 PFProject Financing에 대한 배타적 권리를 공여하게 되므로 신중하게 금융사를 선정해야 한다.

두 번째는 시공사와 협조하는 방법이 있다. 시공사는 LTVLoan to Value보다는 사업성 자체를 기준으로 판단하는 경우가 많다. 사업성에 대한 충분한 이해를 바탕으로 시공사의 신용보강지급보증, 연대보증을 받은 뒤 자금을 조달할 금융사를 선정하는 것이다. 이 때는 대부분 시공사에서 추천하는 금융사를 선정하게 된다. 금융사는 해당 시공사의 신용을 바탕으로 이자를 산정하여 대출해주고, 나머지 금액은 토지 및 사업을 담보로 금융을 조달하게 된다. 이 방법을 사용하면 시행사는 공사비의 증대 및 사업이익 중 일부 공여를 제공할 수 있다. 연대보증은 우발채무로 산정되어 회사 전체 신용도에 영향을 미친다. 뿐만 아니라, 이사회 의결사항이기 때문에 시간도 상당기간 소요된다. 이러한 점을 해결하기 위해 몇 시공사는 블라인드 펀드 등을 운영하기도 한다. 해당 펀드는 자산운용사를 통하여 개설하며 건설사의 신용도를 바탕으로 금융사에서 한도 자금을 준비해두고, 상황에 맞게 투자 주체와 협의하여 혹은 미리 협의해둔 조건을 토대로 사업자금 투자에 사용한다. 시공사, 시행사, 금융기관 등이 참여하는 블라인드펀드 외에 펀드 출자방안은 증권사와 FI가 50%씩 투자하는 방안이 있다. 단순히 증권사에서 투자하는 경우 발행 주식 총수의 30%이상을 소유하게 되면 공정거래법에 의거하여 계열사 편입이슈가 있는데, 펀드를 투입시키는 경우 투자자가 수익증권을 취득하므로 법률 제한 사항이 없다는 것이 장점이다. 실무적인 관점에서는 사업주체자가 판단하기에 어려운 사업일 경우 시공사의 신용을 공여 받으면 좋다. 신용도가 높은 시공사가 해결하기 어려운 사업장에 신용공여를 제공하면 그 자체로 신용이 생긴다. 이 때 금융권에서는 시공사를 믿고 사업을 추진하는 경우가 많다.

이해관계자들은 사업 진행 전에 투자심의를 진행한다. 시공사의 투자심의가 가장 까다롭다고 할 수 있는데, 그 이유는 책임준공으로 인해 가장 마지막까지 사업을 이끌어가야 하기 때문이다. 규모가 있는 시공사는 합리적인 판단을 위해 각 분야의 전문가 집단을 팀으로 만들어 둔다. 마케팅, 공사, 견적, 회계, 법무, 기획, 설계 등의 팀에서 2번 혹은 3번의 투자심의를 통하여 사업성을 판단하고, 개선점을 제고한다. 각 부서의 역할을 서술하자면 마케팅은 분양가를 산정하는 업무와 원활한 분양을 위해서 필요한 마케팅 기법을 고안하고, 공사팀은 공사기간을 산정하며 공사성민원, 공사 진입로 확보 등을 판단하는 업무를 진행한다. 견적팀은 공사원가수주시에는 개산견적를 산정하고, 금융팀은 금융조달 리스크 판단을 진행한다. 법무팀은 법률검토 등을 진행하고 기획은 전체 회사의 방향성과 사업의 일치 여부를 판단한다. 설계팀은 회사기조와 트렌드에 맞는 특화설계조경, 외부, 커뮤니티 등 및 평

면구성을 진행한다. 이 때 개발팀영업팀은 여타 다른 이해관계자와 시공사의 교두보 역할을 한다. 개발사업팀은 사업을 진행하며 나온 시공사의 의견을 다른 이해관계자와 조율하여 투자심의 자료를 주체적으로 작성한다. 이들은 각 분야의 전문가를 설득해야 하는 상황이 발생하기 때문에 사업 난이도에 따라 적게는 수십 페이지에서 많게는 백 페이지가 넘을 만큼 방대한 양의 자료를 작성하게 된다. 그 주요 내용은 앞서 살펴본 위치 및 분양 적합성, 사업수지, 법률적 검토, 사업 및 인허가 일정을 주로 다룬다. 개발팀은 분석이 끝난 후 적극적이고, 빠른 내부 보고를 하는 것이 중요하다. 왜냐하면 좋은 사업장일수록 내부 보고를 진행하는 과정 중에 경쟁사에서 먼저 사업을 수주할 수도 있기 때문이다. 최종적으로 시공사 대표이사가 참석한 투자심의를 통해 회사의 방향성을 결정하면 시행사는 드디어 연대보증 혹은 책임준공을 제공할 시공사를 만나게 된다. 이는 사업이 본격적으로 시작됨을 의미한다. 이러한 과정은 짧게는 한 달에서 길게는 몇 달까지도 소요되기도 한다. 연대보증처럼 우발채무에 산정되지 않는 책임준공이라도 실질적으로는 여타의 신용보강과 다를 것이 없다. 그러므로 신중한 판단을 위한 투자심의에 대한 기간은 이해가 필요하다. 이 과정 속에 설계사 및 시행사와의 협조를 통해 상품성이 개선되는 경우도 많다. 시행사는 이러한 투자심의 기간이 시간 낭비라는 생각보다는 상품성 개선의 기회라고 생각하며 함께 사업을 진행하는 것이 올바른 관점이다.

금융사의 투자심의는 비교적 빠르게 진행된다. 해당 팀에서 사업에 대한 심의를 요청하면 리스크 관리 부서와 의사결정권자가 사업을 판단한다. 기본적인 사업성 검토 후에 금융사 투자심의에서 가장 중요한 것은 개발 전/후 LTVLoan to Value와 EXIT분양율금융원리금을 상환하기 위한 목표 분양율이다. Bridge Loan의 경우 개발 전 토지 담보가 충분하다면 최악의 경우 토지 매각을 통해 투자금을 회수할 수 있다. PFProject Financing의 경우에는 시공사의 책임준공, 경우에 따라 신탁사의 연대책임준공이 있기 때문에 개발 후 토지감정평가와 EXIT분양율이 충분히 확보될 수 있는 시장인지에 대한 판단을 한다. 이는 금융사가 시공사보다 우선수익권을 확보하기 때문에 가능한 것이다. 가장 먼저 EXIT가 가능한 금융사와 책임준공으로 인하여 가장 마지막에 EXIT하는 시공사는 사업을 대하는 태도와 심의 절차가 다를 수밖에 없다.

부동산에서 임장활동은 주체를 불문하고 가장 중요한 요소 중 하나이다. 모든 이해관계자는 투자심의에 앞서 꼭 사업지를 직접 방문하여, 주변 분위기를 살펴보아야 한다. 그 이유는 대부분의 사업지는 지도와 실제 느낌이 다른 경우가 많고, 사업지에 방문해 보면 더 적합한 상품이 떠오르기 때문이다. 또한 사업부지 주변의 지자체에 방문해 보면 서류로는 보이지 않는 인허가 리스크를 발견할 수도 있다. 여기서 주의할 것은 지자체 방문은 권장할 만한 사항이지만, 부동산중개사무소 등에 방문을 하며 개발사업에 대한 기대감을 높이는 것은 좋지 않다. 토지계약 전에 시공사가 개입하고 있다는 것이 소문이 나면 토지대가 올라가 시행사의 사업을 망치게 될 수도 있기 때문이다. 그래서 부동산 공인중개사무소에 방문을 하더라도 신분을 숨긴 채 질의응답을 진행한다. 대다수의 초기 사업을 진행하는 시행사, 시공사 개발사업팀은 사업적인 특성만 살펴보는 경우가 많은데, 상품의 시작은 건설공사이므로 사업부의 경사도에 따른 사업계획, 공사 진입로, 주변 민원 등 공사를 수행함에 있어 어려움을 초래할 만한 것은 없는지도 꼼꼼히 살펴보고 파트너사 및 협조 부서에게 피드백을 제공하는 것 역시 중요하다.

개발사업부서에 몸담고 일하며 다양한 사례를 검토했는데 그 중 임장활동을 통해 교훈을 얻은 사업장이 하나 있다. 누가 봐도 좋은 입지 조건과 사업성을 확보한 사업장으로 주상복합이 계획되어 있는 사업지였다. 순서대로 사업분석 후 임장활동을 진행하게 되었는데, 워낙 좋은 조건의 사업지라 모든 절차가 빠르게 흘러가고 있었다. 임장활동의 마지막 단추로 지자체에 방문하였는데 문제는 거기서 발견되었다. 현재는 상가로 운영 되고 있으나 존재하는 시설물이 철거되면 자연녹지로 회귀하는 토지특성을 가지고 있던 것이다. 만약 지자체에 방문하지 않았다면 그 사실을 몰랐을 것이고, 우리는 기간이 오래 걸리고 진행이 불가능할 수 있는 용도변경 사업을 수주하여 회사에 적자를 초래할 뻔했다. 또한 임장 및 배치도 분석을 통해서 리스크를 발견한 사업장도 있었다. 이는 건축심의가 완료된 사업장이었다. 건축심의가 완료되었다는 것은 거의 반년 내로 조기 착공이 가능할 수 있어 인허가 리스크가 거의 없다고 봐도 될 정도로 우수한 사업장이다. 토지확보 리스크 역시 98%가 확보되고 2%는 국유지여서 사업승인 후 수용절차에 들어갈 수 있어 부담감이 없었다. 그런데 검토 사업장에는 법률적 허점이 있었다. 그건 단지 중간 도로였다. 단지의 중간에 8M도로가 계획되어 있었고, 주택법 시행규칙 제3조주택단지의 구분기준이 되는 도로에 따르면 폭 8M 이상인 국지도로가 중간에 있게 되면 다른 사업으로 간주되어서 인허가 승인을 따로 받아야 되는 규정이 있었다. 배치도를 면밀히 검토하지 않았다면 건축심의를 완료한 사업장이 사실상 심의를 접수하지도 않은 장기화 사업장이라는 것을 발견하지 못했을 것이다. 그 뿐만 아니라, 반대로 형편없는 사업지라고 판단했는데, 직접 가보니 해당 사업지는 유동인구가 꽤 많고 상가에 대한 수요가 높아서 상가비율을 수정한 뒤 성공적으로 진행한 사업장도 있다. 해당 프로젝트를 진행해도 될지 안될지 판단이 안 될 때도 사업장에 방문한 뒤 확신이 생기는 경우도 많다.

개발사업 이해관계자들은 우수한 프로젝트를 발굴한 뒤에 함께 사업을 만들어가야 한다. 상기와 같은 정보를 숙지하고 있어야 같은 사업지를 다양하게 바라볼 수 있는 힘이 생긴다. 하나의 단지로 진행하기에는 신규 개발 지역이기 때문에 리스크가 큰 사업장을 2개의 단지로 나누어 진행할 수 있다. 이 때 1단지와 2단지의 도급조건을 연계하여 시공사의 신용보강이 가능하도록 설득하여 상품을 개선한 뒤 사업을 성공시키면 개발사업 시장에서는 담당자가 금방 소문이 난다. 그리고 시장에서 해당 담당자는 어려운 사업도 진행시킬 수 있는 능력이 있다고 판단된다. 이러한 프로젝트 사례가 많아지면 금융사나 시공사도 담당자를 믿고 더 많은 자금을 융통하거나 신용보강을 제공하려 하고, 이것이 실력이 되는 선순환구조를 만들게 된다.

시공사와 금융사가 선정되었으면 인허가를 신속하게 진행하여 금융비용을 최소화하고, 착공 및 분양일정에 맞춰 이해관계자의 경영계획이 유지될 수 있도록 해야 한다. 대출약정 이후에는 시간이 곧 돈이다. 1,000세대 규모의 경우 PFProject Financing전 500억 ~ 2,500억 규모의 대출을 실행해야 하는 시행사 입장에서는 매시 매초 금융비용이 발생하고 있다. 또한 시공사 및 금융사는 내부 보고 일정 및 연관 대주에 기 보고한 일정 준수의 필요도 가지고 있다. 신속한 인허가 진행에 있어 가장 중요한 열쇠를 쥐고 있는 이해관계자는 건축사 사무소설계사다. 이들은 도면, 시방서 등을 통하여 인허가를 진행하는 법률대리인이다. 아래는 주택 프로젝트의 인허가 일정을 예시로 만든 일정표다.

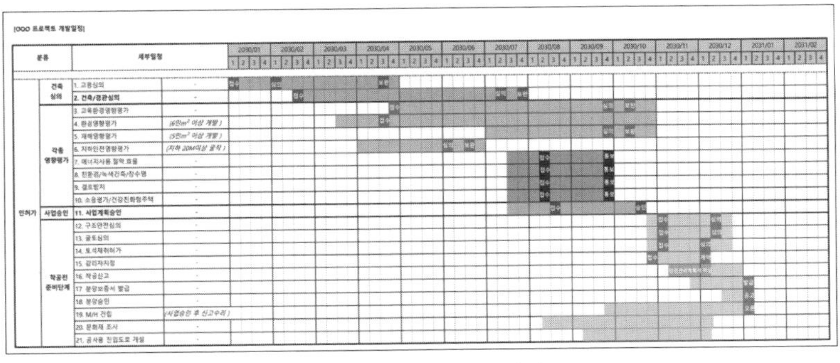


<주택인허가 일정표 예시>

위 그래프에서 Critical Path는 교통영향평가심의, 경관심의, 건축심의, 사업계획승인, 구조/굴토 심의, 감리자 지정이다. 자세한 사

항은 뒤에서 살펴보고 몇 가지 사항만 체크하도록 하겠다.

경관심의는 제안서제출, 사전경관계획 수립, 심의신청, 경관심의 개최, 통과대부분의 경우 조건부 통과 순으로 이루어진다. 사업주체는 기초조사 및 개발계획을 수립하여 구역지정 제안서를 제출하게 된다. 이후 사전경관계획을 수립하여 심의를 신청한다. 담당자가 이를 검토하고 심의를 접수하게 되는데, 그 후 경관심의가 개최된다. 경관심의는 지자체에서 주관하는데 한 번에 통과될 수도 있고, 몇 번의 심의 후에 조건부로 통과되는 경우도 빈번하다. 지자체별로 건축/경관심의를 동시에 하기도 하고, 심의 일정을 매월 첫 주 수요일과 같이 지정해두는 곳도 있으니 해당 사항들을 잘 알아보고 일정표를 작성하는 것이 현명하다.

또한 교통환경영향평가, 교육환경영향평가 등 대부분의 인허가도 거의 비슷한 절차로 흘러간다. 가장 중요한 심의로 일컬어지는 것은 건축심의 그리고 주택의 경우에는 사업계획승인이며, 건축의 경우는 건축허가라고 할 수 있겠다. 사업계획승인이 완료되면 나머지는 2개월 정도가 소모되는 관례적인 절차라고 보면 된다. 이 시기에 모델하우스의 건립 계획은 완료되어 있어야 한다. 모델하우스 건설은 약 2~3개월 정도가 소요되기 때문에 사업승인 한 두 달 전에는 모델하우스 부지선정 및 계약 그리고 개발행위허가를 통한 모델하우스 착공준비는 완료해 두는 것이 좋다.

필자가 진행하던 사업장은 심의를 거치면서 도로확장을 위해 주변 도로를 매입하기도 하고, 경관 등을 이유로 층수가 줄어서 세대수

역시 줄어든 경우가 많았다. 이러한 경우는 필연적으로 매출이 줄어들게 되는데 이를 극복하는 방법으로는 어닝하우스, 펜트하우스, 상가시설 구성변화 등의 방법이 있다. 다만 상가시설은 분양시기가 공동주택과 비교해 다소 느리고 분양률이 저조하여 리스크를 수반하니 검토에 면밀한 주의가 필요하다. 그리고 인허가 진행 시 심의 별 토지확보율이 아래와 같이 존재하니 반드시 숙지하고 사업을 진행해야 할 필요성이 있다.

| 구분 | 내용 |
|---|---|
| 지구단위계획 | 지구단위 계획 입안 제안시<br>: 대상 토지 면적(국공유 지 제외)의 66.7%(2/3)이상 토지 소유자의 동의<br>※ 국계법 제26조, 동법 시행령 제19조의 2 |
| 건축심의 및 건축허가 | 건축허가 접수 시<br>: 대상 토지 면적의 80%이상 사용할 수 있는 권원 확보<br>- 토지관리청에 국공유지 매각 또는 양여확인서 제출시 확보면적 인정가능<br>※ 건축심의 접수 시 토지확보 기준은 없으나 보통 건축허가 접수 시 기준을 실무적으로 확인함. |
| 사업계획승인 (주택건설사업) | 사업계획승인 접수 시<br>: 대상 토지 면적의 80%이상 사용할 수 있는 권원확보<br>- 토지관리청에 국공유지 매각 또는 양여확인서 제출시 확보면적 인정가능<br>※ 주택법 제21조<br><br>사업계획승인 시<br>: 대상 토지 면적의 95%이상 확보(미확보5% 매도청구가능)<br>- 공익사업 승인(사업계획승인)받은 경우 토지보상법에 따라 수용재결가능<br>※ 주택법 제22조, 주택법 제27조<br><br>분양승인 시<br>: 대상 토지 면적의 100% 확보<br>- 단 기반시설토지 미확보시 해당토지 금액 HUG예치 |

| | |
|---|---|
| 정비구역계획<br>(변경) 지정<br>및<br>사업시행인가<br>(정비사업) | 정비구역계획(변경)입안 제안 시<br>: 토지등소유자(또는 조합원)의 66.7%(2/3)이상 동의<br>- 대통령령으로 정하는 경미한 사항을 변경하는 경우에는 동의절차 X<br>※ 도시정비법 제14조<br><br>조합설립인가 및 사업시행인가 접수 시<br>: 토지등 소유자의 75%(3/4) 및 토지면적의 50%(1/2)동의 확보<br>※ 도시정비법 제35조, 도시정비법 제50조 |

주택 프로젝트는 여타의 프로젝트에 비해 다수가 이용하는 시간이 많고, 교육과 교통 등 다른 상품보다 고려해야 할 것이 많기 때문에 인허가 시 고려해야 할 요소가 더 많다. 이것이 인허가 대표사례로 주거 프로젝트를 예시로 든 이유이다. 비주거 상품의 허가사항은 건축허가, 개발행위허가, 환경영향평가, 재해영향평가, 지하안전영향평가 등으로 주택과 비교 시 다소 간단하다고 보여 진다. 그래서 비주거 시설의 경우에는 인허가 기간을 1년 이내로 계산하는 경우가 많다. 허가 검토시에는 도시계획조례와 국토계획법 제51조에 따른 개발행위 허가기준 및 규모를 확인하고, 환경영향평가법 시행령 제59조에 따른 환경영향평가 기준, 자연재해대책법 시행령 제6조에 따른 재해영향평가 기준, 매장문화재 보호 및 조사에 관한 법률 시행령 제4조에 따른 지표조사 여부, 도시교통정비촉진법 제15조에 따른 교통영향평가 여부, 경관법 제26~제28조 및 지자체별 조례 확인에 따른 경관심의 여부, 건축법 제6조의3에 따른 특수구조건축물심의 여부, 지하안전관리에 관한 특별법 제14조에 따른 소규모 지하안전평가 여부, 농지법 제34조에 의한 전, 답, 과수원 등 농지를 농업생산 또는

대통령령으로 정하는 농지개량 외의 용도로 사용시 농지전용허가, 산지관리법 제14조에 의한 임야 등 산지의 형질 변경 시 산지전용허가 등을 파악하여 허가 사항을 확인해야 한다. 허가가 완료되면 건축허가후 공사착수까지 2년의 기간을 가질 수 있고, 정당한 사유가 있을 시 1년을 연장하여 총 3년의 시간을 확보할 수 있다. 허가완료 후 건축신고일로부터 1년 이내에 공사에 착수하지 않으면 허가효력은 사라진다. 이 역시 정당한 사유가 있을 시 1년 연장이 가능하다. 또한 만약 착공신고 전 경매 등으로 대지 소유권을 잃은 6개월 후에 공사 착수가 불가능하다고 판단되면 기존 허가는 취소된다. 이러한 사정을 둔 이유는 대지의 소유권을 잃은 경우에도 기존의 허가를 이용하여 새로운 권리권자의 건축허가 신청을 방해하는 것을 막기 위해서다.

이러한 허가 검토가 이루어진다고 인허가 리스크가 없다고 할 수 있을까라고 묻는다면 그건 아니라고 할 수 있다. 국민의 재산권과 행정기본법 등이 있더라도 현재 법률상 인허가 판단 여부는 허가권자에게 위임하여 그들의 판단에 따라 가부를 결정할 수 있게 되어 있기 때문이다. 심지어 얼마 전 뉴스에는 허가가 완료된 물류센터부지에 대한 허가를 취소한 사례도 나왔다. 대법원은 재량권의 일탈 및 남용여부만 판단할 뿐 입증의 책임은 고소인에게 있다고 명시했다. 특정부서의 잘못된 횡포를 막으려면 사전허가 신청을 진행하여 민원실무 심의회를 설치하고 운영함을 요구하여 검토서를 받는 것이 좋다. 이러면 추후 허가가 생각대로 진행되지 않았을 경우 진행될 수 있는 행정소송에 증거로 사용할 수 있다. 이러한 근거자료가 있어도 행정심판에서 허가 결과가 바뀔 가능성은 적다. 행정소송 시에도 법원은 허가권자의 판단을 존중하기 때문이다. 그러니 철두철미한 분석과 시청 관련 부서 상담 및 상급기관 질의, 국민권익위 고충민원을 통한 피드백, 상급기관으로부터 허가기준 등에 대한 사전컨설팅을 받을 수 있는 사전 컨설팅 제도 등을 이용하여 허가를 검토하는 것이 현명하다. 철저한 허가검토를 진행하였으나 구두로 담당자가 불허하는 경우도 있다. 이 때 건축사무소가 별다른 추가 노력없이 결과를 바로 통보할 수 있다. 시행자는 직접 허가담당자 및 상급자를 만나서 불허에 대한 사유를 듣고 법적 근거가 되는 법률조문을 확인해야 한다. 만약 허가권자의 재량이 깃든 판단이면 일단 해당 법조문에 대한 법령, 지침서, 질의회신자료, 뉴스, 해당 부처 상급기관질의, 법제처유권해석, 대법원 판례 등을 근거로 들어 허가담당자를 다시금 설득하여야 한다. 이 때 건축 관련법 연혁에 대한 이해 역시 중요하다. 그 이유는 연혁에 대한 이유로 판단근거에 대한 읍소를 할 수 있기 때문이다. 그럼에도 불구하고 허가가 나지 않으면 행정소송을 해서라도 권리를 찾아야 한다. 행정소송은 긴 시간을 요구하게 된다. 이 때 비교적 영세한 시행사는 버티지 못하는데, 시공사 혹은 금융사 등이 채무를 인수하여 소송을 이어가는 경우가 많다. 이런 일이 없도록 허가권자의 움직임과 성향에 대해서도 늘 예의주시할 필요가 있다.

모든 이해관계자들의 협업 아래 인허가가 완료되면 사업은 착공 및 분양 절차에 들어가게 된다. 사업성 등을 위한 후분양이 아니면 착공과 동시에 분양을 진행하는 경우가 많다. 착공후에는 기술과 관련된 이해관계자들과 함께 공사를 이끌어 가게 된다. 건축사업의 특성상 몇 개월에서 수 년까지 장기간의 공사기간을 요하는 경우가 많다. 이 때 토목공사 시 지질에 대한 이슈, 설계변경, 민원 등에 관한 사항, 자재비용 및 인건비 변동, 천재지변 등 많은 문제 사항이 생길 수 있다. 현장은 각종 예기치 못한 문제가 생길 수 있기 때문에 착공 후에는 서로 협의하여 준공을 위해 협업하는 노력이 필요하다. 이 때 각 회의마다 회의록 작성을 분명히 하고, 설계가 변경되었을 시 작업지시서 수령, 과다한 원가 변동사유 발생시 쌍방간 공문을 통한 사실인지 노력 등을 철저히 해야 정산 시 분쟁의 여지가 줄어든다.

이렇게 되면 추진구조 4단계 중 마지막 입주와 정산이 남는다. 준공이 된 건물은 사용승인절차에 들어가게 된다. 이는 보존등기와는 다른 개념으로 건축물 완공에 대한 인정이라 할 수 있다. 준공검사, 준공허가, 사용검사 등 다양한 용어로 일컬어지고 있으나 사용승인이 맞는 용어이다. 시행사가 건축물의 건축공사를 완료한 후 건축물을 사용하려면 공사감리자가 작성한 감리완료보고서와 국토교통부령으로 정하는 공사완료도서를 첨부하여 허가권자에게 사용승인을 신청해야 한다. 이 때 허가권자는 신고한 설계도서대로 시공되었는지, 감리완료보고서 및 공사완료도서는 적합하게 작성되었는지 등을 확인한다.

주택법 제49조에는 사업계획을 승인받은 경우 완공된 주택에 대하여 공구별로 사용검사를 받을 수 있고, 사업계획 승인 조건의 미이행 등의 사유가 있을 경우 공사가 완료된 주택에 대하여 동별로 사용검사를 받을 수 있다고 기재되어 있다. 허가권자는 공사가 완료된 부분이 건축법에 따른 기준에 적합한 경우 임시사용승인을 할 수 있으며 식수 등 조경에 필요한 조치와 같은 것을 단서로 제시할 수 있다. 다만, 임시사용승인의 기간은 2년 이내로 하여야 한다. 예외적으로 허가권자는 대형 건축물 또는 암반공사 등으로 인하여 공사기간이 긴 건축물에 대해서는 연장할 수 있다. 주택건설사업의 경우 건축물의 동별로 공사가 완료된 경우에 세대별로, 대지조성사업의 경우 구획별로 공사가 완료된 경우 임시사용승인이 가능하다. 단, 사업계획내용에 적합하고 사용에 지장이 없는 것은 시행자가 증명하여야 한다.

시행사가 사용검사를 받았을 때에는 해당 사업의 준공인가를 받은 것이다. 사용승인서 교부 및 건축물 대장 생성, 사용승인일로부터 60일 이내 취득세 납부 및 보존등기를 진행해야 한다. 미등기 부동산에 최초로 진행하는 것이 보존등기이다. 부동산의 속성 중 하나가 등기여부라고 했는데, 이것을 개설하는 것이다. 이는 등기사항 전부 증명서가 생성되는 것을 의미한다.

입주를 위해서는 보존등기가 필수다. 보존등기란 소유권을 보존하기 위한 등기로서 미등기된 부동산 물권 따위를 처음으로 등기부에 올리는 단계이다. 새롭게 지은 건축물에 있어서 꼭 필요한 단계라고 할 수 있다. 주택도시보증공사에 신탁한 경우 건축물 보존등기 시 사업주체인 시행사가 진행한다. 주택법 제61조에는 사업주체는 해당 주택 또는 대지가 입주예정자의 동의 없이는 양도하거나 제한물권을 설정하거나 압류, 가압류, 가처분 등의 목적물이 될 수 없는 재산임을 소유권등기에 부기등기 하여야 한다고 적혀 있다. 그러므로 이에 따른 수익자의 채권보전책은 강구하여야 한다. 신탁사명의로 사업이 진행되는 경우관리형토지신탁, 차입형토지신탁는 해당 부동산이 모두 신탁되므로 금융기관의 채권보전책을 따로 강구할 필요는 없다.

정산 시점에 수분양자는 분양대금을 자체적으로 완납하거나 중도금 및 잔금 대환대출을 통해서 대금을 납부한다. 보존등기 완료된 건축물은 담보가치가 적정하여 대환대출이 가능하나 각종 금융규제로 인하여 잔금 대출이 불가능한 경우도 종종 있다. 미분양 물건이 많을 경우에는 대출원리금을 먼저 상환하고 시공사는 미수공사대금을 준공된 건물 즉, 대물로 취득할 수 있으며 공매를 통해 매각 후 공사비로 수령할 수도 있다. 금융기관은 미분양으로 대출원리금 상환지체 시 공매 또는 시공사 대위변제로 대출원리금을 상환 받을 수 있다.

또한 지분에 따른 사업이익 분배와 각 사별 내부 상황과 일정에 맞는 성과인식 절차가 존재한다. 공사비는 증액되는 경우 정산까지 협의가 되지 않는 경우가 많다. 그 이유는 적게 주고 싶은 시행사와 많이 받고 싶은 시공사간의 이해관계의 차이 때문이다. 증액은 물가상승으로 인한 단품 및 지수조정방식으로 시시비비가 가려지고, 외에는 설계변경 등에 따른 연면적 변동 및 건축구조재, 마감재 변경에 따른 증액 요구사항 등이 있다. 이러한 분쟁의 조정이 끝났을 때 비로소 정산이 완료된다.

# 3부

# 부동산개발사업 사업수지

| 이익 | 사업비 | 공사비 | 토지비 |
|---|---|---|---|
| 10-20% | 10-20% | 40-50% | 20-30% |
| | 설계비,<br>금융비 등 | 실행공사비, 하자보수비, 민원처리비<br>사업추진비, 본사관리비 | 토지매입,<br>취득제세,용역비 |

<부동산개발사업 사업수지 막대그래프>

사업수지는 크게 수입과 지출 그리고 두 항목의 차이인 이익으로 구성된다. 개발사업 수입에서 가장 중요한 역할을 하는 요소는 건폐율과 용적률이다. 건폐율과 용적률은 용도지구로 기본적인 틀을 파악하고 다양한 법률을 검토하여 추가 규제와 완화여부를 판단한다. 국토의 계획 및 이용에 관한 법률이하 국토계획법 제6조는 국토를 토지의 이용실태 및 특성, 장래의 토지이용방향 등을 고려하여 국토를 도시지역, 관리지역, 농림지역, 자연환경보전지역 4종류로 나눈다. 그

| 구 분 | | | | 산출근거 | 집행시기 |
|---|---|---|---|---|---|
| 시행사 | 수입 | 분양매출 | 공동주택분양 | 분양가(분양면적x평당분양가x세대수) | 계약10%, 중도금60%, 잔금 30% |
| | | | | 전용85㎡미만(부가세 면제) | |
| | | | 업무시설분양 | 분양가(분양면적x평당분양가x세대수)+부가세 | |
| | | | 근생시설분양 | 분양가(분양면적x평당분양가x세대수)+부가세 | 착공후 1년 뒤 |
| | | 기타 | 토지매각 등 | 매각금액 | 매각 후 입금 시 |
| | | | 이자수입 | 잉여현금 이자수익 | 수시 |
| | 지출 | 토지 | 토지비 | 실 지급비용(사유지, 국공유지 별도구분) | 발생시점 |
| | | | 취득세 | 취득세(토지대2%)+농특세(취득세10%)=2.2% | 토지 취득, 등기 시 (잔금지급시) |
| | | | 등록세 | 등록세(토지대2%)+교육세(등록세20%)=2.4% | |
| | | | 수수료 등 | 법무사비용(토지대0.1%내외) | |
| | | 공사 | 직접공사비 | 건축, 토목, 조경 등 공사금액 | 공사기성율에 따름 |
| | | | 간접공사비 | 설계비(각종 평가비 포함), 감리비, 철거비(규모x단가 ((5~10만원) | 발생시점 |
| | | | 미술장식품 | 연면적x표준건축비x0.1~1% | 발생시점 |
| | | 분양 | M/H부지 임차료 | 임대면적x임대월수 | 분양직전 일시불지급 |
| | | | M/H 공사비 | 건축면적x건축비 | 분양직전40%,4개월뒤 60% |
| | | | M/H 운영비 | 월간운영비x운영월수 | |
| | | | 광고선전비 | 매출액의 1~2% | 분양초기 6개월 |
| | | | 분양수수료 | 매출액의 0.3~1% | 분양율에 맞춰 지급 |
| | | | 분양경비 | 분양수수료에 포함 | 분양개시월 100% |
| | | 제세공과금 | 종합토지세 | 분리과세, 과세표준의 0.2~5% | 매년 |
| | | | 보존등기비 | 공사비3.2%(취득세2%, 농특세0.2%, 등록세0.8%, 교육세 0.16% | 사용승인 시(준공 시) |
| | | | 과밀부담금 | 해당 지역조례참고(서울지역만해당)<br>부과대상지역 : 서울시<br>대상건축물 : 업무용 25,000㎡이상, 상업용 15,000㎡ 이상, 복합건축물 중 업무용+상업용 합이 25,000㎡이상인 경우<br>주차장면적+기초공제면적(5,000㎡)가 기준면적을 초과하지 않을 때 = 기준면적-주차장면적-기초공제면적)x단위건축비x0.05+기준면적초과면적x단위건축비x0.1<br>주차장면적+기초공제면적(5,000㎡)이 기준면적 초과할 때= (신축면적-주차장면적-기초공제면적)x단위당건축비x0.1 | 착공 후 3개월후 실시 |
| | | | 광역교통부담금 | 표준건축비 4%(대도시2%)<br>연면적x표준건축비x부과율 | 착공 후 3개월후 실시 |
| | | | 학교용지부담금 | 분양가의 0.8% - 분양매출의 0.4% | 착공 전후 |
| | | | 상하수도분담금 | 세대당 100만원 내외(전기/도시가스부담금 포함) | 착공 전후 |
| | | | 농지전용부담금 | 전용면적x공시지가 30% | 해당 시점 |
| | | | 대체농지조성비 | 전용면적x평단 논 및 밭 가격(지역별상이) | 해당 시점 |
| | | | 산림전용부담금 | 산지전용허가면적 x(단위면적당 금액+공시지가x0.1) | 해당 시점 |
| | | | 지역난방분담금 | 세대당 50만원 내외 | 8회차에 나눠서 고지서지급 |
| | | | 기반시설부담금 | 표준시설비+개별공시지가x환산계수x연면적-공제면적x부담률 | |
| | | | 개발부담금 | 준공일공시지가-부과개시일공시지가-개발비용-평균지가상승분x25% | 착공 9개월 50%, 준공 50% |
| | | | 대체농지부담금 | 3,116원/평 | |
| | | | 대체조림부담금 | 년도 별도공시 | 승인 후 90일 |
| | | | 분양보증료 | 공동주택분양매출액x0.34%/년 | 분양 직전 |
| | | 용역비 | 각종용역비1 | 지질조사비, 측량수수료, 지구단위용역비 등 | 사업승인 전 |
| | | | 각종용역비2 | 교통영향평가용역비, 환경영향평가 용역비 등 | 사업승인 전 |
| | | | 각종인허가비용 | 기타 사업 인허가 수수료 등 | |
| | | 기타 | 예비비 | 민원처리비, 기타비용, 매출액 대비1% | |
| | | | 하자보수비 | 공사비 1.5% | |
| | | | 사업권양수비 | 협정에 따름 | 발생시점 |
| | | | 본사관리비 | 매출액 0.5~1%이내 책정 | 매월 |
| | | | 금융비용 | 차입금 이자 | 차입금 상환 시점 |
| | | | 매출부가세 | [(매출액-매출액x(토지대/사업비))-공제가능 비용]x10% | 정산 시점 |
| | | | 신탁관련비용 | 관리형토지신탁: 매출액 *0.1%, 7억이하 | 협의 |

<부동산개발사업 사업수지표>

리고 도시지역은 국토계획법 제36조에 따라 주거지역, 상업지역, 공업지역, 녹지지역으로 관리지역은 보전관리지역, 생산관리지역, 계획관리지역으로 구분하여 도시관리계획으로 지정한다. 여기서 주거지역은 전용주거지역, 일반주거지역, 준주거지역으로 상업지역은 중심상업지역, 일반상업지역, 근린상업지역, 유통상업지역으로 공업지역은 전용공업지역, 일반공업지역, 준공업지역으로, 녹지지역은 보전녹지지역, 생산녹지지역, 자연녹지지역으로 세분하여 지정한다. 이에 따라 달라지는 용적률과 건폐율은 다음과 같다.

| 용도지역 | | | 건폐율 | | 용적률 | | 비고 |
|---|---|---|---|---|---|---|---|
| | | | 법규 | 서울시 조례 | 법규 | 서울시조례 | |
| 도시지역 | 주거지역 | 제1종전용주거지역 | 50 | 50 | 50-100 | 100 | |
| | | 제2종전용주거지역 | 50 | 40 | 50-150 | 120 | |
| | | 제1종일반주거지역 | 60 | 60 | 100-200 | 150 | |
| | | 제2종일반주거지역 | 60 | 60 | 100-250 | 200 | |
| | | 제3종일반주거지역 | 50 | 50 | 100-300 | 250 | |
| | | 준주거지역 | 70 | 60 | 200-500 | 400 | |
| | 상업지역 | 중심상업지역 | 90 | 60 | 200-1500 | 1000 | |
| | | 일반상업지역 | 80 | 60 | 200-1300 | 800 | |
| | | 근린상업지역 | 70 | 60 | 200-900 | 600 | |
| | | 유통상업지역 | 80 | 60 | 200-1100 | 600 | |
| | 공업지역 | 공업지역 | 70 | 60 | 150-300 | 200 | |
| | | 일반공업지역 | 70 | 60 | 150-350 | 200 | |
| | | 준공업지역 | 70 | 60 | 150-400 | 400 | |
| | 녹지지역 | 보전녹지지역 | 20 | 20 | 50-80 | 50 | |
| | | 생산녹지지역 | 20 | 20 | 50-100 | 50 | |
| | | 자연녹지지역 | 20 | 20 | 50-100 | 50 | |

토지의 유한성과 건축물의 영속성과 파급력 때문에 다양한 법률로 이를 규제하고 있다. 물론 사업진행 중 심의 내용에 따라 기부채납 용지 지정, 일조권, 높이 제한 등의 의견이 생겨 사업성의 변동될 여지는 있으나 초기 검토에서 모든 것을 확인하기는 불가능하기 때문에 기초적인 규제만 파악하여 사업수지를 작성하게 된다. 여기서 작성된 규모로 대략적인 수입을 파악하는 것이다.

분양 매출이란 분양이 가능한 주 상품의 판매를 통한 수입을 일컫는다. 분양가격의 기준이 되는 분양면적은 공동주택의 경우 공급면적전용면적+공용면적이고, 오피스텔이나 생활형숙박시설과 같이 수익형 상품은 계약면적전용면적+공용면적+기타공용면적, 물류센터는 임대면적전용면적+BERTH을 기준으로 한다. 분양매출은 통상적으로 분양면적에 평당 분양가를 연산한 뒤 부가세를 추가한 금액으로 한다. 부가세를 매출로 인식하고 매입부가세를 비용으로 인식하기도 하고, 분양매출은 부가세 별도로 인식한 뒤에 지출에서 실제 납입해야 할 부가세를 비용으로 인식하는 경우도 있다. 주택 프로젝트에서 전용면적 85㎡ 이하는 부가세가 면제된다고 나와있는 것을 알 수 있다. 이를 국민주택 규모라 한다. 이러한 규정을 제정한 이유는 고가 주택보다 가구당 인구수에 맞는 적절한 평수의 주택에 부가세를 면제해주는 혜택을 주어 공급을 조절하는 것이다. 부가세는 10%로 수분양자가 체감하는 금액이 수천만 원에서 수억 원에 이르기 때문에 가격 이점이 강하다. 그 때문에 25평과 32평형은 실제로 분양이 잘 되는 편이다. 업무형 상품의 경우 상가 비율은 10% ~ 20%가 적당한 편이며, 주택의 상가 비율은 세대당 6㎡가 적당하다 볼 수 있다.

과세된 부가세는 부가세 환급일에 환급 받을 수 있다. 다만 노무비와 원자재에서 첫 가공된 물품, 예를 들어 모래 등은 부가세가 없기 때문에 환급을 받을 수 없다. 근린생활시설 혹은 커뮤니티 시설은 100% 과세되는 공간이다. 그렇기 때문에 과세율을 산정할 때는 전체 연면적을 분모로 두고, 분자는 전체 연면적에서 국민주택 연면적을 차감한 면적으로 구한다. 면세된 부분은 부가세를 환급 받을 수 없다. 그렇기 때문에 시공사가 하도급 발주를 낼 때도 부가세 보전분을 따로 책정하여 업무를 진행한다. 이로 인하여 국민주택규모가 많을수록 평당 도급공사비가 상승하게 된다. 분양가 산정은 다양한 전략을 적용할 수 있다.

제일 쉬운 분양가 산정법은 유사한 도급순위의 시공사, 분양규모 등을 맞춰서 분양가를 정하는 것이다. 지구 개발 혹은 상품성 개선을 통하여 높은 가격을 채택할 수도 있으나, 다양한 이해관계자들을 모두 설득할 수 있는 근거가 확실해야 프로젝트가 진행될 수 있다. 주택 프로젝트의 경우에는 서울과 택지개발지구는 분양가 상한제 적용을 받기 때문에 분양 가격이 정해져 있다. 또한 주택 프로젝트에서 선분양시 주택도시보증공사HUG의 분양보증과 지자체의 사업계획승인은 필수요소이다. 그렇기 때문에 고분양가 관리지역 분양가 산정 기준에 입각하여 분양가격을 산정하고, 사업계획을 세우는 것이 타당하다. 다음은 주택도시보증공사HUG의 세부 기준이다.

| 구분 | 세부내용 | 산식 |
|---|---|---|
| 분양기준 비교사업장(A) | 사업지 반경 1km내 | 평균분양가x가격변동률x 가감률 |
| 준공기준 비교사업장(B) | 준공 10년이내 | 평균분양가x가격변동률x 가감률 |
| 인근지역 매매가(C) | 사업지 반경 500m이내 준공 20년 미만의 100세대 이상 아파트 매매가 | 인근 시세 가중 평균 x85~90% |
| 최종분양가 | A와 B의 높은 금액과 C금액을 비교해 낮은 금액으로 결정 | |

물류센터와 같은 비분양 상품은 임대료에서 관리비용을 차감한 값에 요구수익률을 연산하여 매각 가치를 산정한다. 임차사와 임대계약을 체결한 후 자산운용사처럼 운영필요가 있는 주체에게 매각한다. 임차가 구해진 물류센터의 경우 4%중후반대에서 5%초반대의 요구수익률Cap Rate을 형성하는 편이다. 이 때 요구수익률Cap Rate은 금리에 비례하여 움직이는 경우가 많다.

판매촉진전략은 우리가 일반적으로 판촉전략이라고 줄여서 일컫는 것으로서 표적시장에서 기업이 전달하려는 정보를 소비자가 정확하게 인지하게 하여 제품이나 서비스를 구매하도록 설득하는 일종의 커뮤니케이션 전략이다. 쉽게 말하면 설정한 분양가격을 어떻게 소비자한테 설득시켜서 빠르게 판매할 것인가에 대한 전략이다. 공동주택, 지식산업센터, 물류센터 등과 같은 건축물을 주 상품으로 하는 부동산 분야에서의 판매촉진전략은 할인, 광고홍보, 이자정책 등으로 구성된다. 할인은 분양개시일 이후 시기별 할인율을 도급계약 혹은 대출계약 시 미리 정한다. 다만 말미에 이해관계자들이 협의하여 진행하도록 되어있는 편이며, 할인보다는 판매수수료를 높이거나 다양한 판촉방법으로 이를 대체하는 편이다. 그 이유는 먼저 분양받은 수분양자와의 형평성과 민원방지 등이 있다. 광고홍보는 크게 인터넷 광고, 신문지면 광고, 라디오 광고 등이 있고 광고선전비는 매출액의 0.1% ~ 1.0%까지 산정되는 경우가 많다. 광고홍보가 트렌드를 가장 잘 반영하는 편인데, 요즘에는 SNS를 통한 홍보가 눈에 띈다. 이 방법은 분양 대행사마다 차별화되어 있다. 분양대행사는 프로젝트의 성격에 맞는 분양계획서를 제출하고 투자자, 시행사, 시공사는 가장 적절한 분양대행사를 선정한다. 또한 MGM등으로 일컬어지는 분양대행 수수료가 있다. 공동주택이나 생활형숙박시설 등의 상품은 경기도 B급지에서는 호당 200만원 ~ 250만원처럼 일정 금액을 할당하고, 상가는 광고비를 포함하여 6% ~ 8%처럼 정률적으로 분양대행 수수료를 설정한다. 악성 상품은 조직분양이라는 이름으로 진행하며 이 때는 시행사의 이익이 거의 없어질 정도로 강한 수수료를 지급하기도 한다.

이자정책은 중도금 유이자, 중도금 무이자, 중도금 후불제 등이 있다. 중도금 유이자는 매 중도금 대출 발생 시 이자를 수분양자가 납부하는 것이다. 중도금 무이자는 이자비용이 모두 지출항목 중 금융비용으로 들어간다. 실제로는 지출항목에 중도금 이자가 산입되고 일정 이상의 수익을 위해서 분양가를 높이니 수분양자가 납부하지 않는다고 볼 수는 없으나 표면적으로는 수분양자가 이자를 납부하지 않고 시행사가 대납하는 것으로 보인다. 해당 상품은 수분양자

입장에서는 전체 분양가격의 계약금만 내고 미래가치에 투자하기 좋은 상품이 된다. 중도금 무이자는 오피스텔, 레지던스, 지방 공동주택아파트와 같이 중도금 유이자를 채택하기에는 다소 무리가 있을 때 전략적으로 이용된다.

중도금 후불제는 수분양자가 중도금이자를 잔금 시 납부하는 방식을 말한다. 향후 수분양자가 중도금을 상환하기 때문에 중도금 이자에 대한 이자만 사업비에 포함된다. 이 방법을 취하면 시행사 입장에선 중도금에 대한 금융비용은 발생하지 않으며, 수분양자가 이자를 납부하게 된다.

이자를 이용한 판촉전략은 금리와 대내외 여건에 따라 구사해야 하지만 실상은 주변 최근 분양 사례를 따라가는 경우가 많다. 변수는 분양성이다. 분양성이 떨어질 것 같은 지역일수록 무이자 혹은 중도금 후불제를 선택하는 경우가 많고, 반대로 중도금 무이자가 많은 지식산업센터와 같은 상품도 분양성에 대한 자신감으로 유이자를 선택하는 경우도 있다. 다만, 사업주체의 의지만으로 가능한 것은 아니며 시공사와 금융사 등 이해관계자 모두와 협의가 있어야 가능하다. 그렇기 때문에 일반적으로 주변의 사례를 따라 빠른 협의를 이끌어 내는 경우가 대다수이다.

분양매출은 예상 분양율에 따라 현금흐름표Cash-Flow에 기입된다. 예상 분양율은 중도금 일정과 맞물려 분양수입금의 입금 시기와 양을 결정한다. 이는 금융비용 산정에 있어서 특히 중요하다. 신탁사 책임준공 시에는 필수사업비와 공사비의 협의치85% ~ 100%확보를 모두 포함한 금액을 PFProject Financing한다. 신탁사 책임준공이 없이 시공사 단독 책임준공의 경우 시공사와 협의된 필수사업비와 공사비 유보금액을 제외한 금액을 PFProject Financing한다. 이 때 PFProject Financing는 일시대와 한도대로 나뉜다. 토지비, 공사착수금 등 초기에 필요한 필수사업비를 PFProject Financing진행 시점에 일시 인출하고, 나머지 금액은 한도대출을 이용하여 필요할 때마다 인출하여 사용한다. 예상 분양율에 따라 PFProject Financing규모의 차이가 존재하기 때문에 분양매출 현금흐름표Cash-Flow는 전체 사업성 산정에 있어 중요한 요소다. 착공 및 분양 후 일정 시간 후 일정 비율만큼 분양된다고 가정하고 가상 계획을 세운다. 예를 들어 서울 도심에서 주변보다 저렴하게 분양하는 청약의 경우 분양과 동시에 분양완료로 수입금을 산정한다. 그리고 외곽지역에 다소 분양가가 비싼 오피스텔이나 생활형숙박시설은 준공 때까지 일정비율로 분양이 된다고 산정하기도 한다. 이 때 전자라면 한도대로 열어 둔 대출금액의 대부분을 사용하지 않아서 대출금액에 대한 금리가 아닌 미인출 수수료만 비용이 빠져나갈 수 있고, Re-Financing하여 금융비용을 꽤 많이 절감할 수도 있다. 뿐만 아니라, 분양성 예측에 따라 미인출 수수료, 금리, 신탁수수료를 변수로 두고 선순위 대주를 선택할 수도 있다.

현금흐름표를 작성하려면 분양 수입금이 납입되는 시점을 알고 있어야 한다. 주택공급에 관한 규칙 제 60조 1항에 의하면 사업주체가 주택을 공급하는 경우 입주자로부터 받는 입주금은 청약금, 계약금, 중도금 및 잔금으로 구분된다. 동조 2항에는 분양주택의 청약금은 주택가격의 10%, 계약금은 청약금을 포함하여 주택가격의 20%, 중도금은 주택가격의 60%계약금을 주택가격의 10% 범위 안에서 받는 경우에는 70%의 범위에서 받을 수 있다. 청약금은 입주자 모집 시, 계약금은 계약 체결 시, 중도금은 최초의 중도금은 계약일로부터 1개월이 경과한 후 받아야 하고 전체공사비의 50%이상이 투입된 때를 전후로 각2회 이상중도금이 분양가격의 30%이하인 경우는 1회이상 분할하여 받을 수 있다. 잔금은 사용검사일 이후에 받을 수 있다. 청약금은 주택공급의 경우에는 주택청약종합저축에 가입하여 1년 이지나고 예치기준금액에 상당하는 금액을 납부한자 등과 같이 주택공급에 관한 규칙 제27조 제1항 및 제28조 제1항에 따른 제1순위에 해당하는 자에게는 청약금을 따로 받을 수 없다. 이러한 사유로 일반적인 주택공급에서 청약금을 따로 받지 않고, 계약금 1차, 2차로 나누어서 분양금액의 10%만 받는 것이다. 여기서 주의할 점이 한 가지 있는데 이는 주택공급에 관한 규칙 제60조 제4항의 규정이다. 이 규정에 따르면 공사비의 50%이상이 투입되는 시점을 기준으로 하여 그 이전에 중도금의 50%를 초과하여 받을 수 없으며 중도금은 적어도 4회공정률 50%이상, 동별 공정률 30%이상 전후 2회 이상 분할하여 납부해야 한다고 규정되어 있다. 편법으로는 시공사가 전체 공사비의 50%를 받아서 규제를 우회하는 방법이 있다. 10개의 현장 중 평균 2개정도는 늘 실제 공정률이 나오지 않아 감리단과 머리를 싸매고 2~3%정도 공정률을 더 진행시키기 위해서 애썼던 기억이 있다. 이럼에도 불구하고 경기도 몇 사업지는 결국 중도금 납부 연기 공문을 돌렸던 기억도 있다. 이 규정이 중요한 또 하나의 이유는 신탁구조이다.

사업비를 사용하는 것도 마음대로 사용하는 것이 아니라 사업비와 토지비의 비율을 고려하여 사용해야 하기 때문이다. 공정률이 50%가 나오지 않아 중도금 일정이 바뀌게 되면 사업비 지출이 불가능할 수도 있다는 뜻이다. 이는 수분양자를 보호하기 위한 신탁법으로 간과 시 최악의 경우 흑자부도의 가능성도 생기게 된다. 대출원금, 대출이자, 중도상환수수료 등 대출관련 제반 금원 역시 지급 가능액 내에서만 지출이 가능하기 때문이다.

금융투자협회 금융투자회사의 영업 및 업무에 관한 규정 별표 15에서는 관리형 토지신탁사업비의 조달의무를 위탁자가 부담하는 신탁에서 토지비 대출원리금의 상환 등을 목적으로 하는 신탁수익을 신탁종료 전에 선지급 할 경우 안정적 사업관리가 가능한 선지급 범위로 정한다고 명시하고 있다. 선지급 조건은 시공사는 지급시점을 기준으로 회사채 신용등급이 BBB이상 시공사의 책임준공 약정이 있어야 하며 회사채 미발행 시공사의 경우 CP등급과 기업신용평가등급을 기준으로 신용도를 판단하며, 지급시점을 기준으로 CP등급이 A3이상 이거나 기업신용평가가 BBB이상이어야 한다. 혹은 회사채 신용등급이 BBB-이하의 시공사더라도 책임준공 약정을 한 경우에는 BBB+이상이며 당해 사업의 공사도급 금액 이상의 시공능력평가액을 보유한 시공사가 자금보충약정 또는 책임준공 연대보증을 할 경우에는 가능하다. 신탁계약서 및 개별약정서에는 토지비를 대여한 자가 수익권에 대한 질권자 또는 우선수익자의 지위에 있을 경우에 한하여 토지비를 대여한 자에 대한 토지비 등의 선지급이 가능함을 관리형 토지신탁 계약서에 명기하여야 한다. 또한 토지신탁수익의 신탁종료 전 지급 기준에서 정한 범위 내에서 선지급이 가능하다는 취지의 조항을 관리형 토지신탁 계약서 및 개별 약정서 등에 명기하여야 한다. 분양계약서에는 수분양자의 보호를 위해 분양대금이 토지비, 공사비 등의 지급에 사용될 수 있음이 명기되어 있어야 한다. 이와 더불어 위탁자가 해당 신탁사업의 법인세 등, 산정내역을 신탁회사에게 제출하고, 우선수익자 및 수익권에 대한 질권자 전원이 법인세 등 납부를 위한 선지급에 동의하며, 위탁자가 신탁회사 앞으로의 법인세 등 환급금 양도를 약정하면 신탁사업에서 발생한 위탁자의 법인세, 법인지방소득세, 종합소득세, 개인지방소득세 지급을 목적으로 선지급금액 범위 내에서 수익자에 대한 선지급이 가능하다.

선지급 금액은 *분양수입금x[토지비/(토지비+사업비)]*이하여야 한다. 이 때 토지비와 사업비는 신탁계약 시 사업수지표상 자료를 적용하고 토지 취득에 따른 이자비용은 계산에서 제외한다. 하지만 시공사의 회사채 신용등급이 BBB+이상이며, 예상 분양수입금이 사업비의 110%를 초과하고, 전체 공사비부지 매입비 제외의 50%이상 투입이 확인된 경우-다만 아파트의 경우 동별 건축공정이 30%이상이어야 함로서 직전 회차 중도금이 완납된 때에는 선지급금액은 분양수입금-사업비 이하로 범위가 조정된다.

대출 금융기관에 자금보충약정을 하거나 시공사의 관계회사인 회사채 신용등급 BBB+이상인 시공사가 자금보충약정 및 책임준공 연대보증을 한 경우, 사용승인일 이후, 기관투자자나 펀드 등이 단독 또는 공동으로 분양물건을 일괄매수한 경우로서 매수자가 확정되고 회사채 신용등급 BBB이상의 시공사의 책임준공 약정이 체결되었으며, 위탁자 및 시공사의 요청과 매수자 전원의 서면동의가 있는 경우 다만, 매수자가 중도금을 납입한 이후 또는 사용승인일까지 계약해제를 금지한 경우에 한함 에는 선지급금액의 적용없이 선지급이 가능하다.

차입형 토지신탁의 경우에는 관리형 토지신탁의 선지급 조건 중 신탁계약서 및 개별약정서와 분양계약서의 조건, 법인세 조건이 충족되면 선지급금액이 분양수입금-사업비 이하의 금액으로 선지급이 가능하다. 적용예외가 되려면 사용승인일 이후여야만 한다. 아래는 샘플 프로젝트의 선지급한도 계산서이다.

## 선급신탁이익 지급가능금액(잔여한도)

1. 대출금 현황 (단위 : 원)

| 구 분 | 대주 | 금 액 | 기상환금액 | 대출금 잔액 |
|---|---|---|---|---|
| PF대출금 | 개발사업 | 130,500,000,000 | 13,770,000,000 | 116,730,000,000 |
| 합 계 | | 130,500,000,000 | 13,770,000,000 | 116,730,000,000 |

※ 대출금(사업비부분)이 상환완료되어 향후 지급하는 대출금 및 대출이자(원천징수 포함)는 전액 선급신탁이익에 해당함.

2. 선급신탁이익 지급가능금액 검토 (단위 : 원)

| 기수납 분양수입금(A) | 토지비 비율(B) | 선지급가능총액 (C) =(A)×(B) | 기지급금액(D) | 지급가능금액 (C)-(D) |
|---|---|---|---|---|
| 375,225,627,383 | 21.594% | 81,025,573,751 | 58,312,707,374 | 22,712,866,377 |

※ 산출근거

○ 분양수입금(A) 금375,225,627,383원

○ 토지비비율(B)

| 총사업비(A) | 토지비(B) | 토지비이자비용 (C) | 사업비(D) = (A)-(B)-(C) | 토지비비율 (B)/[(B)+(D)] x 100% |
|---|---|---|---|---|
| 700,000,000,000 | 150,000,000,000 | 5,357,043,443 | 544,642,956,557 | 21.594% |

※ 분양현황

○ 분양현황 총1,000세대 중 1,000세대 분양완료 (분양률 100%)

○ 수납내역 계약금 및 중도금 1,2,3회차 수납완료

※ 기타참고사항

상기 지급가능금액 한도내에서 대출원금, 대출이자, 중도상환수수료 등 대출관련 제반금원이 지급되어야 함. (대출원금 상환금액 결정시 향후 대출이자 등을 납부할 수 있도록 선지급한도를 일부 남겨두어야 함.)

여기서 계속 언급되는 몇 가지 개념을 정리하고 넘어가자면 사업비란 공사비, 광고비, 분양비 등 부동산개발사업에 드는 모든 비용에서 토지비를 제외한 금액, 토지비는 부동산 자체의 취득가액과 등기비용, 그 밖에 부동산 취득에 관련된 부대비용을 합한 금액, 사업이익은 분양 수입금에서 사업비와 토지비를 공제한 금액, 신탁수익은 신탁계약 종료 시 신탁계약에 따라 수익자에게 지급하는 금액, 자금보충 약정이란 사업비 부족분에 대한 자금조달 부담의무를 지기로 한 약정, 책임준공이란 불가항력적인 경우를 제외하고는 시공사가 공사비 지급 지연 또는 미원 등 여하한 이유로도 공사를 중단하거나 지연할 수 없고 예정된 기간 내에 사용승인 또는 준공인가를 득하기로 하는 의무를 부담하는 것을 말한다.

사업수지를 살펴보면 많은 경우 토지비의 비율이 전체 분양수입금의 20% ~ 30%라는 것을 알 수 있다. 요즘은 토지비용이 워낙 올라서 50%에 달하는 것도 있으나 사업성을 확보하기 쉽지 않다. 해당 사업부지에서 여타의 사업과 다른 매력을 발견한다면 토지비용과 무관하게 집중해서 분석해야 한다. 하지만 선택과 집중을 위해서 *토지비/(연면적x분양면적에 맞는 요율x주변 평당 시세)<40%*기준을 설정하면 프로젝트를 검토하는데 도움이 될 수 있다.

토지비에는 토지매입 비용, 취득제세, 용역비 등이 포함되어 있다. 용역비는 토지비용의 1~3%를 지급하는 편이다. 우리가 흔히 알고 있는 공인 중개 수수료 비용보다는 훨씬 많다는 것을 알 수 있다. 그 이유는 하나의 필지를 단순 계약하는 것이 아닌 여러 명의 토지주들에게 동시에 작업해야 하고, 가격이 오르지 않도록 신경을 쓴다는 것이 단순 중개 수준을 넘어서는 일이라서 그렇다. 하지만 모든 계약의 보수요율은 사업성, 각 당사자의 필요에 의해 달라질 수 있다. 단일 토지주의 경우 공인중개수수료 기준인 0.9%일 수 있으며, 이 역시 수요 공급 원리에 따라 조정될 수 있다. 꼭 확보하고 싶은 토지를 발견한 뒤에 역으로 토지 작업을 의뢰하는 것이면 기본 용역보수율을 책정한 뒤에 각 기간별로 추가 보수를 지급하는 방법이 선호된다. 비즈니스에서 당근과 채찍은 필수다.

취득제세는 취득세에 법무사 수수료, 등기비용 등이 포함한 것을 말한다. 엄밀히 말하면 취득세와 제세여러 가지 세금을 합해서 표현한 것인데, 실무적으로는 필요한 경비를 모두 포함한다. 대부분 토지비의 4.8% ~ 5%를 산정한다. 세분하면 취득세는 토지대의 4%, 농특세는 취득세의 5%, 교육세는 취득세의 10%, 제1종 국민주택채권 매입비가 토지대의 0.2%이다. 이러면 4.6%인데 왜 5%냐고 반문할 수 있다. 개인과 법인은 과세표준이 다르다. 법인은 부동산 매입 시 발생한 각종 수수료 및 금융비용이 과세표준에 합계된다. 자세히 살펴보면 다음과 같다. 지방세법 시행령 제18조에는 사실상 취득가격의 범위가 지정되어 있다. 해당 물건을 취득하기 위해서 거래 상대방 또는 제3자에게 지급했거나 지급해야 할 직접비용과 건설자금에 충당한 차입금의 이자 또는 이와 유사한 금융비용, 할부 또는 연부 계약에 따른 이자 상당액 및 연체료, 농지법에 따른 농지보전부담금, 문화예술진흥법 제9조제3항에 따른 미술작품의 설치 또는 문화예술진흥기금에 출연하는 금액, 산지관리법에 따른 대체산림자원조성비 등 관계법령에 따라 의무적으로 부담하는 비용, 취득에 필요한 용역을 제공받는 대가로 지급하는 용역비 및 수수료, 취득대금 외에 당사자의 약정에 따른 취득자 조건 부담액과 채무인수액, 부동산을 취득하는 경우 주택도시기금법 제8조에 따라 매입한 주택채권을 해당 부동산의 취득 이전에 양도함으로써 발생하는 매각차손행정안전부령으로 정하는 금융회사 등 외의 자에게 양도한 경우에는 동일한 날에 금융회사 등에 양도하였을 경우 발생하는 매각차손을 한도로 함, 공인중개사에게 지급한 중개보수, 붙박이 가구 및 가전제품 등 건축물에 부착되거나 일체를 이루면서 건축물의 효용을 유지 또는 증대를 위한 설비 및 시설 등의 설치비용, 정원 또는 부속시설물 등을 조성 및 설치하는 비용과 같은 간접비 비용의 합계액은 취득가격에 포함된다. 다만, 취득대금을 일시급 등으로 지급하여 일정액을 할인한 경우에는 그 할인된 금액으로 하고 법인이 아닌 자가 취득하면 금융비용, 할부에 따른 이자 및 연체료, 중개보수는 제외된다.

또한 취득세 중과는 시행업을 영위하는 법인으로서는 피해야 할 요소이다. 취득세 중과에 있어 주택을 분양할 목적으로 주택을 취득하는 주택신축판매업자는 주택을 취득할 당시에는 사업자등록을 하지 않아도 되지만 구청에서는 취득시점에 사업자 등록이 되어 있지 않은 경우에는 취득세를 중과하여 과세하므로 주의하여야 한다. 또한 부동산 개발업으로 사업자등록이 되어 있으면 중과대상이고 주거용건물 개발 및 공급업으로 사업자등록이 되어 있는 경우에는 중과배제 대상이 되는데 이해할 수 없는 행정편의적 과세라도 유의하여 사업자등록을 해야 한다.

토지는 사업의 기초이므로 소유권 확보에 대해서 추가적으로 살펴볼 필요가 있다. 주택법 제21조 대지의 소유권 확보 등, 제22조 매도청구 등, 제23조 소유자를 확인하기 곤란한 대지 등에 대한 처분에서 소유권 확보에 대해서 설명하고 있다. 사업지를 검토할 때 95%를 안전한 토지 확보율이라고 한다. 토지 확보 시 토지 면적의 80%이상을 확보하고, 남은 토지를 취득한 자가 10년이내로 해당 토지를 확보했으면 매도청구사업계획승인을 얻은 사업주체가 소유자에게 그 대지를 시가에 따라 매도할 것을 청구하는 것가 가능하다. 토지의 95%이상을 확보했으면 사업승인요건을 충족하게 되고, 모든 토지에 대해서 확보가 가능하다. 이 경우 매도청구 대상이 되는 대지의 소유자와 매도청구를 하기 전에 3개월 이상 협의를 진행하면 소송을 통한 확보가 가능하기 때문에 95%를 안전 확보율이라고 하는 것이다. 다만, 대부분의 시행사는 매도청구는 하나의 옵션일 뿐이고, 협의매수를 통해서 사업을 진행하고자 한다. 토지 계약금 대출이나 중도금 및 잔금 대출은 기간이 한정적이고 금리가 높은 경우가 많다. 그렇기 때문에 매도청구를 통한 토지 확보보다 협의를 통한 매수로 시간을 줄이는 것이 더 경제적이다. 토지확보 시 국공유지는 사용권원을 확보하면 매입토지로 산정할 수 있다. 사업수지 설명 초반에 언급한 대로 토지비는 전체 사업비의 20%에서 30%를 차지하기 때문에 사업성을 좌우하는 키포인트라 할 수 있다. 용도변경 사업, 도시개발사업, 택지 사업의 경우 토지비가 낮고, 도심지이거나 상업지역 사업의 경우 토지비를 높게 책정한다.

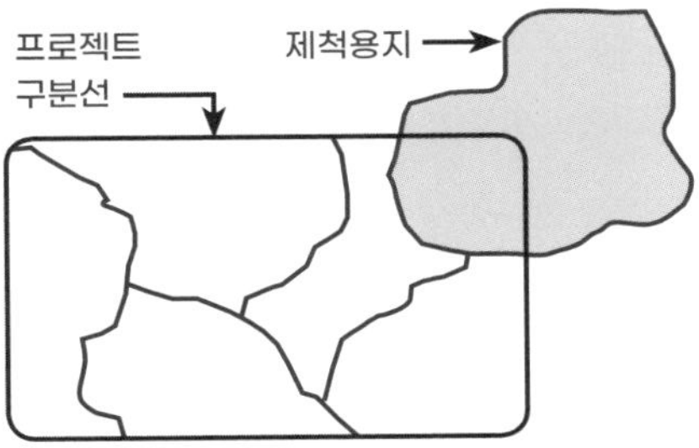


<토지와 제척용지>

토지매각으로 인한 이익은 토지 매입 시 추가로 확보하게 된 필지나 필지분할을 통해서 판매가 가능한 부분에 대한 이익을 일컫는다. 위 사진처럼 필요한 토지는 붉은 사각형이지만 황토색 부분 전체가 1개의 필지일 수도 있다. 또는 여러 개의 필지로 나누어져 있지만 토지주가 한 번에 파는 것을 조건으로 거는 경우가 있다. 이 때 사업부지 외에 남는 잔여부지를 필지 분할하여 되팔 수 있다. 그 자리에는 다른 건축물이 들어올 수 있는데 실제로 이 필지를 판매한 뒤에 유치원 등을 건축하거나 주 사업부지에는 물류센터를 건축하고 나머지 부지에는 근린생활시설을 신축하여 사업이익을 극대화한 경우도 있다.

토지를 구입할 때 함께 고려해야 할 대상으로는 국민주택채권이 있다. 국민주택채권은 주택도시기금법에 따라 부동산을 산 사람이 소유권 이전 등기를 할 때 부동산 시가표준액의 일정 비율만큼 의무적으로 구비해야 하는 무기명 국채이다. 1종은 국가 또는 지방자치단체에서 면허/허가/인가를 받을 때, 부동산을 사서 등기할 때, 국가/지방자치단체/공공기관과 건설공사 도급계약 체결할 때 구입하고, 2종은 분양가상한제를 적용 받는 주택을 분양 받을 때 구입해야 했는데 2종은 폐지되었다. 이 외에도 명도소송비용, 유치권 해소 비용 등이 추가될 수 있다.

공사비는 전문가가 아니면 분석하기가 몹시 까다로운 항목이다. 공사비는 실제 집행되는 실행 공사비용과 하자 보수비, 본사 관리비 등으로 구성된다. 실행 공사비는 시공사별로 상이하다. 시공사가 공사단가를 산출할 때는 기본서류를 접수한 개발사업팀 혹은 도시정비팀이 공사 견적팀에 개산견적을 의뢰하는 것으로 시작한다. 견적팀은 건축, 토목, 전기, 설비 등 분야별 팀에 견적을 의뢰하고 취합한다. 실행공사비를 예측하기 어려운 것은 변수가 너무 많기 때문이다. 같은 프로젝트라도 마감재, 공사기간, 공법 등에 따라 변동하기 때문에 건설사 내부에서도 심지어 견적팀 직원도 빠르게 공사비를 산정해야 할 때는 유사 프로젝트를 기준으로 산정한다.

실행공사비에 시공사 이익률을 포함하면 도급공사비가 된다. 사업승인공사비 포함, 분양가 상승분에 대한 분배조건, 물가인상분, 토질조사에 따른 공사비 인상 가능성 등의 조건을 시행사와 합의함에 따라 최종 합의된 도급 공사금액이 산출된다. 시공사 이익률에는 시공사가 제공하는 프로젝트 관리 서비스, 공사, 책임준공에 대한 신용 리스크, 공사비 확보 리스크, 공사비 변동 리스크 등이 반영된다. 공사비는 프로젝트별, 시기별로 늘 변동한다. 전 달에는 A건설사의 공사비가 저렴했지만, 다음 달에는 B건설사가 더 저렴할 수 있다. 지식산업센터는 A건설사가 저렴하고, 오피스건물은 B건설사가 경쟁력 있을 수도 있다. 그 이유는 공사비 상승에 대한 반영을 각 사별로 다르게 하는 경우, 현장 위치에 따른 원가 절감 가능여부, 공법에 대한 이해도, 유사 프로젝트경험, 내부전략 등이 있다. 공사비가 가파르게 상승하는 시기에는 ESC Escalation에 대해서 좀 더 예민하게 협상한다. 공사비 상승 시 시행이익이 줄어들어 시행사는 공사비를 확정하고 싶어한다. 시공사도 마찬가지로 자재비용이 상승하면 경상이익이 감소하여 자재비용 변동에 따른 ESC Escalation를 적용하려고 한다. 이러한 인상분에 대한 협상이 2022년 건설원가 파동 이전에는 매년 일정 비율로 체결되는 편이었다. 2017년에서 2020년까지는 매년 2%대의 인상율을 적용하고 실제 인상은 조금 더 적게 하는 경향이 있었다. 이때는 분양가도 상승하고 공사원가는 크게 상승하지 않아서 시행사와 시공사 모두 기분 좋게 협상을 마무리할 수 있었다. 이러한 관례가 2022년 코로나 및 전쟁 발 건설원가 상승으로 인해 변했다. 시행사는 확정 공사비로 제소전 화해조서를 작성하고 공증받기를 원했고, 시공사는 자재비용 변동을 인정해주지 않으면 높은 금액으로 공사비를 설정했다. 향후 공사비가 감소할 여지가 있어도 각 법인에서는 리스크에 대한 책임이 담당자한테 있으므로 변동성을 가지고 협상에 임하기가 어려웠다. 시공사는 협상안으로 건축협회 등에서 발표한 건설물가지수와 연동하여 공사비 ESC Escalation를 설정하여 자재비용이 하락하는 경우 도급 공사비가 줄어들 수 있다고 주장하는 경우가 많다. 건설협회에서 발표한 지수는 시공사한테 유리하게 되어 있다. 건설사의 이익을 대변하기 위해 만들어진 단체인만큼 일위대가 등을 발표할 때도 실제 공사원가보다는 비싸게 설정 되어있는 경우가 많다. 그럼에도 불구하고, 발주처 등에는 공신력 있어 보이는 협회 문서를 제출하며 변동 계약의 근거로 삼았다. 일부에서는 철강 ETF, 석유 ETF 등과 연동하는 경우가 있다. 그 이유는 원자재를 가공하여 건설자재를 만들기 때문에 상호 투명하게 확인이 가능하게 원자재 ETF중 일부를 조합하여 그 지수를 반영하자는 의견이 나왔기 때문이다. 이 방법은 단순히 건축협회에서 발표한 지수만으로 진행하는 것보다는 타당성 있어 보인다.

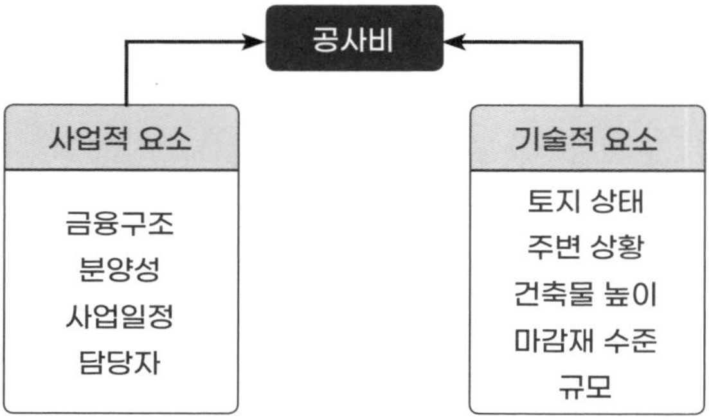


<공사비 영향 2대요소>

공사비에 영향을 미치는 요소는 사업적요소와 기술적 요소가 있다. 사업적 요소는 금융구조, 분양성, 사업일정, 담당자, 사업 위치 등이 있다. 이를 살펴보려면 공사비를 지급받는 시기에 대해서 알 필요가 있다. 공사비는 2개월에 한 번씩 수령한다. 이를 기성금이라 일컫

는다. 2개월에 한 번씩 기성금을 지급하는 이유는 하도급법상 건설사가 고용한 단종업체들에게 1달에 한 번씩 기성금을 줘야 하기 때문에 현금순환을 위해서 2개월에 한 번씩 수령하는 것이다. 이를 정확하게 파악하고 있으면 금융조달 시 일시인출 금액이 남을 경우 프로젝트 지출 원가를 줄일 수 있다. 시공사에게 선급금 혹은 개산급을 지급하여 시공사의 현금흐름을 개선하고 이에 따른 공사비 할인이 가능하기 때문이다.

공사비 수령방식은 현금흐름에 큰 영향을 미친다. 공사비를 수령하는 방식은 기성불과 분양불이 있다. 기성불은 공사비를 공정률에 따라 수령하는 것이다. 100% 공사비를 지급하는 기성불보다는 10%~15%정도 공사비의 일정 부분을 유보하여 책임준공을 강제하는 수단으로 사용하는 경우가 많다. 분양불은 분양율에 따라서 공사비를 지급하는 공사비 지급 방식이다. 신탁사 책임준공확약이 추가되는 사업은 대부분 85%~90%의 공사비를 PFProject Financig으로 확보하여 진행된다. 그에 반에 단독 책임준공이 가능한 시공사에서는 100% 공정률에 맞는 기성불 현장보다는 어느정도 분양율과 연동한 분양불 방식이 일반적이다. 분양율 별로 사업 운영에 필요한 돈이 들어오는 것을 분석한 현금흐름표를 작성한 뒤에 PFProject Financing를 조정하여 30%분양 시 100%공사비 확보 혹은 60%분양 시 100%공사비 확보 등과 같이 사업구도에 따라 공사비 지급방식을 선택한다. 금융사처럼 EXIT분양율을 설정하는 것이다. 분양성과 금융구조는 밀접한 연관관계를 갖는다. 분양성이 좋으면 Re-FinancingExit 분양률 확보 후 Sell-Down, 사업안전성 개선으로 인한 금리 저하이 가능하기 때문에 사업 이익이 개선되고, Re-Financing의 수수료로 공사비 증액 등을 요구할 수도 있다.

사업일정은 도급공사비에 가장 큰 영향을 미치는 요소 중 하나다. 사업일정에 따라 금융비용과 간접비의 차이가 생기며, 시공사 역시 매출인식, 현금유동성, 간접비 등의 사유로 사업일정과 공사원가를 연동하여 최종 공사비를 산출한다. 시공사 투입 일정으로 공사비 협상에서 우위를 차지하는 방법 중 하나는 인사 평가 시기를 맞추는 것이다. 연말 인사평가 기간이 다가오면 시공사는 단기착공 가능한 현장을 찾는다. 사업 초기가 아닌 인허가가 끝나가는 사업장이 있다면 마지막 수주실적을 위해서 전략적으로 수주하는 경우가 있다는 뜻이다. 이익률에는 리스크에 대한 비용도 산정되어 있다고 했는데 이러한 사유로 인허가의 진행정도 역시 공사비 책정에 영향을 준다. 담당자에 따라 시공사 내부 협의를 원만하게 이끌어 내는 방식으로 공사비를 줄일 수도 있다. 시공사 담당자는 분양성과 상관없는 마감재 및 설비 옵션을 제외시킴으로써 공사비를 낮추는 것과 공법에 대한 이해도를 바탕으로 공사기간을 줄여서 간접비를 낮추는 것, 공법 변경으로 VEValue Engineering 진행을 통해 공사비를 줄이는 노력을 진행한다. 이로 인해 같은 시공사라도 담당자마다 도급 금액이 다를 수 있는 것이다.

기술적 요소는 다양한 영향 인자가 존재한다. 건설원가 파동 전 기준 기본 공사비는 평당 500만 원정도로 책정한다. 기준이 되는 연면적은 5만 평이며, 그 이하로 될 경우에는 공사비가 올라간다. 1만 평 규모라고 가정했을 때 같은 여건이라도 공사비가 100만 원 증가한 600만 원이 되고, 2만평이면 50만 원 증가한 550만 원이 된다. 지상 지하 비율은 7:3으로 책정한다. 지하 비율이 높을수록 공사비가 저렴 해진다. 그 이유는 마감재 유무의 차이다. 지상이 지하보다 공사비 100만 원/평에서 150만 원/평정도 비싼 편이다. 지하는 두개 층 정도 확보 시 주차대수 1.4대까지는 충당이 가능하다. 지하 3층부터는 공사비가 증대되는 비율이 높기 때문에 웬만하면 지하2층으로 계획하는 것이 바람직하다고 할 수 있겠다. 토지상태에 따른 토목공사비는 변동의 폭이 큰 편에 속한다. 그렇기 때문에 지질검사는 필수다. 암이 많거나 산지를 절토해야 하는 경우 공사비가 가파르게 상승하는 것을 볼 수 있다. 그 외에 주변에 지하철과 같은 구조물이 지나가거나 지하수가 있다면 보강작업 때문에 공사비가 50만 원/평에서 100만 원/평까지 증가한다. 층수에 따라서 공사비는 천차만별이다. 골조철근/철골/레미콘 등공사비가 전체 직접 공사비의 50%를 차지하는데, 외벽에는 갱폼이라는 거푸집틀을 설치한다. 갱폼Gang Form은 층 단위로 올려가며 사용하는 전용성이 높은 형틀 자재다. 이해하기 어려우면 콘크리트는 철, 거푸집은 형틀이라고 생각하면 된다. 전용성이 높다는 것은 여러 번 사용할 수 있다는 말이고, 이에 따라 많이 사용할수록 단위 면적당 전체 공사비는 내려가게 된다. 그렇기 때문에 갱폼Gang Form의 사용 빈도수가 낮은 10층 이하의 저층 공동주택아파트의 공사비는 평당 150만 원/평에서 200만 원/평까지 올라간다. 같은 이유로 18층에서 29층 사이의 아파트가 공사하기 좋은 층수의 아파트라 할 수 있다. 입면변화를 주는 경우에도 갱폼Gang Form의 전용성을 고려해야 한다. 30층부터는 전기/설비 공종에서만 소화 설비 분리배관, 아날로그 감지기 등을 설치 등의 이유로 5만 원/평 공사비가 증대된다. 층수가 높아질 수록 제일 밑바닥에 설치하는 기초 콘크리트의 규격과 타설량이 달라지고, 철근의 배치구조와 규격이 변동한다. 단순 산정은 불가능하지만 29층, 35층, 37층, 40층이 기준이라고 생각하면 비전공자가 숙지하기는 편할듯하다. 35층부터는 건축공사비가 5만 원/평 증대된다. 여기에 앞에 설명한 전기/설비 공종은 포함된다. 또한 37층부터는 레미콘을 타설하기 위한 CPB, 풍하중 구조값 변경 등으로 공사비가 10만 원/평 올라간다. 40층부터는 단순 공동주택이 아닌 경우가 대부분이다. 일반상업지역이나 준주거지역이 포함된 주상복합인 경우가 많은데, 상업공간 권장비율이 10%정도 된다. 일반적으로 상가는 기둥식구조를 취하고 공동주택은 벽식구조를 취하는데 구조변환에 따라 30만 원/평정도의 공사비가 증가된다. 구조적인 것을 제외하면 인테리어성 공사비 증대가 있다. 커뮤니티 시설은 10대 건설사 기준으로 적으면 200만 원/평 크면 1,000만 원/평까지도 간다. 그 이유는 각종 고급 외산 자재 때문이다. 굳이 고급 외산 자재를 사용해서 단가를 올릴 필요는 없을듯하다. 디자인성으로 잘 풀면 중국산 타일이나 국산이나 이태리산이나 다 비슷하다. 그 외에 외부 사인, 조경 등에 따라서 공사비가 변동하기도 한다. 시행사나 투자자라면 시공사에게 원하는 수준의 준공 아파트 현장을 이야기해서 기준 삼는 것이 가장 편한 방법이다. 일부 시행사는 타일, 위생도기, 냉난방기 등을 지급자재로 계약하여 공사비를 낮추려는 시도를 하는 경우가 있다. 이 방식은 추천하지 않는다. 제외되는 항목이 많으면 그만큼 다른 항목에서 이윤을 설정하기 때문이다. 결국 관리인력만 늘어나고, 실질적인 공사비 지출은 더 커질 수도 있다. 특히 전문 공종을 분리 발주하면 전체 공사 품질이 떨어질 수 있고, 공사기간에 대한 마찰도 생길 수 있기 때문에 추천하지 않는다. 자재에 대한 관여를 하고 싶다면, 적정 자재가격을 검증한 뒤 더 저렴한 업체 혹은 설계변경을 통한 자재변경을 통하여 공사원가를 줄이고, 줄어든 공사원가만큼 상품개선을 시키는 것이 모든 이해관계자에게 더 적합한 전략이다.

하자 보수비와 본사 관리비는 비율로 설정하는 경우가 많은데, 이 역시 공사비와 마찬가지로 각 사별로 다르기 때문에 외부에서 알기는 어렵다. 그 중 하자 보수비는 사실상 예비비에 가깝다. 그 이유는 앞에서 살펴본 공사도급구조를 살펴보면 알 수 있다. 시공사 역시 하도급사에게 하자 보수 증권을 받고 보수를 시키기 때문이다. 이렇게 되면 하도급사가 하자 보수 의무를 위반할 경우 보수 증권을 발급한 기관으로부터 금전을 수령할 수 있다. 실질적으로 책임소재가 애매한 하자 보수 정도만 건설사 비용으로 보수를 진행한다. 본사 관리비는 판매 관리비라고도 하며, 각 사별로 본사 사옥 임차료, 본사 관리부서 인건비 등을 산정하여 요율로 설정한다. 일부 회사의 경우 주택, 건축, 플랜트, 토목 등 각 파트별로 다른 본사 관리비를 설정하기도 한다.

건축설계비용을 살펴보기 전에 건축설계와 건축사의 역할에 대해서 먼저 알고 갈 필요가 있다. 건축설계는 건축법 제23조에 따라 건축허가를 받거나 건축신고를 하여야 하는 건축물과 주택법 제66조 제1항 및2항에 의한 리모델링 건축물은 건축사가 해야 한다. 통상적으로 허가나 신고가 필요한 가설건축물을 제외한 모든 건축물은 건축사가 설계한다. 건축사의 역할은 인허가 법률 대리인이다. 인허가를 위해 도면설계와 시방서 등으로 보고서를 작성하고 이것을 바탕으로 허가를 받는다. 건축사는 존재하지 않는 유형의 자산을 기획한다. 이 때문에 전달의 용이함을 위해 도면을 그려 허가권자와 소통한다. 허가완료 후에는 기획한 설계를 시공사와 소통하기 위해 상세하게 작성하여 공사의 기준을 제시하게 된다. 인허가 시 건축사의 역할은 상당히 중요하다. 예를 들어 교통영향평가에서 출입구나 단지배치를 지적 받은 경우 사업성을 최대한 유지하며 허가권자의 의견을 도면에 반영하는 것은 철저한 건축사의 역량이다. 건축사의 계획에 따라 분양면적은 변동폭이 크다. 공사원가 및 설계원가가 되는 전체 연면적 역시 마찬가지다. 연면적의 원가연동 속성으로 인하여 시행사에서는 연면적 감소에 대한 별도 인센티브를 책정하여 협상하기도 한다.

건축설계비는 건축사법 제19조 제3항 규정에 따라 건축사 용역의 범위와 대가기준에 따라 건설공사비의 비율로 정하는 방식과 실제 설계업무에 투입된 인력과 시간을 연산한 Man-Hour 방식이 있으나 실질적으로는 규모에 따라 주택의 경우 9만 원/평에서 15만 원/평, 물류센터 혹은 지식산업센터의 경우 7만 원/평에서 11만 원/평으로 단위 면적당 설계비를 책정하는 경향이 두드러져 보인다. 대가 기준에 따른 건축물의 설계 대가 산정을 하고 싶으면 대한건축사협회 홈페이지에 총 공사비만 넣으면 설계비와 감리비가 자동으로 산출되는 페이지가 있으니 참조하면 산출이 가능하다.

<대한건축사협회 홈페이지 설계업무대가산정>

(단위 : %)

| 종 별<br>공사비 / 도서 의양 | 제3종(복잡) 상급 | 제3종(복잡) 중급 | 제3종(복잡) 기본 | 제2종(보통) 상급 | 제2종(보통) 중급 | 제2종(보통) 기본 | 제1종(단순) 상급 | 제1종(단순) 중급 | 제1종(단순) 기본 |
|---|---|---|---|---|---|---|---|---|---|
| 5,000만원 | 11.83 | 9.86 | 7.88 | 10.75 | 8.96 | 7.17 | 9.68 | 8.06 | 6.45 |
| 1억원 | 11.11 | 9.26 | 7.41 | 10.10 | 8.42 | 6.74 | 9.09 | 7.58 | 6.06 |
| 2억원 | 8.87 | 7.39 | 5.91 | 8.06 | 6.72 | 5.38 | 7.26 | 6.05 | 4.84 |
| 3억원 | 8.09 | 6.74 | 5.39 | 7.36 | 6.13 | 4.90 | 6.62 | 5.52 | 4.41 |
| 5억원 | 7.58 | 6.31 | 5.05 | 6.89 | 5.74 | 4.59 | 6.20 | 5.17 | 4.13 |
| 10억원 | 6.48 | 5.40 | 4.32 | 5.89 | 4.91 | 3.93 | 5.30 | 4.42 | 3.54 |
| 20억원 | 5.97 | 4.97 | 3.98 | 5.42 | 4.52 | 3.62 | 4.88 | 4.07 | 3.25 |
| 30억원 | 5.76 | 4.80 | 3.84 | 5.23 | 4.36 | 3.49 | 4.71 | 3.92 | 3.14 |
| 50억원 | 5.65 | 4.71 | 3.77 | 5.14 | 4.28 | 3.42 | 4.62 | 3.85 | 3.08 |
| 100억원 | 5.50 | 4.59 | 3.67 | 5.00 | 4.17 | 3.34 | 4.50 | 3.75 | 3.00 |
| 200억원 | 5.33 | 4.44 | 3.56 | 4.85 | 4.04 | 3.23 | 4.36 | 3.64 | 2.91 |
| 300억원 | 5.29 | 4.41 | 3.53 | 4.81 | 4.01 | 3.21 | 4.33 | 3.61 | 2.89 |
| 500억원 | 5.19 | 4.32 | 3.46 | 4.72 | 3.93 | 3.14 | 4.24 | 3.54 | 2.83 |
| 1,000억원 | 5.10 | 4.25 | 3.40 | 4.63 | 3.86 | 3.09 | 4.17 | 3.47 | 2.78 |
| 2,000억원 | 5.03 | 4.19 | 3.35 | 4.57 | 3.81 | 3.05 | 4.11 | 3.43 | 2.74 |
| 3,000억원 | 4.95 | 4.13 | 3.30 | 4.50 | 3.75 | 3.00 | 4.05 | 3.38 | 2.70 |
| 5,000억원 | 4.88 | 4.07 | 3.26 | 4.44 | 3.70 | 2.96 | 4.00 | 3.33 | 2.66 |

주) "공사비"라 함은 건축주의 공사비 총예정금액(자재대 포함)중 용지비, 보상비, 법률수속비 및 부가가치세를 제외한 일체의 금액을 말한다.

<건축설계 대가요율>

공동주택 설계비가 낮을 수 있는 이유는 컴퓨터로 도면을 그리면서 복사/붙여넣기 기능을 사용할 수 있기 때문이다. 이는 대한민국 전체 건축 업계의 단점이기도 하다. 유사한 내부와 외관의 건축물을 설계하고 시공하는 경우 실질적으로 설계하는 양은 줄어든다. 특히 공동주택은 기존에 설계해둔 것을 토대로 재설계하는 느낌이 강하다. 이를 개선하기 위해서는 유모 건축가가 미디어 매체에서 제안한

대로 동별로 다른 건축가가 설계하도록 하거나 특화된 건축물을 심의에 반영하는 등 건축업의 심미성을 위한 요소를 법적으로 강제하면 설계비용이 상승할듯하다. 공동주택 내에서 커뮤니티시설이나 건축물의 내부 및 공용공간은 인테리어 회사에 따로 설계를 의뢰한다. 1억 원에서 3억 원 정도의 총액으로 설계가 진행된다.

설계비는 통상적으로 계약 시 10%, 사업계획승인 신청 도면 접수 시 50%, 실시설계도서 납품 후 30%, 준공 시 10%를 지급한다. 금전의 지급을 회차별로 나누는 이유는 건축사 사무소에 대한 통제 효과 때문이다. 설계용역 비용은 사업계획승인 신청 시에 50%를 지급하는 경우가 많다. 그 이유는 두 가지가 있다. 첫 째는 인허가 과정에 있어 대리인으로서 주체적으로 업무를 수행하며 도면에 반영하는 일을 많이 하게 되기 때문이다. 두 번째는 사업계획승인 신청이 인허가 과정의 끝자락에 해당되기 때문에 이를 통해 인허가 기간에 대한 채근이 가능하기 때문이다. 설계용역 대가 지급일정이 채찍이라면 당근으로는 인허가 기간 단축 시 성과급을 지급하는 경우도 있다. 실시설계 도서 납품 시 30%를 지급하는 이유는 해당 도서의 중요성 때문이다. 실시설계도서의 납품이 완료되어야 시공사의 공정이 차질없이 진행될 수 있다. 잔여 용역비10%를 준공 시 지급하는 이유는 앞서 말한 복사/붙여넣기 기능 때문이다. 실제 모든 상황을 고려해서 설계를 할 수 없기 때문에 중간에 설계변경 등이 필요하게 되고 이에 따른 용역을 적절하게 받고자 잔금 지급을 준공 시점으로 유보하게 된다. 시행업을 진행하면 대금 지급이 종료된 뒤에는 통제가 쉽지 않다는 것을 느낄 수 있다.

부가적으로 기획설계에 대한 비용에 있다. 시행사는 여러 군데의 토지를 검토한다. 흔히 500개의 프로젝트를 검토할 때 1개의 사업지를 발견할 수 있다고 한다. 기본적인 검토 후 첫 번째로 용역을 의뢰하는 곳이 설계사무소다. 그들에게 기획설계를 의뢰하면 대략적인 사업 진행여부 검토와 계획도면을 받을 수 있다. 계획도면을 기초로 사업계획을 세운 뒤에 정식으로 프로젝트에 착수하면 설계용역에 대한 대가가 지급되는 경우가 많다. 원론적으로는 기획 설계부터 비용을 지급하는 것이 맞지만, 시행사는 기존에 업무를 진행했던 건축사에게 서비스를 받는 경우가 많다. 이는 변호사 선임 혹은 회계사 선임시에도 유사하게 적용되는 방법이다. 시행사 입장에서는 수많은 검토에 모두 비용을 지불하는 것이 부담스럽다. 그렇기 때문에 규모가 있는 시행사는 사내 건축사를 이용하여 기획검토를 진행하는 경우도 있다. 간혹 건설사 선정 뒤 건설사가 원하는 설계사무소로 변경하는 경우가 있다. 이는 시행사 입장에서는 합리적이지 않다고 볼 수 있다. 연면적을 늘릴수록 건설사의 도급 공사비와 설계사무소의 설계용역 비용은 늘어난다. 그러므로 시공사가 선정한 건축사 사무소가 과연 얼마나 합리적으로 설계 작업에 착수할지는 미지수라 할 수 있겠다. 대부분 해당 건설사의 프로젝트를 많이 해서 소통하기 쉽다는 이유가 주인데, 각 이해관계에 따라 설계사무소 선정은 달라질 수 있다는 것을 명심하자.

감리는 주택법 제43조에 의해 감리자를 지정하게 되어 있다. 주택법 시행령 제47조에 의해 300세대 미만 주택건설공사의 감리는 건축사사무소 개설한 건축사와 감리회사가 수임할 수 있고, 300세대 이상일 경우는 건설기술진흥법 제26조 제1항에 따라 등록한 건설기술 용역업자만 수주 가능하다. 감리자 지정기준은 국토교통부 고시에 자세히 명기되어 있다. 감리자 지정권자는 주택건설사업계획을 승인한 날부터 7일 이내에 감리자 모집공고를 하여야 하며, 모집공고는 법정 공휴일을 포함하여 7일 이상 나라장터에 등에 게시하여야 한다. 모집공고 내용에 포함되어야 할 사항은 국토교통부 고시 제5조를 참조하면 된다. 감리자로 지정을 받고자 하는 자는 감리자지정 신청서 및 자기 평가서를 첨부하여 전자입찰 하거나 감리자 지정권자에게 제출하여야 한다. 착공과 동시에 분양을 하기 위해서는 주택도시보증공사HUG로부터 분양보증을 받고 착공신고를 해야 하며, 감리계약을 체결한 후 입주자 모집공고안의 승인을 받아 입주자 모집공고를 해야 한다. 감리비시공사가 도면대로 공사를 수행하는지 감독하는 감리회사에 지급하는 비용는 공사비에 따라 지급기준이 상이하다. 주택건설공사 감리비 지급 기준에 상세하게 수록되어 있는데 공사비에서 대지비, 부가가치세액, 설계비, 감리비, 분담금, 보상비, 사업비성 경비, 다른 법률의 규정에 의한 감리대상 공사비, 언급한 내용에 해당하는 일반관리비 및 이윤은 제외한 금액을 기준으로 삼는다. 감리비 지급시기는 당사자 간 계약에 따라 달라진다. 일반적으로 3~4개월에 1회씩 지급하는 경우가 많다. 아무래도 직접 공사비를 지출하는 파트가 아니다 보니 단종업체 지급과는 지급시점이 다르다. 공사비에 따른 감리비용 기준요율은 다음 표와 같다.

| 총공사비 | 기준요율(%) |
|---|---|
| 20억 원이하 | 3.15 |
| 30억 원 | 3.05 |
| 50억 원 | 2.98 |
| 100억 원 | 2.90 |
| 150억 원 | 2.86 |
| 200억 원 | 2.82 |
| 300억 원 | 2.69 |
| 500억 원 | 2.39 |
| 1,000억 원 | 2.33 |
| 2,000억 원 | 2.30 |
| 3,000억 원 이상 | 2.24 |

**<공사 규모에 따른 감리비용 요율>**

철거비는 기존 건물의 건축 연면적 기준으로 5만 원/평에서 10만 원/평으로 산정하는 경우가 많다. 다만, 지하구조물 존재 여부, 폐기물의 종류 등에 따라서 금액이 훨씬 높아질 수 있다. 예를 들면 토목공사 중에 폐기물이 묻혀 있거나 철거가 필요한 구조물이 있으면 철거 금액은 상당히 높아진다. 예기치 못한 폐기물이 나와서 추가로 철거비를 30만 원/평까지 증액했다는 경우는 시행업 혹은 건설업을 영위하며 흔히 볼 수 있는 사건이다. 철거는 해체 건물 주위의 높이, 지하층 등을 조사하고, 해체 건물의 전기/수도/가스 등의 위치파악을 미리 하여야 한다. 또한 주변 교통 흐름을 파악하고, 차량반출 시간을 설정하는 것이 중요하다. 철거 전에는 반드시 가설휀스를 설치하여야 하며 가설 급수, 가설전기, 세륜기 등의 시설을 완비해야 한다.

철거 시 소음 민원 방지를 위하여 가급적 평일에만 진행하는 편이며, 분진 민원 또한 철저한 예방이 필요하다. 분진 예방으로는 방진막 및 방음판 설치, 비산분진용 살수 등을 진행한다. 철거 후 나온 폐기물은 토목공사, 건축공사 등 건설공사로 인하여 발생한 5톤 이상의 폐기물을 말한다. 5톤 미만의 소규모 폐기물은 공사장 생활폐기물로 분류되어 특수규격 종량제 봉투에 담아 처리하거나 건설폐기물운반업자에게 위탁하여 처리할 수 있다. 철거규모가 작거나 소규모 현장에서는 굳이 비싼 금액을 주고 공사 폐기물로 처리하지 않고, 공사장 생활 폐기물로 처리하는 것이 현명하다 할 수 있겠다. 폐기물은 총 18가지 종류로 분류된다. 폐콘크리트, 폐아스팔트콘크리트, 폐벽돌, 폐블록, 폐목재, 폐기와, 폐합성수지, 폐섬유, 폐벽지, 건설오니, 폐금속류, 폐유리, 폐타일 및 폐도자기, 폐보드류, 폐판넬, 건설폐토속, 혼삽건설폐기물, 기타이다. 폐기물 배출은 건설폐기물관리계획서를 관할 구청에 신고하고, 처리계획 신고필증을 교부 받아야 한다. 그 후 신고필증에 기재된 건설폐기물처리업체로 운반하여 처리하고, 공사완료 후 15일 이내에 건설폐기물 배출 및 처리실적 보고서를 올바로 시스템에 보고해야 한다. 철거공사시 철근 및 철골 자재가 많이 배출되는 현장은 고철 수집업체에게 이를 판매한다. 일부 시행사는 대략적인 철자재 금액을 파악한 뒤 정액으로 해당 금액을 확보하고, 나머지는 관리용역을 제공한 시공사에게 지급하는 경우도 있다. 단적인 예로 모델하우스 철거 공사 비용은 모델하우스 건립 시 사용된 철골의 중고 판매 가격으로 모두 충당이 가능하다. 이를 간과하게 되면 그만큼 사업주체로서 손해가 발생하므로 챙겨야 할 요소 중 하나이다.

미술장식품 설치비는 의무적으로 개발사업 진행 시 사업비에 산정되어야 하는 항목이다. 근거법령은 문화예술진흥법, 시행령, 시행규칙이 있다. 문화예술진흥법 제9조에 의해 건축비용의 일정 비율에 해당하는 금액을 회화, 조각, 공예 등 미술작품의 설치에 사용하여야 한다. 문화예술진흥법 시행령 제12조에 공동주택, 제1종 및 2종 근린생활시설, 문화 및 집회시설 중 공연장과 집회장 및 관람장, 업무시설, 판매시설, 운수시설, 의료시설 중 병원, 숙박시설, 위락시설, 방송통신시설에 대해 부과하도록 규정되어 있다. 그 기준은 각 지자체 조례에 수록되어 있다. 산식은 *대상 연면적x표준건축비x적용요율(공동주택 0.1%, 오피스텔/근린생활시설 등 0.5%)*이다. 다만 지자체에 따라 공동주택의 적용 요율이 0.2%인 경우도 있기 때문에 조례를 꼭 확인해 보아야 한다. 기타지역에 소재하는 건축물의 경우 연면적 10,00㎡ ~ 20,000㎡ 건축물은 0.7%, 연면적 20,000㎡를 초과하는 건축물은 연면적 20,000㎡에 사용되는 건축비용의 0.7%에 20,000㎡를 초과하는 부분은 0.5%를 가산한 금액으로 한다. 대상면적은 건축물의 연면적에서 공제면적주차장, 기계실, 전기실 등을 제외한 면적이며 건축비는 국토교통부 홈페이지에서 매년 국가에서 책정된 표준건축비를 확인할 수 있다. 통상 사업계획승인 또는 착공 후 미술품 설치계약서를 제출하고, 심의위원회의 결재를 득하도록 되어 있다. 근래에는 영향력 있는 예술인 보다는 심의 대행업체에 일괄로 맡기는 경향이 강하다. 개발사업 사업주체에게 있어 미술품보다는 인허가가 중요한 요소이기 때문이다. 또한 각종 예술인 지정 청탁이 들어오는 경우도 많아 완곡하게 거절하는 방법이 되기도 한다. 거절하기 어려운 부탁이면 대행업체와 연결시켜준 뒤 관여를 하지 않으면 부담이 덜하기 때문이다. 대금 지급은 해당 지역 예술인에게 준공 8개월정도 전에 계약금 10%를 지급하고, 중도금 30%, 작품 납품 시 잔금 60%를 지급하는 경우가 많다.

모델하우스는 부지선정, 건립 타입 및 신축/개축여부에 따라서 토지 임차비 및 건립비가 다양하게 적용된다. 부지임차료는 모델하우스 건립위치에 따라서 가격차이가 높은 편이다. 통상적으로 계약금을 지급한 후 월세로 지급하지 않고, 일시에 납부하는 경우가 많다. 임차기간은 빠른 분양이 예정되는 경우도 18개월 정도 계약하는 경우가 많다. 그 이유는 분양완료 후 해당 모델하우스를 분양사무실로 사용하기 때문이다. 향후 분양관리의 업무를 수행할 때는 공사중인 아파트 지하로 사무실을 이전하는 경우도 있고, 본사에서 일괄적으로 관리하거나 다른 사업장의 모델하우스에서 진행하는 경우도 있다. 모델하우스 설계비용은 8천만 원에서 1억 5천만 원정도 하는 편인데, 가장 좋은 방법은 비용 최저가 입찰제를 실시하는 것이다. 건립비는 450만~550만 원/평 정도 투입되며 기간은 2개월 정도가 소요된다. 공사일정을 최대한 세밀하게 조정하면 6주 정도의 공사기간이 소요된다. 하지만 모델하우스 허가 소요기간이 1주에서 2주 정도가 소요되고, 수정기간 및 여유기간으로 인해 8주의 시간을 요하는 경우가 많다. 건설사에서 3개월을 기준으로 잡는 이유는 공사 후 수

정기간을 반영하였기 때문이다. 모델하우스 공사비는 여타의 본공사와 마찬가지로 직접비와 간접비로 나뉜다. 간접비에는 국민연금노무비x4.5%, 건강보험노무비x3.43%, 고용보험노무비x1.39%, 노인장기요양보험건강보험x11.52%, 퇴직공제부금노무비x2.3%, 안전관리비직접공사비x0.5%, 건설기계대여대금 지급보증수수료직접비x0.07%, 하수원인자부담금본 공사부지에는 적용되지 않음, 화재보험, 폐기물처리비가 포함된다. 이 금액은 전체 공사비의 10%정도를 차지한다. 그 중 하수원인자부담금이 간접비 내에서 10%를 차지하며, 전체 금액의 1%정도의 금액이 된다. 그렇기 때문에 하수원인자부담금 납부대상 여부는 미리 파악하고 협의를 진행해야 한다. 간접비 10%를 제외한 나머지 90%는 직접비로 구성된다. 가장 큰 부분을 차지하는 것은 골조공사다. 전체 직접공사비의 20%를 차지하는데, 철골만 지급자재로 해도 상당한 금액을 아낄 수 있을 것으로 사료된다. 그 외에는 내장목 공사와 금속공사가 각 15% 정도의 비율을 차지한다. 그 이유는 실제 건축물에서는 시멘트로 각 층의 단차를 조절하지만 모델하우스는 나무로 그 차이를 조절하고 모든 벽체를 목재로 구성하기 때문이다. 금속은 모델하우스 외부 복합 판넬에서 금속공정 금액의 30%를 사용한다. 그 외 옥외계단이나 천장 등에서 금속 잔여 금액이 대부분 소요되는 편이다. 세대는 59타입은 3천만 원, 84타입은 4천만 원 정도가 추가된다고 생각하면 된다. 만약 같은 모델하우스에 1개의 세대가 추가되면 3천만 원 정도 추가하면 적정 공사비를 책정할 수 있다. 모델하우스 공사 및 모든 공사에서 최저 가격에 고품질을 창출해내는 가장 좋은 방법은 최저가 입찰이다. 하수원인자부담금과 같이 빠지는 품목은 확실히 제외시키고, 골조와 목재 지급 등 몇 가지 사항을 지급자재로 하고 최저가 입찰을 하면 가장 저렴하게 공사를 진행할 수 있다. 본 공사와 달리 모델하우스 공사는 시공사에서도 하도급사로 일임하기 때문에 지급자재 여부에 따라 공사비 차이에 대한 이점을 볼 수 있다.

또한 모델하우스는 분양 전략에 따라 분양대행사 직원의 상주 인원을 정할 수 있다. 고객들에게 공개되는 공용홀과 세대내부가 건립비용이 높기 때문에 공용공간을 줄이고 분양대행사 직원이 사용하는 사무공간이 넓으면 그만큼 건립비용은 줄일 수 있다. 하기 도면 중 A는 분양대행사 직원이 상주할 수 있는 공간을 늘렸고, B는 공용공간이 넓다는 것을 확인할 수 있다. 이 두 모델하우스의 건립비용은 10%정도 차이가 발생한다.

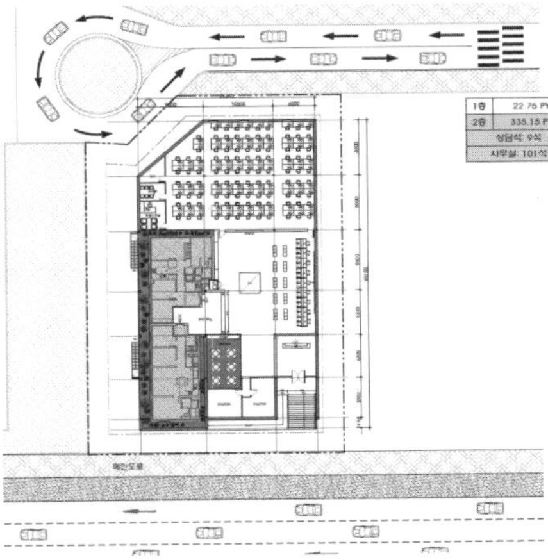

<모델하우스 도면A>

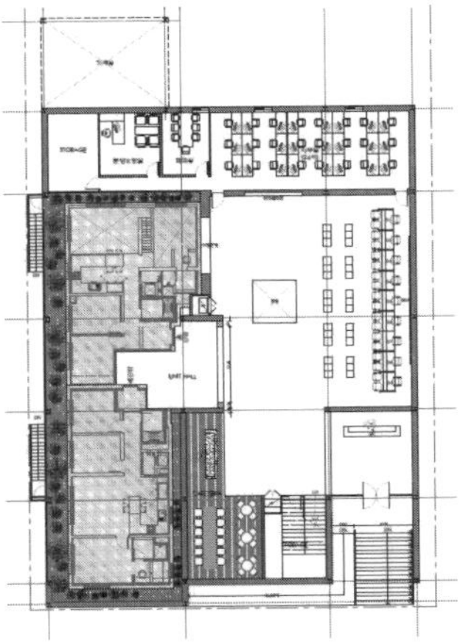

<모델하우스 도면 B>

모델하우스 철거비는 두 가지 방법으로 회수가 가능하다. 첫 번째는 건립비용의 50-70%정도를 받고 타 건설사 및 동일 건설사 타 시행사에게 양도하는 것이다. 이 방법이 투입비를 회수하는 가장 좋은 방법이다. 두 번째는 계약기간 만료 후 인수 업체가 없어 원상 복구하는 경우다. 이 때도 금액을 크게 걱정할 필요가 없는 것이 철골 H-Beam을 매각한 비용으로 철거비 충당이 가능하기 때문에 추가금액은 없다고 생각해도 무방하다. 모델하우스 운영비는 보험료, 직원 월급 등이 포함되는데 분양초기에는 월 2천만 원정도가 사용되는 편이며, 분양완료 후 관리단계에서는 월 1천만 원까지 운영비가 줄어드는 경향성을 보인다.

광고선전비는 매출액의 0.1% ~ 1%정도 책정하며, 지역에 따라 편차가 다소 존재한다. 광고선전비는 건설사에서 책정하는 경우가 많다. 대부분의 분양광고는 신문, 카탈로그, 전단지, 검색사이트 배너광고, 옥외광고, 라디오 등 복합적으로 진행된다. 신문광고는 조선일보 기준 20면에 한장으로 수록하는 경우가 많은데 하루에 몇 천만 원을 호가한다. 검색사이트 배너광고 역시 수 천만 원을 내고 진행을 해야 하므로 많은 곳에 한 번에 광고를 진행하기는 다소 부담스럽다. 또한 광고의 효과가 어느 정도가 나오는지 정확한 산출이 불가능하므로 시행사 입장에서는 광고비로 너무 많은 금액을 지불하는 것이 부담스러운 것이 사실이다. 그래서 매출액의 일정 부분을 할당하여 다양하게 노출하는 편이다. 광고선전비는 15억 원에서 80억 원이 되는 금액이므로 결코 낮은 비용은 아니다. 광고는 노출되는 양에 비례하여 광고비를 받기 때문에 어느 요일, 어느 시간대가 더 효과를 볼지는 크게 걱정하지 않아도 된다. 다만 너무 오랫동안 광고를 하게 되면 분양에 실패했다는 시그널을 줄 수 있기 때문에 적당한 기간동안 집중해서 광고하는 것이 중요하다. 또한 지역 타겟팅이 명확해야 한다. 예를 들어서 속초에 분양하는 많은 공동주택은 분양일정을 여름이 시작되기 바로 전으로 맞춘다. 휴가 기간이 시작되기 전에 분양 광고를 현지해서 진행해 관광수요에 그대로 노출하기 위한 전략이다. 또한 같은 사업지를 서울 강남에서 광고를 진행하고자 하기도 한다. 그 이유는 세컨드 하우스의 수요가 강남권 집중되어 있다고 판단했기 때문이다. 현재 부동산은 인터넷 등의 발달로 광고로 인한 분양보다 입지와 가격으로 인해 분양의 성패가 좌우되고 있다. 이럴 때일수록 적정 광고비에 대해서 더 관심을 기울이고 사업성개선에 힘써야 할 것으로 사료된다.

분양대행수수료는 분양대행사에게 지급하는 수수료로서 필수적인 사업비 중 하나다. 현금흐름표Cash-Flow에서는 분양율 연동 사업비에 속한다. 그 이유는 수수료를 대부분 분양 후 몇 개월 내에 몇 %이상 분양 시 분양대금 지급, 기준 미충족 시 50%지급, 일정기간 전 분양완료시 성과급 150% 지급과 같이 책정하기 때문이다. 1천 세대 기준으로 수도권에서는 2백만 원/세대 정도의 수수료를 지급한다. 상가는 총 분양가의 7% ~ 10%정도 지급하는 경우도 있고, 시행사가 100% 보유하고 분양을 진행하는 경우도 있다. 경우에 따라 지방은 수수료를 1천만 원/세대까지 지급하고, 서울은 따로 책정하지 않는 경우도 있다. 대행사는 대부분 공개경쟁입찰 방식으로 선정되는데,

이때 각 대행사는 분양률에 따른 수수료 지급 조건제시, 적정분양가 제시, 판촉안 등을 전략으로 내세운다. 실제로 시행업계에서는 분양이 어려운 지역일수록 공격적인 분양대행사를 찾는 편이고, 쉬운 곳은 저렴한 업체를 선정하는 경우가 많다. 공격적인 분양대행사라 함은 분양직원 인프라가 좋은 곳을 말한다. 대부분의 대행업체가 분양직원을 상시 정규직으로 보유하고 있는 것이 아니기 때문에 직원 동원력이 하나의 능력지표로 인정받는 편이다. 시행사가 초기 자금을 분양대행사로부터 차입하는 경우가 있다. 사업성 등의 개선을 위해 분양대행사가 분양상품을 컨설팅해주는 것은 좋으나 이를 빌미로 분양대행계약에 대한 권리까지 가져가게 되면 차후 이해관계자와 마찰을 일으킬 수도 있다. 이러한 마찰로 인하여 주요 투자자 혹은 시공사와 약정이 해제되거나 분양대행사에 손해배상을 해야 할 수도 있다. 혹시라도 금전이 필요하여 분양대행사에게 자금을 차입할 때는 향후 입찰에 참여할 수 있는 기회를 주고, 사업이익의 일정 부분을 공유하는 것으로 협상하는 것이 현명하다.

분양보증수수료는 주택분양 보증을 받을 때 지급하는 수수료이다. 주택법 제15조에 의하여 사업계획승인을 얻어 건설하는 주택사업은 꼭 받아야 하는 보증상품이다. 여기서 주택조합의 조합원에게 분양되는 주택은 보증대상에서 제외되고, 건축허가를 받은 주상복합건물의 주택 및 주택외 시설과 사업계획승인을 얻은 주상복합건물 중 주택이외의 시설 역시 주상복합 주택분양보증 대상이 된다. 보증책임은 주택의 분양 이행 또는 납부한 계약금 및 중도금 환급을 책임지게 된다. 보증 채권자는 입주 예정자이며 보증채무자는 당해 주택사업의 사업주체이다. 보증금액은 사업주체가 당해 주택사업의 분양계약자로부터 받게 될 계약금과 중도금을 합한 금액으로 잔금은 제외된다. 보증기간은 당해 주택사업의 입주자 모집공고 승인일로부터 건물소유권 보존등기일까지 보증된다. 보증서는 주택공급에 관한 규칙 제20조에 의거 시장 등에게 입주자 모집승인 신청 시 구비되어야 하는 요건 중 하나이다. 이는 사업주체가 부도 등의 사유로 분양계약을 이행할 수 없는 경우 주택도시보증공사가 분양을 이행하거나 납부한 계약금 및 중도금을 환급하는 제도인데 선택이 아닌 필수 사항이며 분양보증수수료는 *보증대상금액x보증요율x보증기간(입주자 모집공고 승인일~건물소유권 보존등기일)/365*으로 산정되며 대지비와 건축비부분의 보증료를 산정하는 방식은 아래와 같다.

1. 대지비부분 보증료 (연 0.133%)
   = 대지비부분 보증금액×대지비부분 보증료율*×(보증서발급일~입주자모집공고 기간에 기재된 입주예정월의 다음달 말일까지의 해당일수)/365
   ※ 대지비부분 보증금액 = 보증금액×(입주자모집공고안상 세대별 대지비 합계액/입주자모집공고안상 세대별 분양금액 합계액)

2. 건축비부분 보증료 (연 0.144% ~ 0.342%)
   = 건축비부분 보증금액×건축비부분 보증료율*×(보증서발급일부터 입주자모집공고안에 기재된 입주예정월의 다음달 말일까지의 해당일수)/365
   ※ 건축비부분 보증금액 = 보증금액-대지비부분 보증금액

이때 대지비 보증료율은 0.133%로 고정되어 있고 건축비 보증료율은 신용평가등급별로 연 0.144%~0.342%까지 상이하며 보증료, 거래기간 등을 기준으로 하여 요율에 따른 할인이 가능하다.

신용등급별 요율은 주택도시보증공사 홈페이에서도 확인이 가능하다.

신용평가등급별 보증료율(단위: 연)

| 구분 | 대지비부분 | 건축비부분 | | | | |
|---|---|---|---|---|---|---|
| | | 1등급 | 2등급 | 3등급 | 4등급 | 5등급 |
| AAA | 0.133 | 0.144 | 0.150 | 0.155 | 0.160 | 0.165 |
| AA | | 0.146 | 0.152 | 0.158 | 0.164 | 0.170 |
| A+ | | 0.148 | 0.155 | 0.162 | 0.168 | 0.175 |
| A- | | 0.150 | 0.158 | 0.166 | 0.173 | 0.181 |
| BBB+ | | 0.152 | 0.161 | 0.170 | 0.179 | 0.187 |
| BBB- | | 0.154 | 0.165 | 0.176 | 0.186 | 0.195 |
| BB+ | | 0.157 | 0.170 | 0.182 | 0.193 | 0.204 |
| BB- | | 0.161 | 0.175 | 0.189 | 0.202 | 0.214 |
| B+ | | 0.165 | 0.181 | 0.197 | 0.211 | 0.226 |
| B- | | 0.169 | 0.188 | 0.206 | 0.223 | 0.239 |
| CCC+ | | 0.174 | 0.196 | 0.216 | 0.236 | 0.255 |
| CCC- | | 0.180 | 0.205 | 0.228 | 0.250 | 0.272 |
| CC | | 0.186 | 0.215 | 0.242 | 0.267 | 0.292 |
| C | | 0.194 | 0.226 | 0.257 | 0.287 | 0.316 |
| D | | 0.202 | 0.240 | 0.275 | 0.309 | 0.342 |

<신용등급별 요율표>

시공사가 연대입보하는 경우에는 신용등급이 우수한 시공자의 등급을 기준으로 적용하며 보증료는 보증약정관계자 중 신용평가등급 등이 우수한 자를 기준으로 산출할 수 있다. 기여고객 할인율이

존재하는데 이는 보증료, 거래기간 등을 기여도에 따라 7개군으로 분류하여 건축비부분 요율에서 할인이 가능하다.

| 구분 | 1군 | 2군 | 3군 | 4군 | 5군 | 6군 | 7군 |
|---|---|---|---|---|---|---|---|
| 차감율 | 0.058% | 0.050% | 0.042% | 0.033% | 0.025% | 0.017% | 0.009% |

또한 사업부지에 대한 소유권확보가 필수적이다. 금융비용을 아끼기 위해서 사업부지에 대해 잔금을 납부하지 않았다면 분양보증단계에서는 잔금을 반드시 납부해야 한다. 또한 등기까지 완료하여야 보증이 가능하다. 미확보 부지가 있는 경우 회사의 담보물을 바탕으로 보증이 가능하다. 가끔 시공사명의 어음이나 시행사 담보를 바탕으로 보증을 받는 경우가 있다. 또한 사업부지에 저당권 또는 예고등기 등이 있는 경우에는 말소가 원칙이고, 주택법 제 61조 및 동법 시행령 제72조에 따라 공사 등에 신탁등기를 하여야 한다.

종합부동산세에 대해서 알아보면서 부동산 세금의 전반적인 틀에 대해서 함께 알아보도록 하자.

부동산 세금의 종류는 아래 표와 같다.

| 구 분 | 세 금 | 납부시기 | 비 고 |
|---|---|---|---|
| 취득시 | 취득세 | 취득일로부터 60일 이내 | 지방세 |
| 보유시 | 재산세 | 주택분 1/2, 건물분 (7/16 ~ 7/31)<br>주택분 1/2, 토지분 (9/16 ~ 9/30) | 지방세 |
| | 종합부동산세 | 12/1 ~ 12/15 | 국세 |
| 처분시 | 양도소득세 | 양도일이 속하는 달의 말일부터 2개월 이내 | 국세 |

<부동산세금표>

취득세는 지방세법 제6조~제22조 및 지방세법 시행령 제5조~제38조에 의해 규정되며 그 대상은 매매, 교환, 상속, 증여 등을 통하여 소유권을 취득한 부동산이다. 납부시기는 취득일로부터 60일 이내 신고 및 납부해야 한다. 과세표준은 취득 당시의 가액취득자가 신고한 가액, 신고를 하지 아니하거나 시가표준액에 미달 또는 신고가액의 표시가 없는 경우 시가 표준액, 연부로 취득하는 경우는 연부금액이다. 흔히 개인으로 취득할 때의 과세표준과 헷갈려서 단순 토지매입가를 과세표준으로 잡는 경우가 많은데, 직접비용과 차입이자, 금융비용 및 취득에 필요한 용역비 및 수수료 등을 포함하는 금액이 과세표준임을 명심해야 한다. 이러한 사유로 토지금액의 5%정도를 취등록세로 설정하는 실무자도 존재한다.

세율은 아래와 같다.

| 구 분 | | 기본세율 | 지방교육세 | 농어촌특별세 | 합 계 | 비고 |
|---|---|---|---|---|---|---|
| 주택(12억,85㎡ 이상) | | 3.00% | 0.30% | 0.20% | 3.05% | |
| 주택 외 매매 | | 4.00% | 0.40% | 0.20% | 4.60% | |
| 원시취득, 상속(농지 외) | | 2.80% | 0.16% | 0.20% | 3.16% | |
| 상속 외 무상취득 | | 3.50% | 0.30% | 0.20% | 4.00% | |
| 농지 | 매매 | 3.00% | 0.20% | 0.20% | 3.40% | |
| | 상속 | 2.30% | 0.06% | 0.20% | 2.56% | |

<부동산 취등록세 세율표>

여기에 지방교육세는 취득세 세율에서 2%를 뺀 세율을 적용한 금액의 20%이며, 농어촌특별세는 취득세를 2%로 적용한 금액의 10%, 감면세액의 20%이다. 보존등기 취득세는 과세표준의 3.16%이

나 국민주택규모 이하의 경우 2.96%이다. 과세표준에 포함되어 있는 것은 도급공사비, 감리비, 설계비, 학교용지부담금 등이 있고 미포함되는 사업비는 토지대, 조경공사비, 모델하우스관련비용, 각종 분부담금 등이 있다.

재산세는 지방세법 제104조~제123조 및 지방세법 시행령 제101조~제119조에 의해 규정되는데 대상은 매년 6월 1일과세기준일 현재 토지와 주택, 건축물을 보유한 자로 한정된다. 납부시기는 아래와 같다.

| 대 상 | 납부기한 | 납부방법 | 비 고 |
|---|---|---|---|
| 건물분 재산세, 주택분 재산세 1/2 | 7/16 ~ 7/31 | 고지납부 | |
| 토지분 재산세, 주택분 재산세 1/2 | 9/16 ~ 9/30 | 고지납부 | |

과세표준은 아래와 같다.

| 구 분 | 시가표준액 | 과세표준 |
|---|---|---|
| 주택분 | 주택공시가격 | 시가표준액 × 60% |
| 건물분 | 자치단체장이 결정한 가액 | 시가표준액 × 60% |
| 토지분 | 개별공시지가 | 시가표준액 × 70% |

세율은 아래와 같다.

| 과세대상 | 과세표준 | 세 율 | 비고 |
|---|---|---|---|
| 주택 | 6천만원 이하 | 0.1% | 별장 4% |
| | 1억 5천만원 이하 | 6만원+(6천만원 초과금액의 0.15%) | |
| | 3억원 이하 | 19만5천원<br>+(1억5천만원 초과금액의 0.25%) | |
| | 3억원 초과 | 57만원+3억원 초과금액의 0.4%) | |
| 건축물 | 골프장, 고급오락장 | 4% | |
| | 공장용 건축물 | 0.5% | |
| | 기타 건축물 | 0.25% | |

| | | | | |
|---|---|---|---|---|
| 토지 | 종합합산 과세 | 5000만원 이하 | 0.2% | |
| | | 1억원 이하 | 10만원+(5천만원 초과금액의 0.3%) | |
| | | 1억원 초과 | 25만원+(1억원 초과금액의 0.5%) | |
| | 별도합산 과세 | 2억원 이하 | 0.2% | |
| | | 10억원 이하 | 40만원+(2억원 초과금액의 0.3%) | |
| | | 10억원 초과 | 280만원+(10억원 초과금액의 0.4%) | |
| | 분리 과세 | 전, 답, 과수원, 목장용지 및 임야 | 0.07% | |
| | | 골프장 및 고급오락장용 토지 | 4% | |
| | | 이 이외의 토지 | 0.2% | |

<부동산 재산세 세율표>

관련 세금은 지방교육세가 재산세액의 20%, 재산세 과세특례분이 재산세 과세표준액의 0.14%, 건축물에 대한 재산세와 병기 부과되는 지역자원시설세가 있다. 재산세는 과세대상 토지에 따라서 상기 세율과 같이 달라지기 때문에 토지 분류가 중요하다. 이는 아래와 같다.

| 구분 | 내용 | 비고 |
|---|---|---|
| 종합합산 (나대지, 잡종지 등) | 분리과세토지와 별도합산토지를 제외한 토지 | 지방세법 제106조 |
| | 공장입지 기준면적을 초과하는 공장용지 | |
| | 일반 영업용 건축물로서 시가표준액이 당해 부수토지 시가표준액의 100분의 3에 미달하는 건축물의 부수토지 | |
| 별도합산 (일반건축물의 부속토지) | 대통령령으로 정하는 건축물의 부속토지 | 지방세법 시행령 제101조 |
| | 차고용 토지, 시험·연구·검사용 토지, 물류단지시설용 토지 등 공지상태나 해당 토지의 이용에 필요한 시설 등을 설치하여 업무 또는 경제활동에 활용되는 토지 | |
| 분리과세 (사업승인 받은 토지) | 공장용지·전·답·과수원 및 목장용지 등 | 지방세법 시행령 제102조 |
| | 산림의 보호육성을 위하여 필요한 임야 및 종중 소유 임야 | |
| | 골프장용 토지 등 고급오락장용 토지 | |

| | | | |
|---|---|---|---|
| 분리과세<br>(사업승인<br>받은 토지) | 공장의 부속토지로서 개발제한구역의 지정이 있기 이전에 그 부지취득이 완료된 곳 | 지방세법<br>시행령<br>제102조 |
| | 주택건설사업자가 주택을 건설하기 위하여 사업승인을 받은 토지로서 주택건설사업에 제공되고 있는 토지 | |
| | 도시개발사업의 시행자가 그 도시개발사업에 제공하는 토지 | |
| | 그 외 유사한 토지 중 분리과세하여야 할 타당한 이유가 있는 것으로서 대통령령으로 정하는 토지 | |

종합부동산세는 종합부동산세법 및 시행령에 따라 부과되며 대상은 매년 6월1일과세기준일 현재 보유한 과세유형별 공시가격의 인별 전국 합산액이 공제금액과세기준액을 초과하는 재산세 납세의무자이다. 납부시기는 12월1일 ~ 12월15일이며, 과세표준은 아래와 같으나 공정시장가액비율은 2018년 80%를 기준으로 매년 5%씩 증가한다.

| 과세대상 | 과세표준 |
|---|---|
| 주택 | [기준시가합계-6억(9억(1세대1주택자))] x 공정시장가액비율 |
| 종합합산토지 | [기준시가합계-5억] x 공정시장가액비율 |
| 별도합산토지 | [기준시가합계-80억] x 공정시장가액비율 |

종합부동산세의 세율은 아래와 같다.

| 구 분 | 과세표준 | 세 율 | 비 고 |
|---|---|---|---|
| 주 택 | 3억 이하 | 0.5% | |
| | 6억 이하 | 0.7% -60만원 | |
| | 12억 이하 | 1.0% -240만원 | |
| | 50억 이하 | 1.4% -720만원 | |
| | 94억 이하 | 2.0% -3,720만원 | |
| | 94억 초과 | 2.7% -10,300만원 | |

| | | | |
|---|---|---|---|
| 종합합산 토지 | 15억 이하 | 1.0% | |
| | 45억 이하 | 2.0% -1,500만원 | |
| | 45억 초과 | 3.0% -6,000만원 | |
| 별도합산 토지 | 200억 이하 | 0.5% | |
| | 400억 이하 | 0.6% -2,000만원 | |
| | 400억 초과 | 0.7% -6,000만원 | |

<종합부동산세 세율표>

종합부동산세를 계산하는 방법은 *[(인별 전국합산 공시가격-과세기준금액)x공정시장가액비율]x세율-법정공제세액*이다. 여기서 합산배제되는 주택은 주택건설업자의 미분양주택, 시공사가 대물 변제받은 미분양주택 등이 있다. 또한 주택건설업자가 주택을 건설하기 위하여 취득한 토지 중 취득일로부터 5년 이내에 주택법에 따른 사업계획의 승인을 받을 토지는 종합합산토지분 과세대상에서 제외한다. 관련 세금으로는 농어촌특별세가 종합부동산세액의 20%로 존재한다. 마지막으로 양도소득세는 소득세법 제88조~제118조에 규정되어 있으며 토지나 건물 및 부동산에 관한 권리를 양도하는 경우 발생하는 양도소득에 대하여 부과된다. 납부시기는 양도일 또는 토지거래허가일이 속하는 달의 말일부터 2개월 이내이며 무신고 가산세는 20%, 무납부 가산세는 1일 0.03%가 부과된다. 확정신고는 당해 연도에 부동산을 여러 건 양도한 경우에는 다음해 5월에 하게 된다. 산출방식은 *(과세표준x세율)-누진공제액*이다. 양도소득세 과세표준 및 세율은 아래와 같다. 또한 아파트사업부지는 신탁사에 위탁하게 되는데, 신고 및 납부 주체가 수탁자이므로 시행사가 아닌 신탁사가 진행

한다고 보면 된다.

<table>
<tr><th>자산</th><th>내용</th><th colspan="3">세율</th></tr>
<tr><td rowspan="13">토지·건물·<br>부동산에<br>관한 권리</td><td>보유기간<br>1년 미만</td><td colspan="3">주택/조합원입주권(40%), 토지/건물/분양권(50%)</td></tr>
<tr><td>보유기간<br>1년 ~ 2년</td><td colspan="3">주택/조합원입주권(6%~42%), 토지/건물/분양권 (40%)</td></tr>
<tr><td rowspan="8">보유기간<br>2년 이상<br>(기본세율)</td><td>과세표준</td><td>세율</td><td>누진공제</td></tr>
<tr><td>1,200만원 이하</td><td>6%</td><td>-</td></tr>
<tr><td>4,600만원 이하</td><td>15%</td><td>108만원</td></tr>
<tr><td>8,800만원 이하</td><td>24%</td><td>522만원</td></tr>
<tr><td>1.5억원 이하</td><td>35%</td><td>1,490만원</td></tr>
<tr><td>3억원 이하</td><td>38%</td><td>1,940만원</td></tr>
<tr><td>5억원 이하</td><td>40%</td><td>2,540만원</td></tr>
<tr><td>5억원 초과</td><td>42%</td><td>3,540만원</td></tr>
<tr><td>1세대 2주택자의<br>양도주택</td><td colspan="3">상기 기본세율과 같으나 조정지역+10%</td></tr>
<tr><td>1세대 3주택<br>이상자의<br>양도주택,<br>비사업용 토지</td><td colspan="3">상기 기본세율과 같으나 조정지역+20%</td></tr>
</table>

**<부동산 양도소득세 세율표>**

보존등기비는 부동산등기법 제64부터 제66조에 의해 소유자의 신청 후 처음 행 하여지는 소유권에 관한 등기를 일컫는다. 이는 취득세과세표준의 2%, 등록세과세표준의0.8%, 농어촌특별세과세표준의0.16%, 교육세과세표준의0.2%, 기타 수입인지 및 수수료로 구성된다. 농어촌특별세는 2024년 6월말일까지 한시적으로 시행되는 목적세이며 전용면적

85㎡초과일 경우에만 과세된다. 납부기한은 취득세의 경우 부동산 취득일로부터 30일 이내에 납부토록 되어 있고, 등록세는 60일 이내에 납부해야 하며 그 기준일은 사용승인일로 본다. 이는 이해관계자 중 한 주체와 연관된 법무사가 진행하게 되는데, 계약 시 법무사의 실수로 인한 과태료 등은 법무사가 납부하도록 하는 규정을 꼭 넣고 중간중간 확인해야 될 필요성이 있다. 가끔 법무사의 실수로 과태료가 나오는 경우도 있고, 이로 인해 사업기간이 늘어나 간접비 손실이 큰 경우가 발생하기 때문이다. 또한 취득세를 감면받는 경우가 있는데, 해당 요건을 향후 5년 내에 상실할 시에는 미리 감면분의 취득세를 납부하는 것이 현명하다. 지방세특례제한법 시행령 132조 2항 1호에 따르면 당초 감면받은 부동산에 대한 취득세 납부기한의 다음 날루부터 추징사유가 발생한 날까지의 기간에 일당 10만분의 25의 금액을 가산하여 내도록 규정되어 있다. 이 때 취득세 납부기한은 규정된 기한인 60일이 아니고, 납부한 날을 기준으로 삼는다. 납부를 함으로써 취득세 납부기한을 단축한 것과 같은 효과를 내기 때문이다. 시행사업은 사업 이해관계자가 얼마나 관심을 갖는지 얼마나 아는지에 따라 지출비용이 달라진다는 점을 명심하자.

과밀부담금은 수도권정비계획법에 의해 서울의 인구 과밀을 막기 위해 도입되었다. 부과 대상은 서울에 건축되는 업무용 건축물, 판매용 건축물, 복합 건축물, 공공청사의 경우 납부하게 되어 있다. 부담금은 주차장면적과 기초공제면적의 합계면적이 기준면적을 초과하지 않는 경우는 [(기준면적-주차장면적-기초공제면적)x1m² 당 건축비x5%]+[기준면적 초과면적x1m$^2$당 건축비x10%]로 구할 수 있고, 초과하는 경우는 [(신축면적-주차장면적-기초공제면적)x1m$^2$당 건축비x10%]로 구할 수 있다. 기준면적은 업무용 건축물의 경우 25,000m$^2$, 판매용 건축물과 복합용 건축물 중 판매용 시설 면적이 가장 큰 것은 15,000m$^2$, 기타 복합용 건축물은 25,000m$^2$이다. 기초공제면적은 공공청사의 경우 1,000 m$^2$, 기타 건축물의 경우 5,000 m$^2$이다. 1 m$^2$당 건축비는 국토교통부에서 매년 고시하고 있다. 최근 표준건축비는 아래 표와 같다. 상승률은 평균 3%정도인데, 실제 공사비가 올라가는 속도에 비하면 다소 느리다고 볼 수 있다.

| 년도 | m$^2$당 표준건축비 | 상승률 |
|---|---|---|
| 2010 | 1,575,000원 | - |
| 2011 | 1,627,000원 | 103.30% |
| 2012 | 1,630,000 원 | 100.18% |
| 2013 | 1,664,000 원 | 102.09% |
| 2014 | 1,693,000 원 | 101.74% |
| 2015 | 1,715,000 원 | 101.30% |
| 2016 | 1,762,000 원 | 102.74% |
| 2017 | 1,812,000 원 | 102.84% |
| 2018 | 1,859,000 원 | 102.59% |
| 2019 | 1,923,000 원 | 103.44% |
| 2020 | 2,000,000 원 | 104.00% |
| 2021 | 2,048,000 원 | 102.40% |
| 2022 | 2,130,000 원 | 104.00% |
| 2023 | 2,257,000 원 | 105.96% |

<국토교통부발표 표준건축비>

납부기한은 건축물의 사용승인일 또는 임시사용승인일로 하며 사용승인이 필요 없는 경우에는 부과일로부터 6개월이다. 납부기한까지 납부하지 아니할 경우 부담금의 3%를 가산금으로 부과할 수 있도록 되어 있다. 시행사업은 아니지만 조합사업은 조합이 해산하면 조합원이 부담금을 내야 하기 때문에 해당 부담금을 유의해서 지켜봐야 한다.

광역교통시설부담금은 광역교통시설을 공공투자만으로 건설하는 경우 일어날 수 있는 공공재원의 지원에 대한 형평성 문제를 방지하고 도시의 기반시설 중 하나인 교통시설을 고려하지 않고 진행될 수 있는 무절제한 난개발을 억제하기 위해 부과된다.

근거법령은 대도시권 광역 교통관리에 관한 특별법, 지자체 광역교통시설부담금 부과 징수 등에 관한 조례가 있다. 여기서 말하는 대도시권은 다음과 같다.

| 권역별 | 범 위 |
|---|---|
| 수도권 | 서울특별시, 인천광역시 및 경기도 |
| 부산, 울산권 | 부산광역시, 울산광역시 및 경상남도 양산시, 김해시, 진해시 |
| 대구권 | 대구광역시, 경상북도 경산시 영천시 군위군 청도군 고령군 성주군 칠곡군 및 경상남도 창녕군 |
| 광주권 | 광주광역시 및 전라남도 나주시 담양군 화순군 함평군 장성군 |
| 대전권 | 대전광역시 충청남도 공주시 논산시 계룡시 금산군 연기군 및 충청북도 청주시 보은군 청원군 옥천군 |

<광역교통시설부담금 부과 범위>

광역교통시설 부담금 부과대상은 대도시권 광역교통 관리에 관한 특별법 제11조에 서술되어 있다. 정리하자면 택지개발촉진법에 따른 택지개발사업, 도시개발법에 따른 도시개발사업, 주택법에 따른 대지조성사업 및 법률 제6916호 주택건설촉진법개정법률 부칙 제9조에 따라 종전의 규정에 따르도록 한 아파트지구개발사업, 주택법에 따른 주택건설사업다른 법령에 따라 사업 승인이 의제되는 협의를 거친 경우 포함, 도시 및 주거환경정비법에 따른 재개발사업 및 재건축사업다만, 재개발사업의 경우에는 20세대 이상의 공동주택을 건설하는 경우만 해당, 건축법 제11조에 따른 건축허가를 받아 주택 외의 시설과 20세대 이상의 주택을 동일 건축물로 건축하는 사업, 그 밖에 이와 유사한 사업으로서 대통령령으로 정하는 사업이다. 부담금 면제는 부담금의 부과 대상으로 결정된 사업의 지구, 구역 또는 사업지역에서 진행되는 사업, 도시 및 주거환경정비법에 따른 주거환경개선사업, 주택법에 따른 주택건설사업과 건축법 제11조에 따른 건축허가를 받아 주택 외의 시설과 20세대 이상의 주택을 동일 건축물로 건축하는 사업 중 4년 이상 임대하기 위하여 민간임대주택에 관한 특별법에 따른 민간임대주택 또는 공공주택 특별법에 따른 공공임대주택을 건설하는 사업으로서 대통령령으로 정하는 사업, 공익사업을 위한 토지 등의 취득 및 보상에 관한 법률 제78조에 따른 이주대책의 실시에 따른 주택지의 조성 및 주택의 건설, 사회기반시설에 대한 민간투자법 제2조 제1호에 따른 경제활동의 기반이 되는 시설, 사회서비스의 제공을 위하여 필요한 시설, 지자체의 업무수행을 위해 필요한 공용시설, 공중의 이용을 위한 공공용 시설을 신설/증설 또는 개량하는 사업을 시행하는 자가 같은 법 제21조에 따라 부대사업으로 시행하는 사업, 신행정수도 후속대책을 위한 연기/공주지역 행정중심복합도시 건설을 위한 특별법 제11조에 따라 지정된 예정지역에서 시행되는 주택의 건설사업에 해당한다. 부담금의 50%감면은 국가나 지방자치단체가 시행하는 사업, 도시 및 주거환경정비법에 따른 재개발 혹은 재건축사업이 해당된다. 여기서 국토의 계획 및 이용에 관한 법률 제6제 제1호에 따른 도시지역에서 시행되는 것이라면 75%까지 경감 받을 수 있다. 부담금의 산정기준은 사업의 성격에 따라서 다소 달라진다. 택지개발촉진법에 따른 택지개발사업, 도시개발법에 따른 도시개발사업, 주택법에 따른 대지조성사업 및 법률 제 6916호 주택건설촉진법개정법률 부칙 제9조에 따라 종전의 규정에 따르도록 한 아파트지구 개발업의 부담금은 *{1㎡당 표준개발비 × 부과율 × 개발면적 × (용적률 ÷ 200)} - 공제액*이다. 재개발사업의 경우에는 20세대 이상의 공동주택을 건설하는 경우만 해당하는 부담금은 *{1㎡당 표준건축비 × 부과율 × 건축연면적} - 공제액*이다. 건축법 제11조에 따른 건축허가를 받아 주택 외의 시설과 20세대 이상의 주택을 동일 건축물로 건축하는 사업은 *{1㎡당 표준건축비 ×부과율×건축연면적(주택인 시설의 건축연면적의 합계를 말한다)} - 공제액*이다. 부과율은 50%범위에서 대통령령으로 각각 부과율을 정하고, 지방자치단체 조례에 따라서 또 조절될 수 있다. 개발면적, 용적률, 건축 연면적, 공제액 등에 대한 기준은 대통령령으로 정하게 된다. 부담금은 사업이 시행되는 지역의 시장 혹은 도지사가 부과 징수하는 것으로서 사업시행자가 국가나 지방자치단체로부터 사업의 승인 또는 인가 등을 받은 날로부터 60일 이내에 부담금을 부과해야 한다. 또한 부과된 부담금은 부과일로부터 1년 이내에 내야 하되, 납부기한 내에 사업의 사용 승인 등을 받을 경우에는 그 신청일국가나 지방자치단체가 시행하는 사업의 경우 준공완료 공고일을 말한다까지의 범위에서 분할납부를 할 수 있다. 가산금은 3%이며, 사업의 착공이 대통령령으로 정하는 정당한 사유에 따라 연기되는 경우에는 납부의무자의 신청을 받아 사업의 착공 시까지 납부기한을 연기할 수 있다. 이를 활용하여 1년중 마지막날에 부담금을 납부하거나 착공이 늦어지는 경우 납부기한 연장을 신청하면 현금흐름표Cash-Flow에 긍정적인 효과를 줄 수 있다. 반대로 납부기한을 지키지 못하면 3%의 가산금을 낼 수 있으나 부과되는 세금이어서 그런 경우는 희박하다.

학교용지부담금은 대규모의 택지개발에 따른 인구급증으로 교육여건이 악화됨에 따라 안정적인 학교용지 확보와 교육환경 개선을 위해 제정된 '학교용지 확보에 관한 특례법'규정에 의거, 각 지방자치제별로 조례를 제정해 부과하고 있다. 가령 아파트 1,000세대가 들어왔는데, 학교용지부담금이 없다면 늘어난 학생으로 인한 학교 증축 및 신축은 고스란히 세금으로 투입되어 할 것이기 때문에 개발이익에서 일정부분 세금으로 분담하게 하는 것이다. 학교용지란 공립 유치원, 초등학교, 중학교 및 고등학교의 교사, 체육장 및 실습지, 그 밖의 학교시설을 신설하는데 필요한 토지를 말한다. 개발사업 지역의 공동주택 개발자에게 부과하고 있는 학교용지부담금은 100세대 이상 민영주택과 주택조합, 주상복합건물 그리고 준주택 중 대통령령으로 정하는 규모의 오피스텔에 부과되며 분양가의0.8%를 납부해야 한다. 300세대 이상부터는 학교용지부담금과 더불어 교육환경영향평가 대상이 된다. 다른 부담금과 다르게 학교용지의 조성 및 개발은 교육감의 의견이 중요하다. 가끔 인허가 관할부서와는 별개로 교육감의 의견사항이 너무 강하여 사업비가 추가 지출되는 경우도 있다. 부과일은 공급계약 체결일로부터 30일이내이다. 납부기한이 지난 후 10일 이내에 시에서는 독촉장을 발급하고 발급일로부터 10일 이내에 가산금이 매일 0.1%씩 발생한다. 이는 3%까지 가산될 수 있다. 부담금 납부가 늦어지게 되면 최악의 경우 공사중지 명령이 떨어질 수 있으니 일정을 준수해야 한다. 분양자료를 기한까지 제출하지 아니하거나 거짓으로 제출하면 500만 원 이하의 과태료 역시 부담하게 된다. 그러나 개발사업자는 취학인구의 지속적 감소로 학교 신설수요가 없는 지역에서 개발사업을 하는 경우 및 취학수요의 발생이 없는 특수용도로 개발사업을 진행하는 경우에는 학교용지 부담금 부과대상에서 제외될 수 있다. 제외대상으로는 이주자 택지 주택분양시, 도시개발사업지구 내 가구수의 증가가 없을 시, 주거환경개선사업지구 내 가구수의 증가가 없을 시, 리모델링 주택조합 구성원에게 분양 시, 기부채납 시, 노인주택 공급 시, 학교부지 무상공급 시, 최근 3년간 인구가 감소하여 학교 신설 수요가 없는 지역에서 사업을 할 때가 있다. 반대로 부담금으로 끝나지 않는 경우도 있다. 학생을 추가 수용할 만한 여력이 없는 학교만 주변에 있다면, 학교를 신축하여야 한다. 이 때 조례에 초등학교 통학거리를 1.5km이내로 제한하고 있는데 주변에 학교용지로 쓸 만한 토지가 없다면 사업은 난황을 겪게 된다. 학교용지부담금을 단순 요율로 산정하지 않고, 학교부지 확보 시 어느정도 규모로 확보해야 하는지 지자체와 교육청과 협의해야 한다. 또한 단독매입여부, 도시계획시설결정까지의 시간 등을 확인하여야 함이 옳겠다. 최근 과천지식타운은 학령인구 감소 등을 이류로 중학교 용지를 공공용지로 전환했는데, 이 때 학교의 수용 가능 범위를 벗어난 학생이 나와서 문제가 된 적이 있었다. 부동산을 개발할 때는 학교와 도로 등 인프라 구축 문제가 중요하므로 시행자는 단순히 용지부담금 문제를 넘어 책임의식을 가지고 검토해야 한다.

상하수도처리 부담금 산정은 정확한 사업수지 작성 시 가장 어려운 부분 중 하나다. 수도법 제71조에는 수도사업자로 하여금 비용발생의 원인자 즉, 시행사에게 수도공사 비용의 일부 혹은 전부를 부담하게 하고 있는 조항이 있다. 여기에는 수도시설의 신설, 증설비용, 시설물의 원상복구에 소요되는 공사비, 수도시설의 세척 등으로 인해 사용할 수 없게 된 수돗물의 요금에 상당하는 금액, 단수로 인한 급수차 사용경비, 도로복구비 및 도로결빙 방지비용, 복구작업에 동원된 차량 및 노무의 경비, 기타 홍보에 소요된 경비가 있다. 하수도 원인자부담금은 하수도법 제61조에 공공 하수도 관리청으로 하여금 건축물의 신축 시 비용을 부담시킬 수 있도록 되어 있다. 상수도 부담금은 자치법규 상수도 원인자 부담금 산정징수조례의 별표에 있으며 다음과 같다.

건축연면적(㎡) × ℓ(용도별다름) × 첨두계수 ÷ 1,000

여기서 ℓ은 주택, 호텔 등 용도별로 다르며 첨두계수는 시청에 문의하여 알 수 있다.

주거시설의 경우는 다음과 같다.

세대수 × 세대당인구수(인/세대수) × 1인1일평균급수량/1,000

1일1평균급수량은 시청 홈페이지에서 확인이 가능하며, 여기에 정부24 원인자 부담금 단가를 연산하면 시설부담금 산출이 가능하다.

하수도 부담금은 원인자 부담금 부과대상 오수발생량 * 원인자 부담금 단가로 알 수 있다.

*오수발생량 = 200ℓ * (2.7+(R-2)*0.5) * 세대수*이며, 원인자 부담금 단가는 시청 홈페이지에서 알 수 있다.

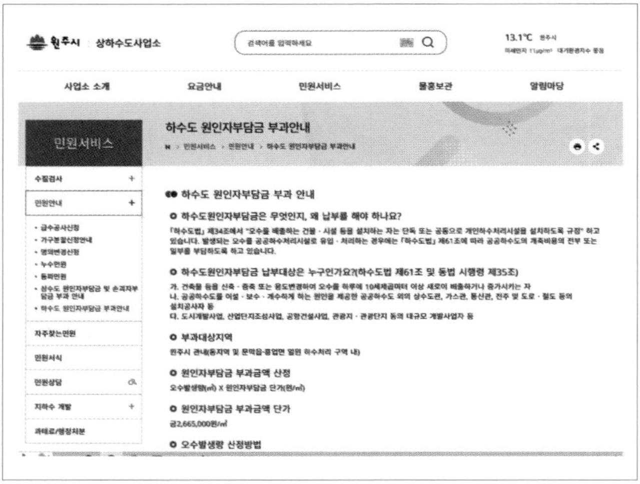

<원주시 하수도원인자부담금 부과안내>

상하수도 분담금은 개산 사업수지 작성 시 건축 연면적을 기준으로 3만 원/평이나 세대당 250만 원에서 320만 원을 적용한다. 다만, 지자체별로 하수도 할당 여유분이 없을 때 개발사업을 진행하게 되면 하수도 부담금이 증대될 수 있으므로 지자체와 협의를 거친 후 최종 사업수지를 작성하여야 한다. 또한 수질오염총량제에 따른 하수물량을 배정받지 못하면 개발사업 자체가 불가능해질 수도 있다. 가설건축물인 모델하우스 건설 시에도 상하수도 원인자 부담금을 납부해야 한다. 이 때 모델하우스 건설 부지가 본 공사 부지라면 납부치 않아도 되므로 지자체에 꼭 확인해보고 발주를 내는 것이 현명하다 하겠다.

농지보전부담금은 농지전용허가를 받은 자, 농지전용 협의를 거친 지역 또는 시설 예정지에 있는 농지를 전용하려는 자 등이 농지를 보전하고 관리 및 조성하는 데 부담하는 금전을 일컫는다. 농지란 전, 답, 과수원, 그 밖에 법적 지목을 불문하고, 실제로 농작물 경작지 또는 대통령령으로 정하는 다년생식물 재배지로 이용되는 토지다. 다만, 초지법에 따라 조성된 초지 등 대통령령으로 정하는 토지는 제외된다. 또한 언급한 내용의 토지의 개량시설과 토지에 설치하는 농축산물 생산시설로서 대통령령으로 정하는 시설의 부지이다. 쉽게 말하면 농지전용허가를 받는 사람이 보전 관리 및 조성을 위해 농지관리 기금을 운용 관리하는 한국농어촌공사에 내는 부담금이다. 기업이나 개인이 농지와 산지에 주택 혹은 상가와 같은 시설을 건축할 때 국가나 지방자치단체 또는 이들의 투자기관이 공공시설을 설치할 때 부과된다. 농지를 훼손하게 된다면 농지를 만들게 되어 있고 농지를 전용한 자가 낸 전용 부담금은 대체 농지나 관리자금으로 쓰이게 된다. 농지보전부담금은 농지법 제38조 7항, 시행령 53조, 시행규칙 제47조2에 의해 규정되며 산출방법은 농지법 시행령 제53조에 의하면 전용하는 *농지면적 × 개별공시지가의 30%*이다. 부담금은 분할 납부가 가능하다. 건당 4천만 원 이상이 되면 관할청은 30%를 허가 전에 납부하게 되고 잔액은 4회 이내로 분할 납부할 수 있도록 한다. 다만, 최종 납부일은 준공일 이전이어야 한다. 납입보증보험증서를 예치하는 경우도 있는데, 보증금액은 부담금의 110%이상의 금액으로 해야 한다. 이러한 분할납부 규정을 알면 현금흐름표Cash-Flow 작성 시 유용하게 사용할 수 있다.

또한 농지법 제6조 1항에 농지는 자기의 농업경영에 이용하거나 이용할 자가 아니면 소유하지 못하게 되어 있기 때문에 농지은행에 위탁하거나 계약 후 저당권을 잡는 등의 방법으로 토지 소유권을 확보해야 한다.

대체 산림자원 조성비는 산지관리법에 의해 산지를 보전, 관리, 조성하는 차원에서 개발행위를 허가 받고자 하는 자가 내야 하는 비용이다. 산지란 공간정보의 구축 및 관리 등에 관한 법률 제6조 1항에 따른 지목이 임야인 토지, 입목, 죽이 집단적 생육하고 있는 토지, 집단적으로 생육한 입목, 죽이 일시 상실된 토지, 입목, 죽의 집단적 생육에 사용하게 된 토지, 임도, 작업로 등 산길이다. 부담주체는 산지전용허가를 받으려는 자, 산지일시 사용허가를 받으려는 자, 다른 법률에 따라 산지전용허가 또는 산지일시사용허가가 의제되거나 배제되는 행정처분을 받으려는 자이다. 산정식은 *산지전용허가 면적×(1m²당 금액+해당 산지 개별공시지가×1%)*이다. 단위 면적당 단가는 준보전산지의 경우 4,800원/m², 보전산지는 6,240원/m², 산지전용 및 일시사용제한지역은 9,600원/m²이다. 또한 개별공시지가의 1%에 해당하는 금액은 4,800원/m²를 초과할 수 없다. 납부기한은 사용허가를 받은 날로부터 1천만 원 미만일 때 20일 ~ 30일, 1천만 원 이상 5천만 원 미만일 때 30일 ~ 60일, 5천만 원 이상일 때는 60일 ~ 90일로 되어 있다. 산림자원 조성비 역시 농지보전부담금과 마찬가지로 조성비를 일시에 납부하기 어려운 사유가 있다고 판단되면 이행 보증금을 예치하게 한 후 4년 이내의 기간동안 분할 납부할 수 있게 하고 있다. 분할 납부가 가능한 항목은 모두 분석한 후 분할 납부하는 것이 좋다.

대체초지조성비는 초지법의 적용을 받는다. 초지법 제23조에 의하면 초지의 전용을 하고자 하는 자는 대체초지 조성비를 축산발전기금에 납입해야 한다. 초지의 조성, 관리, 이용, 보전에 연관된 부담금이다. 초지란 다년생개량목초의 재배에 이용되는 토지 및 사료작물재배지와 목장도로, 진입도로, 축사 및 농림축산식품령으로 정하는 부대시설을 위한 토지를 말한다. 초지법 제16조의2에 의하면 대체초지조성비의 납입절차가 설명되어 있다. 기금관리자는 납부고지를 하는 때에는 납부고지서의 발행일로부터 20일 이상 30일 이내의 납부기간을 정해 고지해야 한다. 다만, 대체초지조성비를 납부해야 하는 자가 부득이한 사유로 그 기간을 연장하면 30일의 범위에서 1차에 한하여 연장할 수 있다. 초지조성단가는 1ha당 경운초지의 경우 8,185,000원, 불경운초지의 경우 5,729,000원, 임간초지의 경우 4,314,000원이다. 여기에 3년간 초지관리비가 가산되므로 경운초지를 예로 들면 8,185,000원에 3년간 관리비 6,580,000원을 더해 대체초지조성비 납입기준액은 14,765,000원이 된다.

지역난방공사비 부담금은 전기, 가스, 수도 등 공익사업의 경우 신규설비를 건설할 때 당 사업시설의 수요자 또는 편익을 받는 자가 당해 설비비의 전부 또는 일부를 사업시행자에게 지불하게 하고 있으며 이를 지역난방공사비 부담금이라 한다. 근거법령은 집단에너지사업법 제18조, 집단에너지사업법 시행령 제13조의2항, 3항 및 집단에너지사업법시행규칙 제19조이다. 지역난방의 경우도 다른 공공사업과 같이 열원설비 및 배관투자설비 등 투자비의 대부분이 사업초기에 집중적으로 발생하기 때문에 열요금으로 투자비를 충당하기가 거의 불가능하다. 따라서 지역난방사업은 설비투자 후 커지는 재무부담을 공사비 부담금으로 일부 부담하여 안정적 경영 및 재투자의 재원으로 이용하도록 공사비부담금을 부과하여 진행된다. 공사비 부담금은 지역난방의 확대 보급에 큰 기여를 한 것으로 평가되고 있다. 공사비부담금과 요금의 관계를 보면 공사비부담금으로 취득한 자산은 요금으로 반영되지 않기 때문에 공사비 부담금의 수준이 높으면 상대적으로 요금을 낮추게 되는 효과를 나타내게 된다. 이러한 공사비 부담금에 대한 법률적인 근거규정으로는 집단에너지사업법 제 18

조 제1항 사업자는 공급시설의 건설비용의 전부 또는 일부를 그 사용자에게 부담하게 할 수 있다고 하고, 제2항에서 제1항의 규정에 의한 건설비용의 부담금액 기타 필요한 사항은 제 17조의 규정에 의한 공급규정에 정하여야 한다라고 규정하고 있다. 한국지역난방공사는 주택용의 경우 신축은 ㎡당 14,040원, 기존은 ㎡당 7,050원이다. 현재 한국지역난방공사에서는 공사비부담금 시뮬레이션www.kdhc.co.kr을 제공하고 있다. 이는 공사비 부담금 관련이해를 도모하고 직접 공사비 부담금을 계산하기 위한 간이 프로그램으로 자세한 사항은 한국지역난방공사에 문의하는 것이 좋다.

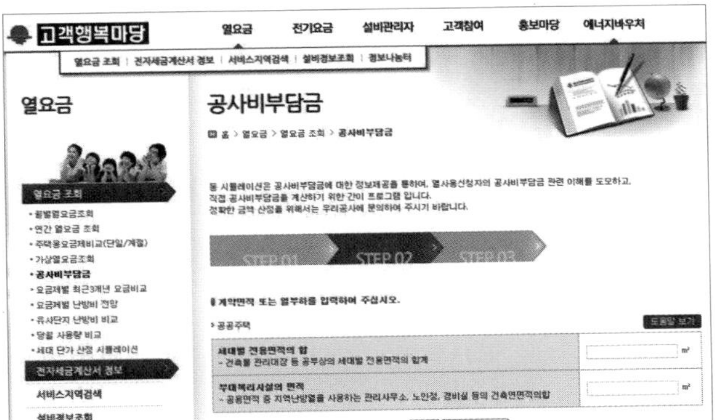


<지역난방공사 공사비시뮬레이션 예시>

납부는 신축 공동주택의 경우에는 총공사비 부담금의 20%를 계약금으로, 60%는 4회에 걸친 중도금으로, 20%는 잔금으로 분할 납

부한다. 계약금은 착공일로부터 60일 이내에, 중도금은 계약금 납부일부터 열수급 개시예정일을 6등분하여 사업자가 지정하는 날 이내에, 잔금은 열공급 개시일 이내에 각각 납부한다.

공동주택 난방방식은 중앙난방, 지역난방, 개별난방이 있다. 중앙난방은 단지 내 공동 보일러를 통한 난방방식이다. 장점은 3가지가 있다. 첫째, 유지관리비가 개별난방에 비해 상대적으로 저렴하다. 둘째, 세대 내 보일러 미설치로 인한 공간효율성이 개별난방에 비해 우수하다. 셋째, 세대 내 보일러 연도 미 설치로 인한 건물의 외적 미관이 우수하다. 단점은 단지내 별도의 기계실공동 보일러 및 공동연도 시공이 필요하다는 것이다. 또한 개별난방에 비해 추가적인 주차장 층고 확보가 필요하며, 입주민 기호에 따른 상시 난방이 불가능하다는 점이 있다.

개별난방은 세대 내 개별 보일러를 통한 난방공급을 일컫는다. 콘덴싱 보일러 열효율 향상으로 유지 관리비가 저렴하다. 순간 가열식 기술상향으로 온수 출탕이 원활하며 중앙난방 및 지역 난방에 비해 입주민 기호에 따른 상시 난방이 가능하다. 단점은 유지관리비가 중앙난방 및 지역난방에 비해 상대적으로 고가이며, 세대 별 별도의 유지관리가 필요하고 유지비용이 고가라는 점이다. 또한 세대내 보일러 설치로 인한 공간효율성이 중앙난방 및 지역난방에 비해 상대적으로 떨어진다. 부담금이 감면되는 경우는 한국토지주택공사는 지역냉난방 동시 사용자일 경우와 지역냉방의 공사비 부담금 일 때 100% 감면해주고 있다. 대성산업㈜는 열공급 대상지역 이외지역의 공사비가 공사비 부담금을 초과할 경우 초과금액의 20%를 면제해준다. 또한 열공급 대상지역 이외지역의 공사비가 공사비 부담금 이내일 경우 미달 금액의 일부일 경우 역시 미달금액의 20%이내 범위에서 감면해준다. 대구도시가스㈜는 지역냉난방 동시 사용자일 경우 지역냉방의 공사비부담금은 지역냉방에 관해서는 면제해주며, 부산정관에너지㈜는 학교 및 사회족지시설일 경우 20%를 면제해준다. 지역난방 공사비부담금의 상세 부과기준은 다음과 같다.

(단위 : 원, 부가가치세 별도)

| 계약종별 | 구 분 | | 부과단위당 공사비부담금액 |
|---|---|---|---|
| 주택용 | 신축공동주택 | | 건축연면적 1㎡ 당 9,409원 |
| | 기존공동주택 | | 건축연면적 1㎡ 당 5,727원 |
| 업무용 | 신 축 건 물 | | 연결열부하 1Mcal/hr당 168,182원 |
| | 기 존 건 물 | | 연결열부하 1Mcal/hr당 97,045원 |
| 공공용 | 기타시설 | 신축 | 연결열부하 1Mcal/hr당 168,182원 |
| | | 기존 | 연결열부하 1Mcal/hr당 97,045원 |
| | 교육시설<br>사회복지시설 | 신축 | 건축연면적 1㎡당 7,855원 |
| | | 기존 | 건축연면적 1㎡당 5,109원 |

<지역난방공사비부담금 부과기준>

시행사 입장에서 지출을 줄이기 위하여 개별난방으로 공급을 하고 싶을 수 있다. 하지만, 열공급규정 제6조에 따라 집단에너지 공급대상 지역으로 지정 공고된 지역 내 건축물은 착공일로부터 14일 이내에 지역난방을 신청해야 하며, 사업자는 특수한 사정이 있는 것이 아니면 지역난방을 사용하여야 한다. 이를 빠뜨리거나 이러한 규정

을 몰라 제외시키면 공사 중 예기치 않은 사업성 악화를 초래할 수 있다.

| 구 분 | | 중앙난방 | 지역난방 | 개별난방 | 비고 |
|---|---|---|---|---|---|
| 개 요 | | 단지 내 공동 보일러를 통한 난방방식 | 지역 내 열 생산시설을 통한 난방공급 | 세대 내 개별보일러를 통한 난방공급 | |
| 시스템 | 이미지 |  |  | 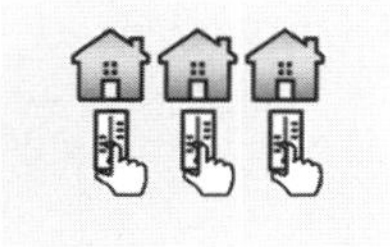 | |
| | 장점 | • 유지관리비가 개별난방에 비해 상대적으로 저렴함<br>• 세대 내 보일러 미 설치로 인한 공간 효율성이 개별난방에 비해 우수함<br>• 세대 내 보일러 연도 미 설치로 인한 건물의 외적 미관이 우수함 | • 유지관리비가 개별난방에 비해 상대적으로 저렴함<br>• 세대 내 보일러 미 설치로 인한 공간 효율성이 개별난방에 비해 우수함<br>• 세대 내 보일러 연도 미 설치로 인한 건물의 외적 미관이 우수함 | • 콘덴싱 보일러 열효율 향상(91%)으로 유지 관리비 저렴<br>• 순간가열식 기술상향으로 온수 출탕 원활<br>• 중앙난방 및 지역 난방에 비해 입주민 기호에 따른 상시 난방이 가능함 | |
| | 단점 | • 단지 내 별도의 기계실(공동 보일러) 및 공동 연도 시공이 필요함<br>• 개별난방에 비해 추가적인 주차장 층고 확보가 필요함<br>• 개별난방에 비해 입주민 기호에 따른 상시 난방이 불가능함 | • 단지 내 별도의 기계실(열교환기) 구획이 필요함<br>• 개별난방에 비해 추가적인 주차장 층고 확보 및 지역난방 열원 공급 가능여부에 따른 적용의 지리적 제한이 있음<br>• 개별난방에 비해 입주민 기호에 따른 상시 난방이 불가능함 | • 유지관리비가 중앙난방 및 지역난방에 비해 상대적으로 고가임<br>• 세대 별 별도의 유지관리가 필요하며, 유지 비용이 상대적으로 고가임<br>• 세대 내 보일러 설치로 인한 공간 효율성이 중앙난방 및 지역난방에 비해 상대적으로 떨어짐 | |

<공동주택 난방 방식 비교>

기반시설 부담금은 국토의 계획 및 이용에 관한 법률에 근거하여, 기반시설부담구역 안에서 개발행위를 하는 자에게 도로 · 공원 · 녹지 등 기반시설 설치에 필요한 비용을 부과하는 것이다. 납부는 건축허가 시 30일 내에 부과예정 통지를 하며 부과시점으로부터 2개월

이내에 부과 결정되고, 사용승인 신청 시까지 납부하면 된다. 산정식은 *[(기반시설표준시설비용+용지비용)×건축연면적×부담률]-공제액*이다. 기반시설표준시설비용은 ㎡당 기반시설조성비용으로 국토부장관이 매년 고시하고 있다. 용지비용은 용지비부담구역의 개별공시지가 평균 적용에 용지환산계수, 기반시설유발계수를 고려하여 산정한다. 부담률은 20%가 기준이되 신규 건물의 규모, 지역의 특성을 고려하여 25% 범위 내에서 적용된다.

개발부담금이란 토지개발로 발생하는 개발이익을 환수하고 적정하게 배분하여 토지에 대한 투기를 방지함으로써 토지의 효율적인 이용촉진을 도모하기 위하여 각종 개발사업으로 생긴 이익을 부담금으로 징수하는 제도이다. 1990년부터 시행되었고, 2004년에서 2005년 한시적으로 중지되었으나 2006년부터 재 시행되었다. 대상사업은 택지개발사업주택단지 조성사업 포함, 산업단지, 관광단지, 온천 개발사업, 골프장 건설사업, 도시환경정비사업, 물류시설용지 조성사업, 여객자동차 터미널사업, 지목변경이 수반되는 사업 등이고 개발이익 환수에 관한 법률 제5조 및 시행령 제4조 별표1을 참조하면 좀 더 상세히 알 수 있다. 대상면적은 도시지역은 990㎡, 비도시지역은 1,650㎡이다. 이 때 대상사업 면적산정은 동일인이 5년 이내에 연접 시행한 사업면적을 합산하여 부과대상 면적으로 산정한다. 산정식은 *(종료시점 토지가액-개시시점 토지가액-부과기간의 정상지가 상승분-개발비용) x20%*이다. 개발비용에 대해서 잘 파악하고 증빙을 챙겨 두어야 향후 지출을 줄여 경상이익을 높일 수 있다. 그렇기 때문에 개발부담금 산정 엔지니어링 업체를 사업 초기에 고용하여 관리하는 것이 좋다. 개발이 끝난 뒤에 선정하게 되면 절세의 요소에 대한 증빙을 구비하지 못하는 경우가 많기 때문이다. 이 때 엔지니어링 용역비는 계약에 따라 상이하여 질 수 있다. 개발비용은 *(개발사업면적x단위면적당 표준비용)+기부채납액+부담금 납부액+토지의 개량비+제세공과금+보상비*로 구성된다. 단위면적당 표준비용개발이익 환수에 관한 법률 제11조 2항은 아래와 같다.

| 지역별 | | 지형별 | 단위면적당 표준비용단가 |
|---|---|---|---|
| 서울시, 경기도, 부산시, 대구시, 인천시, 광주시, 대전시, 울산시, 세종시 | 시, 구 | 산지 | 57,270원/㎡ |
| | | 산지외 | 42,500원/㎡ |
| | 군 | 산지 | 49,240원/㎡ |
| | | 산지외 | 36,560원/㎡ |
| 강원도, 충청 남/북도, 전라남/북도, 경상남/북도, 제주도 | 시 | 산지 | 49,040원/㎡ |
| | | 산지외 | 36,460원/㎡ |
| | 군 | 산지 | 42,210원/㎡ |
| | | 산지외 | 31,310원/㎡ |

<단위면적당 표준비용>

신탁계약은 신탁을 설정하는 자위탁자와 신탁을 인수하는 자수탁자간의 신임관계에 기하여 위탁자가 수탁자에게 특정의 재산영업이나 저작재산권의 일부를 포함을 이전하거나 담보권의 설정 또는 그 밖의 처분을 하고 수탁자로 하여금 일정한 자수익자의 이익 또는 특정의 목적을 위하여 그 재산의 관리, 처분, 운용, 개발, 그 밖에 신탁 목적을 달성하

기 위한 일련의 계약이다. 신탁비용은 관리형 토지신탁의 경우 정말 단순 자금관리 및 안전성 담보이기 때문에 신탁회사와 협의하기에 따라 달라진다. 대주가 단독 책임준공을 인정하는 건설사는 매출액의 0.1% ~ 0.5%를 신탁 비용으로 산정한다. 이 때 최대 10억은 넘지 않는 편이다. 단독 혹은 제3의 기관에서 보증을 제공받아 PFProject Financing를 진행할 수 없는 시공사는 신탁사의 신용보증을 통해 책임준공을 진행해야 한다. 통상적으로 대주가 시공사 단독 책임준공이 아닌 신탁사 책임준공을 요청하게 되면 신탁사는 신탁비용으로 매출액의 1.3% ~ 1.6%정도의 수수료가 산정된다. 차입형 토지신탁의 경우 토지비를 제외한 사업비를 신탁사에서 대여해주는 방식도 존재한다. 이 때 신탁사에 따라서 해당 대여금을 선순위로 설정하는 곳도 있고, 중순위 혹은 동일 선순위로 설정해주는 곳도 존재한다. 단일 선순위로 설정하게 되면 대부분 공사 중에는 신탁사 대여금이 먼저 상환되고 공사후에는 신탁사 대여금이 선순위 대출금 뒤에 상환되는 구조로 진행된다. 이 때 신탁사는 이자 형식의 이득을 취하지 못하므로 그에 해당하는 비용과 추가 수수료는 신탁비용에 가산된다. 분양형 토지신탁과 처분신탁 상품은 부가가치세가 가산되니 부가세별도 사업수지에서는 주의해야 한다. 이에 대해 상세히 알고 싶으면 부가가치세법 시행령 제40조 1항 2호를 참조하면 된다.

시공사는 신용평가 등급 A-이상, 도급순위 30위 이내에 들면 대주가 단독 책임준공이 가능한 시공사로 인정해주는 편이다. 그룹사를 통한 신용보강 등으로 신탁사 책임준공 없이 가능한 건설사도 존재한다. 시공사의 브랜드가 건축물 판매에 미치는 영향, 단독 책임준공이 가능한 시공사와 신탁사 연대 책임준공이 필요한 시공사의 도급공사비 차이, 공사비 유보 비율에 따른 PFProject Financing 규모 차이에 따른 금융비용 등을 고려하여 시공사 및 신탁사를 선정하여야 한다. 모든 시공사에게 신탁사가 연대 책임준공 확약을 제공하는 것은 아니다. 각 회사별 책임준공 확약 가능한 시공사 리스트 및 기준이 따로 존재하므로 신탁사 연대보증을 요구하는 경우에는 신탁사와 협의가 필요하다.

부가가치세매출세액-매입세액는 국가 재정수입에 기여하는 세금으로서 부가가치세법의 적용을 받는다. 부가가치세는 상품의 거래나 서비스의 제공 과정에서 얻어지는 부가가치에 대하여 과세하는 세금이며, 사업자가 납부하는 부가가치세는 매출세액에서 매입세액을 차감하여 계산한다. 부가가치세는 물건값에 포함되어 있기 때문에 실제로는 최종소비자가 부담한다. 그 부가가치세를 사업자가 세무서에 납부하는 것이다. 이러한 속성 때문에 부가가치는 간접세의 속성을 가진다. 부가가치세 과세대상 사업자는 상품을 판매하거나 서비스를 제공할 때 거래금액에 일정금액의 부가가치세를 징수하여 납부해야 한다.

과세기간은 2기로 나뉘며 그 액은 매출세액매출액의 10% - 매입세액 = 납부세액이다.

| 구분 | 과세대상기간 | | 신고납부기간 | 신고대상자 |
|---|---|---|---|---|
| 제1기 | 예정신고 | 1.1~3.31 | 4.1~4.25 | 법인사업자 |
| | 확정신고 | 1.1~6.30 | 7.1~7.25 | 법인/개인일반 |
| 제2기 | 예정신고 | 7.1~9.30 | 10.1~10.25 | 법인사업자 |
| | 확정신고 | 7.1~12.31 | 다음해 1.1~1.25 | 법인/개인일반 |

**자재 → 전문건설 → 시공사 → 수분양자**

A ① B ② C ③ D

①: 판매가 110원, VAT 10원 / 원자재 가공후 판매시 부가세 없음

②: 판매가 220원, VAT 20원 / 20원(매출세)-10원(매입세, 차후환급)= 10원(납부세)

③: 판매가 330원, VAT 30원 / 30원(매출세)-20원(매입세, 차후환급)= 10원(납부세)

최종적으로 소비자가 30원의 세금을 모두 납부하게 되고 전문건설업체와 시공사는 세금을 보유하였다가 납부시기에 지불하는 것이다. 이러한 방식의 세금을 간접세라 한다.

이러한 부가가치세는 사업비 산정 및 건설사 실행공사비 산정에 중요하다. 간단하게 지출항목에 산정되는 부가세를 구하는 공식은 *과세대상x건축비(60%)x부가세율(10%)* 이다. 여기서 건축비 60%를 산정하는 이유는 환급 받는 금액의 추정치이다. 국민주택규모전용 85㎡ 이하는 수분양자가 부가세를 내지 않아도 된다. 이는 판매 단가

가 내려가는 효과가 있어 분양성 개선 효과가 있다. 그에 반해 시공사 입장에서는 면세 분이라도 자재비와 기타 용역비에 대해서는 매입세액을 모두 납부해야 하므로 실행공사비가 올라간다. 부가가치세가 다소 복잡한 이유는 종합건설사가 하도급을 주기 때문이다. 과세분은 면세가로 하도급 금액을 지급한다. 그 이유는 향후 수분양자가 부가세를 내면 그 전에 납부한 중간 과세자는 부가세를 환급 받기 때문이다. 면세분은 어떨까? 인건비는 부가세가 없고, 자재비에는 부가가치세가 가산된다. 전체 도급공사비용의 60%에서 70%는 자재비로 사용하는데 여기에서 10%면 전체 하도급 공사비의 6%에서 7%에 해당하는 금액이 된다. 면세 판매분은 환급을 받을 수 없으므로 하도급사는 매입공사 부가가치세 항목과 같이 별도로 원청사에 금액을 청구하게 된다. 그렇기 때문에 과세분에 대한 시공사의 실행공사비가 올라가는 것이다. 실행공사비 산정 시 면세분을 파악해서 면세분이 많아지면 실행 공사비는 과세분이 많은 현장보다 높게 산정된다. 부가가치세 환급은 인정 항목과 비인정 항목이 존재하고, 매입부가가치세 환급항목도 고려해야 한다. 이로 인해 정확한 부가가치세 환급비용은 예측하기 어렵다. 그러므로 시공사는 도급계약 및 신탁계약시 환급되는 부가가치세는 신탁계좌로 환급되고, 그 소유 주체가 누가되는지 명시하여야 한다. 그렇지 않으면 부가가치세 환급은 사업주체에게 되기 때문에 부가가치세 납부는 건설사에서 하고 환급은 시행사가 받는 경우가 생긴다. 부가가치세든 세금이든 한 번 납부하거나 환급된 돈은 돌려받기가 쉽지 않으니 미리 계약서에 명기해야 한다.

매출과 지출에서 과세가 되는 부분을 좀 더 자세히 보면 다음과 같다.

| 구분 | | | 공동주택 | | 상가 |
|---|---|---|---|---|---|
| | | | 국민주택규모이하 | 국민주택규모초과 | |
| 매출 | 건물 | | 면세 | 과세 | 과세 |
| | 토지 | | 면세 | 면세 | 면세 |
| 지출 | 공사비 | 용역 | 면세 | 과세 | 과세 |
| | | 자재구매 | 과세 | 과세 | 과세 |
| | 설계비 | | 면세 | 과세 | 과세 |
| | 감리비 | | 면세 | 과세 | 과세 |
| | 기타용역비 | | 과세 | 과세 | 과세 |

※ 실행공사비 국민주택규모 이하의 자재비 등 매입세 불공제 적용

<부가가치세 부과 장표>

금융비용은 시공사의 금리와 시행사의 금융비용으로 나뉜다. 시공사의 금리는 선급금을 수령하는 경우 마이너스 비용이 되어 수익이 되기도 한다. 보통 기성금을 2개월에 한 번씩 수령하는 편인데, 하도급사에는 1개월에 한 번씩 기성대금을 지급해야 하므로 현금흐름표Cash-Flow상 단기 손실이 발생한다. 여기에서 금융비용이 발생하기는 하나, 회사 보유 자금으로 지급하기 때문에 따로 비용으로 산정하지는 않는다. 또한 지하공사가 끝나고 골조공사가 시작되면 시공사 현금흐름표Cash-Flow도 양+의 값으로 전환되기 때문에 영향력이 미비하다. 시행사의 금융비용은 어떻게 될까? 계약금Equity 투자에 따른 금융비용이 있고, Bridge Loan과 PFProject Financing에 따른 금융비용

이 존재한다. 시행사가 토지계약금과 초반 사업비가 부족하여 계약금Equity을 투자 받는 경우에는 흔히 자산운용사나 증권사를 찾아간다. 통상적으로 자산운용사는 계약금Equity 투자 후 지분을 요구하고 PFV등의 운영수수료로 내부 수익률을 충족하는 경우가 많다. 증권사는 높은 금리와 향후 Bridge Loan 및 PFProject Financing베타적 주선권을 요구한다. 경우에 따라서 높은 이자와 사업지분 모두를 요구할 수도 있다. Bridge Loan은 1~3%, PFProject Financing은 1~2%정도의 주선 수수료를 받는다. 단독 책임준공이 되는 시공사가 분양불 사업장으로 진행하면 PFProject Financing규모를 줄일 수 있다. 이 때 시공사와 협의된 공사비가 확보된 규모의 대출이 필요하다. 대주가 해당 시공사 단독 책임준공을 인정하지 못하면 신탁사의 책임준공 확약이 필요하다. 신탁사의 신용등급이 A-이상인 경우 대주가 신탁사의 책임준공을 인정해주는 편이다. 이 때는 신탁사 수수료가 1.3%~1.6%로 높아지며 필수사업비와 공사비 85~90%규모의 대출이 발생한다. 분양율 가정 후 부족분만큼의 대출을 일시 대출금액으로 설정하고, 나머지는 한도 대출로 진행한다. 대주 모집 시 해당 전략이 여의치 않으면 공사비를 선지급하고, 공사비 할인을 요구하는 것도 방법이다. 한도대출은 대주에 따라 미인출 수수료가 책정되는 경우도 있다. 신탁사에서 토지비를 제외한 금액을 각 사의 정책에 맞게 선, 중, 후순위 우선수익권을 담보로 삼아 대여를 진행할 수도 있고, 각 대주별 기조에 따라 금리, 취급수수료, 미인출수수료 조건이 변동하기 때문에 전문적인 금융사를 선별하여 최적의 금융자문을 받는 것이 중요하다.

분양이 조기에 완료될 경우 확보된 안전성으로 금리를 낮추어 이자 비용을 줄이는 Re-Financing을 진행하기도 한다. Re-Financing은 분양수입금이 안정적으로 유입되기 위한 EXIT분양률을 충족시키는 사업장, 중도금 대출에 의해 중도금이 안정적으로 진행되는 사업장, 우량 시공사의 책임준공 등 준공 리스크가 낮은 사업장에서 진행될 수 있다.

예비비는 예기치 못한 금액의 발생이나 언급하기 까다로운 지출 항목이 생길 때 지급하는 금액이다. 부동산 개발사업은 시행사, 신탁사, 증권사, 시공사, 자산운용사, 투자자, 수분양자 등 다양한 이해관계자가 참여하는 사업이다. 그렇기 때문에 서로 사업수지는 공유하는데, 사업수지에 없는 항목이나 각 요소별 초과항목이 생길 경우 사업수지에 없는 돈을 지급하기가 까다롭기 때문에 예비비를 설정해서 사용하는 편이 현명하다 볼 수 있겠다. 예비비는 매출의 1%정도를 설정하는 편이다.

# 4부

# 부동산개발사업 인허가검토

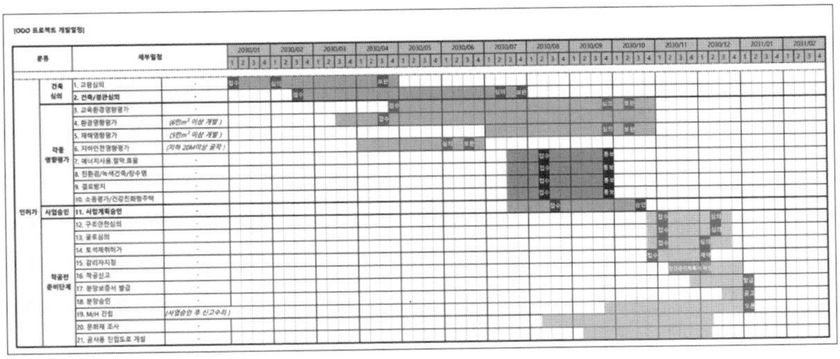

<인허가 일정표 예시>

인허가 일정은 가장 중요한 요소 중 하나다. 그 이유는 사업성 확보에 있다. 토지 확보 시작 시점에 계약금을 납부하고, 잔금은 인허가 완료 시 PFProject Financing를 통해서 진행하는 경우가 많다. 인허가가 길어지면 토지주가 계약을 해제하거나 해지할 수 있다. 이 때 투자자나 다른 이해관계자에 의해 사업이 소송 등에 휘말려 원점으로

돌아갈 수 있다. 인허가가 완료되어 PFProject Financing가 진행되기 전에 일부 토지 중잔금에 대한 Bridge Loan을 진행하는 경우가 있다. 이 때는 비교적 고금리로 대출을 진행하게 되고, 만기도 1년 내외로 설정하는 편이다. 대출기간과 금융비용 및 시시각각 변화하는 부동산 시장으로 인하여 인허가를 최대한 빠르게 끝내는 것이 리스크를 줄이는 방법이다. 건설사 입장에서는 수주인식도 인허가를 일정에 맞게 진행해야 하는 요소이다. 인허가가 완료되고 착공이 되어야 매출을 인식할 수 있기 때문이다. 건설업은 기성금을 받을 때 발행한 계산서로 매출액을 나누어서 인식한다. 매출액 인식을 위해서도 보고된 날짜에 인허가를 진행하는 것이 필요하다.

인허가는 비주택의 경우에는 10개월에서 18개월 정도가 소요되고, 주택은 15개월에서 24개월 정도가 걸린다. 주택사업을 기준으로 인허가 절차를 살펴보는 이유는 주택사업이 인허가 절차가 타사업에 비해 더 많은 심의를 받기 때문이다. 개발사업의 인허가 단계는 건축심의, 사업승인, 감리자지정, 분양가심의, 분양심의, 청약 순이라고 볼 수 있다. 건축심의 전 인허가 사항은 도시개발구역지정, 심의, 지구단위계획심의, MP심의 등이 선행되고, 지구지역의 범위, 도시계획시설계획 등 사업전반에 따른 계획이 진행된다. 토지의 용도가 변경되는 지구단위사업이나 도시개발사업은 최초 계획대비 확대된 지구지역의 지정 및 도시계획시설 설치 등이 필요하므로 최초 사업계획의 면밀한 사전검토가 필요하다. 또한 도시기본계획 및 관련 법규를 숙지하여야 하고, 유관기간과의 원활한 소통이 필요하다. 지구단위계획이란 도시·군계획 수립 대상지역의 일부에 대상지역의 일부에 대하여 토지 이용을 합리화하고 그 기능을 증진시키며 미관을 개선하고 양호한 환경을 확보하여, 그 지역을 체계적 그리고 계획적으로 관리하기 위하여 수립하는 도시·군관리계획을 말한다. 관련법령은 국토의 계획 및 이용에 관한 법률 제2조, 제49조, 제52조, 제54조, 지구단위계획 수립지침이다. 지구단위계획은 건축법, 도시계획법 등 타 제도의 중복운영에 따른 불편을 감소하기위해 1종 지구단위계획으로 우선 수립되었다. 이후 비도시지역의 난개발 문제 해소를 위해 국토의 계획 및 이용에 관한 법률이 도입되며 제2종 지구단위 계획이 수립되었다. 이 역시 12년도에 통합되며 현재는 지구단위계획 하나로 통합되었다. 지구단위 계획에는 도시의 정비·관리·보전·개발 등 목적, 주거·산업·유통·관광휴양·복합 등 중심기능, 해당 용도의 특성, 지역 공동체의 활성화, 안전하고 지속가능한 생활권조성, 인근 토지 이용계획과의 조화가 필수적으로 들어가야 한다. 이를 통해 기초조사, 지구단위계획 안작성, 주민의견청취, 지구단위계획입안, 도시계획위원회 및 건축위원회 공동심의, 지구단위계획 결정 및 고시 순으로 진행된다. 사업부지 중에서 지구단위계획이 이미 수립되어 있는 곳은 그 지침에 따라 진행하면 되므로 비교적 간단하다. 지구단위 계획이 수립되어 있지 않은 곳은 개발 행위 허가신청부터 까다롭다. 국토의 계획 및 이용에 관한 법률 제58조와 59조에 그 기준이 수립되어 있다. 제59조에 3항에 주거지역·상업지역·공업지역에서 시행하는 개발행위 중 특별시·광역시·특별자치시·특별자치도·시 또는 군의 조례로 정하는 규모·위치 등에 해당하지 않는 개발행위는 제한되어 있음을 확인할 수 있다. 부산광역시 도시계획 조례 제28조를 예로 들면 주거지역·상업지역의 경우 면적 1만㎡ 이상, 공업지역은 3만㎡이상일 경우에는 도시계획위원회의 심의를 거쳐야 한다. 이러한 경우 지구단위계획을 수립한 후 사업을 진행해야 한다. 지구단위계획을 제안하려면 대상 토지면적의 2/3이상의 토지 소유자 동의를 받아서 제안해야 한다. 지구단위계획 사업은 일반적인 사업보다 시간이 훨씬 많이 소요될 수 있다.

도시개발구역의 지정대상 및 규모는 도시개발법 시행령 제2조에 수록되어 있다. 주거지역 및 상업지역 그리고 자연녹지 지역은 1만㎡ 이상, 공업지역은 3만㎡이상인 경우, 생산녹지지역생산녹지지역이 도시개발구역 지정면적의 30%이하인 경우는 1만㎡이상인경우, 자연녹지지역과 생산녹지지역 및 도시지역 외의 지역에 도시개발구역을 지정하는 경우에는 광역도시계획 또는 도시·군기본계획에 의하여 개발이 가능한 지역에서만 국토교통부장관이 정하는 기준에 따라 도시개발을 할 수 있다. 도시개발사업은 토지의 2/3이상을 매입하고 1/2이상의 토지주가 동의한 경우 진행할 수 있다. 이후 잔여토지는 수용 혹은 환지방식으로 매입하여 진행할 수 있는데, 협의 매수를 통해 진행하는 경우가 더 많다.

건설사나 금융사와 같은 이해관계자는 지구단위계획이나 도시개발과 같은 토지의 용도를 변경하는 사업을 기피하는 경향이 있다. 토지비용이 저렴해서 많은 이익을 볼 수 있는 사업이나 기간이 오래 걸리고, 리스크가 크기 때문이다. 사업 시행자는 지구단위계획 혹은 도시개발 입안 시 시공사나 금융사와 협업하여 진행할 수도 있고 사업이익 극대화를 위해 단독으로 리스크를 감내하고 건축심의 접수단계에서 협업할 수도 있다. 인허가는 부동산개발사업의 3대 리스크 중 가장 불확실성이 강한 리스크다. 그 이유는 허가 기준이 구체적으로 법률로 정해지지 않고, 허가권자의 재량적 판단에 의존하기 때문이다. 혹여 불복하여 소송을 가더라도 대법원은 재량권의 일탈과 남용여부만 검토하고 오인, 비례, 평등 등에 대한 원칙 위배로 인한 입증책임은 인허가 신청자 즉, 시행사에게 있다. 이러한 리스크를 최소화하기 위한 방법은 사전 허가 신청 후 민원실무심의회를 설치 및 운영하는 것이다. 이는 인허가 전에 지자체와 협의를 진행하여 원활한 인허가절차를 진행할 수 있도록 해주고, 추후 지자체에서 인허가를 불허하였을 때 진행하는 행정소송에서 사용될 증거자료가 된다. 행정소송은 최소한의 대비책일 뿐, 허가사항을 바꾸기는 쉽지 않다. 조세불복 소송과 같이 지자체를 일정 부분 압박할 수 있는 전략적 요소로 사용하기에는 적합하다. 법원은 허가권자의 공익판단을 존중하기 때문에 협의를 통한 사업진행이 가장 현명하다. 그래서 대부분의 인허가 신청 시 해당 지자체 공무원 출신 행정사 및 건축사를 이용하는 경우가 많다.

접수되는 모든 사업을 건축사사무소나 엔지니어링 업체에 의뢰할 수는 없다. 사업 접수자는 일정부분 스스로 사업을 검토할 수 있어야 한다. 자체 인허가 검토 시 토지정보사이트 이음www.eum.go.kr과 임업정보다드림www.gis.kofpi.or.kr을 사용하면 기초 검토가 가능하다. 토지정보사이트 이음www.eum.go.kr에서 종합토지정보를 확인할 수 있다. 이로 인해 설계가 해당 지역에 건설 가능한 상품인지 알 수 있다. 만약에 설계개요가 없다면 이음에서 조회한 용적률과 건폐율을 적용한 규모를 산정하여 매출액 검토를 진행한다. 해당 토지가 녹지라면 임업정보다드림www.gis.kofpi.or.kr에 접속하여 지번을 조회하면, 아래와 같은 정보를 얻을 수 있다.

| 적정재배품목 | 구분 | 임산물 | | |
|---|---|---|---|---|
| | 최적 | 산수유, 밤 호두 | | |
| | 가능 | 산초나무, 초피나무, 두충나무, 참죽나무, 골담초, 꾸지뽕나무, 느릅나무, 떫은감, 대추, 다래, 산딸기, 도토리, 곰취, 두릅, 고비, 하수오, 작약, 구절초, 잔대 | | |
| 산림청정도 | 청정도분포 | | | |
| | VI등급(보통) | | | |
| 적정조림수종 | 대표수종 | | 추가수종 | |
| | 상수리나무, 굴참나무, 소나무, 포플러 | | 백합나무 | |
| 임지생산능력 | 급지분포 | | | |
| | II 급지(상), III 급지(중) | | | |
| 지형정보 | 표고(m) | 방위 | 경사도(°) | |
| | 100~200 | 동 | 15~20도 | |
| 나무정보 | 수종 | 나무지름(m) | 나무나이(년) | 울폐도(%) |
| | 기타 참나무류 | 18~30 | 31~40 | 71이상 |
| 토양정보 | 토양깊이(cm) | | 토성 | |
| | 중(30~60) | | 사양토 | |
| 산사태정보 | 위험등급 | | | |
| | 2, 3, 4, 5 | | | |
| 기후정보 | 연평균기온(℃) | | 연평균강수량(mm) | |
| | 11~12 | | 1300~1400 | |
| 산림사업분석 | 숲가꾸기 | | 수확벌채 | |
| | - | | 가능지(참나무류) | |
| 소나무 반출 | 반출금지지역 | | | |
| | 경기도 안성시 양서면 동항리 | | | |
| 산림기능구분 | 주기능 | | 부기능 | |
| | 수원함양 자연환경보전 | | 생활환경보전 자연환경보전 | |

<임업정보다드림 정보조회 예시>

여기서는 경사도 및 표고가 해당 시 도시계획조례에 적합한지 확인한다. 소나무 반출 금지구역이면 개발이 까다로울 수 있으므로 해당 지자체 산림과 혹은 녹지과에 문의해야 한다. 해당 인터넷 사이트가 변동되는 제한사항을 실시간으로 업데이트 하지는 못하므로 관련 부서로 문의하여 현재 상황을 최종적으로 확인하는 것이 중요하다. 해당 사항 검토가 끝나고, 사업이 적정하다 판단되면 나머지 인허가 검토는 건축사사무소 혹은 엔지니어링 업체에게 의뢰한다.

지구단위에 대해 좀 더 자세히 알아보려면 국토종합계획을 공부할 필요가 있다. 현 정부는 선계획 후개발의 원칙으로 부동산 시장을 관리하고 있는데, 이유는 다양하겠지만 특혜시비가 가장 큰 이유이지 않을까 추측해 본다. 국토기본법은 국토에 관한 계획 및 정책의 기본 이념과 방향을 설정하고 있으며, 국토의 계획 및 이용에 관한 법률은 국토의 이용, 개발, 보전을 위한 계획을 수립하고 집행하는데 토대가 된다. 이 외에도 농지법, 산지관리법, 수도법, 문화재보호법, 택지개발촉진법 등 기타 개별법으로 국토 이용 계획의 법체계는 구성된다. 국토의 계획 및 이용에 관한 법률은 도시기본계획과 도시관리계획을 규정하고 있다. 국토계획에 나오는 용도지역은 토지의 이용 및 건축물의 용도, 건폐율, 용적률 높이 제한으로 토지의 효율적 사용을 규정한다. 용도지구는 용도지역의 제한을 강화 또는 완화하여 용도지역의 기능을 증진하고, 미관, 경관, 안전 등을 고려한다. 용도구역은 용도지역 및 용도지구의 제한을 강화 또는 완화한다. 이는 시가지의 무질서한 확산을 방지한다.

도시기본계획은 특별시, 광역시, 특별자치시, 특별자치도, 시 또는 군의 관할 구역에 대하여 수립하는 공간 구조와 장기발전방향을 제시하는 종합 계획으로서 도시관리계획 수립의 지침이 되는 계획이다. 도시계획 인허가 과정 및 승인권자는 다음과 같다.

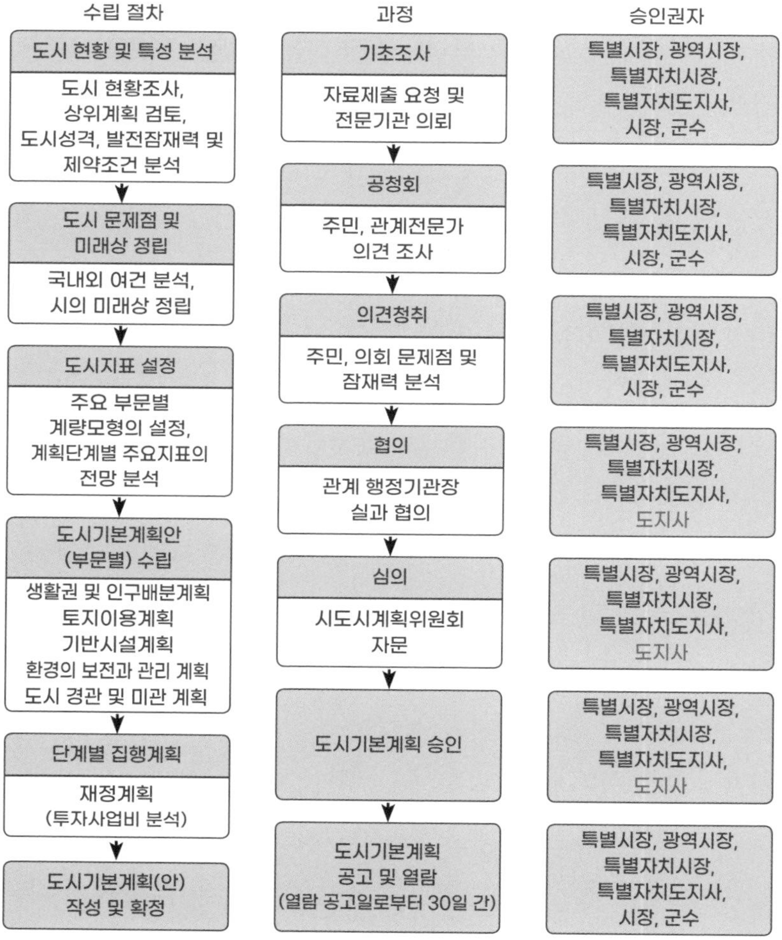


<도시기본계획 인허가 및 승인권 절차도>

도시관리계획은 특별시, 광역시, 특별자치시, 특별자치도, 시 또는 군의 개발 정비 및 보전을 위하여 수립하는 토지이용, 교통, 환경, 경관, 안전, 산업, 정보통신, 보건, 복지, 안보, 문화 등에 관한 각 목의 계획이다. 입안 절차 및 승인권자는 다음과 같다.

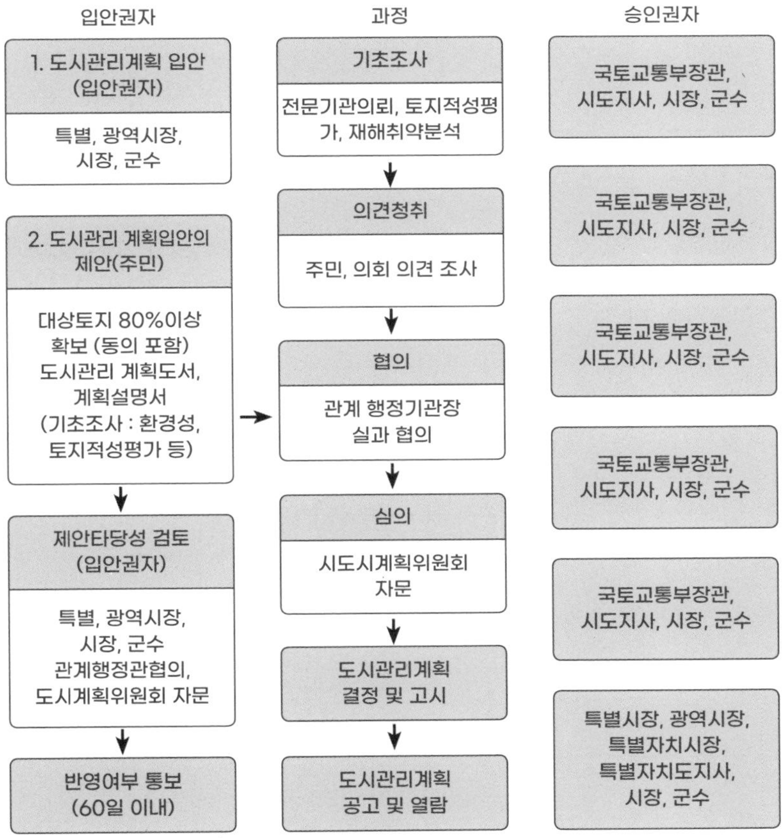


<도시관리계획 입안권 및 승인권 절차도>

승인권자가 중요한 이유는 인허가의 많은 부분이 허가권자의 재량에 달려있기 때문이다. 실제로 전임 시장이 허가를 낸 프로젝트를 후임 시장이 취소하는 경우도 있다. 이와 같은 법 체계가 있는 나라에서의 부동산 개발이란, 위와 같은 법률적 체계에 있는 토지의 용도일반상업지역, 제2종일반주거지역 등 토지 성격에 따라 용적률 및 건폐율이 제한된다 다양성에 따라 최고로 궁합이 잘 맞는 건물을 만들어서 판매하는 것이다.

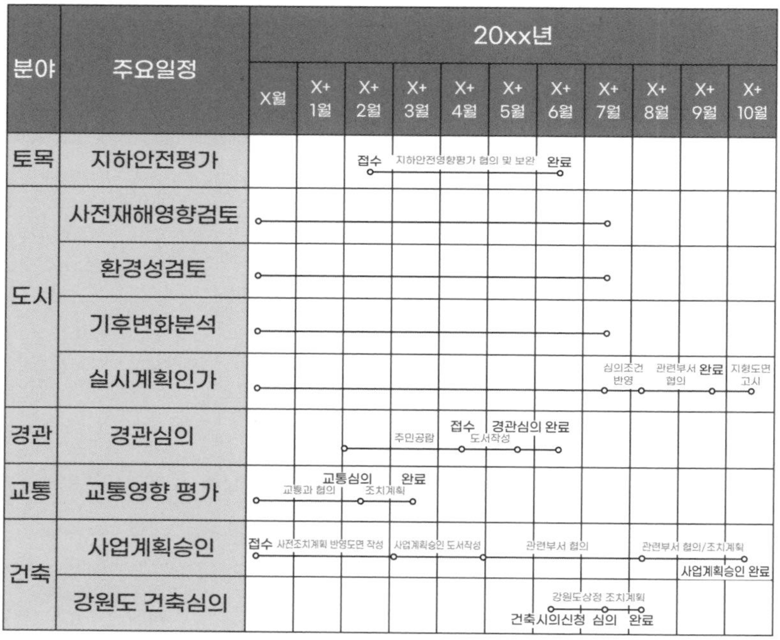


<인허가 일정표>

인허가 과정을 중 심의는 제안서제출, 사전계획 수립, 심의신청, 심의 개최, 통과대부분의 경우 조건부 통과 순으로 이루어진다. 사업주체는 기

초조사 및 개발계획을 수립하여 구역지정 제안서를 제출하게 된다. 이후 사전계획을 수립하여 심의를 신청한다. 담당자가 이를 검토하고 심의를 접수하게 되는데, 그 후 심의가 개최된다. 심의는 지자체에서 주관하는데 한 번에 통과될 수도 있고, 몇 번의 심의 후에 조건부로 통과되는 경우도 빈번하다. 지자체별로 건축/경관심의를 동시에 하기도 하고 심의 일정을 매월 첫 주 수요일과 같이 지정해두는 곳도 있으니 해당 사항들을 잘 알아보고 일정표를 작성하는 것이 현명하다.

문화재지표조사는 토지에서 시행하는 건설공사로서 사업면적이 3만㎡이상인 경우, 내수면어업법 제2조 1호에 따른 내수면에서 시행하는 건설공사로서 사업면적이 3만㎡이상인 경우, 연안관리법 제2조 1호에 따른 연안에서 시행하는 건설공사로서 사업면적이 3만㎡이상인 경우, 기타 사업면적이 3만㎡미만이라 하더라도 문화재가 매장되어 있을 가능성이 높아 지표조사가 필요하다고 지자체장이 인정하는 경우에 필수적으로 진행해야 한다. 지표 조사결과 문화재가 있을 것으로 판단될 경우 보존 조치를 하게 된다. 전문가가 참관하여 발굴조사를 진행하게 된다. 조사는 사전조사, 현장조사, 설문조사로 이루어진다. 시행자는 우선 토지 매입 전 매장문화재 유존지역인지 확인해야 한다. 유존지역은 국가와 지방자치단체에서 작성한 문화유적분포지도에 매장문화재가 존재하는 것으로 표시된 지역, 지표조사 보고서에 매장문화재가 존재하는 것으로 표시된 지역, 매장문화재에 대한 발굴 이후에 그 매장문화재가 보존조치된 지역, 매장문화재가 존재하는 것으로 인정된 지역, 임시지정문화재가 있는 지역, 보호구역에서 문화재청장이 매장문화재에 대하여 조사한 결과 매장문화재가 존재하는 것으로 인정된 지역이다.

매장문화재 보호 및 조사에 관한 법률 시행령 제 3조에 유존지역의 상세 설명이 수록되어 있다. 현장조사는 사업 예정지와 그 주변 및 조망권 내의 문화재에 대하여 행하는 현장조사를 말한다. 여기서 조망권은 매우 중요하다. 이로 인해 문제가 되었던 사례가 김포시 풍무동 장릉에 있는 무덤의 조망이다. 이는 사적202호이자 유네스코 세계문화유산으로 등재된 원종과 부인 인헌황후의 무덤이다. 장릉에서 계양산과 연결축 경관을 가로막아 아파트를 철거해야 한다는 이슈가 골조공사가 거의 끝날 때쯤 붉어 졌다. 문화재청은 사전 심의를 받지 않아 문화재보호법 위반으로 보고 있고, 건설사는 2014년 아파트 용지를 매각한 인천도시공사가 김포시청에 문화재 현상변경 허가를 신청해 문제가 없다고 주장하고 있다. 매각 후 문화재 규정이 바뀌어 문제가 되었다. 역사문화환경 보존지역의 범위는 지자체 조례에 따라 다르다. 인천은 200M~500M, 시·도지정문화재는 반경 50M, 경기도는 500M가 문화재 보존지역이다. 이로 인해 문화재청은 문화재 영향평가 제도를 신설할 것으로 보인다. 2023년에 문화재영향평가법 제정, 2024년 시범운영, 2025년엔 제도시행을 한다고 한다. 건설업은 이와 같이 전체 경관 혹은 문화재 등과 연관이 깊다. 이를 보완하기 위해 인허가 사항은 시간이 지날수록 더 복잡해지는 경향이 있다.

지질조사는 사업부지의 지질구조 및 지질분포, 토층의 형성상태 등을 파악하기 위한 작업으로서, 지반조사를 통해 그 물리적 특성을 파악하는 행위이다. 이는 인허가 사항으로도 중요하지만 시공사 공사비 검토 견적사항으로도 중요하다. 지질의 상태에 따라 치환, 파쇄 등의 작업을 거쳐야 하고, 지하층 기초 구조도 달라지기 때문에 30~50만원/평의 단가를 좌우하기도 한다. 지질조사는 1개 동당 2개 정도 타공하여 이를 주상도로 그린다. 이를 표준관입시험이라 하는데, 보링 구멍 내에 무게63.5kg의 해머를 높이 75cm에서 낙하시켜 30cm관입시키는데 필요한 타격횟수를 구하여 토지의 상태를 측정하는 시험이다. 시추주상도에는 표고, 심도, 주상도, 지층설명, 시료, N치타격횟수가 표기된다. 참고로 모든 굴착공사는 공사 시행 24시간 전영업일 기준에 신고하고 진행해야 한다. 사용자 부지 내에서 실시하는 공사는 모든 정보가 사용자와 소유자에게 전달된다. 마지막으로 굴착공사 예정지역 범위 안에 매설된 도시가스 배관 길이가 100m이상인 경우, 최고 사용압력이 중압 이상인 배관이 10m이상 노출될 것이 예상되는 경우에는 반드시 굴착공사 협의서를 작성해야 한다.

환경영향평가는 환경에 영향을 미치는 사업을 수립하고 시행할 때 필수적으로 받는 허가사항이다. 개발사업에서 환경영향평가는 환경영향평가, 소규모 영향평가로 나뉜다. 주택건설사업 또는 대지조성사업 중 사업면적이 30만㎡ 미만인 사업, 도시개발사업 중 사업 면적이 25만㎡ 미만인 사업, 정비사업 중 사업면적이 30만㎡ 미만인 사업은 소규모 환경영향평가를 받을 수 있다. 소규모 영향평가는 사업계획승인 전에 받아야 하며 검토사항은 환경영향평가법 시행령 제2조 1항 별표1에 다음과 같이 기술되어 있다.

**환경영향평가**

ㄱ. 자연생태환경 분야
  1) 동·식물상, 자연환경자산

ㄴ. 대기환경 분야
  1) 기상, 대기질, 악취, 온실가스

ㄷ. 수환경 분야
  1) 수질, 수리·수문, 해양환경

ㄹ. 토지환경 분야
  1) 토지이용, 토양, 지형·지질

ㅁ. 생활환경분야
  1) 친환경적 자원 순환, 소음·진동, 위생·공중보건, 위락·경관, 전파장해, 일조장해

ㅂ. 사회환경·경제환경 분야
  1) 인구, 주거, 산업

**소규모 환경영향평가**

ㄱ. 사업개요 및 지역 환경현황
  1) 사업개요, 지역개황, 자연생태환경, 생활환경, 사회·경제환경

ㄴ. 환경에 미치는 영향 예측·평가 및 환경보전방안
  1) 자연생태환경, 대기질, 악취, 수질, 해양환경, 토지이용, 토양, 지형·지질, 친환경적 자원순환, 소음·진동, 경관, 전파장해, 일조장해, 인구, 주거 산업

환경영향평가는 임야를 개발할 때 특히 까다롭다. 개발 시 중점적으로 보는 사항은 평균경사도, 입목축적, 표고 3가지이다. 산지관리법시행령 제20조 제6항 별표4를 참조하면 전용하려는 산지의 평균

경사도가 25도 이하일 것과 전용하려는 산지를 면적 100㎡지역으로 분할하여 각 지역의 경사도를 측정하는 경우 경사도가 25도 이상인 지역의 면적이 전체 지역 면적의 100분의 40이하일 것을 기준으로 두고 있다. 토지의 면적이 약 300평 미만의 소규모 대지일 경우는 적용되지 않는다. 지자체 조례에 따라 다르게 규정된 경우도 있으므로 임야개발 시에는 참조해야 한다. 기준 내에 충족하더라도 물류센터와 지식산업센터 등보다는 공장과 농막같이 소규모 실사용인 경우 허가가 좀 더 쉬운 편이다. 앞에서 기 언급된 임업정보다드림에서 기본 정보를 조회하고 실제 개발 시에는 산림공학기술자에게 의뢰하여 정확한 정보를 제공받는 것이 좋다. 농지의 경우는 산지전용허가 기준을 따르지 않고, 국토의 계획 및 이용에 관한 법률 시행령 제56조 제4항에 따라 개발행위허가 운영지침을 따르고 여기서 토지의 형질변경 시 경사도의 경우 도시·군계획조례가 정하는 기준에 적합해야 한다고 명시하고 있다. 고로 해당 농지가 위치한 도시·군계획조례를 살펴봐야 한다. 예를 들어 개발행위기준에 처인구의 경우 평균 경사도 20도 이하, 기흥구는 17.5도 이하로 각각 다른 기준을 적용하고 있다.

입목축적은 전용하려는 산지 안에 생육하고 있는 50년생 이상인 활엽수림의 비율이 50%이하일 것과 헥타르당 입목축적이 산림기본통계상의 관할 시/군/구의 헥타르당 입목축적의 150%이하일 것을 규정하고 있다.

표고는 산지관리법 시행규칙 별표1의3을 참조하면 된다. 산지의 경관을 보전하기 위해서 전용하려는 산지는 해당 산지의 표고의

50% 미만에 위치해야 한다. 다만, 해당 산지의 표고가 100m미만인 경우나 해발고 300m미만의 산지는 예외로 한다. 또한 산지가 백두대간의 경우 개발하기 어려우니 전문가의 조언을 듣고 진행하는 것이 옳다.

경사도를 참조하기 위해서는 국토환경성평가지도webgis.neins.go.kr를 참조하고, 표고 및 백두대감을 조사할 때는 환경영향평가 지리정보서비스eiagis.eiass.go.kr를 이용하면 편리하다.

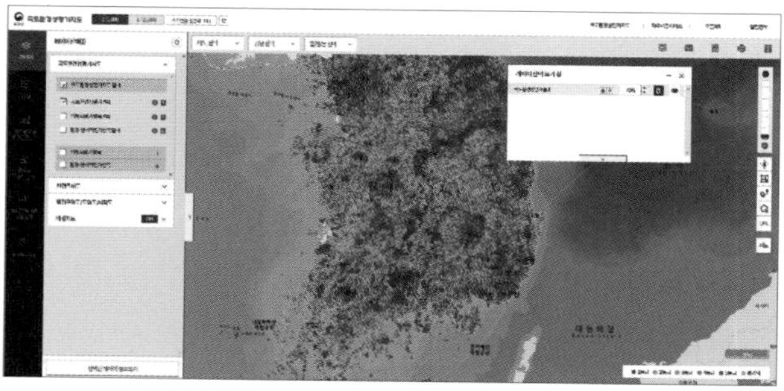

<국토환경성평가지도 예시>

<환경영향평가 지리정보서비스 예시>

재해영향평가 혹은 사전 재해 영향성 검토 협의는 자연재해에 영향을 미치는 개발사업으로 인한 재해 유발요인을 분석하고 대책을 수립하여 재해태풍, 호우, 대설, 강풍를 예방하기 위하여 만들어진 사항이며 자연재해대책법을 따른다. 이 역시 사업계획승인 전에 해당 지자체장은 행정안전부장관과 재해영향성 검토 및 재해 영향평가에 관한 협의를 해야 한다. 상세사항은 행정안전부에서 배포하는 사전 재해 영향성 검토협의 실무지침을 살펴보면 된다. 담당자가 검토하는 체크리스트는 계획수립 배경/목적, 실시근거, 내용, 추진경위, 협의대상, 검토항목, 현지조사, 입지여건, 토지이용현황, 관련조사, 예상재해유형별 검토대상지역, 하천 및 수계현황, 기상개황, 조위특성, 지질특성, 하천 및 우수시설, 방재계획, 주요재해 상세이력, 재해 저감대책, 유지관리계획 등이 있다. 대지 면적 5,000㎡~50,000㎡개발사업은 소규모 재해영향평가 대상이고, 그 이상은 재해영향평가 대상 사업이다.

교통영향평가는 도시교통정비촉진법, 동법 시행령에 근거하여 수행되어야 하는 법적평가이며, 세부적인 사항은 교통영향평가 지침과 각 지자체 조례를 준수하여야 하며, 사업계획승인, 실시계획인가 전에 허가를 득해야 한다. 특히, 추진하고자 하는 사업건축물 포함이 교통영향평가대상사업에 해당되는지 여부는 도시교통정비촉진법 시행령 별표1교통영향평가대상사업의 범위 및 교통영향평가서의 제출 및 심의 시기를 참조하여 확인하여야 하고 서울특별시, 경기도 등 일부지자체는 조례를 지정하여 대상범위를 강화하여 시행하고 있으므로 각지자체별 조례 등을 확인하여야 한다.

교통영향평가 대상사업은 공동주택, 제1종 및 2종 근린생활시설, 문화 및 집회시설, 종교시설, 판매시설, 운수시설, 의료시설, 교육연구시설, 업무시설, 운동시설, 숙박시설, 위락시설, 공장, 창고시설, 자동차관련시설, 방송통신시설, 묘지관련 시설, 관광휴게시설, 장례시설으로 도시교통정비촉진법 제13조의2에서 알 수 있다. 도시개발, 대지조성사업, 택지개발사업의 경우 10만㎡이상의 경우에 교통영향 평가를 따로 받아야 한다. 물류단지는 많은 물동량으로 부지면적이 5만㎡이상이면 영향평가를 받아야 한다. 단일용도의 건축물이라면 다음과 같은 경우에 교통영향평가를 수반하여야 한다.

| 주용도 | 세부용도 | 도시교통정비지역 | 교통권역 |
|---|---|---|---|
| 공동주택 | 아파트 | 건축연면적 6만㎡이상 | 건축 연면적 9만㎡이상 |
| 제1종근린생활시설 | 의원 등 | 건축연면적 2.5만㎡이상 | 건축연면적 3.75만㎡이상 |
| 제2종근린생활시설 | | 건축연면적 1.5만㎡이상 | 건축연면적2.25만㎡이상 |
| 문화 및 집회시설 | 공연장 등 | 건축연면적 1.5만㎡이상 | 건축연면적2.25만㎡이상 |
| 문화 및 집회시설 | 예식장 등 | 건축연면적 0.3만㎡이상 | 건축연면적0.45만㎡이상 |
| 문화 및 집회시설 | 전시장 | 건축연면적 1.5만㎡이상 | 건축연면적2.25만㎡이상 |
| 문화 및 집회시설 | 동식물원 | 부지면적 2만㎡이상 | 부지면적 3만㎡이상 |
| 종교시설 | 종교집회장 | 건축연면적 1.5만㎡이상 | 건축연면적2.25만㎡이상 |
| 판매시설 | 도매시장 | 건축연면적 1.3만㎡이상 | 건축연면적 1.95만㎡이상 |
| 판매시설 | 상점 | 건축연면적 1.1만㎡이상 | 건축연면적 1.65만㎡이상 |
| 판매시설 | 쇼핑센터 등 | 건축연면적 0.6만㎡이상 | 건축연면적 0.9만㎡이상 |
| 운수시설 | 터미널 등 | 건축연면적 1.1만㎡이상 | 건축연면적 1.65만㎡이상 |
| 의료시설 | 병원 | 건축연면적 2.5만㎡이상 | 건축연면적 3.75만㎡이상 |
| 교육시설 | 대학교 등 | 건축연면적 10만㎡이상 | 건축연면적 15만㎡이상 |
| 교육시설 | 연구소 등 | 건축연면적 3.7만㎡이상 | 건축연면적 5.55만㎡이상 |
| 운동시설 | 체육관 등 | 건축연면적 1만㎡이상 | 건축연면적 1.5만㎡이상 |
| 업무시설 | 공공업무 | 건축연면적 0.7만㎡이상 | 건축연면적 1.05만㎡이상 |

| | | | |
|---|---|---|---|
| 업무시설 | 일반업무 | 건축연면적 2.5만㎡이상 | 건축연면적 3.75만㎡이상 |
| 숙박시설 | 호텔 등 | 건축연면적 4만㎡이상 | 건축연면적 6만㎡이상 |
| 위락시설 | 주점 등 | 건축연면적 1.1만㎡이상 | 건축연면적 1.65만㎡이상 |
| 위락시설 | 무도장 등 | 건축연면적 0.6만㎡이상 | 건축연면적 0.9만㎡이상 |
| 공장 | 공장 | 건축연면적 7.5만㎡이상 | 건축연면적 11.2만㎡이상 |
| 창고시설 | 창고 등 | 건축연면적 5.5만㎡이상 | 건축연면적 8.25만㎡이상 |
| 창고시설 | 하역장 등 | 건축연면적 5.5만㎡이상 | 건축연면적 8.25만㎡이상 |
| 자동차관련시설 | 주차장 등 | 건축연면적 1.3만㎡이상 | 건축연면적 1.95만㎡이상 |
| 자동차관련시설 | 매매장 등 | 건축연면적 2.5만㎡이상 | 건축연면적 3.75만㎡이상 |
| 방송통신시설 | 방송국 등 | 건축연면적 4.3만㎡이상 | 건축연면적 6.45만㎡이상 |
| 묘지관련시설 | 봉안당 등 | 부지면적 1.2만㎡이상 | 부지면적 1.8만㎡이상 |
| 관광휴게시설 | 야외극장등 | 건축연면적 1만㎡이상 | 건축연면적 1.5만㎡이상 |
| 관광휴게시설 | 휴게소 등 | 건축연면적 3만㎡이상 | 건축연면적 4.5만㎡이상 |
| 장례시설 | 장례식장 | 건축연면적 0.6만㎡이상 | 건축연면적 0.9만㎡이상 |

<교통영향평가 기준표>

교통영향평가서 제출 및 검토는 대상사업 또는 사업계획에 대한 승인관청에 제출 및 검토를 득해야 하며 심의는 교통영향평가심의위원회에서 받으며 절차 및 기간 등은 각 지자체별로 다소 차이가 있으므로 해당 지자체에 확인하여야 한다. 교통영향평가 심의의결서를 통보받은 개선대책내용은 이행하여야 하고 계획이 변경될 경우 사전 변경절차변경심의 또는 변경신고를 득해야 한다. 준공 전 이행의무사항의 이행여부를 확인보고서를 제출하여 확인받아야 한다. 교통영향평가는 사업지 내부와 사업지 외부로 구분하여 문제점 및 개선방안을 수립하고 있으며 사업지 내부는 이용자의 편리성을 고려하여 진출입 동선, 주차, 보행 및 안전을 중점적으로 검토하고 외부는 진입도로, 대중교통, 보행 및 안전을 중점적으로 검토하고 있다. 간혹 지자체협의

및 심의에서 차량진출입구 가속 및 감속차로 설치, 도로확장보도추가 등시 기부채납을 받는 곳도 있고 기부채납을 안 받고 공사 및 유지를 요구하는 곳도 있으므로 이는 해당 지차제에 확인해야 한다. 또한 진출입 동선, 교차로, 보행 및 자전거도로, 대중교통, 안전, 자동차 운행속도, 주차 등을 상세히 평가하므로 진입로 및 출입로 배치, 주차에 따라 기부 채납해야 하는 토지가 생기는데 이럴 경우 사업성에 영향을 주므로 유의하여 심의서를 작성해야 한다. 또한 이 때 허가 부지 중 일부를 외부에 공개해야 하는 경우도 생기는데 이는 입주자 모집공고 시 꼭 고시를 해야 한다.

교육환경평가는 교육환경보호에 관한 법률을 따르며 앞서 사업수지에서 봤던 학교용지 확보 등에 관한 특례법 역시 함께 검토하여 진행된다. 교육환경 보호에 관한 법률에 따르면 학교출입문으로부터 직선거리로 50M까지인 지역은 절대 보호구역이고, 상대보호구역은 학교 경계등으로부터 직선거리로 200M까지의 거리다. 이 때 학교는 유치원, 초등/중등/고등학교, 대학교, 특수학교 모두 포함된다. 이를 자세히 알고 싶으면 교육환경 정보시스템cuz.schoolkeepa.or.kr에 접속하여 주소지를 입력하면 현황을 파악할 수 있다.

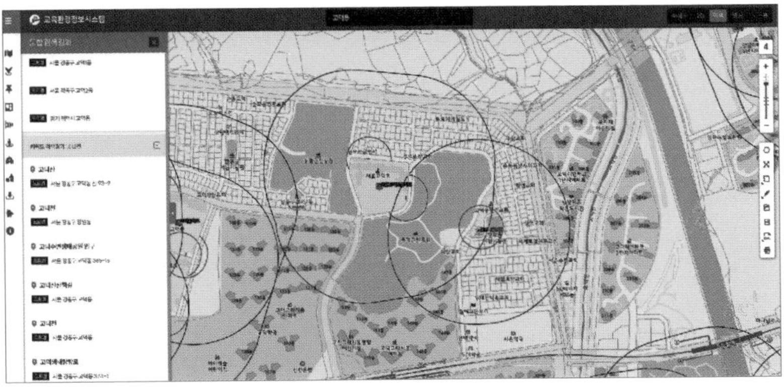


<교육환경정보시스템 예시>

각 보호구역으로 업종을 규제하는데 대기오염, 분뇨, 악취, 소음 및 진동, 폐기물 등에 관한 시설을 규제한다. 가장 중요하게 적용하는 것이 소음 및 진동이다. 절대구역은 절대 금지 지역이고, 상대보호구역은 지역위원회의 심의를 거쳐 가능하다. 교육환경영향평가는 교육청의 재량에 따라 변동이 많은 편에 속한다. 각 세대 평형과 학생 인구 유입 유출 그리고 교육청에서 그리는 교육 청사진에 의하여 요구사항이 다양하므로 개발 전 사전 협의를 하는 것이 중요하다.

친환경 건축 관련 인증은 녹색건축물 조성 지원법을 따른다. 녹색건축물은 건축법에 따른 모든 건축물이 대상이다. 이로 인해 옥상정원, 친환경 에너지 등을 건축물에 반영하게 된다. 인증의 경우 설계도서에 반영된 내용만을 대상으로 녹색건축 예비인증을 신청할 수 있으며 예비인증을 받은 뒤 본 인증을 받아야 한다. 이를 적극적으로 검토해야 하는 이유는 녹색건축물 인증을 통해서 용적률과 높이 등을 완화 받을 수 있기 때문이다. 또한 비주택의 경우는 사설기관에서 진행하는 인증 역시 많이 진행하고 있다. 해외 기업의 투자를 유치하거나 임대를 하는데 장점으로 작용하기 때문이다. 한국에서 가장 많이 사용하고 있는 국제 친환경 인증은 LEED이다. 롯데월드타워나 국제금융센터 등 대형 건축물에는 LEED 친환경 인증마크가 전시되어 있는 것을 종종 볼 수 있다. LEED는 미국친환경건축물협회에 의해 개발되어 건물 전체의 관점에서 환경성능을 평가한다. 등급은 인증, 실버, 골드, 플래티넘으로 나뉘며 Life Cycle Cost LCC를 최소화하는 것을 기준으로 삼는다. 가령 신축 시 부지선정부터 공사까지 탄소배출량을 최소화하고, 자연에너지를 사용하며, 회전문 등을 통하여 에너지 사용을 줄일 수 있다. LEED는 이를 점수화시켜 인증을 진행하는 시스템이다. 또한 내부적으로 열적 쾌적감, 실내 공기질 오염원 관리 등도 인증 기준에 속하게 되는데, 이 때문에 외국 기업에 매각을 하거나 임차를 진행할 때 긍정적인 영향을 미친다.

건축물 안전영향평가는 건축법의 적용을 받는다. 해당 건축물 건축으로 해당 건축물 및 주변의 안전에 영향을 미치는지 확인한다. 제출서류는 구조도, 구조계산서, 풍동실험 보고서, 지질조사서, 가설계획서, 배치도, 흙막이 공법 보고서 등이 있다. 구조도와 구조 계산서를 통해 구조내력상 주요한 부분의 평면 및 단면을 확인하고 중력, 횡력 저항시스템을 확인한다. 풍동실험보고서에서는 주골조에 대한 풍력실험과 외장재에 대한 풍압실험 그리고 대상 건축물 대지 내의 풍환경 실험 등을 조사한 것이 실리게 된다. 피난계획도에서는 대상

건축물의 피난유도계획 및 피난 동선도가 확인되고, 지질 조사서에는 최소 2공 이상의 지반조사 및 지내력, 지하수 등을 조사한다. 또한 지하20미터 이상 터파기 시 지하물리 탐사를 반드시 이행하여야 한다. 흙막이 가시설계획서에서는 토지굴착계획, 흙막이 공법 선정 사유, 흙막이 구조 관련 설계도면 및 구조계산 내역을 수록하여야 한다. 이 때 주변 건물과의 관계도 신경을 써야 하며, 이 흙막이로 인해 공기와 공사비가 변동될 수 있기 때문에 관련 이해관계자와 정보 공유 및 협의가 특히 더 중요하다.

지하안전영향평가는 지하안전관리에 관한 특별법을 따른다. 해당 법 제14조에 따르면 도시의 개발사업, 산업입지 및 산업단지의 조성사업, 에너지 개발사업, 항만의 건설사업, 도로의 건설사업, 수자원의 개발사업, 철도의 건설사업, 공항의 건설사업, 하천의 이용 및 개발사업, 관광단지의 개발사업, 특정 지역의 개발사업, 특정 지역의 개발사업, 체육시설의 설치사업, 폐기물 처리시설의 설치사업, 국방 및 군사 시설의 설치사업, 토석, 모래, 자갈 등의 채취사업, 건축법 제2조제1항제2호에 따른 건축물의 건축사업 등 대통령령으로 정하는 규모이상의 사업에서는 지하안전영향평가를 실시하여야 한다. 해당 법 제13조와 제23조에 따르면 굴착 깊이가 10m이상 20m미만이면 소규모 지하안전영향평가를 받을 수 있고, 그 이상이면 지하안전영향평가를 받아야 한다. 이 역시 사업계획승인 전 허가 항목으로 한국시설안전공단이나 한국토지주택공사 등으로부터 평가를 받아야 한다. 안전관리계획승인은 건술기술진흥법을 따르며 착공 전 제출 서류로 한국시설안전공단에 제출하여야 한다.

경관심의는 경관을 보전, 관리, 형성하기 위한 지방자치 단체의 자치적 법정계획을 심사하는 인허가절차다. 경관심의에 관한 사항은 경관법을 따른다. 또한 국토교통부에서 고시한 경관계획수립지침과 경관심의 운영지침이 있다. 도시개발사업의 경우 대상지역 면적이 도시에 있으면 3만㎡이상인 경우, 도시지역 외 지역은 30만㎡이상이면 경관심의를 받아야 한다. 건축물의 경우에는 경관지구의 건축물, 중점경관관리구역의 건축물로서 해당 지방자치단체의 조례로 정하는 건축물이다. 사업주는 토지의 지적도를 확인한 후 해당 토지가 중점경관관리구역 및 경관지구 미관지구에 해당되는지 여부를 확인해야 한다. 또한 프로젝트의 규모가 경관심의 대상에 포함되는지 확인해야 한다. 속초와 같이 바닷가 주변에 있는 사업지는 대지면적 8천 평에 연면적 2만 8천 평임에도 불구하고 경관심의를 받아야 했다. 경관심의 대상은 지자체마다 항목이 상이하므로 정확한 확인은 해당 지자체 공무원에게 문의해야 한다. 지자체에서 진행하는 모든 심의는 사전심의가 있다. 경관심의의 경우 경관위원 3명이 최대한 지자체 조례와 해당 경관위원 경향에 맞춘 컨설팅을 진행하기 때문에 이를 적극 반영한다면 재심의를 피할 수 있다. 사전경관심의는 의무는 아니지만 우리가 인허가를 고려할 때 꼭 찾아야 하는 권리이다. 사전심의 후 보고서에 사전검토의견으로 조치계획의 변경여부를 알기 쉽게 설명해주면 본심의가 수월해질 수 있다. 순서를 정리하자면 사전검토신청선택, 사전검토실시, 경관심의 신청, 경관심의 위원회 개최, 심의결과 처리 및 재심의다. 경관심의 시 외벽색채, 높이, 입면, 통경축, 지붕 모양, 스카이라인 계획도, 범죄환경예방설계 등을 심의하는데, 이로 인해 용적률 등이 변동될 수 있다.

건축심의는 일정 규모 이상의 건물을 지을 때 도시미관 향상, 공공성 확보 등을 심의하는 인허가 절차이다. 건축심의 인허가 심의사항은 건축법을 따른다. 개론 사항부터 설명하자면 건축심의는 건축, 토목, 교통, 소방, 기타로 나뉜다. 건축은 건축물의 배치, 디자인, 평면계획, 입면차·폐, 마감, 통경축조망확보공간 등이 있다. 토목은 구조계획, 조경계획으로 나뉜다. 여기서 기초부분 토목시설물 여부가 중요하다. 소방은 단지내 비상도로계획, 소방시설 계획, 비상구 계획, 소방진화작업 동선 파악 등이 있다. 그 외에는 냉난방계획과 같이 설비사항 및 신재생 에너지 적용 등을 검토한다. 건축심의는 각 지자체별로 상이할 수 있으나 큰 틀에서는 대동소이하기에 서울시를 기준삼아 살펴보겠다. 심의대상은 아래와 같다.

| 기준 | 내용 |
| --- | --- |
| 층수 기준 | 21층 이상의 건축물 |
| 연면적 기준 | 문화 및 집회시설(전시장 및 동물원, 식물원 제외), 종교시설, 판매시설, 운수시설, 종합병원, 관광숙박시설 중 연면적의 합계가 10만㎡이상 |
| 기타 | 다중이용 건축물 및 분양대상 건축물<br>기타 법령 및 조례에서 정한 사항과 위원회의 자문이 필요한 사항 |

<서울시 건축심의 대상표>

심의 위원회는 150명 내외의 비상임위원의 후보자를 선정한다.

건축심의개최 시 18명 내외로 위원이 선정된다. 위원장은 주택건축본부장이고, 내부위원 3명은 주택기획관, 건축기획과장, 한옥건축자산과장이 선정된다. 외부위원은 시의원, 학계, 산업계 등의 전문가로 구성된다. 교수, 엔지니어링업체 대표 등이 위원으로 활동하는 것을 보았다. 인재 후보자를 많이 선정하는 이유는 부정부패를 방지하기 위함이다. 이 역시 완벽한 대책은 될 수 없으나 이로 인해 많은 이들이 그릇된 방법의 시도 자체를 단념하는 것 또한 사실이다. 심의를 신청하면 건축기획과에서 관련규정을 검토한다. 이들은 협의결과 및 구청장의 의견을 첨부하여 심의를 상정하고 주관부서에서는 각 부서별 의견을 첨부한다. 그 다음 건축위원회가 열리고 건축허가 단계가 완료된다. 지자체별로 심의 개최 일정이 정해져 있다. 서울의 경우 매월 2회개최가 원칙이다. 이를 잘 고려하여 일정 계획을 해야 사업 심의 기간을 최소화할 수 있다.

사업승인은 주택법을 따른다. 주택법 제15조에 따라 단독주택 30호, 공동주택 30세대 이상의 주택건설사업을 시행하는 경우 사업계획승인을 받아야 한다. 이 조항으로 인하여 강남 등에서 초고가 공동주택을 30세대 미만으로 계획하여 분양하는 것이다. 예외적으로 사업승인을 안 받아도 되는 경우는 상업지역이나 준주거지역에서 건축되는 300세대 미만의 주상복합건물로 전용면적이 1세대당 297㎡ 단독주택은 1호당 330㎡ 이하이고 상업용도 연면적이 전체 연면적의 10% 이상인 경우이다. 대지조성 사업의 경우 1만㎡이상의 대지조성사업이면 승인대상이다. 승인기간은 사업계획 승인 신청하면 관계기관 협의를 30일 이내에 하고 협의기간을 포함하여 60일 이내에 승인을 받을 수 있다. 승인권자는 시장 혹은 도지사이다. 사업승인은 승인권자가 필요하다고 볼 경우 건축심의, 지구단위계획 관련 심의, 교통영향평가, 경관심의 등을 통합해서 진행할 수 있다. 여타의 심의와 마찬가지로 사업승인신청도 유관 부서와 협의 준비가 중요하고, 협조관계를 통해 일정을 단축할 수 있다. 예전에는 고위 공무원과의 관계를 통해서 일정단축을 진행하려고 노력했는 반면, 요즘은 담당 실무자의 권한이 커져서 담당관과의 관계구축이 중요하다. 사업승인 주요 내용은 주택단지 내 설치 가능시설을 계획하는 단지계획이다. 도로, 상하수도, 전기, 가스, 통신 및 지역난방 등 기간시설과 주차장, 관리사무소, 담장, 대문, 정화조, 등의 부대시설 그리고 어린이놀이터, 근린생활시설, 의료시설, 주민운동시설 등으로 이루어진 복리시설이 주요 시설이다. 이 때 전용60㎡이하는 주차면적을 0.7대이상 확보해야 하며 그 이외의 주차 확보는 다음과 같다.

| 전용면적 | 특별시 | 광역시, 수도권내 시지역 | 시지역, 구도권 군지역 | 기타지역 |
|---|---|---|---|---|
| 85㎡이하 | 75㎡당1대 | 85㎡당1대 | 95㎡당1대 | 110㎡당1대 |
| 85㎡초과 | 65㎡당1대 | 70㎡당1대 | 75㎡당1대 | 85㎡당1대 |

<주차 확보 기준>

실제 공동주택은 건설사 브랜드를 사용할 경우엔 각 시공사별 내부 주차대수 기준을 따르는 경우가 더 많다. 외적으로 보기에 가장 두드러지는 설계 특화 요소이며, 현재 주차는 많은 공동주택에서 편

의성 측정 바로미터로 사용되기 때문에 건설사에서 중요하게 생각하는 요소 중 하나이다. 1군 건설사는 기본적으로 세대당 주차대수를 1.4대 이상으로 정하는 경우가 많다. 이는 연면적의 증가로 공사비와 설계비 등 각종 사업비가 증대되는 요소가 된다. 진입로는 다음과 같으며 폭 4m이상 6m미만의 도로는 기간도로에서 통행거리 200m이내인 경우에 진입도로로 간주할 수 있다.

| 주택단지 총 세대수 | 폭 4미터 이상의 진입도로중 2개의 진입도로 폭의 합계 |
|---|---|
| 300세대 이상 ~ 500세대 미만 | 12m이상 |
| 500세대 이상 ~ 1천세대 미만 | 16m이상 |
| 1천세대 이상 ~ 2천세대 미만 | 20m이상 |
| 2천세대 이상 | 25m이상 |

<주택단지에 따른 진입도로 기준표>

주택단지에서는 소음 기준 역시 중요하다. 소음 및 위해시설로부터 이격을 유지하고 소음은 65db이하가 되게 계획해야 한다. 공해공장 및 위험시설이 있으면 최소한 50m는 이격해야 한다. 요즘 층간 소음 기준이 강화되어 각 사별로 층간소음 방지재를 시공하는 경우가 많다. 이 역시 사업계획 시 중요하게 고려된다. 경량 충격음은 58db 이하, 중량충격음은 50db이하로 유지되어야 하고 바닥충격음의 세부측정방법, 표준바닥구조 및 차단성능 등급은 고시로 정하게 된다. 조경시설은 주택단지 면적의 30%를 확보하고 비상급수시설을 설치하여야 한다. 근린생활시설은 세대당 6㎡이내로 설치한다. 유치원은 2천 세대 이상의 주택단지에 설치해야 하고 경로당과 보육시설은 각

100세대와 300세대를 기준으로 삼는다. 이처럼 사업계획승인은 전반적으로 국민이 쾌적하게 주택에 거주하는데 필요한 사항들을 확인하는 심의 절차라 할 수 있겠다.

사업계획승인을 받으면 구조안전심의, 굴토심의, 감리자지정 등이 진행된다. 이는 2개월 ~3개월 동안 진행되는데, 공사비가 증대될 수는 있으나 기술적으로 해결이 가능하므로 사업 진행 리스크와는 다소 무관하다 볼 수 있다. 구조안전심의는 건축법을 따른다. 건축법 시행령에 따르면 다중이용 건축물 혹은 특수구조 건축물은 건축물의 구조 부분에 대하여 별도의 심의를 진행해야 한다. 다중이용 건축물이란 불특정 다수의 사람들이 이용하는 건축물로서 바닥면적이 5천㎡이상인 문화 및 집회시설, 종교, 판매, 운수시설 중 여객용 시설, 의료시설 중 종합병원, 숙박시설 중 관광숙박시설을 말하며 시행령 제2조에는 16층 이상인 건축물 역시 그 대상으로 선정되어 있다. 특수구조 건축물이란 한쪽 끝은 고정되고 다른 끝은 지지되지 아니한 구조로 된 보, 차양 등이 외벽의 중심선으로부터 3m이상 돌출된 건축물, 기둥과 기둥 사이의 거리가 20m이상인 건축물, 특수한 설계, 시공, 공법 등이 필요한 건축물로서 국토교통부장관이 정하여 고시하는 구조로 된 건축물이다. 해당 구조로 시공된 건축물은 주요 구조부가 공업화박판강구조, 강관 입체트러스, 막구조, 케이블구조, 부유식구조 등 공법이 특수한 구조형식의 건축물이다. 또한 6개층 이상을 지지하는 기둥이나 벽체의 하중이 슬라브나 보에 전이되는 건축물인데, 이는 무량판 구조이다. 다만, 전이가 있는 층의 바닥면적 중 50% 이상에 해당하는 면적이 필로티 등으로 상하부 구조가 다르게 계획되어 있는 경우로 한정한다. 이외에 건축물 주요부분에 면전, 제진 장치를 사용하거나 건축구조 기준에 따른 허용응력 및 강도 설계법 등을 사용하지 않은 건축물 그리고 건축 구조기준의 지진력 저항시스템 중 철근 콘크리트 특수전단벽, 철골 특수중심가새골조, 합성 특수중심가새골조, 합성 특수전단벽, 철골 특수강판전단벽, 철골 특수모멘트골조, 합성 특수모멘트골조, 철근콘크리트 특수모멘트골조, 특수모멘트골조를 가진 이중골조 시스템이다. 이러한 심의는 월 1회~2회 개최되며 건축위원회에 구조안전심의를 받도록 되어 있다. 여기에는 건축계획서, 구조계획서, 지질주상도, 시방서, 도면 등이 첨부된다. 착공 필수 서류인 안전관리계획서 제출 시 구조심의 통과 필증을 첨부해야 하기 때문에 일정을 잘 조절하는 것이 중요하다.

굴토심의는 지자체별 건축조례를 참조하여야 한다. 서울시의 경우 건축조례 제 7조1항1호에 있으며 서울시 굴토전문위원회의 심의가 필요하다. 대상은 다중이용건축물불특정 다수의 사람들이 이용하는 건축물로서 바닥면적이 5천㎡이상인 문화 및 집회시설, 종교, 판매, 운수시설중 여객용 시설, 의료시설 중 종합병원, 숙박시설 중 관광숙박시설, 16층 이상인 건축물 시가지 특화경관지구 내의 건축물, 분양을 목적으로 하는 건축물 중 깊이 10m이상 또는 지하2층 이상 굴착공사, 높이 5m이상 옹벽을 설치하는 공사의 설계에 관한 사항이 그 대상이다. 굴착 영향 범위 내 석축, 옹벽 등이 위치하는 지하2층 미만, 굴착공사로서 석축, 옹벽 등의 높이와 굴착 깊이의 합이 10m이상인 공사 역시 대상이다. 그 밖에 토질상태, 지하수위, 굴착계획 등 해당 대지의 현장여건에 따라 허가권자가 굴토심의가 필요하다 판단되면 진행된다. 이러한 사유로 지하철이 주변에 지나가거나 간석지에 지어지는 건축물은 대부분 굴토심의가 진행된다. 또한 이때 굴토심의는 평시보다 좀 더 길어져 사업승인 이후 심의가 3개월까지 늘어나는 경우도 존재한다. 이러한 인허가 사유가 아니더라도 굴토심의는 공사비 산정에 있어 중요한 요소로 작용하기에 초기에 준비하면 더 좋다.

착공승인이 떨어지면 감리자 지정 신청을 하는데, 직전에 인허가 담당과 사전검토를 하는 것이 중요하다. 주택의 경우 20세대 이상 주택을 건설하면 감리자를 지정해야 한다. 300세대 미만의 경우는 건축사사무소나 감리전문회사가 감리업무를 수행할 수 있고, 그 이상인 경우는 감리전문회사만 수행이 가능하다. 건축공사의 경우 연면적이 5천㎡이상, 5층 이상 3천㎡이상이면 전체 공사기간 동안 상시 감리가 감독 업무를 수행해야 한다. 그 외 기타 건축물은 수시 감리로서 업무를 수행할 수 있다. 일반적인 건설현장의 이해관계자는 시행사건축주, 설계사, 시공사, 전문건설회사, 감리사, 경우에 따라서는 CM초고층 빌딩, 대규모 프로젝트, 고급시설의 경우 진행이 존재한다. 감리는 시공회사가 관계 법령이나 기준, 설계도서, 또는 그 밖의 관계 서류 등에 따라 공사 진행이 적정하게 시행하고 있는지 기술지도 및 확인을 진행하는 회사다. 사업승인 완료 후 감리자 지정 절차는 감리자 모집공고7일→전자입찰서제출3일→사실확인서류제출3일→열람 및 이의 신청3일→사실확인서류에 따른 세부평가3일→감리자 지정통보의 순서로 구성된다. 건축감리는 감리자 모집공고를 통해서 계약해야 하고 소방 및 통신 감리자는 수의계약이 가능하다. 감리자가 지정되고 나면 프로젝트는 착공단계에 들어서게 된다.

사업승인이 나올 때쯤 모델하우스 부지선정과 착공준비를 완료해두는 것이 좋다. 사업승인이 나온 뒤에 모델하우스 부지를 찾는데, 이럴 경우 마땅한 부지를 찾지 못하거나 제대로 된 모델하우스 설계를 못하는 경우도 있다. 모델하우스는 현재 선분양제도에서 가장 효과적인 마케팅 수단이다. 대로를 끼고 있거나 유동인구가 많은 지역에 모델하우스를 건설하는 것이 좋다. 그 자체로 옥외광고 효과도 거둘 수 있기 때문이다. 또한 모델하우스 내부 세대와 공용공간을 고급스럽게 연출함으로써 고객에게 좋은 인상을 심어줄 수도 있다. 공용공간이 심어주는 이미지는 중요하다. 실제 사람들은 생각보다 편의시설을 이용하지 않고, 합리적인 결정만 내리는 것 같아도 그들이 구매를 결정하는 순간 이미지는 중요한 영향을 미친다. 이러한 모델하우스를 단순한 통과의례처럼 여기면 수십억 원에 달하는 돈을 공중으로 날려 버리는 것과 같다. 사업승인 전부터 부지는 물색하고 해당 부지에 최적의 모델하우스를 지을 수 있도록 최선을 다해야 한다.

심의를 거치면서 아파트의 배치가 바뀌기도 하고, 주 출입구가 바뀌기도 한다. 세대수가 줄어들 수 있는데, 이렇게 되면 사업성이 감소하게 된다. 이를 극복하는 방법으로는 어닝하우스, 펜트하우스, 상가시설 재계획 등 있다. 1층 주택의 경우 분양이 저조하고 상대적으로 저렴한 가격에 분양하는 경우가 있는데 이를 극복할 수 있는 방안 중

하나가 어닝하우스다. 펜트하우스는 인간이 내려 볼 수 있고 전망이 좋은 주택을 선호한다는 것을 마케팅에 이용한 상품이다. 과거에는 옥상층이 단열 등의 문제로 기피되는 곳이었으나 기술의 발달과 함께 펜트하우스 마케팅 이후로 오히려 더 고급화된 상품이 되었다. 상가시설은 무턱대고 늘리면 분양율이 저조하여 사업성에 추가 피해를 줄 수 있기 때문에 적절한 상가를 구획하는 것이 중요하다. 대로변에 두어 상가 분양율을 높일 수 있도록 하고, MD등을 미리 기획하는 것 역시 중요하다. 만약 300세대 미만의 주상복합이라면 상가비율을 10%초과로 만들어 사업계획승인 절차를 생략하는 것도 전략이다.

지구단위 계획 입안 제안 시에는 대상 토지 면적의 2/3이상 토지 소유자의 동의가 필요하다. 여기서 국공유지는 제외한다. 근거법은 국토계획법 제26조, 동법 시행령 제19조 2항이 있다. 건축심의 및 건축허가시에는 대상 토지 면적의 80%이상 사용할 수 있는 권원을 확보해야 한다. 토지 관리청에 국공유지 매각 또는 양여 확인서를 제출할 경우 확보면적으로 인정받을 수 있다. 건축심의 접수 시에는 토지확보 기준이 없지만 보통 건축허가 접수 시 기준을 실무적으로 확인한다. 사업계획승인 접수 시 대상 토지 면적의 80%이상 사용할 수 있는 권원을 확보하여야 한다. 이 역시 토지관리청에 국공유지 매각 또는 양여 확인서 제출시 확보면적을 인정받을 수 있다. 근거법은 주택법 제21조이다. 사업계획 접수 기준인 토지면적의 80%확보 시에는 소유권 취득일 10년이 되지 않은 이에게 매도청구가 가능하다. 사업계획승인 시에는 대상 토지 면적의 95%이상을 확보해야 한다. 이 때

미확보 5%는 취득일과 상관없이 매도청구가 가능하다. 공익사업 승인을 받은 경우에는 토지보상법에 따라 수용재결도 가능하다. 매도청구 절차는 다음과 같다.

| 순 서 | 내 용 | 소요시간 |
|---|---|---|
| 매도청구 조건 | 사용승인득 80%이상(소유기간10년내),<br>대지면적 95%이상 | |
| 신문공고 | 둘 이상의 일간신문에 두 차례 이상 공고 | 30일 |
| 소제기 | 감정평가 신청 | 1일 |
| 감정평가 | 2인 이상 감정평가 금액 평균값 공탁 | 30일 |
| 보정 기간 | 소유자 인적사항 및 주소 보정 | 10일 |
| 법원판결 | 소송 판결 | 10일 |
| 공탁 | 감정평가 금액 공탁 | 1일 |

※ 주택법 제21조~제23조

<행방불명자 매도청구 절차>

| 순 서 | 내 용 | 소요시간 |
|---|---|---|
| 매도청구 조건 | 사용승인득 80%이상(소유기간10년내),<br>대지면적 95%이상 | |
| 사전협의 | 직접 방문, 내용증명 등을 통한 사전협의 | 90일 |
| 매도청구권행사최고 | 변호사 선임후 소장 등을 통한 행사최고 | 60일 |
| 가처분 | 명도단행가처분 신청 | 90~120일 |
| 시가감정 | 2인 이상 감정평가를 통한 시가감정 | 30일 |
| 공탁 | 시가 감정금액 공탁 | |
| 판결 | 판결 | 120~210일 |
| 항소 | 판결 불복시 항소 | 60~90일 |
| 판결 | 판결 | |

※ 공동주택 부지만 매도청구가 가능하고 진입도로부지 등은 매도청구가 안되니 단순진입도로 등은 모두 매입해야 한다. 진입도로 매입이 안되면 주택도시보증공사(HUG) 보증을 못 받는 난감한 상황이 발생할 수 있다.

<매도청구 절차>

착공신고는 건축법을 따른다. 이에 따라 상세도면을 제외한 모든 실시도서를 납품해야 한다. 착공신청을 하면서 제세공과금 납부를 확인하고 착공관련 인허가 사항을 검토한다. 사업승인서는 지방세법에 의한 면허세납부, 국민주택채권 매입필증이 필요하다. 분양 시 왜 국민주택 채권을 사야 할까? 집을 살 경우 법적으로 국민주택채권을 사야 한다. 국민주택채권은 정부가 국민주택사업에 필요한 자금을 조달하기 위해 발행하는 채권이다. 해당 채권을 매입하면 만기 시5년 후에 원금과 약정한 이자를 받게 된다. 경제적으로 여유가 있고, 채권이 마음에 들면 만기까지 기다렸다가 원금과 이자를 받으면 되지만 대부분의 사람들은 해당 채권을 사자 마자 곧 바로 은행에 되판다. 이 때 은행에서는 시행자가 구입한 금액보다 일정 비율을 할인해서 구매하게 되고 그 만큼 비용이 들어간다. 사실상 세금이나 마찬가지다. 국민주택채권은 국가 또는 지방자치단체로부터 면허·허가·인가를 받거나 등기·등록을 신청하는 자, 국가·지방자치단체 또는 정부투자기관과 건설공사의 도급계약을 체결하는 자는 반드시 매입하여야 한다. 발행금액은 액면금액으로 하고, 발행기간은 역년에 따라 1년을 단위로 하며, 발행일은 매출한 달의 말일로 한다. 이는 주택도시기금법과 국채법에 의거한다.

이후 공사는 설계변경, 인허가, 시공, 완공의 단계로 세분화되는데 이 단계들은 시행자 보다는 기술자의 영역에 있다. 설계에는 여태까지 진행했던 인허가를 받기 위한 기본설계가 있고, 시공을 위한 실시설계가 있다. 실시설계는 세세한 부분까지도 정밀하게 그려져야 한다. 실시설계와는 별도로 시공을 하면서는 설계사에서 일정기간 현장에 파견을 나와서 필요할 때마다 상세도를 작성하는 경우도 많다. 그 이유는 설계도를 기준으로 시공사와 감리가 업무를 진행하기 때문이다. 이 때 오차가 발생하면 시공한 뒤에 원상복구를 하고 다시 시공하는 경우가 발생하고 이는 그대로 건설사의 손실로 이어진다. 원가 경쟁력이 좋은 건설사란 사전에 도면검토를 충분히 하여 하도급사가 한 번에 최고 효율을 낼 수 있도록 작업을 지시하는 곳이다. 사전검토 후 오차 발견 시 상세도면 재작성을 요구하고 이를 기반으로 각 공종별 순서에 맞게 하도급사를 배치해야 한다. 간혹 공사 중에 설계를 변경하여야 할 상황이 발생하기도 하는데, 이 변경 내용이 과도하면 사업성 자체가 흔들리므로 설계단계에서 충분한 검토를 마친 후에 공사에 착수하는 것이 좋다. 설계변경은 추가 도급공사비 청구와 관련되어 있으므로 발주처 및 설계사와 협의하여 진행하고 혹시 모를 상황을 대비하여 협의사항을 기록으로 남겨두는 습관을 갖는 것이 중요하다. 그 기본이 작업 지시서이다. 이는 설계변경 사유 발생 시 원도급사가 발주처한테 받기도 하고, 하도급사 역시 원도급사에게 받아서 변경된 대로 작업을 수행해야 향후 분쟁을 방지할 수 있다. 개발사업은 지역사회에 광범위하고도 영구한 영향을 끼칠 수 있다. 이러한 이유로 인허가를 받는 중에 사업지 뿐만 아니라, 주변에 시설물육교, 지하도, 방음벽 등을 설치하는 것을 조건으로 승인을 득하는 경우가 일반적이다. 사전검토가 충분히 이루어지지 않으면 지역사회에서 지속적으로 지자체에 민원을 제기하고 특혜시비가 있을 수 있기 때문에 정밀한 검토가 요구된다. 기반시설은 착공 후 설치되는 경우가 일반적인데 준공시까지 설치되지 않으면 준공승인이 나지 않고, 수분양자들은 입주를 하지 못하게 된다. 공사 진행 중에는 이러한 준공 조건이 걸린 기반시설 공사도 잘 챙겨야 한다. 또한 소음 시뮬레이션 및 층간소음 기준치를 만족하는지 역시도 공사 중에 중요하게 확인해야할 요소 중 하나이다. 주 건축물이 도면과 일정에 맞게 잘 시공되는지 마감상태의 이상여부를 확인하는 것과 더불어 이러한 외적 요소 역시 빠뜨리지 않아야 성공적인 준공이 가능하다.

건축물은 상품에 따라 분양, 임대, 운영 등의 영업활동으로 수익을 창출한다. 공동주택 분양의 경우 각종 규제로 인하여 착공시기가 아닌, 일정 수준 이상 주택 건설공사가 진행된 뒤 소비자가 지어진 집을 확인하고 분양을 받는 후분양이나 임대 후 분양의 사례도 나오고 있으나 그래도 아직까지는 선분양의 경우가 가장 일반적이다. 분양 전에는 정부의 대책으로 인한 대출규제, 전매제한, 세금이슈 등을 최신화하여 마케팅 전략을 수립하는 것이 중요하다. 특히나 요즘 부동산 시장은 규제로 인한 변동이 잦으므로 정부 발표에 귀 기울이고 선제적으로 대처하는 자세가 필요하다. 분양가상한제, 주택도시보증공사 혹은 지자체의 실질적인 분양가 규제지역, 미분양관리지역 등에 대한 정보는 미리 파악해야 사업계획 시 매출액 산정에서 실수하지 않을 수 있다. 일반적으로 분양은 분양보증→분양승인→입주자모집공고→분양→입주 순으로 진행된다. 분양 영업 방법은 애드버토리얼, 인터넷광고웹, 베너, 파워링크, SNS, 유튜브 등, 옥외광고, 홍보판촉물 등이 있다. 애드버토리얼advertorial은 광고adcertising와 기사editorial가 합쳐진 신조어로서 기사식 광고라고 생각하면 간단하다. 신문, 잡지, 인터넷 신문 등에 기사형태로 광고를 싣는 것을 말하며 얼핏 보면 기사처럼 보이지만 정식 기사와는 서체나 레이아웃 등이 약간 다르다. 사람들은 광고보다 기사를 더 잘 믿는데, 이를 이용한 광고법이라고 할 수 있다. 신문 등의 진흥에 관한 법률에 광고와 기사가 구분이 되도록 규정하고 있다. 퍼블리시티publicity 즉, 언론 홍보와는 조금 다르다. 언론 홍보는 기업이 언론에 보도자료를 보내고 언론 입장에서 그 내용이 기사로 작성할 만한 가치가 있다고 판단될 때 실제 기사로 내보내는 것이다. 국내 연구강미선의 연구, 2003에 따르면 응답자의 약 56%가 전통 광고보다 애드버토리얼을 더 신뢰한다고 하니 충분히 판촉방법으로 고려할 만하다.

인터넷 광고는 웹, 배너, 파워링크, SNS, 유튜브 등이 있다. 파워링크나 배너는 클릭 조회수당 금액이 책정된다. 시간대 등을 설정할 수 있는데, 아무 시간대나 광고를 하게 되면 실제 구매력이 없는 고객층이 많이 유입될 수 있다는 단점이 있다. 배너나 링크는 하루에 몇 천만 원을 들여야 하므로 선택에 다소 신중을 가해야 할 필요가 있다.

옥외광고는 전광판, 건물 대형 현수막, 지하철 등이 있다. 유동인구가 많은 곳에 설치하고 상품을 노출하는 판촉 방법이다. 가끔 허가를 받지 않은 현수막으로 인하여 시공사로 불법 옥외광고 벌금 고지서가 발급되기도 하는데, 이는 애초에 계약부터 분양대행료에 포함되는 비용으로 분양대행사에서 납부하고 있다.

홍보판촉물은 휴지, 물티슈, 일반 종이에 출력하여 불특정 다수에게 배포하는 것을 뜻한다. 대부분 직장인 유동인구가 많은 곳에서 배포하는 편이며 모델하우스가 아닌 홍보관을 이용하는 상품은 홍보관 주변에서 나눠주고 바로 홍보관으로 유동인구를 유입하는 방법을 쓰고 있다.

주택 외 지식산업센터와 같은 상품은 주택도시보증공사의 보증이 필요하지 않다. 대신 은행과 협의하여 시공사 보증 등의 수단으로 분양이 진행된다. 주택보다 관리가 느슨한 편이며 허가 전 분양 등도 진행하고 있다. 엄밀히 말하면 이는 불법이지만 청약 증거금의 형태로 이루어지기도 한다. 지식산업센터 역시 분양 상품이라 사전청약 혹은 청약 증거금을 받는 것 외에는 공동주택과 유사하게 분양이 이루어진다. 다만, 몇 분양 대행사에서 통으로 물건을 인수하여 분양하거나 일정 금액 이상으로 분양 시 프리미엄을 가져가는 등 주택에 비해 더 다양한 판촉방법이 사용된다. 물류창고는 임차사를 구한 뒤 자산운용사와 같은 회사에 이를 매도하는 방식으로 매출을 창출한다. 매각사에게는 임대료와 요구수익률Cap Rate로 그 가치를 설득시켜 매각한다. 이 때 영업방법은 화주유치사에게 일정 부분 수수료를 주고 일임하는 경우가 많다.

분양보증은 주택분양에서 사업주체 부도와 같이 입주 지연 불가 등의 리스크로부터 수분양자를 보호하기 위해 정부기관으로부터 분양 전에 받는 법적 보증절차이다. 사업계획승인을 얻어 건설하는 주택사업이며 분양하는 주택이 30세대 이상인 경우에는 분양보증을 받아야 한다. 여기서 주택조합의 조합원에게 분양되는 주택은 보증대상에서 제외된다. 또한 건축허가를 받은 주상복합건물의 주택 및 주택 외 시설과 사업계획승인을 얻은 주상복합건물 중 주택 외의 시설은 주상복합 주택분양보증의 대상이다. 이 때문에 강남 고급 아파트나 조합이 추진하는 개발사업의 경우 29세대에 맞춰서 분양하는 경우도 많다. 분양 보증을 회피하여 분양가 산정에 제한을 받지 않으려는 목적이다. 보증금액은 계약금과 중도금을 합한 금액이다. 보증기간은 당해 주택사업의 입주자 모집공고 승인일로부터 건물 소유권 보존등기일사용검사 또는 공동주택 전부에 대한 동별 사용검사 포함까지이다. 보증서는 주택공급에 관한 규칙 제20조에 의거 시장 등에게 입주자모집승인 신청 시 구비되어야 하는 요건 중 하나이다. 업무 주체는 통상적으로 사업주체시행사, 시공사에서 진행하나, 일부 서류 작성 등 보조 업무를 분양 대행사에 의뢰하는 경우도 많이 있다.

구비해야 하는 서류 역시 양이 상당하다. 그 서류는 다음 19가지와 같다.

1. 분양보증 신청서
2. 수수료 산출내역서
3. 입주자 모집공고안
4. 계약서
5. 사업계획승인서(자금계획포함)
6. 감리계약서
7. 주변현황(분양현황, 교육, 교통환경, 지역현황 등)
8. 금융거래상황 확인원
9. 사업주체 명의변경 동의서
10. 양도각서
11. 금융거래 정보제공 동의서
12. 토지사용승낙서
13. 토지매매 계약서
14. 부지대금 완납증명서
15. 협약서
16. 지방세 및 국세 완납증명서
17. 토지 등기부등본
18. 보증사업장 공정현황
19. 위치도

분양 보증의 당초 취지는 분양 후의 입주 지연 등으로 인한 소비자의 주거 불안 요소 및 민원요소 사전 제거를 위해 사업주체 부도시 원활한 사업주체 변경 및 준공 입주 추진이 주 업무 목적이었으나 최근에는 미분양 리스크 해지라는 명목으로 영역을 확대하여 실질적으로 분양가 제한을 하는 경우가 증가하고 있다. 특히, 강남 등 고분양가 논란이 일고 있는 지역의 경우 당해 지역 전년 분양가의 110% 이내에서 책정하도록 강제하고 있어 분양가 규제 기능을 하고 있다. 따라서 분양사업 검토 시 시장 수용가격 외에 분양 보증 승인 가능 가격 산출을 통한 사업계획 수립이 중요해지고 있는 상황이다.

이와는 반대로 미분양관리지역의 분양보증 규정 역시 지방권 사업 수주 시에는 중요하다고 할 수 있다. 미분양관리지역은 미분양 주택수가 500세대 이상이며 아래 요건 중 1가지 이상 충족이 되면 선정된다.

1. 미분양증가(최근 3개월간 전월보다 미분양 세대수가 50%이상 증가한 사례가 있는 지역)
2. 미분양 해소 저조(미분양 세대수가 평균 2배 이상 증가 혹은 미분양 감소율이 저조한 지역)
3. 미분양 우려(인허가 실적이 증가했으나 실적 대비 미분양 세대수가 증가하고 경쟁률이 저조한 지역
4. 모니터링 필요(앞 3가지의 어느 하나에 해당한 후 6개월 미경과 지역)

이러한 미분양 지역 내에서 분양보증을 받기 위해서는 예비심사와 사전심사가 필요하다. 절차는 아래 그림과 같다.

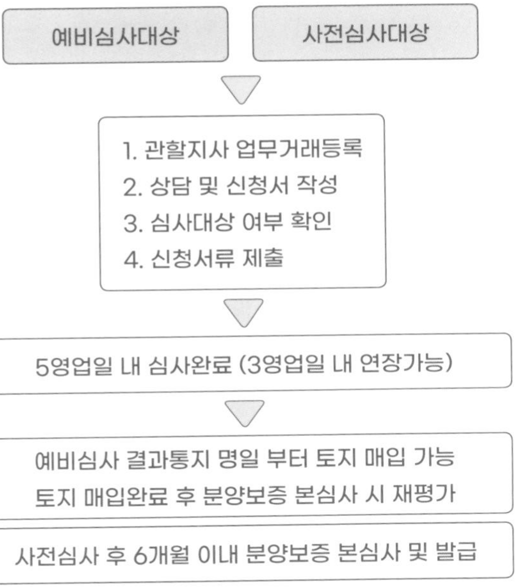


<미분양관리지역 절차도>

심사는 예비심사와 사전심사로 나뉜다. 예비심사의 심사대상은 토지 매입단계의 사업예정자이다. 이는 미분양관리지역에서 주택을 공급할 목적으로 최초 또는 추가로 사업부지를 매입하려는 이와 사업부지 매입단계에서 미분양 관리지역으로 지정된 경우가 해당된다. 향후 토지 매입 절차는 부지매입 전 예비심사를 신청하여 결과를 통지받은 뒤 토지 매입이 가능하다.

사전심사의 심사대상은 미분양관리지역에서 분양보증Project Financing보증 포함을 발급받고자 하는 사업예정자와 사업부지 매입 후 미분양 관리지역으로 지정된 경우가 해당된다. 향후 절차는 사전심사

결과를 통지받은 후 유효기간 6개월 이내에 분양보증Project Financing보증 포함을 신청할 수 있다. 즉, 분양보증을 신청하기 전에 사전심사부터 신청해서 승인을 받아야 한다. 이는 미분양 위험지역에 지속적으로 주택을 공급하는 것을 억제하기 위한 제도이다. 무리한 사업을 방지하여 건전한 건설산업 분위기 형성에 기여하는 바도 있지만, 발전 가능성이 높은 지역이 절차 때문에 발전이 늦어질 수도 있다는 단점도 존재한다.

분양승인은 공급 세대수가 30세대 이상인 경우, 분양을 시작하기 전에 정식으로 해당 지자체의 승인을 득하는 절차이다. 업무주체는 분양보증과 마찬가지로 통상적으로 사업주체시행사, 시공사에서 처리 진행하나, 이 역시 일부 서류 작성 등 보조 업무를 분양대행사에 의뢰하는 경우도 많이 있다. 관청내 업무 절차는 사전협의 접수, 주택과 협의, 분양승인 관련 서류 작성, 담당자 협의, 시장 허가가 있으며, 구비 서류는 다음과 같다.

1. 입주자 모집공고안
2. 분양가 산출 내역서
3. 분양 보증서
4. 착공사실 확인원
5. 공급계약서
6. 사업계획 승인서 사본
7. 토지매매 선수협약서, 토지사용 승낙서
8. 모델하우스 의견서

분양승인은 분양을 시작하는 공식적인 절차이자 모델하우스 오픈 시점을 결정하는 가장 중요한 인허가 절차이다. 법적으로 승인권자는 신청 접수 후 5일내에 결과를 통보하게 되어 있어서 접수 전까지 담당자와 충분히 사전 협의를 하는 것이 중요하다. 통상적으로 수요일에 모델하우스를 오픈하기 위해서는 전주 화요일에는 승인접수가 이루어져야 한다. 늦는 경우에는 4일 전 접수가 이루어져 하루 전날 오후 늦게 승인이 이루어지고, 입주자 모집공고가 신문원고 마감에 임박해서 전달되는 경우도 있다. 최악의 경우에는 승인이 미뤄져 모델하우스 오픈이 연기되는 경우도 있고 이 경우는 오픈을 위한 비용이 중복지출 될 수도 있다.

입주자 모집공고는 공정한 주택의 공급을 위해 분양 승인 시 제출한 공고문을 기준으로 주택건설지역의 거주자가 쉽게 접할 수 있는 일정한 장소에 게시, 공고할 것을 법으로 규정한다. 특히 수도권 100세대 이상 공급 시에는 일간신문에 공고토록 규정하고 있다. 업무주체는 사업주체에서 신문사와 연락해서 진행하는 편이고, 공고문 등은 대행사에 의뢰하는 경우가 대부분이다. 입주자 모집공고는 고객과의 분양에 관한 법적 약속이자 공식적인 절차로서 모든 공급 상품에 관한 사항이 망라되어 있는 정보사업주체명, 시공업체명, 연대보증인, 감리회사명과 금액, 건설위치, 분양보증 내용, 주택성능, 일정표 등이다. 입주자 모집일은 모든 신청 자격에 대한 기준일이 되고 공고내용은 모든 상품 및 청약고지에 대한 기준이 되고, 법적 다툼이 발생할 경우 최종 기준이 되는 문서로서 만약 공고 후 오류가 발견될 경우 정정공고를 내야 할 정도로 민감하고 중요한 절차이다. 토지대비율이나 일정이 틀려서 재공고하는 경우를 몇 번 본 적이 있다. 이 경우에는 신문 공고료가 2배로 들 수 있다. 또한 기존의 현장에 쓰던 공고문안을 재활용하는 사례가 많아서 오타와 이전 자료 미수정으로 인한 오류사항이 공고문에 실리는 경우도 자주 있어서 각별한 주의가 요구된다. 최근 들어 입주자의 권익이 우선시되고, 이에 따른 민원이 증가함에 따라 공고문에 최대한 많은 정보특히, 유의사항 정보를 담는 추세로 통상 내지 양전면으로 공고를 함에도 불구하고 글자가 과도하게 작아지는 불편이 발생한다. 일반공급에 앞서 국가적 시책 또는 사회적 배려를 위해 일정한 자격을 갖춘 수요자에게 일반공급대상자와 경쟁 없이 주택을 공급하는데 이를 특별공급이라 한다. 주로 사업주체의 책임하에 대행사가 처리한다. 그 다음 순서가 일반공급이다. 이는 사회적 공공재개념이 포함된 주택을 실수요자에게 우선적으로 공평하고 투명하게 공급되도록 하는 데 주안점을 두고 마련된 공급절차로 해당 지역 거주자에게 청약순위 및 청약 가점제에 의해 우선 공급한다. 일반공급은 사업주체가 한국감정원청약홈에 의뢰하여 처리한다. 청약 가점제를 계산할 시 오류가 있을 수 있다. 실수가 많은 부분은 크게 무주택기간, 부양가족, 주택소유 등이다. 이를 좀 더 자세히 살펴보도록 하자. A는 한 번도 주택을 소유한 일이 없으니 본인 나이만큼 무주택기간으로 산정하는 사례가 있는데 이는 옳지 않다. 만 30세 이후 또는 만 30세 이전 혼인신고일 이후 무주택 기간을 산정해야 한다. 또한 가장 최근 주택을 판 시점부터 연속한 기간을 산정해야 하며 사전기간까지 포함하면 안 된다. 부양가족과 관련해서는 본인은 부양가족에서 반드시 제외해야 하고, 실제로 부양하고 있으나 세대원으로 등재되지 않은 가족은 추가하면 안 된다. 부양가족은 연속해서 3년 이상 부양할 경우에만 인정되니 유의해야 한다. 주택소유와 관련해서는 세대 분리된 배우자를 제외하는 경우가 많은데 세대 구성원 및 배우자가 소유한 주택은 모두 포함해야 한다. 청약자격 제한과 관련해서는 투기과열지구 청약 시 부모가 재개발재건축조합원으로 있다가 매각해서 당첨자로 관리되는 줄 모르고 청약하는 사례가 있다. 조합원은 관리처분일 기준 조합원을 당첨자로 간주한다. 이후 당첨자 지정계약 후 계약포기 및 부적격 당첨 동호수를 대상으로 예비 당첨자에게 배정 및 공급하는 예비 당첨자 추첨 계약이 있다. 최근에는 주택공급 절차에 대한 국토부의 관리감독이 강화되는 추세이므로 규정과 원칙에 따른 절차를 철저히 이행하여 공급해야 한다.

임대는 공공지원 민간임대와 민간임대로 나뉜다. 공공지원 민간임대는 민간임대 특별법에 따라 시세대비 95%일반, 85%특공이하로 임대료를 책정한다. 민간임대는 임대사업자 임의로 임대료를 설정할 수 있다. 다만, 인상은 민간임대 특별법에 따라 5%이내에서만 가능하다. 민간임대는 매각에 대해서 법적으로 정해진 것이 없는 회색지대에 속해 있다. 의무 임대기간 종료 후에 매각이 가능하고, 임대 입주시에 계약금을 수령할 수 있으며, 매각가 역시 별도의 규제가 없다. 임대사업은 임대료와 매각 시 매각금액으로 수익을 인식하는데, 분양가 제재로부터 자유롭고 전세대금 역시 분양 수입금과 유사하게 일정을 맞추어 수령할 수 있다. 다만, 보증금은 9억 이상은 수령할 수 없다는 한계가 있다. 이러한 임대상품은 물류센터와 마찬가지로 양도하여 차익을 수령할 수도 있다.

정산단계는 입주가 완료되어 사업이 마무리됨으로써 관리형 토지신탁으로 관리하던 매출이익을 이해관계자에게 개발이익의 형태로 지급하는 것을 말한다. 사업이익에 대한 배분은 토지주와의 배분, 시행사와의 배분, 투자자와의 배분, 시공사와의 배분 등이 있으며 사업구도 수립 시 약정하는 것을 기본으로 한다. 배분이 끝나면 각 주체별로 사업주는 소득신고를 하고 해당 프로젝트를 종료하게 되는 것이다. 가끔 시행사의 2차 사업을 추가적으로 수주하기 위해서 개발이익을 미리 유동화하여 2차사업의 초기자본으로 사용하게 해주는 경우가 있는데, 이 경우에는 1차 사업의 이익과 2차사업의 이익을 연결하여 세밀하게 살펴볼 필요가 있다.

그 외에 준공을 위해 건설사에서는 다양한 건축관련 기준을 충족시켜야 한다. 인터넷은 초고속 정보통신건물 특등급, 홈네트워크 A 등급 이상의 인증서를 발급받아야 한다. 사회복지과는 공동주택에 장애인, 노인, 임산부 등의 편의 증진 보장에 관한 법률 제8조에 의거하여 적법하게 시설물을 설치한지 확인한다. 시공사는 사용승인 시 사회복지과에 설치확인을 받아야함을 확인해야 한다. 가족여성과는 주택건설 기준 등에 관한 규정 제 55조 2항 3조의 규정에 의하여 300세대 이상의 공동주택을 건설하는 주택단지에는 영유아를 보육할 수 있는 시설 규모를 갖추고 또한 영유아보육법에 따른 어린이집을 해당 주택의 사용검사 시까지 설치하는지 확인한다. 또한 1,000세대가 넘는 공동주택은 도서관법 제5조에 의하여 도서관 57㎡를 건설계획하고 열람석은 6석이상, 1,000권 이상의 도서를 납품해야 한다. 이 때 도서정가의 합은 850만 원이 넘어야 한다. 철도교통과는 진출입구 교통신호시설 설치를 검토하고, 단지 진출입구 신호 교차로 설치 시 교통정보센터와 연계 필요성을 확인한다. 지적과는 시공사가 도로명 주소법 제16조 제3항에 따라 건축사용승인 전에 건물번호 및 상세주소를 부여받아 건물번호판을 설치하고 그 비용 역시 부담하는지 확인하고 있다. 도로관리사업소는 지방도에 접하는 공동주택의 경우 교통소음 및 진동 관리 기준을 통보해주고, 사용승인 전에 확인한다. 또한 사업주체는 견본주택 건축기준 제5조 규정에 의거 입주자모집공고승인 신청을 하는 때에 견본주택에 사용된 마감자재의 목록표와 견본주택의 각 실 내부를 촬영한 영상물을 제작하여 소개책자와 함께 제출하여야하고, 동 기준 제8조규정에 의거 사이버 견본주택을 운용하고자 하는 경우에는 그 내용을 제출하여야 한다.

# 5부

# 유동화 신탁 및 부동산 개발신탁

신탁이라 함은 믿을 '信', 맡길 '托'의 한자어이다. 신탁회사는 말 그대로 신뢰를 위해 업무를 맡아 해주는 기관이다. 고객이 부동산이나 주식 등과 같은 여타의 재산을 맡기면 목적에 맞게 이를 운용하고 관리해주는 서비스다. 여기서 중요한 점은 '목적에 맞게'이다. 신탁회사는 법의 테두리 내에서 혹은 법을 이용하여 고객을 위해 자산을 관리해주고, 신뢰할 수 있는 기관이 관리한다는 속성으로 자금 유동화 등을 지원한다. 신탁의 법적 의미는 신탁법 제2조에 수록되어 있다. 신탁이란 신탁을 설정하는 자이하 '위탁자'라 한다와 신탁을 인수하는 자이하'수탁자'라 한다간의 신임관계에 기하여 위탁자가 수탁자에게 특정의 재산영업이나 저작재산권의 일부를 포함한다을 이전하거나 담보권의 설정 또는 그 밖의 처분을 하고 수탁자로 하여금 일정한 자이하 '수익자'라 한다의 이익 또는 특정의 목적을 위하여 그 재산의 관리, 처분, 운용, 개발,

그 밖에 신탁목적의 달성을 위하여 필요한 행위를 하게 한다. 여기에 신탁법 제31조에 있는 '신탁 목적의 달성을 위하여 필요한 모든 행위를 할 권한이 있다. 다만, 신탁행위로 이를 제한할 수 있다.'를 병합해서 보면 부동산이나 유언 등 다양한 목적으로 신탁을 사용할 수 있다는 것을 추론할 수 있다. 또한 신탁법 제22조 1항에는 신탁재산에 대하여는 강제집행, 담보권 실행 등을 위한 경매, 보전처분 또는 국세 등 체납처분을 할 수 없으나 신탁 전의 원인으로 발생한 권리 또는 신탁사무의 처리상 발생한 권리에 기한 경우는 그러하지 아니하다라고 신탁행위의 보호가 미치지 못하는 범위를 기술하고 있다.

신탁업자는 기본법 성격을 지닌 신탁법 이외에도 신탁업을 영위하는 자에 대한 규제를 위한 자본시장법과 신탁업무와 상품에 대한 지도 및 감독을 위한 금융투자업규정을 준수해야 한다. 자본시장법은 제6조에서 투자매매업, 투자중개업, 집합투자업, 투자자문업, 투자일임업, 신탁업을 금융투자업으로 규정하여 신탁업법을 흡수통합하였다. 자본시장법은 자본시장에서의 금융혁신과 공정한 경쟁을 촉진하고 투자자를 보호하며 금융투자업을 건전하게 육성함으로써 자본시장의 공정성과 신뢰성 및 효율성을 높여 국민 경제에 이바지할 수 있도록 금융 전체에 대한 특별법으로서 만일 신탁법과 자본시장과 금융투자업에 관한 법률이 충돌하면 자본시장법이 우선 적용된다. 금융투자업규정은 금융위원회에서 제정하고 고시하는 규정으로 자본시장과 금융투자업에 관한 법률, 자본시장과 금융투자업에 관한 법률 시행령, 자본시장과 금융투자업에 관한 법률 시행규칙, 금융산업의 구조개선에 관한 법률, 금융산업의 구조개선에 관한 법률 시행령, 외국환거래법, 외국환거래법 시행령, 그 밖의 관련법령에서 금융위원회에 위임한 사항과 그 시행에 필요한 사항을 정한다. 이러한 규정으로 신탁업무를 지도하고 감독하며, 신탁상품에 대한 세부적인 사항을 제한한다.

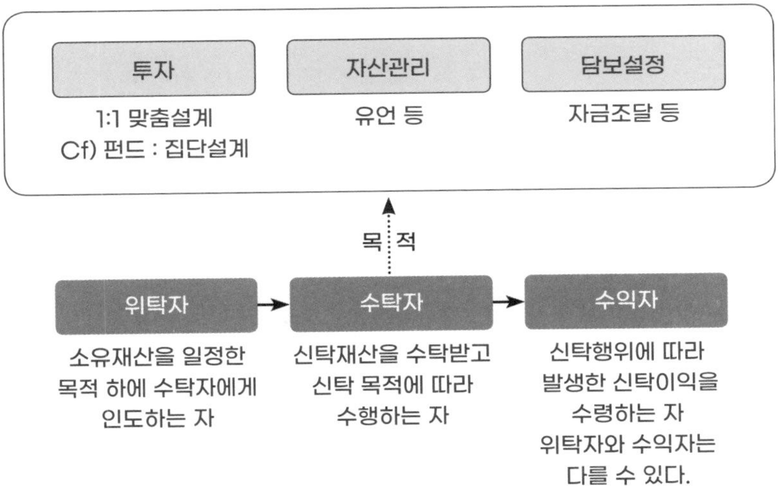


<신탁의 목적>

신탁의 목적은 상기와 같이 투자, 자산관리, 담보설정 3가지로 나뉜다. 투자는 흔히 펀드와 비교할 수 있다. 펀드는 집단에 대한 금융상품으로 펀드 전체의 운용방침을 설정하고 고객에게 판매한다. 이로 인해 운용, 판매, 보관 등 역시 취급기관이 상이할 수 있다. 신탁은 고객의 필요에 맞는 상품을 맞춤형으로 생성하여 함께 만들어가

는 계약 상품이다. 운용방법을 투자자와 신탁자가 함께 결정하고, 수익자 역시 수탁자와 상이할 수 있다. 이 때는 운영, 판매, 보관의 취급기관이 일치한다. 마치 기성 양복과 맞춤형 양복의 차이와 같다고 볼 수 있다. 업무적으로 살펴보면 크게 금전을 다루는 특정금전신탁과 채권을 다루는 증권신탁으로 나뉜다. 이 때 특정금전신탁 업무는 주식상장, 비상장, 메자닌, 채권, CP, ABCP, 전단채, 유동자산MMDA, REPO, 발행어음 등, 파생상품ELS, DLS 등이 있다. 증권신탁 업무는 운용유가증권신탁REPO신탁이 있다.

자산관리는 유언, 자사주매입, 운용 등 신탁계약을 통해 고객은 신탁사에게 필요에 따른 자금 운영을 지시할 수 있다. 이러한 특성에 따라 위탁자는 반드시 수익자일 필요가 없다. 상속 및 절세를 위한 자산관리는 종합재산신탁으로 구분되며, 모든 대상을 신탁할 수 있다. 이 때 신탁사에서는 상속, 치매, 장애인, 반려동물 신탁을 주 상품으로 삼는다. 종합신탁을 인가받은 업체는 국내 17개 은행신한, 우리, SC, 하나, 외환, 씨티, 국민, 대구, 부산, 광주, 경남, 산업, 기업, 수협, 농협과 19개 증권회사키움, IBK, SK, DB, 현대차, 유진, 신영, 메리츠, 한화, KB, 하나, 미래에셋, 대신, 교보, 신한, NH, 유안타, 삼성, 한국투자, 4개 보험사미래에셋생명, 한화생명, 흥국생명, 삼성생명이 있다.

담보설정 목적은 자산관리에서 위탁자가 수익자일 필요가 없다는 것에서 출발한다. 위탁자는 재산의 수익자를 제3자로 설정하여 담보형태로 제공할 수 있다. 이로 인해 Bridge Loan, PFProject Financing등이 발생할 수 있게 된다. 담보설정으로 이루어지는 자금조달은 재산을 신탁할 때 이루어지는 목적으로 매출채권, 대출채권, 분양대금 채권 등을 다루는 금전채권과 관리유가증권신탁, 처분유가증권신탁담보설정목적을 주로 다루는 증권주식, 사모사채, 리츠 등 그리고 담보신탁, 처분신탁, 개발신탁, 관리신탁, 분양관리신탁을 다루는 부동산을 목적물로 삼는다. 담보설정 중 부동산을 목적물로 다루는 인가를 받은 회사는 14개 부동산 신탁회사신영부동산, 대신자산, 한국투자부동산, 한국토지, KB부동산, 대한토지, 교보자산, 우리자산, 무궁화, 코리아, 코람코자산, 하나자산, 한국자산, 신한자산가 있다. 이 외에 자금조달을 목적으로 하는 재산신탁 중 금전채권과 증권이나 투자 목적인 금전을 다루는 특정금전신탁이나 채권을 다루는 증권신탁을 주 업으로 하는 금전신탁 인가를 받은 회사는 국내은행 2개전북, 제주, 외국은행지점 3개도이치, 홍콩상하이, 뉴욕멜론, 증권회사 1개하이투자, 보험사2개교보생명, 삼성화재가 있다.

이러한 특성에서 오는 신탁의 장점은 유연성, 권리전환, 파산절연, 절세효과, 법적보호다. 신탁은 위탁자와 수탁자의 쌍무계약이므로 계약 내용 변경이 용이하다. 근저당 대신 수익권의 형태로 권리를 전환할 수 있고, 이 방법을 통해 자금 유동화를 진행할 수 있다. 전 과정에서 따로 취득세 부과 등이 없고, 신탁 운용 보수를 비용처리할 수 있어 절세효과가 있다. 수탁자의 파산과 상품을 절연할 수 있으며 위탁자가 파산해도 수익권을 가진 사람은 보호받을 수 있다. 이러한 보호효과 덕분에 독립성이 보장되고 위탁된 자산은 강제 집행이 되지 않는다. 해당 사항을 부동산 개발사업에 관련하여 실무적으로 살펴보면 아래와 같은 구조도로 이해하는 것이 좋다.

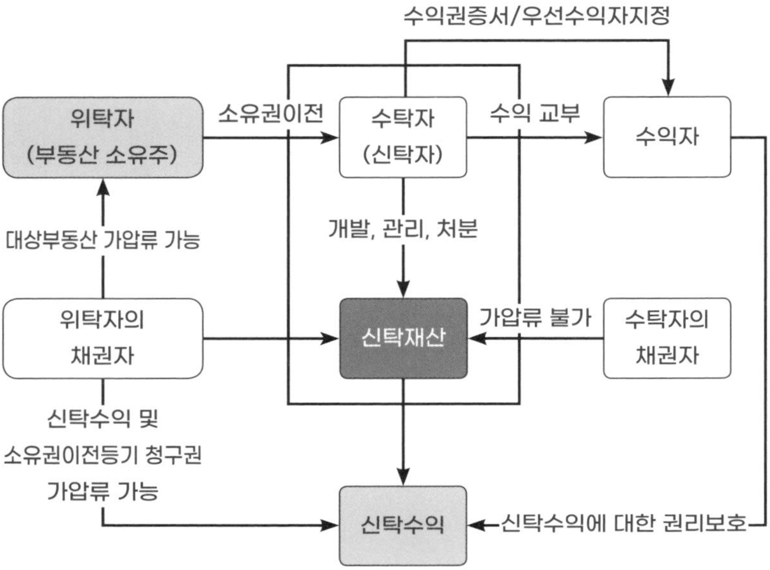


<신탁 구조도>

이와 같이 앞서 설명한대로 신탁재산은 수탁자에게 귀속하지만 수익자를 위한 재산이므로, 신탁사 개인의 고유재산과는 구분된다. 또한 위탁자의 개인 재산에서 구별되어 독립성을 가지게 된다. 이로 인하여 위탁자나 신탁자가 파산한 경우에도 신탁재산은 보호된다고 볼 수 있다. 신탁재산에 대한 강제집행이나 경매 등은 금지되어 있다. 다만, 근저당 등으로 인하여 제한물권이 있는 물건을 신탁한 경우에는 강제 집행이 가능하다. 그러므로 신탁 시 제한물권 해소 후 진행하는 것이 원칙이다.

채권형 신탁은 채권, 기업어음, 전자단기사채, 유동성 자산이 있다. 여기서 채권, 기업어음, 전자단기사채는 자금유동화를 진행할 때 많이 사용되는 방식이기도 하다. 증권사가 금융주선을 진행하면 각 대주는 어음이나 채권의 발행을 통해서 자금을 조달한다. 이는 채권형 신탁을 진행하는 신탁사에서 담당하게 된다. 채권은 정부, 지방자치단체, 기관 등이 자금을 조달하기 위해 발행하는 것으로 국공채, 통안채, 회사채 등이 있고 만기는 주로 1년 이상이다. 수익창출방법은 채권의 이자수익과 매각 차익이 된다.

기업어음CP는 신용상태가 양호한 기업이 상거래와 관계없이 단기자금을 조달하기 위하여 자기 신용을 바탕으로 발행하는 어음으로 만기는 1년 이하이다. 일반기업어음, 자산담보부기업어음ABCP가 있다. 일반 CP의 발행 물량은 최근 감소하고 있으며 예금담보ABCP, 신용보강ABCP가 포트폴리오에 편입되었고, 주로 A등급 이상의 자산에서 많이 이용된다.

전자단기사채STB는 주로 3개월에서 1년 사이의 단기 자금을 종이가 아닌 전자 방식으로 발행 및 유통되는 금융상품으로 기업어음을 대체하는 상품으로 도입되었다. 기업어음과 유사하나 발행이 간소화되고 투자자보호장치는 강화되었다. 기업어음은 어음법이 적용되며 전자단기사채는 전자단기사채 등의 발행 및 유통에 대한 법률의 적용을 받는다. 3개월 이내일 경우는 증권신고서가 면제되어 흔히 3개월 이내로 만기를 많이 설정하는 편이다. 전자단기사채STB 등의 발행 및 유통에 관한 법률에는 각 사채의 금액이 1억원 이상일 것, 만기가 1년 이내일 것, 사채 금액을 한꺼번에 납입할 것, 만기에 원리금 전액을 한꺼번에 지급한다는 취지가 정하여 있을 것, 사채에 전환권, 신주인수권, 그 밖에 다른 증권으로 전환하거나 다른 증권을 취득할 수 있는 권리가 부여되지 아니할 것, 사채에 담보부사채신탁법 제4조에 따른 물상담보를 붙이지 아니할 것으로 규정되어 있다. 발행내역을 실시간으로 조회 가능하고 발행 공시 의무가 있으며 유통정보가 조회가능 하다는 것이 어음과의 차이이며 이로 인해 투자자는 더 보호받을 수 있다. 이는 일반단기사채, 자산담보부단기사채ABSTB가 주된 투자대상이며 PFProject Financing 및 수익증권, 대출채권 등을 기초자산으로 편입한다. 유동성자산은 1일물로 유동성 자금 등을 초단기물로 안전하게 운용하는 상품이며 예금, 발행어음 RP등으로 1일물 운용으로 진행된다.

이러한 방식으로 대주가 자금을 조달할 때 신탁업무를 맡은 위탁사는 수수료와 운영방식으로 수익을 창출한다. 부동산 개발사업에서 자산유동화를 진행하여 PFProject Financing를 진행하면 자산담보부기업어음ABCP과 자산담보부단기사채ABSTB가 가장 일반적이다. 채권형 신탁의 경우 비교적 만기 기간이 짧기 때문이다. 자산담보부기업어음ABCP은 은행의 정기예금을 기초자산으로 하는 정기예금담보가 있는데, 이는 공모 사업 등에서 보증서를 제출해야 할 때 많이 사용된다. 기초자산 담보 자산담보부기업어음ABCP은 대출채권, 매출채권, 카드대금 청구권, 개발사업 부동산 수익권 등 다양한 기초자산으로 발행된다. 이 기초 자산 담보 자산담보부기업어음ABCP에 시공사의 신용공여가 있으면 높은 신용등급을 받을 수 있고, 이러한 방식으로

Bridge Loan 후순위에 시공사가 참여하는 구도를 생성할 수 있다. 그 외에는 문제가 발생할 경우 증권사에서 책임지고 매입하겠다는 신용공여를 통해서 자금을 조달하여 증권사는 대주로서 참여할 수 있다.

흔히 자산을 담보할 수 없는 Bridge Loan, 엔젤 투자, 소액공모 형식의 Equity 모집은 가장 범위가 큰 증권신탁의 범위에만 들어가고 금전채권신탁이나 부동산담보신탁, 유동화 업무수탁에서는 제외된다. 금전채권신탁은 담보가 없는 부분을 제외한 모든 영역에 대하여 업무를 제공한다. 고객이 돈 받을 권리를 신탁하고 신탁회사는 채권의 관리와 자금관리 업무를 수행하는 것이다. 금전의 채권을 담보로 하여 대출과 자산유동화 업무가 이루어지며 고객은 자금을 조달받을 수 있다. 금전채권신탁이 자산 유동화의 근간인 셈이다. 받을 채무의 지급일 보다 자금을 먼저 사용하기 위해서 진행하는 것이 자산 유동화다. 향후 돈 받을 권리를 신탁하고 대출기관은 담보관리를 위하여 신탁의 수익권 증서를 수령하며 대출을 진행시킨다. 금전채권으로 신탁할 수 있는 권리는 구매자의 신용도가 중요한 확정매출채권, 판매자의 신용도로 판정되는 장래매출채권, 대출채권일반대출채권, NPL, 신용카드 매출채권, 예금반환채권, 할부대금 채권, 임대료 채권, 공사비 채권, 분양수익금 채권, 가맹금 채권, 기타 금전 채권 등이 있다. 자산유동화 서비스를 제공할 때 프로젝트의 성격에 맞게 확정매출채권, 장래매출채권, 공사비 채권, 분양수익금 채권 등을 적절히 이용하는 것이 중요하다. 금전채권신탁의 요건은 양도가능하고 압류,

가처분 등의 처분제한이 있거나 분쟁의 소지 등이 없어야 하며사해행위 방지, 채권을 특정 혹은 확정할 수 있어야 한다. 금전채권으로부터 회수되는 자금은 신탁회사에서 수익자에게 미리 협의된 계약에 따라 자금을 지급한다. 다만, 해당 금액에서 제세금, 수수료, 유지비용 등은 먼저 사용하게 되고 차입을 한 경우라면 공사 중에는 한도를 먼저 차감하고 준공후에는 차입된 금액은 후순위로 상환된다. 이는 다양한 구도로 변경이 가능하다.

부동산 신탁은 업무구분상 개발 목적인 토지개발신탁, 담보 목적인 담보신탁, 관리목적인 관리신탁, 처분목적인 처분신탁, 선분양 목적인 분양관리신탁건축물 분양에 관한 법률을 따르는 상업용 부동산 선분양 목적, 대리사무로 나뉜다.

토지신탁이란 토지소유자위탁자가 토지를 신탁회사에 신탁하고, 신탁회사는 신탁계약 등에서 정한 바에 따라 개발사업을 수행하여 최종 신탁수익을 수익자에게 교부하는 부동산 신탁 상품이다. 토지신탁의 특징은 두 가지가 있다. 첫 번째는 신탁회사가 전문적인 업무지식과 경험을 토대로 부동산 개발사업에 대한 사업계획 입안, 개발자금의 조달, 인허가 업무, 건축공사 발주, 회계업무, 기타 관련 업무를 수행하는 것이다. 두 번째는 신탁재산은 법에 의하여 독립성이 보장된 재산으로 위탁자원소유자 또는 신탁회사의 부도/파산 등의 사유가 발생하더라도 진행중인 사업에는 직접 영향을 미치지 않는 것이다. 토지신탁의 유형은 신탁재산의 처분유형과 건설 자금 조달 책임 부담 유무에 따라 나눌 수 있다. 먼저 신탁재산의 처분유형에 따라 구분하면 분양형 토지신탁과 임대형 토지신탁이 있다. 분양형 토지신탁이란 위탁자가 위탁한 토지에 신탁회사가 건축물 등을 개발하고, 이를 분양방법으로 처분하여 부동산개발의 이익을 실현할 목적으로 이용하는 부동산 신탁 상품이다. 분양형 토지신탁에는 부가가치세법 시행령 제40조 1항 2호에 의해 부가가치세가 가산된다. 임대형 토지신탁이란 위탁자가 위탁한 토지에 신탁회사가 건축물 등을 개발하고, 이를 임대함으로써 장기적이고 안정적인 부동산 임대수익을 실현할 목적으로 이용하는 상품이다. 건설 자금 조달 책임부담에 따라서는 차입개발형 토지신탁과 관리형 토지신탁으로 구분된다. 개발형 토지신탁이란 신탁회사가 시행사가 되어서 수탁 받은 토지를 개발, 소요되는 사업비를 신탁회사가 직접 조달하는 차입형 토지신탁 상품이다. 개발신탁은 사업의 책임을 모두 신탁회사가 부담한다. 자금조달, 책임준공 및 분양 일체의 모든 것을 신탁회사가 부담하는 것이다. 시공사가 시행 및 시공을 일원화하여 자체사업을 진행하듯이는 신탁사의 자체사업이다. 신탁회사는 책임준공, 분양이 끝난 후 자체적으로 투입한 금액이 전액상환되면 사업권을 시행사에게 반납한다. 만약 요구 분양율을 충족하지 못하면 리츠사와 같은 다른 회사에 매각하게 된다. 이러한 특성으로 시행사 입장에서는 개발형 신탁을 꺼리게 된다. 개념적으로는 토지에 대한 선순위 대출이 모두 말소되어 신탁회사가 1순위 우선수익권자가 되어야 자금조달이 가능한데, 신탁사 전략에 따라 공동선순위 혹은 중순위도 가능하다. 토지비 외 일정 자금을 조달하고 신탁수수료를 높이는 방식을 하이브리드형 관리신탁 혹은 차입신탁이라고 일컫는다. 차입형 신탁은 시행사가 일반적인 금융기법으로는 자금 확보가 어려울 경우나 시공사 자체사업 시 사업성 악화로 시행이익을 포기하고 시공이익을 목적으로 하여 사업을 진행할 때 많이 진행된다. 장점은 금융투자회사의 영업 및 업무에 관한 규정 제2-65조 제6항 토지신탁수익의 신탁종료 전 지급기준에 의거해서 분양률이 양호하거나 일괄매각이 확정되어 있는 경우에는 신탁이익을 선지급할 수 있는데, 이를 통해 추가적인 금융이익을 취하거나 차기 사업을 도모할 수 있다는 것이다. 구조와 절차도는 다음과 같다.

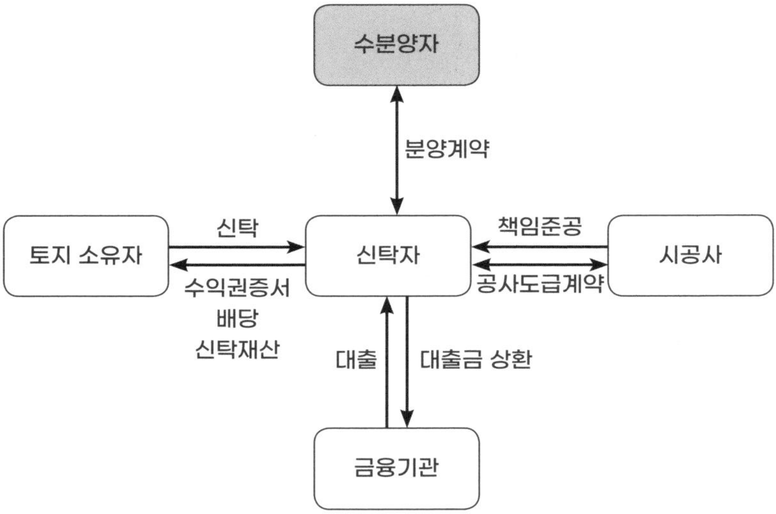


<차입형 토지신탁 구조도>

| | |
|---|---|
| 1. 상담 및 신탁 의뢰 | 토지신탁신청서/토지, 건물 등기부등본/위치도 및 기타 참고도면/토지대장 및 건축물 관리대장등본/지적도가 첨부된 토지이용계획 확인서 |
| 2. 기본조사 | 권리 및 법령관계조사/현지조사 및 시장조사/기타 기초자료조사 |
| 3. 양해각서 체결 (생략가능) | 신의성실 및 협력의무/신탁일반에 관한 사항/부동산 권리 서류, 인감증명서 제출 |
| 4. 사업계획 수립 | 사업 타당성 검토 및 최유효 활용방안 수립/건축 및 자금계획/분양·임대계획 |
| 5. 사업약정 체결 | 신탁목적 및 신탁재산 확정/설계감리, 시공자 지정에 관한 사항/건축공사 도급계약에 관한 사항/자금조달 및 차입조건에 관한 사항/신탁재산의 관리운용에 관한 사항 |
| 6. 실사계획 작성 및 협의 | 사업계획 조정, 확정/기본설계 |
| 7. 신탁계약체결 (신탁등기) | 소유권이전 및 신탁등기/수익권증서 작성 교부 |
| 8. 설계 및 시공, 분양 | 설계 및 인·허가(신탁계약체결전)/시공사 선정 및 공사도급계약/공사착공 소요자금차입/분양 및 임대 |
| 9. 건물준공 | 준공 검사 및 공사비 지급/소유권보존 및 신탁등기/화재보험 부보 |
| 10. 관리운용 | 미분양처분/차입금 상환/계산기간별 수지계산 및 수익금 교부 |
| 11. 수입금지급/신탁재산반환 | 사업종료 최종계산서 작성/신탁등기 및 소유권 이전 |

<차입형 토지신탁 절차도>

관리형 토지신탁은 차입형 토지신탁에서 신탁회사의 역할 중 사업비 차입을 면하고, 단순히 시행사 업무 중 전부 또는 일부만을 수

행하는 토지상품이다. 관리형 토지신탁은 금융기관의 입장에서는 PFProject Financing사업의 취지에 맞게 대상사업을 차주로부터 독립시켜 사업의 독립성을 확보할 수 있고, 대상사업의 수입금현금흐름을 공정하게 관리하여 대출금을 안전하게 회수할 수 있으며, 신탁재산 특성에 따라 제3자로부터 대출금 채권에 대한 침해를 방지 받을 수 있다는 장점이 있다. 또한 대외적으로는 신탁회사가 수분양자 등에 대하여 사업준공 및 입주책임을 부담하게 되므로 위탁자시행사나 연대보증 책임이 있는 시공사가 약정을 위반할 경우에는 그 사업의 위험을 부담해야 하는 상품이다. 이러한 리스크의 존재가 있음에도 실질적으로 신탁사의 역할이 크지 않기 때문에 건축물의 규모에 따라 올라가는 신탁수수료임에도 불구하고 일정한 선 이상으로는 추가 발생하지 않는 특성이 있다. 관리형 신탁구조의 구조도와 절차는 아래와 같다.

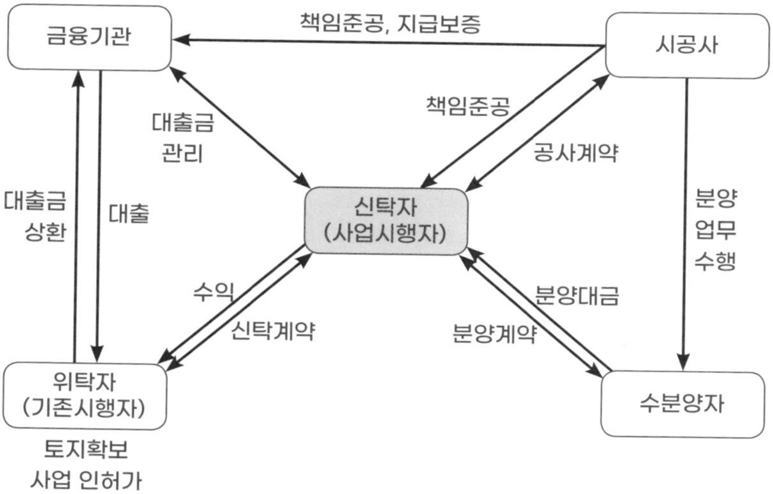

<관리형 토지신탁 구조도>

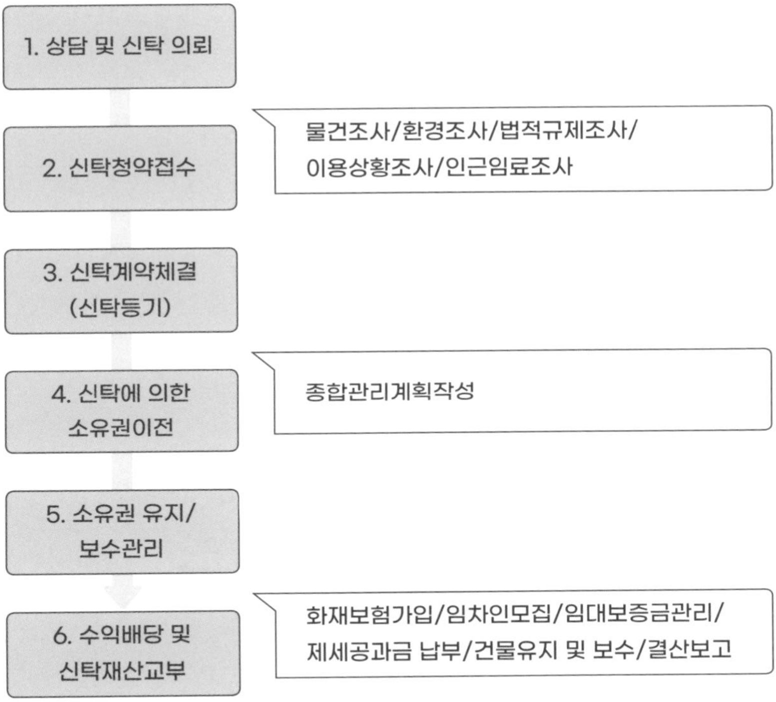


<관리형 토지신탁 절차도>

부동산 관리신탁이란 위탁자가 맡긴 부동산을 신탁회사가 맡아서 개량, 보존, 임대 등의 관리업무를 수행하여 그 수익을 신탁계약에서 정한 수익자에게 교부하거나 부동산의 소유권만을 신탁회사가 관리하여 주는 상품이다. 관리신탁은 부동산 소유자의 필요에 의해 진행되며 종합관리 업무인 갑종관리신탁과 소유권만 이전되는 을종관리신탁으로 나뉜다. 갑종관리신탁은 건물 등의 임대차 및 수선과 유지까지 위탁자를 대신하여 관리하고 오피스, 상업용 부동산 및 복합

업무시설 등이 수탁 된다. 을종관리신탁은 부동산의 소유권 및 제한물권관리를 신탁사에서 진행하게 되며 수탁물은 모든 부동산이 될 수 있다. 장기간 해외에 나가게 되어 부동산 관리가 어렵거나, 부동산 관리에 전문적인 지식이 없어 관리업무 수행이 어려울 때 부동산 신탁회사가 전문성을 가지고 관리해 주는 상품으로 부동산 소유권과 관련하여 예기치 못한 사고토지 사기 등로부터 부동산 신탁 회사가 공신력을 가지고 부동산의 소유권을 안전하게 보존해 준다는 장점이 있다. 구조도는 다음과 같다.

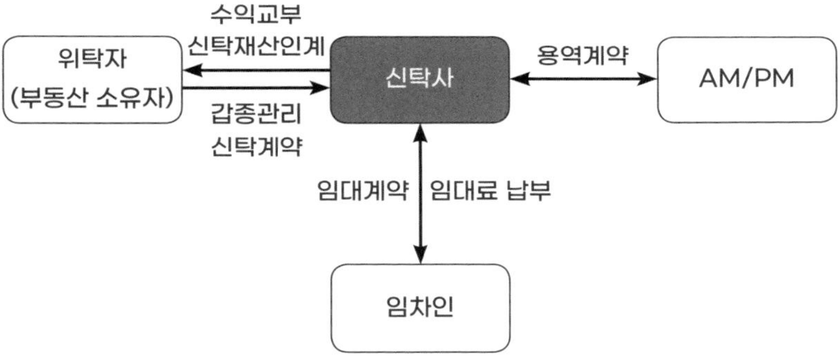


<갑종관리신탁 구조도>

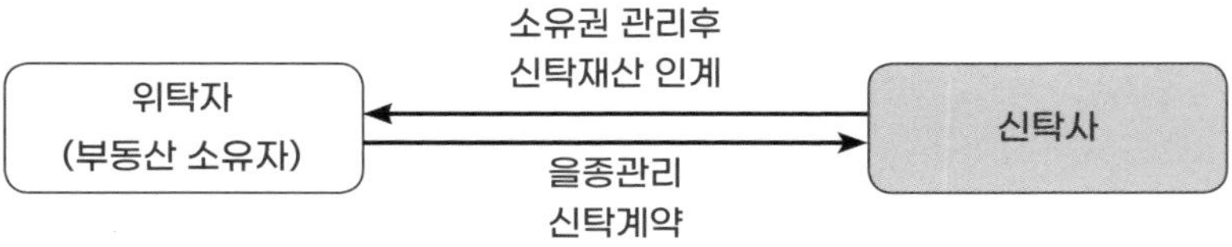


<을종관리신탁 구조도>

담보신탁은 대출의 담보로서 부동산을 위탁하는 것이고, 대출기관 근저당권 효력인 수익권증서를 교부하는 역할은 신탁사에서 진행하게 된다. 좀 더 상세히 설명하자면 부동산을 신탁회사에 신탁하고 유효한 담보금액의 범위 내에서 신탁회사로부터 우선수익권증서를 발급받아 금융기관에 제공하고 대출을 받는 금융상품이라 할 수 있다. 부동산 소유자가 채권자에 대한 채무이행을 담보하기 위해 상품으로 채무이행 시 신탁해지로 부동산 소유자에게 소유권을 환원하고 채무불이행 시 처분하여 변제한다. 이 경우 저당권 설정에 비해 채무자가 부담하는 대출비용이 저렴한 편이다. 담보신탁의 경우 근저당권 설정 시 고객이 부담하는 국민주택채권 매입 비용이 신탁에서는 면제되므로 비용을 절감할 수 있다. 또한 신탁 또는 신탁해지로 인해 위탁자와 수탁자 간에 소유권 변동이 있을지라도 지방세법 제9조 3항 등에 따라 취등록세는 감면된다. 담보신탁 방법은 대출기관의 경우 채무 불이행 시 신탁회사의 공개매각공매으로 법원 경매와 같이 채무변제가 장기화되거나 저가로 경락되는 것을 방지할 수 있다는 장점이 존재한다. 신탁계약 기간 중에는 신탁법 제22조에 의해 제3의 채권자로부터 보호받을 수 있는데, 부동산 신탁재산은 파산재단을 구성하지 아니하고 위탁자의 상속재산에 속하지 않는 등 신탁법 제23조 및 제 24조에 의해 독립성이 보장되어 채무자나 신탁사의 부도 또는 워크아웃 진행 시에도 담보의 안정성을 확보할 수 있다. 또한 담보 부동산에 대한 임금 우선채권을 적용하지 않으므로 적정한 대출금 산출이 가능하다. 그리고 신탁재산에 대한 압류나 경매 등 각종 권리 설정이 배제됨으로써 재산권 보호가 가능하다. 다만, 이러한 신탁을 진행했음에도 모든 권리침해로부터 자유로운 것은 아니며, 신탁 전에 기 발생한 권리관계, 신탁에 기한 신탁회사의 행위로부터 발생한 권리관계를 원인으로 강제집행 등 권리 침해가 발생할 수 있다. 신탁 이후에도 위탁자는 신탁 부동산에 대한 사용자 및 수익자로서 임차인과 직접 임대차 계약을 체결할 수 있으며, 신탁은 신탁회사의 동의와 승낙을 득한 임차인은 선순위로 보호하므로 임차인 입장에서는 신탁방식이 근저당권설정보다 유리하다 할 수 있다. 토지, 건물, 지상권, 전세권 및 부동산 임차권과 그 밖의 부동산 관련 권리는 신탁이 가능하다. 도시계획 구역 외 전, 답은 신탁이 불가능하다. 은행 등 여신기관의 요청 하에 진행하며, Bridge Loan/PF을 진행할 때 사업부지를 담보로 설정하거나 미분양아파트 담보 대출 실행 시 진행된다. 외적으로 만약 계약하려는 집에 신탁등기가 되어 있으면 등기부등본과 신탁원부를 모두 발급받아야 한다. 이를 통해 임대차 권한 등이 누구에게 있는지 확인하고 신탁회사와 거래가능 여부와 조건을 협의한 뒤 신탁사와 임대인 모두의 동의를 구해야 한다. 신탁사의 동의가 없으면 경매 혹은 공매 시 후순위가 되기 때문이다. 신탁등기 된 부동산의 경우 신탁원부 발급이 가능하니 이를 통해 세부내용을 꼼꼼히 살펴보고 임대인의 연대보증을 제공받는 것이 현명하다 할 수 있겠다. 담보신탁의 장점은 크게 채권기관대출기관, 신용공여자 측면과 채무자 측면으로 나눌 수 있다. 채권기관은 담보목적물에 대한 임대차관계나 물건하자로 인한 피해 방지가 가능하고, 지속적인 담보

목적물 관리로 인해 담보물의 담보력이 유지되어 채권 회수에 유리하다. 또한 채권실행이 신탁회사의 환가처분공매에 의해 진행됨으로 인해 부대비용이 절감된다. 위탁자의 부도 혹은 파산 시에 신탁재산의 독립성으로 제3채권자에 비해 조속한 채권회수가 가능하다는 것도 장점이 될 수 있다. 채무자 측면에서는 저당설정 시에 비해 부대비용이 절감되고 신탁기간 중 부동산 매매 매수자는 신탁회사와 거래하므로 매매계약의 안정성이 확보된다. 특히 근저당을 담보신탁으로 대체하는 경우에는 은행비용절감, 제3자 권리침해방지, 환가 가능이라는 두드러지는 장점이 생기게 된다. 부동산 개발사업에서 Bridge Loan을 실행할 때 담보신탁의 기능을 활용하여 높은 신용등급의 시공사는 본인들의 신용으로 지급보증 혹은 연대보증을 제공하여 낮은 금리로 초기사업비토지대 등를 대출할 수 있도록 지원해 준다. 담보신탁의 구조는 아래와 같다.

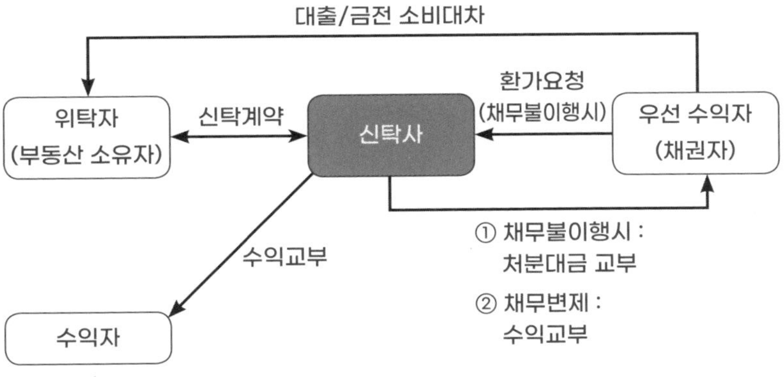


<담보신탁 구조도>

처분신탁이란 처분방법이나 절차가 까다로운 부동산에 대한 처분업무 및 처분완료 시까지의 관리업무를 신탁회사가 수행하는 것을 말하는데, 통상적으로 담보신탁에 처분행위가 가능한 조항을 약정하여 담보신탁 계약으로 진행되고 있다. 처분신탁에는 부가가치세법 시행령 제 40조 1항 2호에 의해 부가가치세가 가산된다. 또한 처분신탁은 토지보상, 도시개발사업 등 장기간에 걸쳐 대규모의 사업부지를 매입할 경우 계약금, 중도금 여러 회사로 분리하여 금전을 지급하는데 그 때 사업부지를 취득한 시행사 및 금융기관의 필요에 의해 진행되는 경우가 많다. 또한 건설회사가 공사비를 미분양 아파트로 대물변제 받을 경우 공사비 회수를 위하여 활용한다. 주요 수탁물은 사업용 부지 보상과 수용부지 아파트 및 상가이다.

분양관리신탁은 상가 및 오피스텔 등의 건축물주거시설인 공동주택, 도시형 생활주택과 지식산업센터 제외 선분양의 투명성과 거래의 안정성 확립을 위하여 수분양자를 보호하기 위하여 건축물 분양관리법상 사업부지를 신탁하게 하며 신탁사는 분양관리분양계약 및 분양대금 관리, 분양업무 통제 및 신탁업무를 진행하게 된다. 건축물의 분양에 관한 법률 적용 대상 사업은 분양하는 건축물의 바닥면적 합계가 907.5평 이상의 건축물, 일반업무시설 중 30실 이상의 오피스텔시행령제2조 1항, 주상복합 건축물로서 주택이외의 용도의 바닥면적 합계가 907.5평 이상 건축물, 바닥면적의 합계가 907.5평 이상으로서 임대 후 분양전환을 조건으로 하는 건축물 그리고 근린생활시설, 판매 및 영업시설, 업무시설, 주상복합의 상가부분, 임대 후 분양전환 조건인 임대건축물 등이다.

이 중에서 주택법에 의한 공동주택 및 복리시설, 지식산업센터, 관광숙박시설, 노인복지시설은 제외된다. 주요 수탁물은 상가, 오피스텔, 분양형 리조트이며, 시행사 혹은 시공사가 요청하여 시작된다. 구조는 다음과 같다.

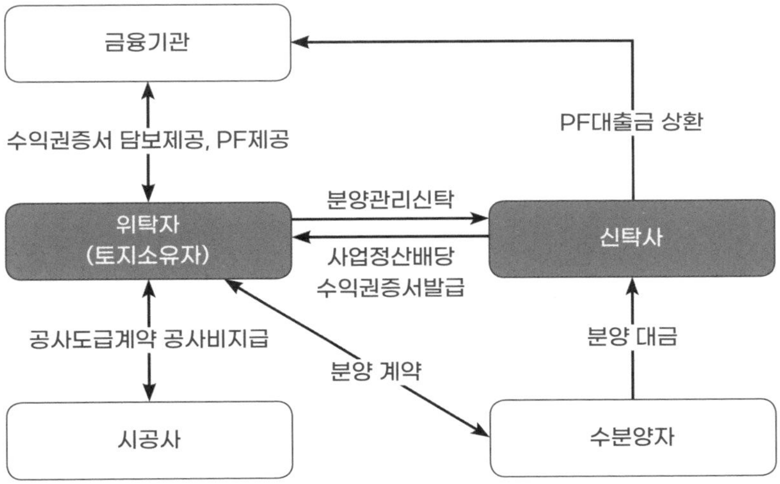


<분양관리신탁 구조도>

상기 그림을 보면 수분양자는 분양대금은 신탁사에 입금하고 계약은 위탁사인 시행사와 진행한다. 이것이 분양관리 신탁이다. 이때 신탁사는 위탁사에게 수익권증서를 발급하고 이를 토대로 금융권에게 담보를 제공하여 PFProject Financing를 받는 구도이다.

대리사무업무부수업무는 부동산과 관련된 각종 Escrow 업무매매 및 대출관련 관리·처분·개발 등에 대하여 자금집행 등을 말하며 개발형 부동산 일체에 대해 발생하고 시공사와 금융사 등의 요청에 의해 진행된다.

부동산 신탁 이후 부동산등기부 등본의 소유권은 신탁회사 앞으로 이전되나 부동산에 대한 사용수익권한은 원소유자인 위탁자에게 귀속된다. 따라서 위탁자는 기존과 동일하게 신탁 부동산에서 발생하는 운용수익을 취득하고 세금 및 제반비용을 부담해야 하는 의무가 생긴다. 이는 부동산의 소유권만 신탁회사로 이전될 뿐, 실제로는 위탁자가 부동산을 소유한 것과 다름없다. 신탁대상 부동산의 소유자인 수탁자는 신탁부동산에 대하여 대외적인 유일한 권리권자와 처분권자가 된다. 신탁회사는 신탁 목적에 의하여 구속되며 수익자를 위하여 권리를 행사하게 된다. 신탁재산은 형식상으로만 수탁자에게 귀속되며, 위탁자의 제3채권자들에 의한 신탁재산에 대한 가압류 및 가처분 등의 강제집행이나 경매가 금지되어 담보 부동산의 안정성을 보장받을 수 있다. 다만, 재산세 및 종합부동산세 등 당해세가 체납되는 경우는 신탁부동산에 대하여 강제집행이 가능하다.

부동산 및 금전신탁 회사의 현황은 국내 신한, 우리, SC, 하나, 외환, 씨티, 국민, 대구, 부산, 광주, 경남, 산업, 기업, 농협, 수협 15개 은행에서 종합인가를 받고 전북, 제주, 도이치, 홍콩상하이, 뉴욕멜론에서 금전인가를 받았다. 증권회사는 NH, 신한, 교보, 대신, 미래에셋, 하나, 유안타, 삼성, 한국투자, KB, 한화, 메리츠, 신영, 유진, 현대차, DB금융투자, SK, IBK, 키움에서 종합인가를 받았으며, 하이투자증권은 금전신탁만 인가를 받았다. 보험회사는 미래에셋생명, 삼성생명, 한화생명, 흥국생명이 종합인가를 받고, 교보생명, 삼성화재는 금전만 인가를 받았다. 부동산 신탁회사는 한국토지, KB부동산, 대한토지, 교보자산, 한국자산, 하나자산, 코람코자산, 신한자산구. 아시아, 우리자산, 무궁화, 코리아, 한국투자부동산, 대신자산, 신영부동산이 인가를 받았다.

# 6부

# 부동산 개발금융의 이해

부동산 금융이란 부동산 활동을 목적으로 자금을 융통하는 것을 말한다. 이를 통해 부동산 거래의 유동성을 조절할 수 있다. 구체적으로는 대출비율과 금리에 대한 정책으로 부동산 거래량이나 가격에 대한 기대값을 조절한다. 부동산 금융은 앞에서 살펴본 신탁, 투자, 대출, 리츠REITs 등 모든 금융활동을 망라한다. 부동산금융은 기업금융의 일환이며 속성은 다음과 같다.

| 구분 | 이론적PF | 국내 부동산PF | 기업금융(CF) |
|---|---|---|---|
| 차주 | 사업시행사 | 사업시행사 | 사업주 |
| 담보 | 프로젝트의 수익 | 기본: 프로젝트의 수익<br>추가: 시행사/시공사보증 | 사업주의 모든<br>자산과 신용 |
| 상환재원 | 프로젝트의<br>기대현금흐름 | 분양수입금과 시행사 자산 | 사업주의 전체 재력 |

| | | | |
|---|---|---|---|
| 소구권행사 | 사업주에 대한 소구권 배제 또는 한정 | 사업주에 대한 소구권, 시공사 신용보강시 소구권 행사 가능 | 사업주 보증시 사업주에게 소구권 행사 |
| 자금관리 | Escrow 계정에 의한 관리 | 금융기관 등에 의한 별도 관리 | 차주의 임의 관리 |
| 채무수용능력 | 부외금융 | 부외금융(IFRS도입시 장점 상실) | 부채비율에 직접 영향 |
| 차입비용 | 기업금융에 비해 높음 | 담보대출 대비 높음 시공사 신용도에 연동 | 사업주의 신용도에 따라 차등 적용 |
| 사업성 검토 | 수익발생 근거에 대한 검증 및 시나리오별 검토 | 담보자산 검토와 시공사 신용도가 중요 | 담보위주 대출로 사업성 검토는 절차상 요건임 |
| 리스크 배분 | 프로젝트 이해관계자간 배분 | 시공사 위험부담 大 | 차주의 전적인 책임 |

<부동산관련 금융 속성 장표>

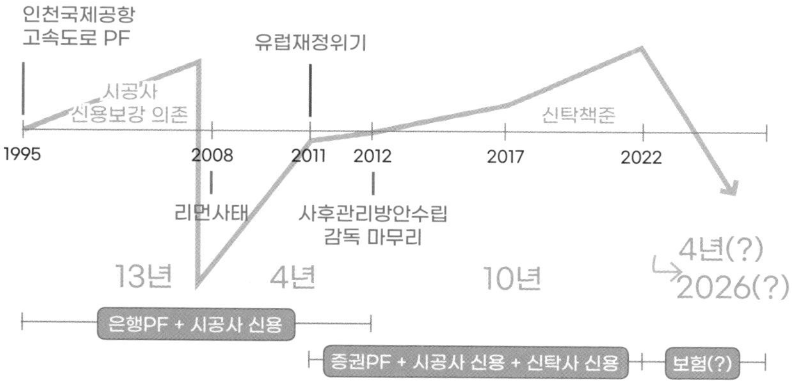


PF의 역사에 대해서도 좀 더 살펴보려 한다. 역사를 알고 있으면 하락장과 상승장의 순환 사이클에 대해서 예측이 가능하고, 시그널

에 대한 선제 대응이 가능해진다.

산업은행에서 시작한 인천국제공항고속도로가 한국 최초의 PF인 것으로 알고 있다. 그 이후 2000년대 초반까지는 시공사의 신용보강에 의존해서 은행이 주체적으로 PF를 많이 진행시켰다. 사업이 망가지면 시공사건설사가 채무인수를 하고, 사업을 진행한다. 2008년 9월 15일 리먼브라더스 사태로 인해 서브프라임모기지론의 부실이 들어나고 이 상품은 전세계 투자은행이 투자를 했기 때문에 세계 경제위기가 된다. 2008년부터 2012년까지 부실에 대한 감독이 지속적으로 이루어지며 부동산의 암흑기를 맞이했다. 2012년쯤 부실건수가 많이 정리되고 회복기가 시작되었는데 2017년~2020년까지가 초 호황이었던 것으로 기억한다. 초호황기에는 인허가를 절차가 완료되면 사업이익이 2배가 되는 사업장도 많았고, 어디든 짓기만하면 다 잘 팔렸다. 공사원가도 비싸지 않아서 시공사도 공사비 상승분에 대해서 추가이익을 가질 수 있었다. 8년 주기로 조정이 와야 하는데, 코로나로 인해서 유동성이 증가했다. 이로 인해 2021년말 2022년초 하락사이클 없이 추가 상승으로 이어졌다. 그로 인한 스태그플레이션이 2022년초부터 시작되었다.

실제 부동산 금융과 관련해서는 소액공모, 엔젤투자, 우선주배정, Bridge Loan, 채권발행, 자산담보부증권, 기업어음, 담보대출, 담보부 자산유동화가 많이 사용된다. 이러한 자금조달로 할 수 있는 부동산관련 업은 개발금융과 실물 부동산 금융이 있다. 개발금융은 건축물을 새로 건설할 때 이용되는 자금조달 금융이고, 실물 부동산

금융은 완공된 건물을 매입할 때 매입자금을 조달하는 것이다. 두 부동산 금융은 모두 비유동자산이다. 쉽게 현금화할 수 있는 유동자산과 달리 비유동자산은 즉각적인 현금화가 힘들다. 이를 유동자산처럼 활용하는 방안으로 나온 것이 자산유동화다. 자산유동화란 기업으로부터 분리된 자산 자체의 현금흐름과 신용도에 근거하여 상환이 가능하도록 구조화된 증권을 통해 자금을 조달하는 것으로서 앞서 살펴본 비소구 금융의 특성이 있다. 자산 유동화를 진행하면 차주의 신용도가 낮을 경우 조달 비용을 낮출 수 있다. 그 방법으로는 신용보강기관을 추가하고 기초자산을 구조화하며 채무자의 신용등급과 절연되는 부연효과를 위해 특수목적 법인을 활용하기도 한다. 이 때 특수목적법인Special Purpose Company, SPC을 창립하여 진행하는 금융기법을 구조화금융이라 한다. 자산유동화는 자산을 양도하는 방식으로 진행됨에 따라 자산 보유자의 입장에서는 자산을 담보로 하는 대출 방식과 다르게 대차대조표상 부채가 되지 않아 자산보유자의 재무구조를 개선할 수 있다. 즉, 자산유동화를 통해서 자산 보유자의 신용위험, 유동화 자산 자체의 신용위험은 절연하고 현금흐름이라는 장점만 취득할 수 있다.

자산유동화를 위하여 특수목적의 유동화전문회사가 자산보유자로부터 유동화자산을 신탁하고 이를 기초로 유동화전문회사가 유동화증권을 발행할 수 있다. 이 경우 앞서 살펴본 신탁의 장점 중 하나인 처분 등의 위험에서 벗어날 수 있다. 유동화증권은 자산담보부어음ABCP과 자산담보부증권Asset-backed Securities, ABS 등이 있다. 자산담보부기업어음ABCP은 자산담보부증권Asset-backed Securities, ABS방식에서 기업어음의 구조를 결합시켜 특수목적법인Special Purpose Company, SPC이 대출채권, 매출채권 등 자산을 담보로 발행하는 기업어음이이고, 자산담보부증권Asset-backed Securities, ABS은 특수목적법인Special Purpose Company, SPC의 유동화자산을 기초로 유동화증권을 발행시키는 것이다. 유동화증권 발행을 위해서는 유동화전문회사가 자산유동화에 관한 법률에 근거해 반드시 세워져야 한다. 상품별 특징은 다음과 같다.

| 구분 | ABS | | ABCP/ABSTB | ABL |
|---|---|---|---|---|
| | 자산유동화법 | 상법 | | |
| 근거 법률 | 자산유동화에 관한 법률에 의거해 설립된 SPC를 통한 유동화 구조 | 상법에 의거해 설립된 SPC를 통한 유동화 구조 | 상법에 의거해 설립된 SPC를 통한 유동화 구조 | 상법에 의거해 설립된 SPC를 통한 유동화 구조 |
| 원천 징수 | 원천징수 의무면제 | 원천징수 의무존재 | 원천징수 의무존재 | 원천징수 의무존재 |
| 신용 등급 | 필수 | 필수 | 필수 | 비 필수 |
| 세제 혜택 | 배당가능이익 90%이상 배당시 해당 금액 소득공제 | 해당사항 없음 | 해당사항 없음 | 해당사항 없음 |
| 기타 | 금융감독원의 승인 필요하며 SPC별 1개의 유동화 계획 등록 가능 | 공모의 경우 증권신고서 제출필요 | ABSTB는 주식회사만 가능 이자 비용 선지급으로 할인가능하고 비교적 단기간 내에 발행 가능 | 다수의 의무자로 구성된 경우 채권 양도 승낙에 따른 업무 소요 존재 |

<유동화 상품 특징>

구조화금융 시 신탁의 수익권을 기초자산으로 한다. 금전채권

신탁회사에서 금전채권신탁 신탁업무와 동시에 유동화 특수목적법인Special Purpose Company, SPC의 발행업무인 업무수탁을 같이 진행하는 편이다.

자산유동화에서 업무수탁은 실체가 없는 유동화 전문회사를 위해 관리하는 업무이다. 유동화회사의 업무수탁자는 투자자를 위하여 유동화증권의 발행과 상환에 필요한 업무를 수행한다. 사원명부 관리, 총회소집 등 유동화 회사의 설립과 유지, 유동화발행 상환 관련 업무종료 시 회사의 청산 등 회사의 설립, 유지, 청산 업무, 자산담보부증권Asset-backed Securities, ABS의 발행, 자산양도자에게 대출금 지급 등 유동화증권의 발행과 관련된 업무, 유동화회사의 재무제표의 작성, 회계처리 및 이자소득세 원천징수 납부 및 환급 등 회계와 세무관련 업무 등 유동법인의 전반적인 업무다. 업무수탁자는 특수목적법인Special Purpose Company, SPC와 업무수탁계약을 통하여 직접 또는 외부업체를 이용하여 유동화 특수목적법인Special Purpose Company, SPC의 재무제표를 작성하고 회계감사, 법인설립 및 청산 등의 업무를 대행한다. 업무수탁자는 유동화법인의 수납관리계좌를 관리하며 유동화증권의 원리금, 제반수수료 및 제세금, 제비용을 인출하여 관리한다. 이는 관리 안정성을 위하여 주로 공신력 있는 은행과 증권회사의 신탁부서에서 신탁의 부수업무로 진행한다. 유동화 방식에 따라 신탁업무를 나눌 수 있다. 그 업무는 자산담보부대출ABL 시 PFProject Financing자금관리 및 대출기관으로의 특수목적법인Special Purpose Company, SPC관리가 있다. 자산담보부어음ABCP 진행 시에는 해당 어음의 발행 및 상환을 진행하는데, 세부 업무로는 당좌계좌개설, 기업어음 증서 발행 및 예탁 등이 있다. 또한 유동화자산에 대한 자금집행 및 대출관리운용을 진행하며, 법인세 및 환급세를 관리하고 회계결산 및 신고, 특수목적법인Special Purpose Company, SPC설립 및 청산 등의 세무관리용역을 진행한다. 자산담보부증권Asset-backed Securities, ABS의 경우는 자산담보부어음ABCP을 발행할 때 진행하는 모든 업무와 더불어 금융감독원 공시업무를 진행한다.

자산보관이나 자금관리는 크게 리츠와 자금관리 Escrow로 나눌 수 있다. 리츠는 부동산투자회사법 제35조에 의거 부동산투자회사는 부동산, 유가증권 및 현금의 보관과 이와 관련한 업무를 수행하는데, 현금의 보관업무는 부동산 신탁회사의 경우 수신기능이 없어 신탁업을 겸영하는 은행이나 증권사에 한정하여 진행된다. 리츠에서는 수탁하는 모든 부동산에 대한 소유권 보존 및 관리, 회사의 의사결정에 따라 부동산 처분에 관한 계약의 체결과 이와 관련된 제3자에 대한 처분 및 이전 등을 진행하고 유가증권의 인수, 인도 및 보관하고 예탁대상 유가증권의 경우 증권예탁원에 예탁하는 업무를 수행한다. 유가증권상 인정되는 원리금은 대리하여 수령하고 유무상 청약 등 각종 권리 행사 역시 진행한다. 또한 운용 지시에 따른 현금분양수입금 등의 수령, 지급, 보관, 제세공과금 및 수수료 등 지급을 진행한다.

자금관리 Escrow는 분양대금 관리, 사업비관리, 청약금 수납 및 자금집행으로 부동산 신탁, 리츠자산보관, 특수목적법인Special Purpose

Company, SPC 등에 수반되는 업무로서 포함되어 수탁하나 별도로 개발 사업 특수목적법인Special Purpose Company, SPC의 자금관리만 수탁하는 경우도 있다.

자산담보부어음ABCP은 상법에 의해 설립된 유동화회사를 통해 기업어음의 형태로 발행한다. 자산담보부증권Asset-backed Securities, ABS과 달리 별도의 등록절차를 거치지 않아도 되며 발행과 유통절차가 간소화되고 비용감소효과도 있어 발행이 활발한 편이다. 유동화회사가 자산담보부어음ABCP을 발행하는 목적이 단기 자금조달이므로 유동화 기초자산의 신용을 통하여 발행하는 1년 이내365일의 기업어음을 발행한다.

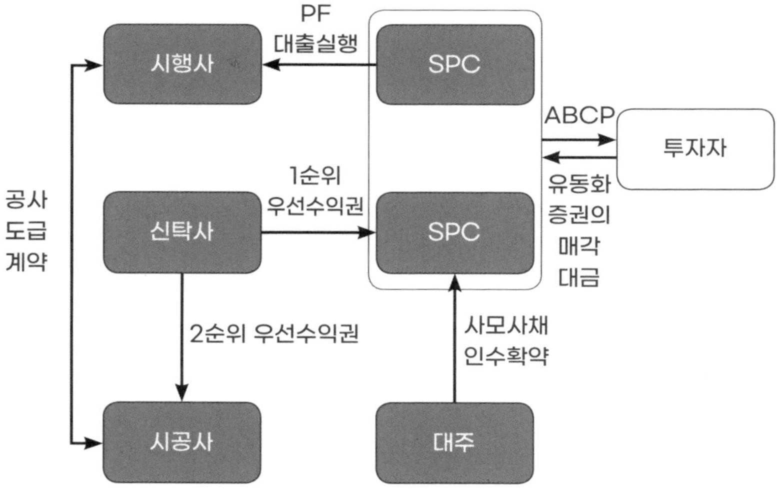

<ABCP구조도>

자산담보전자단기채ABSTB는 유동화회사가 기초자산을 담보로 실물종이 형태의 기업어음이 아닌 전자방식으로 발행 및 유통되는 증서를 말한다. 기업들이 단기 자금을 조달하기 위해 발행했던 기업어음CP를 대체하여 기존의 기업어음 거래의 부작용을 해소하고 단기 금융시장을 활성화시킬 목적으로 2013년 1월 15일부터 도입하였다. 전자단기사채는 최소금액 1억원 이상, 만기 1년 이내로 설정하여 발행할 수 있다. 외에 현재 실물투자 등에서는 Digital Asset Bascked SecuritiesDABS와 부동산증권형토큰 Security Token OfferingSTO등이 블록체인 기술을 이용하여 신탁과는 별개로 기술기반 수탁으로 사용되고 있다.

이러한 구조화금융을 바탕으로 부동산 개발금융은 부동산개발사업을 진행하는데 필요한 자금을 조달할 수 있다. 개발금융은 크게 Principle InvestmentEquity 투자와 대출로 나눌 수 있다. Equity를 모집하는 방법은 소액공모주식발행, 엔젤투자, IPO발행상장, 유상증자주주배정, 제3공모, 상환전환우선주 등이 있다. 대출은 Bridge Loan, P2P투자, 회사채채권발행, 자산담보부증권Asset-backed Securities, ABS, 사모사채, 기업어음, 담보대출, 담보부 자산유동화매출채권, ABCP가 있다. Equity 투자와 대출을 나누는 기준은 다양하지만 필자는 Equity 투자는 담보 없이 가능성을 보고 진행하는 것이고, 대출은 조달금액 회수전략이 들어간 것으로 나눈다. 간혹 수익률의 정함 여부에 따라 나누는 곳도 존재하나 최근에는 Equity 투자 역시 정량 수익을 요구하는 경우가 많다. 부동산 개발금융은 아래와 같이 좀 더 상세하게 구분할 수도 있다. 이 때는 Principal Investment, Bridge Loan, Project Financing, Re-financing로 나뉜다.

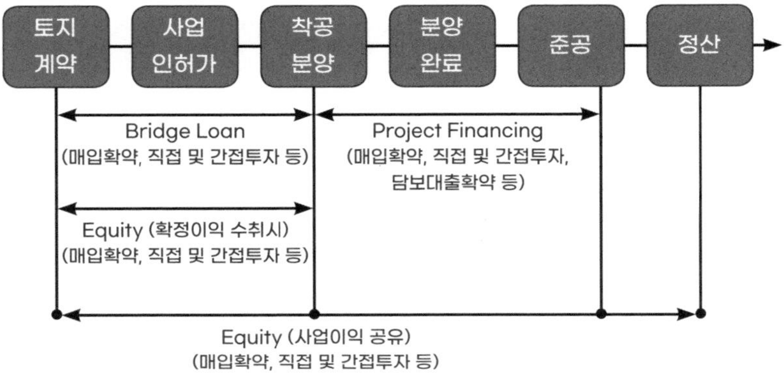


<개발금융의 범위>

PIPrincipal Investment는 증권사 또는 펀드에서 토지 계약금의 일부를 대출하는 경우를 말한다. 이는 에쿼티Equity 투자라고도 표현한다. 시행사 투자금액의 최대 130%까지 대출을 하는 경우가 많다. 사업성과 배분비율에 따라 전액을 투자하는 경우도 있으나 이는 많지 않다. 안전성에 대한 판단은 매매예약가등기나 신탁 우선수익권 발급이 되면 좋지만 토지주와 협의 여부에 따라 달라진다. PIPrinciple Investment는 금융사 입장에서는 일부 혹은 전액 손실 가능성이 있으므로 사업성을 철저히 검증한 뒤에 투자가 이루어진다. 또한 투자가 이루어지더라도 리스크에 적합한 이윤과 사업이익 분배를 요구하게 된다. PIPrinciple Investment는 Bridge Loan 혹은 PFProject Financing 진행 시

점 혹은 사업 정산 시점에 상환되는 경우도 있다. 투자금은 PIPrinciple Investment 진행 시 독점적인 금융중개권을 요구하는 경우가 많아 프로젝트 전체의 중개 수수료, 취급 수수료 등으로 실질적인 투자금은 회수할 수 있다. 초기투자금은 사업 실패 시 상환이 불가능하다. 프로젝트 단위로 투자되는 PIPrinciple Investment는 자기자본이 부족하여 진행하는 경우도 있지만 일부 시행사에서는 전략적으로 리스크 저감 및 자기자본대비수익률 극대화 차원에서 선호하는 방식이다. 후자의 경우 차주의 신용도가 높으므로 금융사에게는 최소한의 조건으로 이익금을 분배하는 경우가 많다.

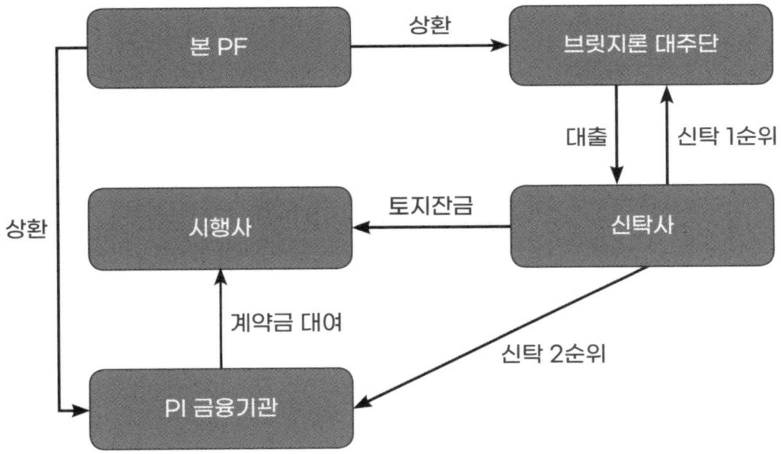


<PI구조도>

Bridge Loan은 사업 진행 시 토지에 대한 중도금 및 잔금을 납부해야 하는 경우에 많이 발생한다. 사업 안정성 혹은 토지 사용승

낙을 위해서 중도금 및 잔금을 지불하여 토지 소유권을 취득한다. 특히 LH에서 토지를 매입할 때는 중도금과 잔금을 계약에 따라 납부해야 한다. 인허가 기간과 공사 준비기간에 Bridge Loan을 사용하는데, 만기는 1년 단위로 진행하는 경우가 많다. PFProject Financing에서 Bridge Loan이 상환되기 때문에 만기가 될 때까지 사업준비가 끝나지 않으면 연장하여 진행한다. Bridge Loan은 토지에 대해 신탁 1순위 수익권을 담보로 잡거나 매매예약가등기를 진행하면 업무가 수월하다. 그 이유는 금융사가 사업이 정상적으로 진행되지 않을 경우 토지를 경매 혹은 공매를 통해서 매각하여 대출자금을 회수하기 위해서다. 외에 리스크 회피 전략으로 시행권 포기각서, 담보신탁 등 역시 수령한다. 이자는 대부분 선취함으로써 리스크를 최소화한다. Bridge Loan을 진행하는 금융사는 PIPrinciple Investment와 마찬가지로 PFProject Financing의 배타적 주선권을 요구한다. Bridge Loan 자체만의 수익률은 크지 않고 공사비와 전체 토지비 및 필수사업비가 모두 포함되는 PFProject Financing가 규모가 커서 수수료율이 높기 때문이다. PIPrinciple Investment와 Bridge Loan 모두 PFProject Financing를 위한 일련의 노력이라고 봐도 무방하다. 어려운 사업일수록 시공사의 신용보강을 요구하는 금융사가 많다. 이 때 시공사는 연대보증 혹은 지급보증으로 가장 리스크가 큰 후순위에 대한 신용보강을 진행한다. 신용도가 높은 시공사가 신용보강을 진행하면 사업 전체의 신뢰도가 높아지기 때문에 이를 이용하면 선순위와 중순위 금융사를 주선하기 쉬워진다. Bridge Loan에서는 LTVLoan to Value가 특히 중요한

데, 이 때는 개발전 감정평가액을 기준으로 LTVLoan to Value를 산정한다. 상품별 시기별로 요구하는 LTVLoan to Value는 다르지만 선순위는 50%~70%수준이고 후순위는 110%를 넘지 않는 것이 좋다. 최악의 경우 경매 혹은 공매를 통해 투자금을 회수할 수 있는지를 파악하는 기준이 LTVLoan to Value다. 이는 감정평가사가 평가한 가치를 기준으로 삼는다. 감정평가사가 평가하는 금액이 영업력이 가미되었을 수도 있다는 비판적인 시각에 따라 최근 추세는 시세와 LTVLoan to Value중 더 낮은 값을 기준으로 삼아 안정성을 제고하는 경향이 있다.

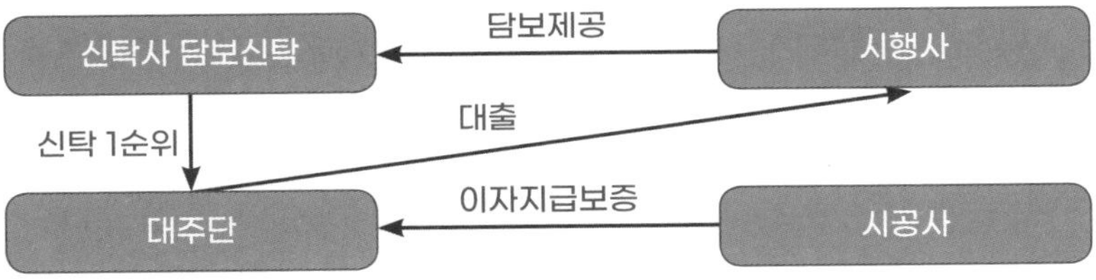


<시공사 후순위 이자지급 보증 Bridge Loan구조도>

PFProject Financing는 시공사 및 신탁사와 협의된 필수사업비를 조달하는 금융기법으로 사업성을 보고 대출하는 것이 아닌 부동산의 미확정 담보부 대출을 일컫는다. PFProject Financing의 3대요소는 기초자산, 현금흐름, 신용보강이다.

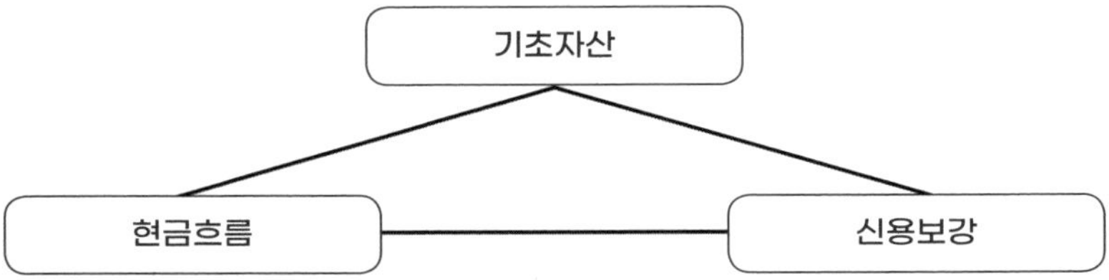


<Project Financing 3대요소>

기초자산은 내가 대출해주는 담보가 무엇인지를 뜻하는 것으로 인허가를 기반으로 한 부동산의 미래가치다. 현금흐름은 대출해준 것을 어떻게 상환할지를 말하는 것으로 분양성과 결부된다. 신용보강은 사업에 대한 보증을 어떻게 줄 것인지를 나타내는 것으로 시공사 단독책임준공 혹은 신탁사 연대 책임준공, 시공사 연대보증 등의 방법으로 신용을 강화한다. 정리하면 PFProject Financing의 기초자산은 미확정담보물준공될 건물이 되고, 현금흐름은 분양수입과 사업비 지출이 된다. 신용보강은 시공사 책임 준공 확약 혹은 신탁사와 시공사의 연대 책임준공이 된다. PFProject Financing의 규모는 착공 전에 사용되는 금융기법인 PIPrinciple Investment나 Bridge Loan에 비해 공사비 포함여부 때문에 큰 편이다. 해당 자금조달 진행 시 그 전의 투자금은 모두 상환하는 것이 일반적이다. 저축은행에서 PFProject Financing를 진행하는 경우는 자기자본 투입률이 20%이상 되어야 한다. 또한 이자, 취급수수료, 자문수수료, 공사비 유보금액, 신탁사 책임준공, 시공사 책임준공, 하도급업체 직불 조건 방법 확정, 유치권 포기각서, 시행권 포기각서, 시공권 포기각서, 대출금 사용 용도, 분양율에 대한 수수료 등이 확정되어야 한다. PFProject Financing진행 시 중요한 것

은 LTVLoan to Value와 EXIT분양율이다. 가치의 기준이 되는 LTVLoan to Value는 산정된 분양가대로 모두 분양되었을 때가 기준이다. EXIT분양율은 분양이 어느정도 되었을 때 투자금 혹은 공사비를 회수 받을 수 있을지 판정하는 척도이다. LTVLoan to Value기준과 EXIT분양율은 시기 및 상황에 따라 유동적이다. 일반적으로 아파트, 오피스텔, 지식산업센터, 상가 순으로 리스크에 대한 부담감이 커진다고 볼 수 있다. 물류센터는 분양을 통해 판매하는 것이 아니고, 자산운용사 등에 일괄 매각한다. 그러므로 LTVLoan to Value와 EXIT분양율보다는 NOINet Operating Income을 통한 순수익을 산출한 뒤에 요구수익률Cap Rate를 연산하여 PFProject Financing진행 여부를 결정한다. 요구수익률Cap Rate과 공실율을 높였을 때 사업이익이 확보되면 안전하다고 판단한다. PFProject Financing을 진행할 때는 시공사, 금융사, 시행사, 신탁사 등이 모두 참여한다. 이를 주관하는 주선사는 수수료로 PFProject Financing조달액의 0.5% ~ 2.0%를 수령한다. 시행사는 대주와 대출약정을 체결하고 시공사는 대주에게 책임준공 확약을 진행한다. 이 때 상황에 따라 신탁사의 연대 책임준공 확약 역시 제공된다. 대주는 유동화법인에 채권을 양도하고 이를 바탕으로 투자자를 모집한다. 금융사는 내부 전략에 따라 매입확약 등을 진행하며 자금을 조달하기도 한다. 신탁사는 대부분 대주에게 1순위 우선수익권, 시공사에게 2순위 우선수익권, 시행사에게 최후단 수익권을 교부한다. 이 때 자금은 신탁사에서 관리하며 수분양자는 신탁사를 통해 분양대금을 보호받을 수 있다.

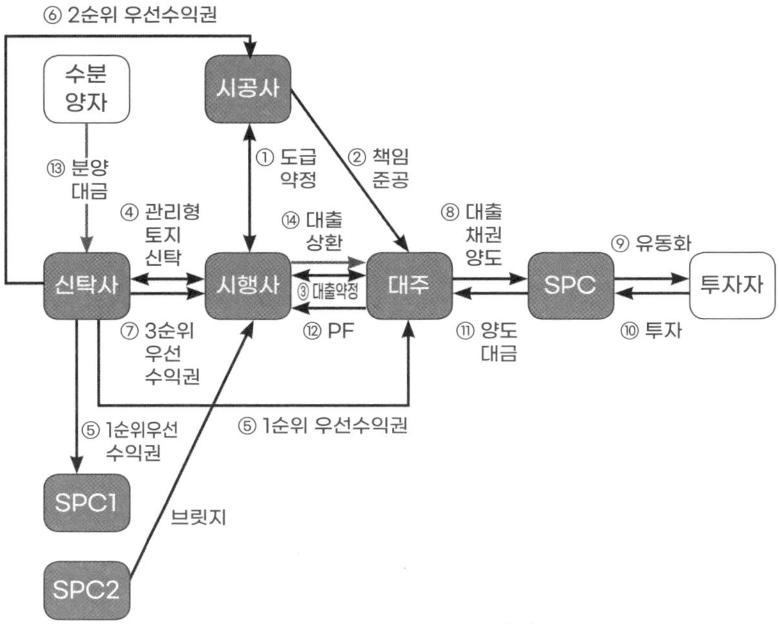


<Project Financing 구조도 예시1>

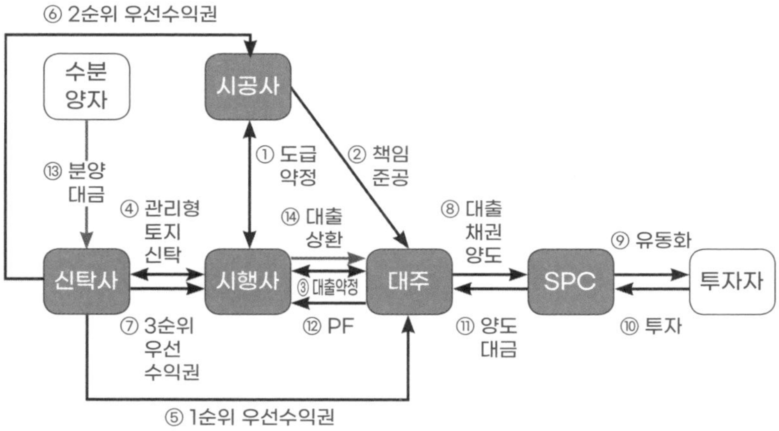


<Project Financing 구조도 예시2>

이 자금을 조달할 때 상업은행, 제2금융권, 저축은행은 지급준비금을 뺀 나머지 금액을 신용창조하고, 신탁사와 캐피탈은 회사채를 발행한다. 리츠REITs와 펀드는 투자자에게 직접 금융상품을 판매한다. 증권사는 전자단기사채ABSTB를 발행하고 사고가 생기면 대신 매입해주겠다는 채무보증으로 신용을 보강해주는 방법으로 자금을 융통하거나 자산담보부대출ABL, 자산담보부증권Asset-backed Securities, ABS 등을 발행하여 자금을 조달한다. 담보대출을 할 때는 차주와 연대보증인은 법인등기부등본, 사업자등록증, 3개년 재무제표, 신용평가보고서, 사업 분석자료 등이 필요하다. 3년 연속 적자이거나 신용평가등급이C면 차주의 자격이 없기 때문에 이러한 서류가 필요한 것이다. 대표이사는 신용정보동의서와 신분증 복사본이 필요하다. 여기서 대표이사가 주식이 없다면 연대보증의 자격이 없다. 그러므로 대표이사가 주식이 없으면 대주주의 연대보증이 필요하다. 이것이 싫다면 대표이사가 주식을 가지고 있어야 한다. 물상보증인은 토지주를 뜻하는데, 토지주 역시 법인등기부등본, 사업자등록증, 3개년 재무제표가 필요하다. 토지주가 개인이라면 등기권리증과 신분증만 있으면 된다. 그리고 사업계획서가 필요하다. 이 이유는 자금을 대출받으면 어떤 용도로 사용할지 미리 공시를 하고 해당 용도로만 사용해야 하기 때문이다. 또한 사업지에 대한 감정평가보고서가 최소 2건 이상 필요하다. 2건 중 한 건은 금융기관이 의뢰한 중립적 감정평가보고서여야 한다. 이 때 신탁 및 감정평가 수수료는 차주 혹은 대주단이 부담하는 경우가 많다. Re-financing은 금융기관이 보유한 대출 채권을 대상으로 한다. 기존 대주는 취급수수료를 확보하고 타 금융사에 매각하여 우발채무의 규모를 줄일 수 있다. 신규 대주는 분양완료로 안정성이 높아진 물건을 매입하여 저감된 리스크 대비 고수익을 이점으로 삼아 사업을 영위한다.

담보대출확약부 부동산 금융을 위해서는 사업성, 시공사의 책임준공 능력 및 확약기관의 신용력이 필수다. 담보대출확약은 분양시장의 변동성 위험을 해소하여 적절한 매도시기를 찾을 시간적 여유를 주기 위한 것이지 그 자체로 수입을 창출하기 위함이 아니므로 사업성이 반드시 전제되어야 한다. 담보대출확약은 준공 후에도 미분양 건축물에 대한 담보대출을 확약하는 것이므로 유보된 공사비에 대한 리스크는 여전히 시공사에 남아있다. 이러한 사유로 금융지주 신탁사의 책임준공 확약이 있더라도 시공사 자체 시공능력 역시 중요하게 고려된다. 시공사의 책임준공 의무는 일반적으로 준공 승인까지로 볼 수 있고, 미담확약의 실행 전제조건은 보전등기이다.

미분양담보대출확약미담확약이란 준공 후 아파트 등 미분양물량이 생길 경우, 증권사 금융기관이 이를 담보로 자금을 대출해주겠다는 확약을 말한다. 이 확약을 바탕으로 금융기관은 담보인정비율 LTVLoan to Value의 50% ~ 70%만큼 PFProject Financing대주단에 지급을 보증해주고 약 3%의 수수료를 가져간다. 미분양담보대출을 진행하게 되면 협의에 따라 최후단에서 보장받는 공사비 유보금액 중 일부 혹은 전부를 미분양 담보물건을 취득하는 금융사가 부담하게 된다. 하지만 이 역시 담보물이 존재해야 하므로 책임준공을 제공하는 시공사의 신용도는 중요하다. 이 때는 대출을 해주고 하나가 분양될 때마다 소유권을 수분양자에게 넘겨주면서 대출금을 상환하게 한다. 미분양담보대출은 시행사가 미분양된 물건을 보유하고 있는 경우 이를 유동화하기 위해서 많이 진행한다. 분양수입 ABL은 시행사가 분양대행사를 선정하고 할인분양을 지시한다. 대부분 분양대금의 80%를 대주단 상환계좌에 예치하고 20%범위에서 사업비와 수수료를 사용하게 한다. 이는 판촉방법의 일환으로 속도감 있는 분양을 위해서 제고된다.

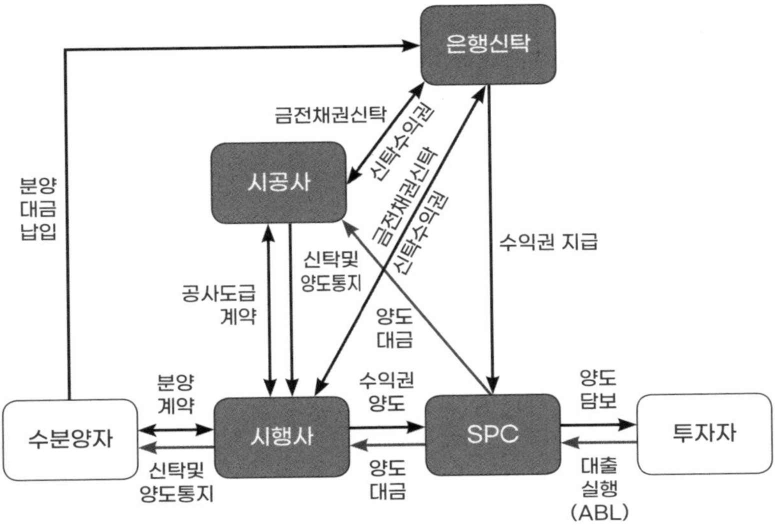


<ABL구조도>

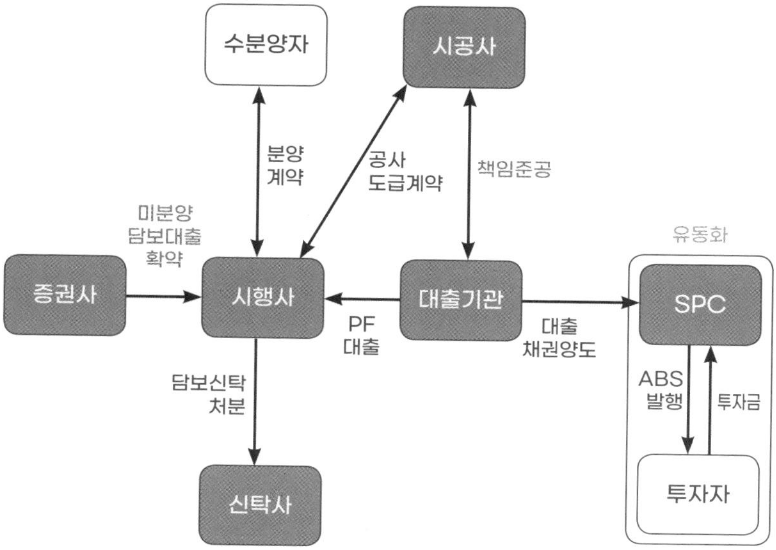


<미분양 담보대출 구조도>

책임준공확약이란 우발채무에는 속하지 않으나 준공에 대한 책임을 수반하는 실질적인 부채라고 볼 수 있다. 책임준공은 우량한 회사채 신용등급을 보유한 시공사 단독, 계열사 간 신용보강, 신탁사 신용보강 3가지로 많이 진행된다. 책임준공은 준공기간 내에 건물을 준공하여 대주단에게 담보물을 양도할 의무를 갖게 되고, 이행하지 못하는 경우 대출한 채권 전체 금액을 인수하는 것을 말한다. 그렇기 때문에 회사채 신용등급의 기준인 A-이상이 되거나 대주가 인정하는 요건이 되어야 시공사 단독책임준공이 가능하다. 신용등급과 함께 고려하는 것 중에 하나가 시공능력평가액 순위이다. 이는 실적평가액, 경영평가액, 기술능력평가액, 신인도평가액을 가산하여 산정하

는 것이다. 시공사의 책임준공을 까다롭게 살펴보는 이유는 분양률이 저조하더라도 건물이 완공되어야 담보대출로 전환하거나 타행 대환, 경매, 공매 등을 통한 대출금 회수가 가능하기 때문이다. 분양률 100%를 달성해도 시공사의 부도 혹은 공사중지 등의 사유로 장래의 담보물의 준공이 지연되거나 유치권이 행사되면 대출 원리금 상환 리스크가 커진다. 책임준공의 일반적인 구조도는 다음과 같다.

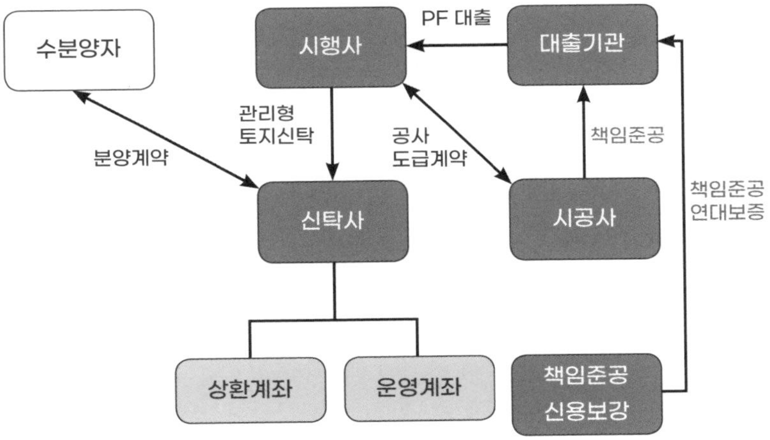


<책임준공 구조도>

신탁사 책임준공 확약은 CDS Credit Default Swap의 일종이다. 이는 부도가 발생하여 채권이나 대출 원리금을 돌려받지 못할 위험에 대비한 신용파생상품이다. 개발사업에서는 시공사가 부도 또는 준공 기간을 맞추지 못하는 경우 신탁사는 대주단의 모든 연체이자를 부담하고 새로운 시공사를 선정하여 건물을 준공시킬 것을 확약하는 의

미이다. 이 때 대주에 따라 인수받는 신규 시공사 선정에 관여하는 경우도 있다. 대주 입장에서는 신규 시공사가 또 다시 부도가 날 경우 발생하는 리스크 때문에 관여하려고 하지만 신탁사는 모든 비용 책임을 이행하므로 신규 건설사 선정에 대한 권한은 넘기지 않는 편이다. 이 때는 일반적인 관리형 토지신탁보다 수수료가 높아지게 된다. 신탁수수료는 최저 5억에서 매출액의 2%까지 수령한다. 구조는 아래와 같다.

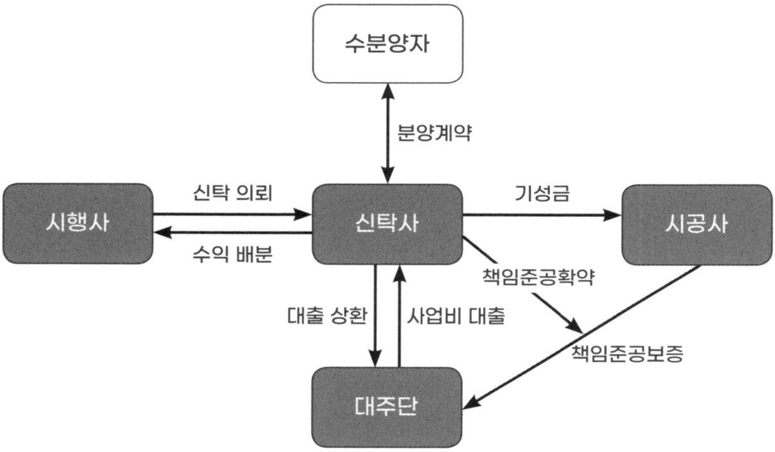


<신탁사 책임준공 구조도>

신탁사의 시공사 선정은 프로젝트 공사비가 시공사의 전년도 매출액의 50%이하일 것인지와 시공사에서 산출한 공사비와 공사기간이 적정한지를 확인하는 것으로 시작한다. 매출액 대비 과도한 프로젝트를 시공사가 수주하게 되면 해당 프로젝트의 분양에 따라 시공

사의 부도확률이 증가하기 때문에 중요하다. 저가수주나 과도하게 짧은 공사기간의 경우 시공사의 기한이익 상실로 인해 신탁사가 사업에 대한 리스크를 감수하는 경우가 생기므로 신탁사 기술팀이 반드시 확인하여 사업을 진행하게 된다. 추가적으로 재무적 리스크를 줄이기 위해 대부분의 신탁사에서는 신용등급은 BBB이상 및 부채비율은 200%미만 조건으로 시공사를 심사한다. 또한 사업의 성공여부 가늠을 위해 사업 자체에 대한 사업성 분석 역시 진행된다. 이 때는 분양성을 중점적으로 검토한다.

최근 자금조달 시장에서 펀드에 대한 수요가 높아지고 있다. 펀드는 시공사의 신용보강지급보증을 통한 부동산펀드와 LPLimited Patners의 자금력을 기반으로 한 부동산 펀드가 일반적이다. PFProject Financing형 부동산 펀드는 토지매입 전 Bridge Loan을 위해서 많이 진행한다. LPLimited Patners가 투입된 부동산 펀드는 시공사 시공능력평가액 순위, 토지확보율, 인허가 단계 등 사용조건이 까다로운 경우도 있고, 내부수익률IRR만 충족하면 GPGeneral Patrners의 판단에 의해 사용이 가능한 것도 있다. 개발형 펀드는 시공사와 시행사 그리고 사업성 전반에 대한 조건이 주를 이룬다. 해당 펀드는 펀드 운영 수수료와 사업이익 배분, 이자 등으로 영업이익을 수취하여 투자자에게 배분한다.

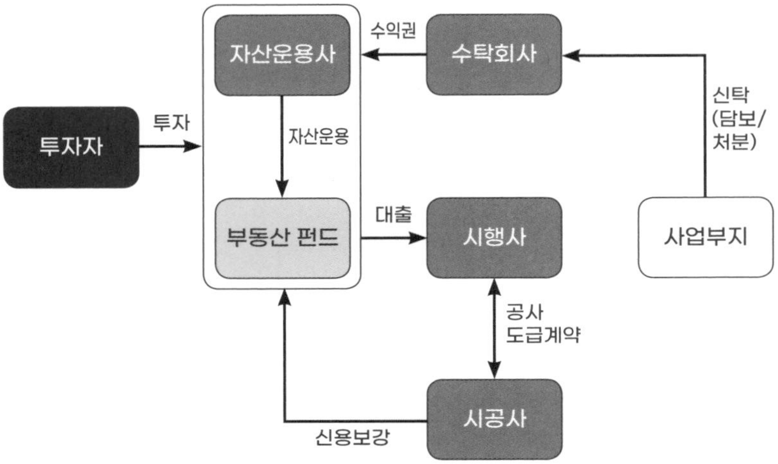


<부동산 펀드 구조도>

개발형 펀드 외에 완성된 빌딩과 같은 자산을 매입하기 위한 실물형 부동산 펀드도 존재한다. 그 경우 빌딩 운영을 위탁하는 AMPM가 사업참여자가 된다. 투자자로부터 모집한 자금 및 필요 시 추가 대출을 통해 빌딩을 매입하고, 빌딩을 운영한 뒤 발생하는 임대료에 AM비용 등과 같은 지출을 제외한 뒤에 투자자에게 배분한다. 빌딩은 일정기간 운영 후 매각되는데 매각이익 역시 투자자에게 배분된다.

부동산리츠REITs는 Real Estate Investment Trusts의 약자로 부동산 투자 신탁이라는 의미다. 다수의 투자자로부터 자금을 모아 부동산에 투자하고, 그 운용수익 및 매각수익을 배당 또는 잔여 재산분배 형식으로 투자자에게 지급할 것을 목적으로 국토교통부장관의 영업인가를 받아 운영되는 부동산 투자회사이다. 부동산 외에 그와 관련된 대출에 투자금을 모아 투자한 뒤 그 수익을 배당하는 부동산 유동화 상품으로도 활용이 가능하다. 리츠REITs는 뮤추얼 펀드인데 펀드와 다른 점은 펀드를 설정하고 자금을 모으는 것이 아니라 투자자들이 특수목적법인Special Purpose Company, SPC의 주주로서 참여하고 투자 후에 그 돈을 운영한다. 개발형 리츠REITs는 주식발행을 통해 투자자를 모집하고, 개발사업에서 발생하는 분양대금을 배당한다. 분양대금에서 이자, 공사비 등의 사업비 집행 후 잔여 수익을 투자자에게 배당하며 투자자는 배당 및 주가 차액으로 수익을 창출할 수 있다. 주주총회를 통해서는 추가사업 진행 역시 가능하다. 이는 대부분 상장하지 않고 소규모로 운영되는 시행사를 주식회사로 운영하여 리스크를 최소화하는 방법이라고 할 수 있다. 또한 리츠REITs에서 가장 중요한 것 중 하나는 가치를 평가하는 개념이다. 가치 평가는 FFOFund From Operations와 AFFOAdjusted Fund From Operations가 있다. FFO는 *당기순이익+감가상각비(건물이나 기계 설비 등의 고정자산의 가격 감소를 보상하기 위한 비용)-자산매각차익*으로 평가되고 AFFO는 FFO+임대료증가분-반복적인 유지보수비용으로 산정한다. 리츠의 기본 구조도는 다음과 같다.

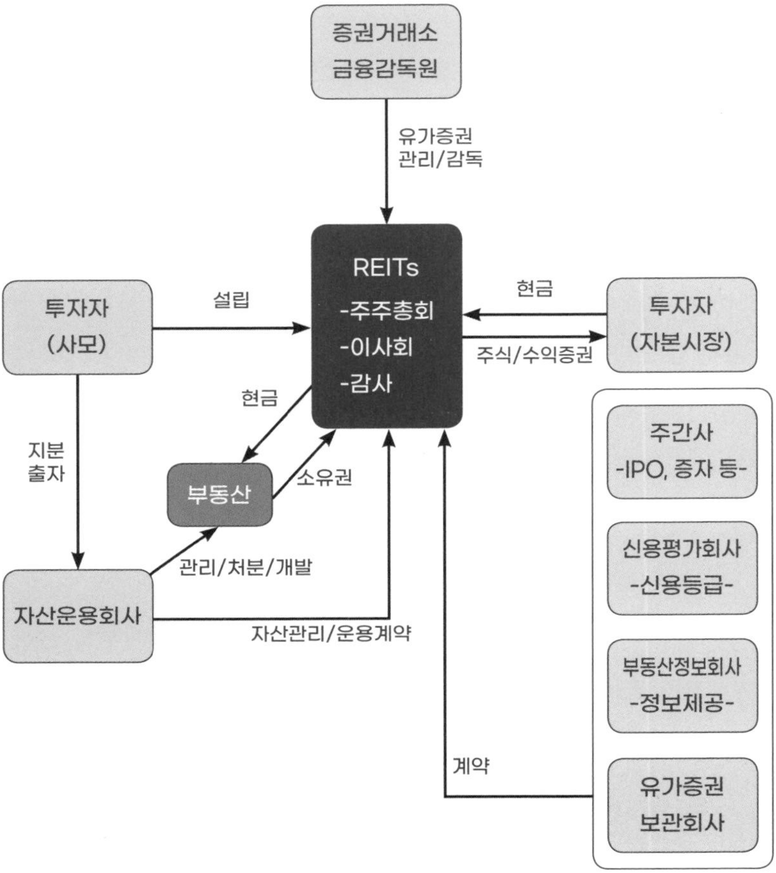
증권거래소
금융감독원
유가증권
관리/감독
REITs
-주주총회
-이사회
-감사
투자자
(사모)
설립
현금
투자자
(자본시장)
주식/수익증권
현금
지분
출자
부동산
소유권
관리/처분/개발
자산운용회사
자산관리/운용계약
주간사
-IPO, 증자 등-
신용평가회사
-신용등급-
부동산정보회사
-정보제공-
유가증권
보관회사
계약

<실물부동산 리츠>

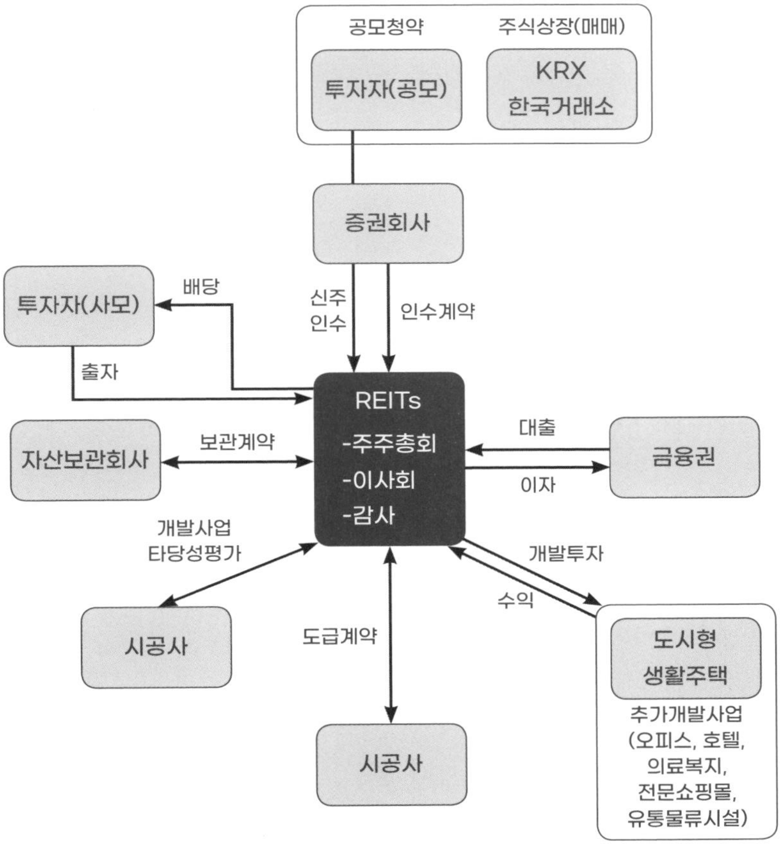


<개발부동산 리츠>

실물 부동산 투자는 수익형 부동산오피스, 리테일, 물류센터, 지식산업센터, 데이터센터 등을 매입한 뒤 건물 리모델링, 임차인확보 등 가치상승Value-add을 통해 자산 가치를 높인 뒤 매각하여 수익을 갖는 것이다. 실물 투자에서 가장 중요한 것은 임대 및 운영 수익을 적절하게 계산하는 것이다. 현재 발생하고 있는 수익률과 리모델링과 운영방식 변화로

갱신할 수 있는 이익률을 치밀하게 계산할수록 리스크는 줄어든다. 혹은 정보의 불균형을 바탕으로 낮은 경쟁률을 기록하는 실물 부동산을 매입하는 것도 방법이다. 이 때는 재매각사에 대한 선정 등이 중요하다. 해외 빌딩을 매입한 뒤 국내 군인공제회나 기업 등에 매각하는 경우도 있고, 국내 물건을 해외 투자청에 매각하는 경우도 있다. 간접투자 자산운용업법이 도입된 후에는 리츠REITs나 테크Tec 기업을 통해서 일반 개인들도 투자에 참여할 수 있게 되었다. 이와 같은 부동산 투자의 가장 큰 장점은 절세 및 레버리지 효과이다. 금융기법이 레버리지 효과를 만들어 상대적으로 작은 자본으로 큰 수익을 만들 수 있다. 이것이 부동산 분야가 자기자본대비 수익률이 높은 이유다. 부동산 투자 시 다양한 참여자를 만드는 편인데, 이는 리스크에 대한 분산 목적이 강하다. 한 사업장에 적은 자본을 투자한 만큼 다른 부동산 금융에 재투자를 통해 리스크 분산할 수 있고, 수익률 역시 높일 수 있다.

부동산 금융을 진행하는 가장 대표적인 방법은 금융사에 의뢰하여 금융자문을 수령함과 동시에 자금을 조달하는 것이다. 이를 위한 금융사는 자본금의 규모에 따라 직접 자금을 조달함과 동시에 주선을 하는 회사와 주관만 하는 회사 등으로 나뉜다. 그러므로 시행사는 사업규모에 맞는 금융사 자본금을 확인해야 한다. 자본금은 1,000억 원 이상일 경우 PFProject Financing가 가능하다. 이는 수치일뿐 실제로는 금융사별 내부전략에 따라 주관 혹은 직접 대출 등을 유동적으로 진행한다. 자금 조달 시 리스크별로 선순위, 중순위, 후순위를 나누어 조달한다. 리스크는 선순위가 가장 작고, 수익은 후순위가 가장 크다. 요약은 다음과 같다.

| 구분 | 금리 | 취급수수료 | 대출순서 | 상환순서 | 조달비율 | 대출형태 |
|---|---|---|---|---|---|---|
| 선순위 | 변동 | 변동 | 3 | 1 | 60~70% | 일괄/한도대출 |
| 중순위 | 변동 | 변동 | 2 | 2 | 20~30% | 일괄/한도대출 |
| 후순위 | 변동 | 변동 | 1 | 3 | 10% | 일괄대출 |
| 금융 주관수수료 | 1~2% | | | | | |

<대출형태>

미인출 수수료는 한도대출 시 인출되지 않는 금액에 대한 수수료다. 대출금액을 설정하고 사용하지 못했는 것에 대한 비용이라고 생각하면 된다. 또한 목표 분양률을 미달하면 추가 수수료를 수취하는 계약조건이 많은데, 대부분 이를 분양 판촉비로 사용한다. 자금조달 시 금융사는 Information Memorandum혹은 금융제안서를 작성하여 시행사에게 제출하고, 시행사는 Mandate를 발급하여 금융사를 확정한다. 이후 작성된 Information Memorandum으로 대주단을 모집한다. 이자는 금리와 취급수수료로 나뉘는데, 이를 합하고 대출기간으로 분할한 All in Cost개념으로 소통하는 경우가 많다.

금융기관 자금조달 프로세스를 살펴보자. 여기서 MANDATE는 금융주선에 대한 권한을 양도하는 위임장이다. 이를 바탕으로 대부분 1년 정도의 기간으로 금융약정자문을 체결한다. 이후 금융주선사는 전략에 따라 선순위, 중순위, 후순위 등으로 Tranch를 나누어 대주단을 모집한다. 혹여 위임장을 제공한 뒤 시행사가 다른 금융기관에서 조달을 하면 1~2%의 수수료를 손해배상금액으로 지불해야 한다. 각 금융기관별로 심의 및 승인을 진행하여 통과하면 최종 자금조달 준비가 완료된다.

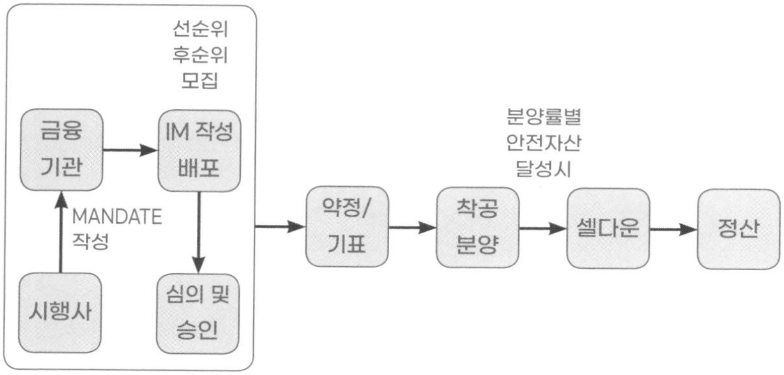


<금융주선 절차도>

금융 주관사에 의해 대출기관이 정해지면 차주사와 약정을 하고 대출이 된다. 착공 및 분양절차를 진행한 뒤 대출기관의 대출 원리금 상환의 리스크가 줄어들면, 해당 상품을 판매할 수 있다. 이를 Sell-Down이라고 한다. 이 행위를 통해 부채비율을 낮추고, 재투자할 자금을 확보할 수 있다. 자금 조달은 금리와 취급수수료로 구분되기 때문에 단기 확정 수익을 위해서는 주선을 많이 하는 것이 더 유리하다. 자금사용은 후순위, 중순위, 선순위 순으로 집행되며, 정산 시점에는 필수사업비를 지출한 뒤에 선순위, 중순위, 후순위 순으로 대출을 상환한다. 마지막으로 시공사 공사비 유보금을 지급하고 사업 이익을 신

탁사가 시행사에게 집행한 뒤 신탁을 해지하면 사업이 종료된다.

마지막으로 각종 금융제안서에서 나오는 CD양도성예금증서금리에 대해서 이야기해보려 한다. 금융 제안서에는 CD양도성예금증서금리+3%라는 용어가 적혀 있는데 여기서 CD양도성예금증서란 정확히 무슨 의미일까? CD양도성예금증서금리란 negotiable certificate of deposit금리의 약어로서 양도성 예금증서라 한다. 일반적으로 양도가 가능한 예금증서니까 양도가 불가능한 예금보다는 가치가 높다. 하지만 예금을 가지고 채권화 시켜서 유동화시키는 것이기 때문에 예금금리보다는 낮을 수 있다. 이를 정확하게 파악하려면 기준금리나 회사채 등과 비교하는 것이 편하다. 기준금리는 한국은행에서 발표하는 금리로 리스크가 없는 금리다. 기준금리는 물가 상승과 위축경영에 대한 기대값을 갖는다. CD양도성예금증서금리는 은행의 채권이라고 할 수 있으며, 신용도가 높은 은행들의 채권은 금리가 낮고 신용도가 높은 편이다. 그 다음으로 신용도가 높은 것이 A1CP다 단기 회사채로서 AA- 이상의 신용도를 갖는 회사채의 어음이다. 이는 준 금융권 수준이다. 마지막이 A+혹은 A0급의 회사채다. 전통적으로 변동금리를 산정할 때 CD양도성예금증서금리+@를 사용해서 그렇지 실제 CD양도성예금증서는 거의 발행되지 않는다. 그 이유는 정부가 2009년 예대율을 100% 이하로 낮추도록 했는데, 이 과정에서 CD양도성예금증서를 예금에서 제외했다. 이에 따라 CD양도성예금증서발행은 줄어들고 금리 결정에 영향을 주는 은행이 7개뿐이고 증권사가 금리를 왜곡할 수 있다는 비판에 직면하게 되었다. 금융위원회는 이에 대한 대비책으로 CD양도성예금증서금리 대신 단기 Cofix Cost of Fund index를 매주 수요일에 공시하고 이는 국내 9개 은행이 매주 새로 취급한 3개월물 단기 자금의 가중 평균 금리를 지수화해서 산출하도록 지시했다. Cofix Cost of Fund index는 은행연합회가 8개 은행의 정기 예금 및 적금, 상호부금, 주택부금, CD양도성예금증서 등을 가중 평균해 산출한다. 이러한 자금 투명성 때문에 자금 조달 계약 시 Cofix Cost of Fund index에 연동하는 것이 더 마땅해 보인다.

# 7부

# 도시개발사업

도시개발사업이란 계획적이고 체계적인 도시를 도모하고, 쾌적한 도시환경을 조성하기 위한 방안으로 탄생한 사업방식이다. 도시개발법에 근거를 두고 있다.

<도시개발사업 절차도>

상기와 같이 그 시작은 특별시장, 광역시장 또는 도지사에 의하여 도시개발구역으로 지정되는 것에서 시작한다. 도시개발구역으로 지정되고 나면, 개발계획을 수립하게 된다. 내용에는 목적, 기간, 위치, 명칭 등을 수록하게 되는데 시행자에 관한 사항도 명기되어야 한다. 그 후에 시행자를 지정하게 된다. 시행자는 기초조사를 하면서

토지면적의 2/3을 소유하거나 토지소유자의 1/2 동의를 얻게 되면 사업을 제안할 수 있는 법적인 요건을 충족하게 된다. 제안서를 작성할 때는 도시계획설계와 건축기본 계획에 기반하여 작성하게 되고 제안서는 구청에서 검토한다. 이 때 제안서를 쓰기 위해서는 도면이 필요하기 때문에 이 단계에서 건축사는 사업 구성원으로 포함되어야 한다. 이 제안서를 기반으로 구청은 시청으로 구역지정을 제안한다. 시에서는 주민들의 의견을 청취한 뒤 도시계획위원회를 개최하여 심의를 열어 의견을 수렴하게 된다. 이러한 의견을 바탕으로 개발계획을 수립하고 발표한 뒤에 도시개발 구역을 지정한다. 시는 당초 제안을 시작했던 시행자를 구역 시행권자로 지정하게 되고 도시개발구역을 고시하는 작업을 거친다. 이러한 일련 과정의 소요기간은 반년에서 1년간의 과정을 거치게 된다. 이 작업 뒤부터는 일반적인 개발사업과 비슷한 과정을 거치게 된다. 시행자는 실시계획을 작성하고 지구단위 계획을 수립한 뒤에 실시계획인가를 신청하게 되는데 승인까지는 1년 정도의 시간이 걸리며, 시에서는 도시개발법 18조에 의거하여 실시계획을 인가하고 고시하는 작업을 거친다. 주택의 경우에 시행자가 사업계획서를 작성하고 구청에 신청한 뒤 심의를 받는 과정을 거치게 되고 건축은 건축허가 과정을 거치게 된다.

| 구분 | 활동 주체 | 내용 | 비고 |
| --- | --- | --- | --- |
| 기초 조사 | 시행자 | 토지면적의 2/3소유 및 토지 소유자 총 수의 1/2동의 | |
| 제안서 | 시행자 | 제안서작성(도시계획설계+건축기본계획)→<br>제안서검토(구청) →구역지정제안(구청) | 설계계약 필요 |
| 구역 지정 | 시청 | 주민의견 청취 → 도시계획위원회 심의 →<br>개발계획 수립 및 변경 →<br>도시개발 구역 지정 및 시행자 지정 → 도시개발구역 고시 | 소요기간 6M~12M |
| 실시 계획 | 시행자 | 실시계획 작성 (지구단위계획 수립) → 실시계획 인가 신청 | 소요기간 6M~12M |
| | 시청 | 실시계획 인가 및 고시 (일반 관계 서류 공람) | 도시개발법 18조 |
| 사업 계획 | 시행자 | 사업계획서 작성 → 사업계획승인 신청(구청) →<br>사업계획 통합심의 → 사업계획승인(구청) | |

<도시개발사업 정리표>

# 8부

# 특별계획구역사업

특별계획구역은 창의적 개발안이 필요한 지역이나 계획수립 및 실현을 위해 충분한 계획 기간이 필요한 지역에 지정된다. 그 상세 구분은 다음과 같다.

| 구분 | 내 용 |
|---|---|
| 1 | 일반화되기 어려운 특수기능의 건축시설 등 하나의 대지 안에 여러 동의 건축물과 다양한 용도를 수용하기 위하여 특별한 건축 프로그램을 만들어 복합적 개발을 하는 것이 필요한 경우 |
| 2 | 순차 개발하는 경우 후순위 개발 대상지역 |
| 3 | 복잡한 지형조건 상 건축적으로 상세한 입체계획을 수립하여야 하는 경우 |
| 4 | 지구단위계획구역 내 일부지역에 우수한 설계안 반영을 위한 현상설계 등을 하고자 하는 경우 |
| 5 | 주요 지표물 지점으로서 우수한 개발안을 유도할 필요가 있는 경우 |
| 6 | 공공사업의 시행, 대형건축물의 건축 또는 2필지 이상의 토지소유자의 공동개발 기타 지구단위계획구역의 지정목적을 달성하기 위하여 특별계획구역으로 지정하여 개발하는 것이 필요한 경우 |

특별계획구역의 절차 순서는 지정목적, 개발방향, 지구단위계획과의 관계 등을 고려한 특별계획구역에 대한 사항을 제시하는 것에서 시작한다. 그 계획 내용을 기준으로 지방자치단체 또는 토지 소유자 등에 대한 상세한 계획안을 작성하게 되고 계획승인 과정을 거쳐 도시·군 관리계획으로 결정된다. 해당 개발사업의 가장 큰 장점은 민간임에도 불구하고 수용이 가능하다는 것에 있다. 사업진행 방식은 크게 5가지가 있으며 아래와 같다.

| 구분 | 내 용 |
|---|---|
| 조성토지의 공급방법 | 경쟁입찰 방법<br>1) 수의계약 : 학교용지·공공청사용지 등 공급용지, 토지상환채권<br>2)추첨방법 : 국민주택규모 이하의 주택건설용지, 공공택지, 330㎡, 이하의 단독주택용지, 공장용지 |
| 토지의수용 또는 사용 | 시행자는 도시개발사업에 필요한 토지 등을 수용하거나 사용할 수 있다.<br>- 민간시행자 : 토지면적 2/3이상 소유 + 토지소유자 총수의 ½이상 동의 필요 |
| 토지상환 채권 | 1) 토지소유자 요청 시 매수 대금의 일부를 지급하기 위해 시행자 발행<br>2)토지상환채권의 발행규모 : 도시개발사업으로 조성되는 분양토지 또는 분양건축물 면적 1/2미만 |
| 선수금 | 1) 공공시행자 : 개발계획수립 고시 후 면적의 10%이상 토지 소유권(사용동의를 포함) 확보<br>2)민간시행자 : 토지의 소유권 확보 + 저당권 말소 + 공사진척률 10% 이상 + 지급보증서 → 지정권자 제출 |
| 원형지공급 | 1) 공급될 수 있는 원형지의 면적 : 토지면적 1/3 미만<br>2)원형지개발자(국가, 지자체 제외) : 10년 이내의 범위 원형지 매각 불가 |

<사업진행방식>

그렇다면 이러한 개발사업을 통해서 시행을 할 수 있는 자들의 자격 요건은 무엇이 있을까?

도시개발법에는 이러한 요건에 대해 상세하게 서술하고 있는데 살펴보면 다음과 같다.

| | |
|---|---|
| 국가 지방자치단체 | 국가 지방자치단체 |
| 공공기관 | 한국토지주택공사, 한국수자원공사, 한국농어촌공사 등 |
| 정부출연기관 | 한국철도시설공단, 제주국제자유도시개발센터 등 |
| 지방공사 | 지방공기업법에 따른 지방공사 |
| 토지소유자 | 토지면적 2/3이상 소유자 |
| 수도권외 지역으로 이전하는 법인 | 3년 이상 공장법인, 대학학교법인 |
| 주택건설업자 | 3년간 평균 영업실적이 해당 사업장 연평균 사업비 이상 및 해당연도 당기손순실 미발생 사업자 |
| 토목(건축)공사업, 신탁업 | 시공능력평가액이 해당 연평균 사업비 이상 업체, 외부감사 대상 신탁업자 |
| 부동산개발회사 | 3년 연평균 사업실적이 해당 사업장 연평균 사업비 이상 및 영업정지 無 |
| 자기관리 부동산 투자회사, 위탁관리 부동산투자회사 | 3년 연평균 사업실적이 해당 사업장 연평균 사업비 이상 |
| 출자하여 설립한법인 | 위 시행자에 해당하는 자가 50% 이상 출자한 법인<br>위 시행자에 해당하는 자가 30%이상 출자, 금융기관 20% 이상 출자한 법인 |

이러한 자격을 갖춘 시행사는 이제 적법하게 토지 수용권을 가지고 사업을 시행하게 된다. 수용 및 사용방식은 토지 매수대금의 일부를 조성된 토지 또는 건축물로 상환하는 채권으로 지급 또는 보상 가능하고 토지제공을 통해 생활의 근거를 상실하게 되는 자에 관한 이주대책을 수립·시행특별공급 활용해야 한다. 또한 조성된 토지를 공급하고자 할 때 조성토지 공급계획 수립 후 지정권자에 승인을 득하여

야 한다.

그 수용 방식의 절차와 관련된 법안 절차는 다음과 같다.

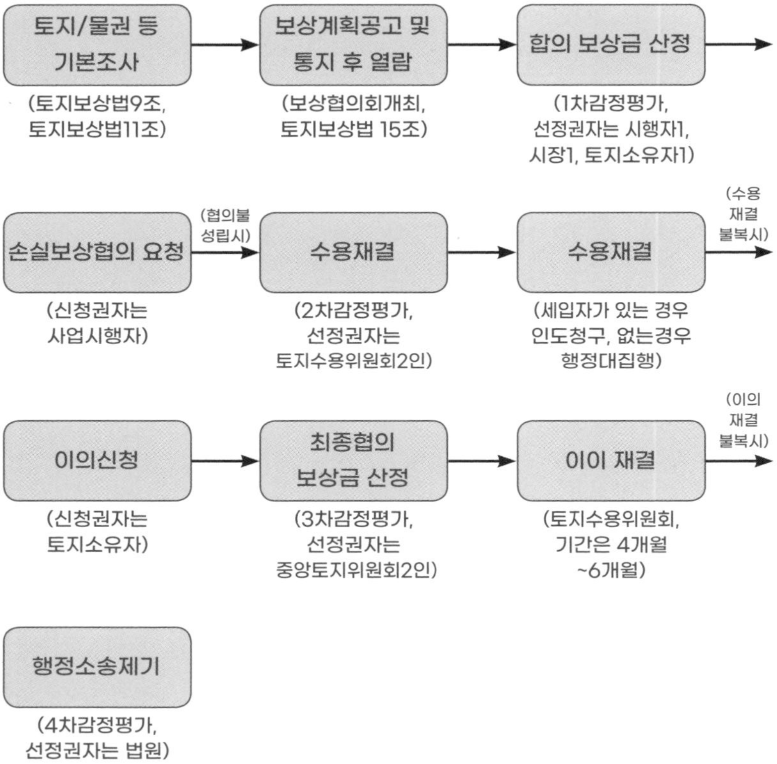


<수용 절차도>

이러한 과정을 거치고 나서 정상적으로 사업을 진행하게 되면 토지대가 다른 개발방식에 의한 것보다 저렴하여 높은 수익을 갖는 사업을 기획할 수 있다. 다만, 일반적인 개발사업보다는 시간이 오래 걸

리므로 기간에 대한 리스크는 존재한다. 또한 수용방식이 아닌 환지 방식으로 사업을 진행할 경우 이익공유 조합원 이탈 등의 문제가 발생하기도 한다.

# 9부

# 민간공원 특례사업

도시계획상 도시공원으로 지정되었으나 공원화가 진행되지 않은 곳을 지자체와 민간사업자가 협력하여 공원으로 공동 개발하는 것을 민간공원 특례사업이라 칭한다. 도시공원 및 녹지 등에 관한 법률 공원녹지법에 규정되어 있으며 그 기준은 제21조 2항에 수록되어 있다. 이 때 시행자의 이득을 위해서 비공원시설을 계획하고 분양할 수 있도록 허용하고 있다. 민간사업자가 50,000㎡이상인 도시공원 계획부지의 70%이상을 공원으로 조성하여 지자체에 기부채납하고, 나머지 30%는 주거시설을 건설하는 방식으로 많이 활용된다. 50,000㎡에는 국유지와 공유지는 제외되고 분할하는 경우 잔여 면적은 50,000㎡이상이어야 한다. 또한 도시 공원 면적을 합산하여 행위 특례를 적용하는 것은 불가능하다. 민간공원 특례사업은 국토의 계획 및 이용에 관한 법률 제 48조가 2011년 4월 14일에 개정되며 탄력을 받았다. 제48

조에는 '도시계획시설 및 군계획시설 결정이 고시된 도시계획시설 및 군계획시설에 대하여 그 고시일로부터 20년이 지날 때까지 그 시설의 설치에 관한 도시계획시설 및 군계획시설 사업이 시행되지 아니하는 경우 그 고시일로부터 20년이 되는 날의 다음 날에 그 효력을 잃는다.'고 수록되어 있다. 이 법안이 제정되며 2020년 7월 1일 전에 지정된 도시공원은 민간공원 특례사업으로 진행이 가능하게 되었다. 지자체 입장에서는 재정 투입없이 도심에 공원을 만들어 지역주민에게 제공할 수 있고, 시행사는 공원을 품은 아파트를 제공하여 분양성을 제고할 수 있다는 장점이 있다. 해당 공원의 토지 소유자들은 토지 보상금을 받게 되는데, 이 보상금에 대한 협의가 가장 큰 난관이다.

공원 특례사업은 제안에 의한 방식과 공모에 의한 방식으로 나뉜다. 이 때 제안에 의한 방식으로 사업을 진행할 때 제3자에게 제안서를 제출 받을 수 있다는 규정이 있는데, 이 때문에 사업을 기존 사업제안자 외에 다른 시행자가 지정받을 수도 있다. 시행자 지정은 도시공원위원회 및 지방도시계획위원회의 위원과 건축회계법률 등 관련 전문가들로 구성된 20인 이내의 심사위원회의 심사를 거쳐 협상 대상자를 선별한다. 이 때 시장 및 군수는 특례사업에 대한 시행자 지정을 완료했을 시 심의를 거친 공원조성계획 결정을 지체 없이 고시하여 시행자를 지정하게 되어 있다. 사업시행 시 시장 및 군수는 특례사업의 적기 시공을 도모하고 민간 공원 사업 추진자가 시공 중에 사업을 포기하는 사례를 방지하기 위해 민간공원추진자가 아닌 제3

자에게 연대보증을 하게 하거나 민간공원추진자로부터 일정액의 계약보증금 납부 또는 공사이행보증서 제출 등의 방법으로 사업이행 보증을 받는다. 민간공원추진자는 지정받은 날부터 1년 이내에 실시계획인가를 신청하여야 하며, 기간 내 실시계획인가를 신청하지 않을 시 시행자 지정이 취소될 수 있다. 다만, 불가피한 경우에 한해서 6개월 범위내 1회 연장이 가능하다. 만약 전체 사업기간을 변경하거나 규모 등을 변경하고자 하면 심의를 거쳐서 협약을 변경해야 한다.

| 구분 | 기간 | 내용 | 비고 |
|---|---|---|---|
| 사전협의 | 1~2개월 | 민간공원추진 예정자가가 시장 및 군수에게 사전협의 요청<br>사전협의 내용: 특례사업의 필요성, 사업계획, 제안서 제출시기 사전협의 완료 시 양해각서 체결 | |
| 제안서제출 | 2~3 개월 | 사업시행자, 토지 및 건물소재지, 지번, 면적, 소유권 등 권리명세 사업 총비용 및 총수익, 자금조달계획<br>공원조성계획: 개발목표, 인문환경 등 분석자료, 공원조성에 다른 이용, 동선, 배치, 효과 등 사업계획에 대한 비용평가, 수익평가(전문기관 검토자료) | |
| 협상 | 6개월 | 도시공원위원회 자문 등 특례사업 제안에 대한 수용여부 결정 | 적정성검토 위한 전문기관 검증 |
| 공원계획 심의 | 2개월 | 공원계획 도시공원위원회 심의 및 도시계획시설 지방도시계획위원회 심의 | |
| 협약 | 1개월 | 공원계획심의 후 업무협약 체결<br>협약 주요내용: 사업규모, 권리의무, 기부채납, 시장과 군수의 지원 등에 관한 사항 | |
| 토지비예치 | | 공원녹지법 제21조4항 시행자 지정요건에 의해 시장 및 군수와 공동으로 시행하고 부지 매입비 4/5이상을 현금으로 예치하거나 토지 현물로 예치 시 시행자 지정 요건 확보 | |

| | | | |
|---|---|---|---|
| 시행자지정 | 1개월 | 협약체결 1개월 이내 시행자 지정<br>사업이행보증: 지정 30일 이내 공원시설 사업비의 10%현금납부 또는 지급보증서 제출 | |
| 공원 계획고시 | 4~6 개월 | 특례사업에 대한 시행자 지정 완료 후, 공원조성계획 결정에 대하여 고시 | |
| 실시 계획인가 | | 실시계획인가 주요 사항: 교통영향평가, 사전재해영향평가, 산지 및 농지전용협의, 각 관계부처 협의 및 공람 등이며 실시계획 인가 전 중앙토지수용위원회 사전협의 절차 1~3개월 소요 가능성 있음<br>공고 및 공람절차 완료 시 실시계획 인가 및 고시(실시계획 인가 신청 후 시장 및 군수는 2개월 내 인가 필수) | 시행자지정 1년 내 인가신청 필수 |
| 토지매입 | 3개월 | 토지조사 및 보상계획 공고 및 열람<br>보상협의회 설치(의무설치 기준: 사업면적 100,000㎡이상, 토지 등 소유자 50인 이상) 및 감정평가 보상협의 및 토지 매입 | |
| 미매입토지 수용 | 2~4 개월 | 보상협의 결렬 시 미협의자<br>지방토지수용위원회에 수용재결 신청<br>재감정평가 선정(협의 평가 참여 기관 제외한 2개 기관선정) | 지장물 명도 소송시 4~6개월 추가 소요 |
| 건축심의 및 사업승인 | 6개월 | 사업승인 후 착공 및 분양 | |
| 공원사업비 검증 | 준공 전 | 공원시설 사업에 소요된 지출 증빙을 통한 사업비(기부채납액) 검증 | |
| 공원 기부채납 | | 특례사업으로 조성된 공원시설을 협약에 따라 아파트 사업 준공 전 기부채납 | |

*사업비 검증: 분기별 회계감사 보고서 제출

*공원조성비 검증: 감리보고서, 회계감사 보고서, 분기별 검토자료 기준, 준공 시 최종 사업비 정산

<민간공원 특례사업 절차>

일반적으로 사전협의는 1~2개월 정도 걸리며 제안방식을 선택할 경우 민간공원 추진예정자가 특례사업의 원활한 추진을 위하여 시장

및 군수에게 사전협의를 요청할 수 있다. 협의 내용은 특례사업의 필요성, 사업계획, 제안서 제출시기 등이며 사전협의 완료 시 민간공원 특례사업 가이드라인을 참고하여 양해각서를 체결하게 된다.

제안서를 제출하고 검토하는 시간은 2~3개월 정도 걸린다. 사업시행자, 토지 및 건물 소재지, 지번, 면적, 소유권 등 권리 명세를 준비하고 총 사업비용 및 수익, 자금조달계획 등을 포함해야 한다. 외에 전체적인 경관을 해치면 안되므로 개발목표, 인문환경 등 분석자료와 공원 조성에 따른 이용, 동선, 배치 효과 등을 담은 공원 조성계획을 제출해야 한다. 이 때 사업계획에 대한 검증을 위해 인허가권자는 전문기관의 검토자료를 요청할 수 있다.

협상은 6개월 정도 걸리며 이 때 앞서 설명한 도시공원위원회 자문 등 특례사업에 대한 수용 여부를 결정한다. 공원계획심의는 2개월이 소요되며 공원계획 도시공원위원회 심의 및 도시계획시설 지방도시계획위원회 심의가 이루어진다. 협약 및 토지비 예치는 1개월 정도가 걸리고 공원계획심의 후 업무 협약을 체결하고 이 역시 가이드라인에 표준협약안이 있으며 주요 내용은 사업규모, 권리의무, 기부채납, 시장/군수의 지원 등에 관한 사항이다.

토지비는 도시공원 및 녹지 등에 관한 법률 제21조 4항 '민간공원추진자가 허가권자와 공동으로 도시공원 조성사업을 시행하는 경우 해당 도시공원 매입비의 80%이상을 현금으로 예치한 경우에는 국토의 계획 및 이용에 관한 법률 제86조 7항국가 또는 지방자치단체, 대통령령으로 정하는 공공기관 및 그 밖에 대통령령으로 정하는 자에 따른 시행자의 지정 요건을 갖춘 것으로 본다. 다만, 해당 부지의 일부를 소유하고 있는 경우에는 그 토지가격에 해당하는 금액을 제외한 나머지 금액을 현금으로 예치할 수 있다.

보통 협약체결 1개월 내에 시행자는 지정되고 사업이행 보증을 위해 공원시설 사업비의 10%를 현금 납부 혹은 지급보증서를 제출하게 된다.

특례사업에 의한 시행자 지정 완료 후 공원조성계획 결정에 대하여 고시하고 실시계획인가 신청을 한다. 이 때 교통영향평가, 사전재해영향평가, 산지 및 농지전용협의 등을 거치고 실시인가전 중앙토지수용위원회와 1개월에서 2개월 정도 사전협의를 진행한다.

시행자는 실시계획인가를 1년 내에 신청해야 하며, 신청 후 시장 및 군수는 공고 및 공람 절차를 완료하고 2개월 내에 인가를 해야 한다.

시행자는 사업면적이 100,000㎡이거나 토지 등 소유자 50인 이상인 경우 보상협의회를 의무적으로 설치해야 하고, 보통 3개월 정도 토지 조사 및 보상계획을 공고하고 협의 매입을 진행한다.

미매입토지는 수용해야 하는데, 지방토지수용위원회에 미협의자 수용재결을 신청하고 협의 때 참여한 평가기관을 제외한 2개 기관에 감정평가를 받아야 한다. 이를 지방토지수용위원회 심의를 거쳐 수용을 진행하는데 수용 혹은 공탁을 통해 소유권일 이전 받는다. 이 절차는 2개월에서 4개월 정도가 소요되며 지장물 명도 소송 시에는 2개월 더 걸릴 수 있다.

이후 기본적인 심의가 진행되었기 때문에 6개월정도로 비교적 빠른 시기에 건축심의 및 사업승인이 가능하다.

준공 전에는 반드시 공원시설 사업에 소요된 지출 증빙을 통한 기부채납액을 검증해야 하고 특례사업으로 조성된 공원시설을 협약에 따라 기부채납 해야 한다.

# 10부

# 물류센터 개발사업

최근 물류센터 개발이 꽤 인기가 많았다. 배달의 민족이라고 불릴만큼 배달문화에 강점을 보이던 추세가 코로나 전염병 사태로 가속화되었기 때문이다. 물류창고업은 고객의 요구에 의해 물품을 창고에 보관하는 산업이다. 이를 통해 물건의 멸실 및 훼손을 방지할 수 있고, 공급시기 조절, 수급조정, 가격조절 등의 경제적 기능을 수행한다. 그 중 물류센터는 택배사나 기타 물류 관련 기업이 물건을 보관하고 분류할 수 있도록 하는 시설이다. 물류창고와 물류센터의 차이는 다음과 같다. 물류창고는 저장 기능에 중점을 둔 일련의 시설이고, 물류센터는 저장 및 물동 처리를 목적으로 하는 장소다. 설계상 트럭 등 화물을 실어 나르는 자동차의 배치와 램프 등이 중점적으로 관리가 된다. 물류창고업 분류에 화물 승하차가 고려되면 센터라고 생각하면 된다. 물류창고업은 크게 일반창고, 냉동창고, 위험물 창고가 있다. 창고 위치별 분류는 내륙과 항만으로 나뉘며 보관기능으로는 생산지, 중계지, 소비지 창고 등이 있다. 물류창고업은 건축비용에 비해 토지비용의 비중이 낮다. 또한 공동주택이나 지식산업센터처럼 분양형이 아니기 때문에 초기 창고 확보에 따른 부지 매입비용 및 신축에 따른 선투자가 중요하다. 현금흐름이 좋지 않다는 뜻이다. 그렇기 때문에 Project Financing시 매각사 혹은 임차사 확약을 요구하는 경우가 많다. 물류센터 건립자체가 일종의 금융상품이 되는 격이다.

물류센터는 임차율과 공실율에 따른 임차비용이 주 수익이다. 공실률과 임차비용이 요구수익률CAP RATE를 충족하면 자산운용사, 3PL 업체 등에서 매입하고 이를 통한 운영 수익으로 투자금을 회수한다. 물류센터의 임차비용은 상온 물류센터 대비 저온 물류센터가 1.5배 이상 높다. 저온물류센터가 고가에 거래되고 가격 상승률도 높으나 맞춤형 설계와 건설이 필요하고 임차사의 조건을 맞추기 어려우며 7년 ~ 10년간 장기 마스터리스로 계약하는 경우가 많기 때문에 임차사를 초기에 확보하지 않으면 공실률이 과도하게 높아질 우려가 있다. 그에 반해 상온은 2년 ~ 5년 단기 임차계약을 체결하고 별도의 맞춤형 설계가 없으므로 공실률이 낮은 장점이 있다.

현재 물류센터는 지리정보시스템GIS분석결과 연소득 4,000만 원 이하의 가구가 밀집되어 있는 자연녹지 지역에 건립되는 경우가 많다는 것을 발견할 수 있었다. 고밀도 개발이 이루어진 곳에 트럭의 왕래가 많은 시설을 설치할 수 없기 때문인 것으로 사료된다. 최근 도시계획조례에 주거지역과 200m이상 거리를 두는 조례도 신설되는 것을 보면 해당 분석은 더 신빙성을 갖는다고 볼 수 있다.

현재 유행하는 물류센터 시설 중 하나는 MFCMicro Fulfillment Center다. 물류센터는 소비자와 가까이 건립하려는 경우가 많다. 그로 인하여 전국의 50%에 달하는 물류센터가 수도권에 집중되어 있는 것이다. 이것이 극대화된 것이 MFCMicro Fulfillment Center다. 도심에 창고형으로 물류센터를 형성한 뒤에 배달로 장을 보거나 당일 배송 등을 위한 물품을 적재해두는 물류센터다.

대한민국 물류센터는 현재 전세계 자산운용사의 관심을 받고 있다. 한 번 편한 문화에 길들여진 사람은 비용보다 편리를 선택하는 경우가 많기 때문에 물류업이 더 커질 것이라 판단하기 때문이다.

물류센터의 사업성 분석을 진행할 때는 인허가 승인여부와 IC와의 접근성 등이 중요하다. 해당 필지에 물류센터 건립 여부와 용적률과 건폐율 그리고 물류창고 총량제에 따른 물량 배분 등이 인허가시 중요한 고려요소이다. 또한 물류센터의 과도한 물동 특성때문에 지역 민원이 심해져 허가된 물류센터도 취소되는 경우도 있기 때문에 주변 민원 등을 고려한 인허가 검토가 필요하다. IC와 인근 물류센터와의 접근성이 중요한 이유는 고속도로를 통해 전국으로 뻗어나가야 하는 산업 특성 때문이다.

수익 산정은 다음과 같다.

| 구분 | | 금액 | 비고 |
|---|---|---|---|
| 운영수익 | 임대료 | 18,000,000원 | |
| | 관리비 | 1,000,000원 | 보험료 등 |
| | 보증금운용수익 | 500,000 원 | |
| | 소계 | 19,500,000 원 | |
| 공실 손실 | | 975,000 원 | 공실율 5%가정 |
| 공실 반영 수익 | | 18,525,000 원 | |
| 운영경비 | | 1,852,500 원 | 운영경비율 10%가정 |
| NOI(순영업소득) | | 16,672,500원 | 운영경비 반영 수익 |
| Cap Rate | | 5% | |
| 추정매각가액 | | 333,450,000원 | NOI/Cap Rate |

<물류센터 수익산정표>

임대료는 수요와 공급 이론을 충실히 반영하여 움직인다. 수요가 많은 지역이 평당 임대료가 비싸고, 공급이 우세한 지역은 평당 임대료가 저렴하다. 현재 임대료는 2022년 7월 8일부터 국토교통부 실거래가 공개시스템rt.molit.go.kr에서 실거래가를 조회할 수 있다.

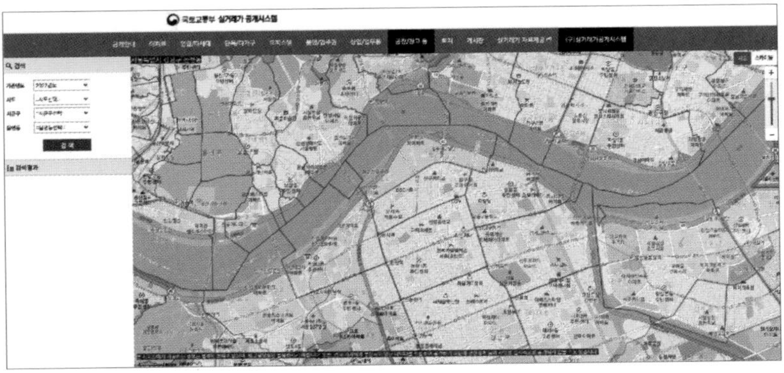


<국토교통부 실거래가시스템 예시>

관리비는 보험료에서 영향을 가장 많이 받는데, 물류센터 화재 등의 뉴스에 따라 보험료 등이 급격히 오른적이 있다. 보증금 운용수익은 임대료 외 보증금을 수령하면 해당 보증금을 채권 등 안전자산의 매입을 통하여 운영하고 이에 따른 수익을 일컫는다. 공실은 3~5%정도 반영하는 편이며 운영경비는 물류센터 전체 PMProject Management수수료 등이 있다. 이를 통하여 순영업소득을 산정하게 되고 여기에 요구수익률을 연산하여 매각가액을 추정한다. 타 프로젝트에 비해 설계비가 다소 저렴한 편이며 화주 유치용역수수료가 추가로 발생한다.

# 11부

# 지식산업센터 개발사업

지식산업센터는 동일 건축물에 제조업, 지식산업 및 정보통신산업을 영위하는 자와 지원시설이 복합적으로 입주한 것을 일컫는다. 산업집적활성화 및 공장설립에 관한 법률산업접적법 제4조 제6항에 따르면 동일 건축물에 제조업, 지식산업 및 정보통신산업을 영위하는 자와 지원시설이 복합적으로 입주할 수 있는 다층형3층이상 집합건물로 6개 이상의 공장이 입주할 수 있는 건물이다. 입주가능 업종은 공장시설과 지원시설로 나뉘며 상세사항은 아래와 같다.

| 대분류 | 중분류 | 코드 | 소분류 |
|---|---|---|---|
| 제조업 | 음식료 | 10 | 식료품 제조업 |
| | | 11 | 음료 제조업 |
| | | 12 | 담배 제조업 |
| | 섬유, 의복 | 13 | 섬유제품제조업 |
| | | 14 | 의복, 의복액세서리 및 모피제품제조업 |
| | | 15 | 가죽, 가방, 마구류 및 신발 |

| 대분류 | 중분류 | 코드 | 소분류 |
|---|---|---|---|
| 제조업 | 목재, 종이, 출판 | 16 | 목재 및 나무제품제조업 |
| | | 17 | 펄프, 종이 및 종이제품제조업 |
| | | 18 | 인쇄 및 기록매체복제업 |
| | 석유화학 | 19 | 코크스, 석유정제품 및 핵연료 |
| | | 20 | 화학물질 및 화학제품 제조업 |
| | | 21 | 의료용 물질 및 의약품 제조업 |
| | | 22 | 고무제품 및 플라스틱제품 제조업 |
| | 비금속 소재 | 23 | 비금속광물제품제조업 |
| | 철강 | 24 | 제1차 금속산업 |
| | 기계 | 25 | 금속가공제품제조업<br>(기계 및 가구 제외) |
| | | 29 | 기타 기계 및 장비 제조업 |
| | 전기전자 | 26 | 전자부품, 컴퓨터, 영상, 음향 및 통신장비 제조 |
| | | 27 | 의료, 정밀, 광학기기 및 시계 제조업 |
| | | 28 | 전기장비 제조업 |
| | 운송장비 | 30 | 자동차 및 트레일러제조업 |
| | | 31 | 기타운송장비제조업 |
| | 기타 | 32 | 가구제조업 |
| | | 33 | 기타 제품 제조업 |
| 지식산업 | 연구개발업<br>(701, 702) | 70111 | 물리, 화학 및 생물학 연구개발업 |
| | | 70112 | 농학 연구개발업 |
| | | 70113 | 의학 및 약학 연구개발업 |
| | | 70119 | 기타 자연과학 연구개발업 |
| | | 70121 | 전기전자공학 연구개발업 |
| | | 70129 | 기타 공학 연구개발업 |
| | | 70201 | 경제학 연구개발업 |
| | | 70209 | 기타 인문 및 사회과학 연구개발업 |
| | 건축기술, 엔지니어링 및 관련기술 서비스업 (721) | 72111 | 건축설계 및 관련 서비스업 |
| | | 72112 | 도시계획 및 조경설계 서비스업 |
| | | 72121 | 건물 및 토목 엔지니어링 서비스업 |
| | | 72122 | 환경컨설팅 및 관련<br>엔지니어링 서비스업 |
| | | 72129 | 기타 엔지니어링 서비스 |

| 대분류 | 중분류 | 코드 | 소분류 |
| --- | --- | --- | --- |
| 지식산업 | 그밖의 과학기술 서비스업(729) | 72911 | 물질 성분 검사업 |
| | | 72919 | 기타 기술 시험, 검사 및 분석업 |
| | | 72921 | 측량업 |
| | | 72922 | 제도업 |
| | | 72923 | 지질조사 및 탐사업 |
| | | 72924 | 지도제작업 |
| | 광고업 중 일부 (713) | 71393 | 광고물 작성업 |
| | | 71310 | 광고 대행업 |
| | | 71391 | 옥외 및 전시 광고업 |
| | 영화, 비디오물 및 방송프로그램 제작업 (5911) | 59111 | 일반 영화 및 비디오물 제작업 |
| | | 59112 | 애니메이션 영화 및 비디오물 제작업 |
| | | 59113 | 광고 영화 및 비디오물 제작업 |
| | | 59114 | 방송 프로그램 제작업 |
| | 출판업 (581) | 58111 | 교과서 및 학습서적 출판업 |
| | | 58112 | 만화 출판업 |
| | | 58121 | 신문 발행업 |
| | | 58122 | 잡지 및 정기간행물 출판업 |
| | | 58123 | 정기 광고간행물 출판업 |
| | | 58190 | 기타 인쇄물 출판업 |
| | 전문 디자인업 (732) | 73201 | 인테리어 디자인업 |
| | | 73202 | 제품 디자인업 |
| | | 73203 | 시각 디자인업 |
| | | 73209 | 기타 전문 디자인업 |
| | 포장 및 충전업 | 75994 | 포장 및 충전업 |
| | 온라인교육학원 | 85503 | 온라인교육학원 |
| | 교육서비스업 | 85650 | 직원훈련기관 |
| | 경영컨설팅업 | 71531 | 경영 컨설팅업 |
| | 그 외 기타 전문, 과학 및 기술 서비스업 (739) | 73902 | 번역 및 통역서비스업 |
| | | 73903 | 사업 및 무형 재산권 중개업 |
| | | 73904 | 물품감정, 계량 및 견본 추출업 |
| | | 73909 | 보존서적 방부처리 서비스, 의약품조사처리, 식품조사처리, 농산물방사선처리 |
| | 전시 및 행사 대행업 | 75992 | 전시 및 행사 대행업 |
| | 환경 정화 및 복원업 | 39001 | 토양 및 지하수 정화업 |
| | | 39009 | 기타 환경 정화 및 복원업 |

| 대분류 | 중분류 | 코드 | 소분류 |
|---|---|---|---|
| 지식산업 | 영화, 비디오물 및 방송프로그램 제작 관련 서비스업 | 59120 | 영화, 비디오물 및 방송프로그램 제작 관련 서비스업 |
| | 음악 및 기타 오디오물 출판업 | 59201 | 음악 및 기타 오디오물 출판업 |
| | 시장조사 및 여론조사업 | 71400 | 시장조사 및 여론조사업 |
| | 무형재산권 임대업 | 76400 | 무형재산권 임대업 |
| | 사업시설 유지, 관리 서비스업(741) | 74100 | 사업시설 유지관리, 기관시설 유지관리 |
| | 보안시스템 서비스업 | 75320 | 보안시스템 서비스업 |
| | 콜센터 및 텔레마케팅 서비스업 | 75991 | 콜센터운영, 텔레마케팅서비스, 전화번호안내서비스, 인바운드아웃바운드서비스 |
| 정보통신산업 | 컴퓨터 프로그래밍, 시스템 통합 및 관리업 (62) | 62010 | 컴퓨터 프로그래밍 서비스업 |
| | | 62021 | 컴퓨터 시스템 통합 자문 및 구축 서비스업 |
| | | 62022 | 컴퓨터시설 관리업 |
| | | 62090 | 기타 정보기술 및 컴퓨터운영 관련 서비스업 |
| | 소프트웨어 개발 및 공급업(582) | 58211 | 유선 온라인 게임 소프트웨어 개발 및 공급업 |
| | | 58212 | 모바일 겜 소프트웨어 개발 및 공급업 |
| | | 58219 | 기타 게임 소프트웨어 개발 및 제작업 |
| | | 58221 | 시스템 소프트웨어 개발 및 제작업 |
| | | 58222 | 응용 소프트웨어 개발 및 제작업 |
| | 자료처리, 호스팅 및 관련 서비스업 (6311) | 63111 | 자료처리업 |
| | | 63112 | 호스팅 및 관련 서비스업 |
| | | 63120 | 포털 및 기타 인터넷 정보 매개 서비스업 |
| | 데이터베이스 및 온라인 정보제공업 (639) | 63991 | 데이터베이스 및 온라인 정보제공업 |
| | 전기통신업 (612) | 61210 | 유선통신업 |
| | | 61230 | 위성통신업 |
| | | 61291 | 통신재판매업 |
| | | 61299 | 그외 기타 전기 통신업 |

1. 금융·보험·교육·의료·무역·판매업(해당 지식산업센터에 입주한 자가 생산한 제품을 판매하는 경우만 해당한다)을 하기 위한 시설
2. 물류시설, 그 밖에 입주기업의 사업을 지원하거나 어린이집·기숙사 등 종업원의 복지증진을 위하여 필요한 시설
3. 「건축법 시행령」 별표 1 제3호 및 제4호에 따른 근린생활시설(면적제한이 있는 경우에는 그 제한면적범위 이내의 시설만 해당한다)
4. 「건축법 시행령」 별표 1 제5호에 따른 문화 및 집회시설 또는 같은 표 제13호에 따른 운동시설로서 산업통상자원부령으로 정하는 시설
5. 「건축법 시행령」 별표 1 제7호다목에 따른 상점(음·식료품을 제외한 일용품을 취급하는 상점만 해당한다)으로서 다음의 기준에 적합한 시설
6. 「건축법 시행령」 별표 1 제14호나목2)에 따른 오피스텔(산업단지 안의 지식산업센터에 설치하는 경우로서 해당 산업단지의 관리기본계획에 따라 허용되는 경우만 해당한다)

이러한 업종이 입주 시 취득세 50%감면, 재산세 37.5%감면 등과 같은 세제 혜택이 있으며, 중소기업진흥공단자금, 경기도 중소기업육성자금 등의 지원을 받아 저금리에 분양 받을 수 있다. 이는 수도권 개발용지 감소 및 공장 총량제 등 각종 규제에 따른 집적화 필요성의 증대로 개발되었다. 하지만 실제 분양율에는 크게 영향을 미치지 않는데, 이는 투자수요의 증가 때문이다. 지식산업센터에 입주하여 5년간 실사용하지 않으면, 혜택받은 세금에 가산세를 추가하여 납부해야 하기 때문에 투자수요는 처음부터 모든 세금을 납부하고 있으며, 실수요자도 5년간 사업의 운영을 확신할 수 없으면 납부하고 있는 실정이다. 지식산업센터는 분양형 상품으로 사업성 분석 시 기존에 다

루었던 주거 상품과 큰 차이점은 없다고 볼 수 있다. 간단한 인허가 절차와 사업수지는 다음과 같다.

| 구 분 | 일 정 | 내 용 | 비 고 |
|---|---|---|---|
| 경 과 사 항 | 기준월+0 | 토지매매계약 체결 | |
| | 기준월+5 | 사업 약정서 체결 | |
| | 기준월+6 | 토지 소유권 이전 완료 | |
| | 기준월+7 | 건축심의 완료 | |
| | 기준월+8 | 건축허가 접수 | |
| 추 진 계 획 | 기준월+10 | 건축허가 완료 및 공사도급계약 체결 | 시공사 : 책임준공 제공 |
| | 기준월+12 | 대출약정 및 신탁계약체결, PF기표 | 관리형토지신탁, PF |
| | 기준월+15 | 착공 및 분양 | |
| | 기준월+45 | 준공 | 책임준공30개월<br>-착공준비3개월+공사기간25개월+유예2개월 |

<지식산업센터 인허가 절차>

| | | |
|---|---|---|
| 사업수지 조건 | ▷ 분양률 기본 가정<br>- 기숙사 : D+1 50%, D+6 100%<br>- 근린생활시설 : 준공 3개월전 50%, 준공시 100%<br>- 지식산업센터 : D+1 70%, D+3 100% | 중도금 무이자 |

※ 지역 및 분양여건에 따라 변경필요

| 구 분 | | | 산출근거 | 비 고 |
|---|---|---|---|---|
| 시행사 | 매출 | 지식산업센터 | 100,000평 × @ 900만원/평 | |
| | | 근생시설 | 20,000평 × @ 1,900만원/평 | |
| | | 기숙사 | 9,000평 × @ 1,030만원/평 | |
| | | 운동시설 | 1,000평 × @ 2,000만원/평 | |
| | | 계 | | |
| | 지출 | 토지대 | 21,000평 × @ 1,500만원/평 | 취등록세,<br>사업권양도양수비 포함 |
| | | 도급공사비 | 130,000평 × @ 450 만원/평 | |
| | | 분양비 | M/H, 분양대행수수료, 광고선전비 등 | |
| | | 금융비 | 수수료, 이자 등 | |
| | | 기타 | 설계비, 용역비, 제세공과금 등 | 미분양판촉비, 민원처리비,<br>예비비 등 |
| | | 계 | | |
| | 개발이익 | | | 자본금 + 개발이익 =<br>엑시트 버퍼 |
| 시공사 | 매출 | 도급공사비 | 130,000평 × @ 450만원 | |
| | 지출 | 실행공사비 | 130,000평 × @ 390만원 | |
| | | 본사관리비 | 도급액(VAT별도)의 0.0% | |
| | | 기타비용 | 하자보수비, 기타원가 등 | |
| | | 계 | | |
| | 경상이익 | | | |

<지식산업센터 사업수지 양식>

일반산업단지 내에 있는 지식산업센터는 공단의 실사로 인하여 투자수요가 접근하기 까다롭다. 이로 인해 산업단지가 아닌 지식산업센터보다 수요가 적어 가격이 70~80%수준으로 형성되어 있다. 최근에는 낮은 분양가 및 시세로 인해 아르바이트 생 등을 고용하여 공단의 실사를 받고, 향후 폐업절차 후 임대를 하는 경우도 있다. 지식산업센터의 근간 속성은 가치투자형보다는 수익형의 경우가 많다. 업무를 위한 건축물인만큼 교통편 외 학군이나 마트 같은 인프라에

대한 요구사항이 적다. 또한 재건축은 명도 등의 사유로 거의 불가능하다고 사료되므로 기존에 구축된 인프라 및 재건축에 대한 필요로 가치가 상승하는 경우는 드물다. 교통 이점이 유사하다면 구축보다는 신축의 가격이 더 높다. 이 때 연면적 등이 영향을 미치는 경우도 많은데 그 이유는 연면적이 클수록 관리비가 저렴하고, 건물 노후화가 느리게 진행되는 특성이 강하기 때문이다. 수익형 상품은 투자자의 투자 수익률이 분양에 막대한 영향을 미친다. 이로 인해 투자수익률은 지식산업센터와 같은 수익형 상품에서 특히 더 중요하게 다루어 진다. 물류센터와 차이점은 지식산업센터는 개인사업자 혹은 중소기업의 개별 호실 투자가 많고, 총액인수는 드물다는 것이다. 투자자 수익률 분석은 다음과 같다.

| | A | B | C |
|---|---|---|---|
| 건 물 명 | 동탄 A타워 | 군포 당정동 C타워 드라이브인 | 삼송역 A타워 |
| 평 수 | 20평 | 110평 | 43평 |
| 총 액 | 125,300,000 | 690,000,000 | 420,000,000 |
| 평당 금액 | 6,353,955 | 6,257,368 | 9,635,237 |
| 대 출 율 | 80% | 80% | 80% |
| 대 출 금 | 100,240,000 | 552,000,000 | 336,000,000 |
| 매 입 자 금 | 25,060,000 | 138,000,000 | 84,000,000 |
| 취 등 록 세 | 6,891,500 | 37,950,000 | 23,100,000 |
| 이 자 | 3,007,200 | 16,560,000 | 10,080,000 |
| 월 이 자 | 250,600 | 1,380,000 | 840,000 |
| 연 세 | 5,005,848 | 24,000,000 | 16,215,480 |
| 월 세 | 417,154 | 2,000,000 | 1,351,290 |
| 순 연수익 | 1,998,648 | 7,440,000 | 6,135,480 |
| 순 월수익 | 166,554 | 620,000 | 511,290 |
| 수익률 | 6.26% | 4.23% | 5.73% |

<지식산업센터 투자 수익률표>

상품은 드라이브인, 라이브오피스, 섹션오피스로 나뉜다. 드라이브인은 제조형 공장에 특화되어 있는 상품으로 화물트럭 등이 공장 바로 앞에까지 진입할 수 있는 특성이 있다. 층고가 높은 제조형 공장은 실제로 호이스트 등을 설치한 중장비 운용 공장이 많이 입주하는 편이며 이에 따른 편리한 물동에 대한 수요가 존재한다. 라이브 오피스는 생활이 가능한 오피스로 각 호실마다 화장실이 존재하는 것이 특징이다. 이러한 특징으로 인해 준공 후 샤워시설 설치, 인덕션 구비로 실거주 가능 상품으로 분양하는 경우도 있다. 섹션 오피스는 일반 사무공간을 위한 곳으로 공사비가 가장 적게 드는 상품이다. 부가적으로 서비스 면적이 많은 코너호실 등은 수요가 많아 주변 호실과 묶음으로 판매하는 경우가 많다는 것이 분양 특성이다. 분양성은 주변에서 흡수가능한 기업 배후수요와 교통수단의 편리에 의하여 좌우되는 경우가 많다. 기업의 특성상 직원들의 편리한 교통수단이 인재확보의 중요한 요소가 될 수 있기 때문이다.

# 12부

# 데이터센터 개발사업

데이터센터란 서버 사용자가 서버를 원활하게 사용할 수 있는 공간과 설비를 제공해주고 이를 유지해주는 운영관리 등의 서비스를 제공해주는 것이다. 법적 정의는 국가정보화 기본법 제 23조의3에 수록되어 있으며, 정보통신서비스의 제공을 위해 다수의 정보통신기반을 일정한 공간에 집적시켜 통합운영 및 관리하는 시설을 말한다. 이는 건축법방송통신시설 중 데이터센터에 해당하는데 2019년에 신설되었다. 건축법에 따라 주차대수는 400㎡당 1대, 미술장식품의무, 배연창 비의무, 장애인등 편의 증진관련 사항 미적용, 자전거 주차대수 자동차 주차대수의 10%, 공중화장실 등에 관한법률 미적용 등의 적용을 받는다. 데이터센터가 건축법상 용도가 불분명하였을 때는 업무시설, 교육연구시설, 방송통신시설 등으로 허가를 받은 사례가 다수 있었으나 개정된 건축법 시행령은 방송통신시설 중 데이터센터를 특정한다. 기존 조성된 부지의 경우에 입주 가능한 산업군에는 포함이 되지만 건축법상으로 방송통신시설이 허용용도로 지정된 사례는 많지 않다. 이 때 지구단위계획 등의 허용용도에 대한 변경이 필요하다. 주의할 점은 군사시설 보호구역일 경우 대부분 통신설비에 대한 금지를 공지하는 경우가 많으니 확인하여야 한다.

현재 전세계 데이터센터는 약 4,500개로 서양에 집중되어 있고 동양 지역은 이제 성장 국면에 진입하였다. 5G와 IOT등 기술발전에 따라 데이터의 속도와 전송량이 비약적으로 증가되어 이를 처리하기 위한 데이터센터의 역할은 빠르게 증가하고 있다. 시장 상승률은 국내 기준 데이터센터는 매년 평균 6%씩 상승하고 있으며, 그 중 상업용 데이터는 7.5% 상승하였다.

서비스에 따라 고밀도 전산 장비를 설치하여 클라우드 서비스를 제공하는 클라우드 데이터센터CDC와 인터넷 데이터센터, 복합 구성을 진행하는 하이브리드형 데이터센터로 구분된다. 또한 운영 목적에 따라서는 기업내에서 운영하는 데이터센터 중 인하우스 자체데이터센터와 외부 별도 데이터센터가 있으며 타사 데이터센터를 임차하는 전대개념의 코로케이션과 임차전문 데이터센터를 임차하는 코로케이션으로 구분할 수도 있다.

| 구분 | 하위분류 | | 특징 |
|---|---|---|---|
| 자체데이터센터 | In-house | 오피스 공간내운영 | 소형 |
| | Externel | 전용 데이터센터 | 대형 |
| 코로케이션 | - | 타사DC내 임차 | 전대차 |
| | - | 자체구축코로케이션DC | 리테일 혹은 도매 대상 임차 |

<운영목적에 따른 분류>

| 분류 | 주요특징 |
|---|---|
| IDC(인터넷데이터센터) | 고객에게 전산과 네트워크 설비를 임대하고 인터넷을 통해 정보 전달 |
| CDC(클라우드데이터센터) | 기존 IDC보다 고에너지효율, 고밀도 전산 장비 설치를 진행하여 클라우드 서비스 제공에 최적화시켜 서비스 제공 |
| 하이브리드형 데이터센터 | 저밀도 RACK과 고밀도RACK의 복합 구성을 통해 고객이 서비스를 선택적으로 이용하도록 프로그램 제공 |

<서비스에 따른 분류>

클라우드 데이터센터 시장은 아마존과 마이크로소프트가 주도하고 있으며 IBM, 구글, 알리바마 등이 최근 데이터센터 구축에 진입하였다. 데이터센터는 클라우드 서비스의 가장 기본적인 경쟁력을 확보하기 위한 시설이며 클라우드 서비스의 성장은 기업이 직접 저장 및 운영하던 데이터가 클라우드 서비스 사업자의 데이터 센터로 이동함을 의미한다.

코로케이션은 클라우드와는 조금 다른 개념으로 서비스 제공자가 데이터 센터를 직접 짓거나 혹은 다른 데이터센터를 임대한 후 그 공간을 일반 기업에게 빌려주는 형태의 서비스다. 일반기업은 자체 보유한 서버와 컴퓨팅 시설들을 보관하고 관리하는데 어려움을 겪거나 혹은 관련 인건비 등의 경제적 이유로 이러한 서비스를 이용한다. 즉 코로케이션은 일반기업이 구매한 서버와 컴퓨팅 하드웨어를 위한 공간을 제공하고 또한 서버와 하드웨어 관리를 제공하는 서비스이다.

규모와 등급으로도 구분하는데 그 기준은 다음과 같다.

| 규모 | 서버 RACK수 | 상면 면적 | 전력 수전용량 기준 |
|---|---|---|---|
| 하이퍼스케일/메가 | 9,001대 이상 | 22,501㎡ | 40,000kW |
| 거대 | 3,001대~9,000대 | 7,501㎡~22,500㎡ | 20,000kW~40,000kW |
| 대형 | 801대~3,000대 | 2,001㎡~7,500㎡ | 10,000kW~20,000kW |
| 중형 | 201대~800대 | 501㎡~2,000㎡ | 10,000kW미만 |
| 소형 | 11대~200대 | 26㎡~500㎡ | |
| 초소형 | 1대~10대 | 1㎡~25㎡ | |

<규모에 따른 분류>

| 규모 | 티어1 | 티어2 | 티어3 | 티어4 |
|---|---|---|---|---|
| 인프라 공급경로 | 1 | 1 | 2(Active/ Passive) | 2(Active/ Passive) |
| 예비장치 | N | N+1 | N+1 | 2(N+1) |
| 물리적 분리 | - | - | - | O |
| 동시유지보수 | 불가 완전 무중단 불가능 | 불가 완전 무중단 불가능 | 가능 완전 무중단 불가능 | 가능 완전무중단가능 |
| 가용성 | 99.67% 연간28.8시간의 다운타임 | 99.74% 연간22시간의 다운타임 | 99.98% 연간1.6시간의 다운타임 | 99.995% 연간 0.4시간의 다운타임 |
| 설치장비 | 전력공급경로: 단수 냉각공급경로: 단수 | 전력공급경로: 단수 냉각공급경로: 단수 | 전력공급경로: 복수 냉각공급경로: 복수 | 전력공급경로: 복수 냉각공급경로: 복수 |
| 수요처 | 일반 인터넷서비스 | 콜센터, 소규모연구소 | 상업용 IDC 인터넷 기반회사 | 금융사/국가기관 |

<등급에 따른 분류>

데이터 센터 내부시설은 크게 UPS, 배터리, 항온항습기와 발전기 등을 갖춘 기반시설과 서버스토리지 등의 ICT장비, 그리고 이를 유지보수하기 위한 시스템으로 분류된다. 디테일하게 나누면 서버네트워크와 하드웨어 자원을 공유하도록 도와주는 장치, 스토리지데이터 패킷의 저장공간, RACK서버 및 네트워크 장비를 설치하는 캐비닛 공간, 네트워크서버가 통신망에 연결되도록 도와주는 장치, PDU전력 분배장치, 항온항습기온도와 습도를 유지시켜주는 장치, UPS정전 시 내장 배터리를 통해 안정적 전원공급장치, 배터리전력공급을 위한 보조장치, 발전기비상시 자가발전을 위한 장비, 수배전선발전소의 전력을 공급 및 분배하는 전력시스템, ATS/STS일정한 전원공급이 가능하도록 제어하는 장치, 고효율펌프RACK하단수로에 냉수를 공급하는 장치, 보안장비CCTV, 및 소화가스 등 보안 및 방재장비, DCIM/EMS에너지 공급현황을 모니터링 하는 장비, 소화가스, 냉각탑냉각용수 재사용을 위한 열교환장치 등의 장비로 이루어져 있다. 데이터센터의 서버 장비는 온도와 습도에 민감하므로 일정기준으로 유지할 수 있는 설비가 중요하다. 습도는 40%~55%를 유지해야하며, 내부 온도는 16도~24도로 일정하게 유지해야 한다. 데이터센터 외부조건은 보안, 운영비용, 도심과의 물리적 거리 등이 중요한데, 이 중 보안과 운영비용 문제는 다른 조건들 보다 특히 더 중요하다. 데이터센터의 데이터는 영구보존이 가능해야 한다. 이는 화재, 지진, 태풍 등의 자연재해로부터 안전해야 함을 뜻하며, 전쟁 등의 이슈가 있는 지역도 기피되는 이유이다. 이 중 냉각에 들어가는 비용이 전체 운영비용의 50%이상을 차지한다. 이 때문에 스웨덴과 국내 북부와 같이 서늘한 기후를 가진 곳이 에너지 비용을 줄일 수 있어 더 적합하다고 판단되어왔다. 바닷물, 댐,

풍력 발전과 같은 친환경 에너지를 이용하면 냉각이 더 효율적이라 바다나 지하처럼 일정한 온도가 유지되는 곳에 데이터센터를 설치하기도 한다.

공사는 연면적 12,000평~13,000평 규모, 지하2층~지상6층 정도를 기준으로 삼았을 때 기간은 평균 2년정도 소요된다. 공사비는 평균 평당 2,000만 원에서 2,300만 원이며, 전기공사비 40%, 기계공사비25%, 건축공사비20%로 여타의 공사와 다르게 전기공사비 및 기계공사비의 비중이 높다. 공사주체는 다음과 같다.

| 구분 | 기본공사 | E&M공사 | 인입공사 |
| --- | --- | --- | --- |
| 공사주체 | 국내 1군 시공사 | 위탁운영업체 & 시공사 | 한국전력공사 |
| 특이사항 | 데이터센터 경험없는 시공사나 투자후 실적 인식만 진행한 곳은 항온항습과 같은 특수설비 구축 어려움 | 코로케이션의 경우 임차인의 니즈에 맞게 설비를 구축해야 하므로 위탁운영 업체가 공사 단계에 따라 하도급으로 공사에 참여함 | 한전과 인입공사관련 시설부담금 납부계약 체결후 공사 진행 |
| 공사내용 | 외부 골조 등 기초공사 일체 | 전기: 배전반, UPS, 비상발전기, 변압기, 부스덕트, 분전반, SLTS, ATS, STS 등<br>기계: 냉동기, 냉각탑, 펌프, CRAH/FWU, 자동제어 등<br>소방: 소화가스, 스프링쿨러, VESDA, 열/연기 감지기 등<br>제어: DDC/PLC, EPMS, BAS, 배터리 모니터링 시스템 등 | 배선 등 수전에 필요한 선로 등 |

<공사 주체>

본공사 외 중요한 공사비는 한전 인입비용이다. 한국전력공사 각 지사와 협의를 통해 공사를 논의한다. 데이터센터는 2개의 변전소에서 전기를 유치해야 하는데, 변전소로부터 인입 가능한 전선루트를 산정하고 m당 110,000원 정도를 책정하여 공사하는 편이다. 용량공사는 1kVA당 35,000원으로 예상용량을 각 변전소별로 합산하여 35,000원을 곱해주면 된다. 변전소로부터 5.7km, 3.6km 떨어진 사업지가 있다고 가정하면 다음과 같다.

*{(5,700m-50m)+(3,600,-50)+ (5,700m-50m)+(3,600,-50)}×*

*110,000원=2,024,000,000원*

(50m는 한국전력공사 공사분이며, 2번 합산한 이유는 주전력과 예비전력이다)

용량공사비는 예상용량을 40,000KVA로 가정하였을 때 *(40,000KVA +40,000KVA)x35,000원=2,800,000,000원*이며 합계 4,824,000,000원이 인입비용이 된다.

그 외에 상수도 인입여부, 도시가스 인입여부, 지역 열원 공급여부등을 검토해야 한다.

설계비용은 50만 원~90만 원으로 폭넓게 형성되어 있는 편인데 건축사법에 다른 용역대가는 상급도서에 제2종 용역 기준이다. CM을 진행하는 경우에는 그 관리비용 역시 20억 원에서 30억 원 정도가 되는데, 국내 시공사의 시공실적을 고려하였을 때 CM을 통한 분리발주도 고려해볼 만한 요소이다.

투자는 LTC60%수준에서 선순위가 결정되고, 중순위는 70%내외 수준으로 진행한다. 대부분 1종 및 2종수익권정도만 차등 수익권을 유지하는 편이다.

# 13부

# 공모사업

공모형 사업이란 공공이 보유한 부지를 대상으로 개발 사업을 수행할 민간 사업자를 공개적으로 공모 및 선정하고, 공공과 민간이 공동 혹은 민간 컨소시엄을 통해 프로젝트 회사를 설립 뒤 개발사업을 수행하는 방식이다. 공공기관이 특정사업을 추진하는 민간 사업자를 선정하며, 사업의 조건을 공개적으로 제시한 후 참여하고자 하는 민간사업자를 결정하는 방식으로 일반적인 Turn-Key사업과 제안형 개발사업과는 상이하다. 대형 복합 시설의 적기 공급 및 계획, 시공, 관리 체계의 일원화를 통한 개발의 효율성을 도모하기 위하여 도입되었고, 기존 대규모 공공택지 지역 내 상업시설 부지가 분할 매각됨에 따라 계획적 개발이 이루어지지 못하는 문제점을 보완한다. 순서는 민간사업자 공모, 우선협상대상자선정, 사업협약체결, 프로젝트회사 설립, 착공, 준공, 정산으로 진행된다. 공모단계에서는 사업타당성 검토, 심사기준에 따른 가산점 평가, 사업안정성 등을 심사한다. 공공기관은 외부 전문가의 자문을 받아 통상 점수제로 사업자를 선정한다. 사업시행자는 사업계획서 작성 시 건축사사무소, 금융사, 시공사 등과 협업하여 작성한다. 이 때 각 사별 역할을 정하여 PFV형식으로 진행하는 경우가 많다. 인허가와 마찬가지로 새로운 건축물을 기획하여 심사위원을 설득해야 하기 때문에 건축사의 초기 역할이 막대하다. 공모사업을 진행하면 디자인 공모, 사업제안 등을 통하여 선별하는 편인데, 이 때 영업경쟁 역시 치열해진다. 계약 및 시공단계에서는 사업협약서 등 제반 계약을 체결하고, 사업계획서 등을 첨부하여 주최측에 제출한다. 이로 인하여 시장환경 변화에 따라 공공기관과 사업시행자가 갈등을 겪는 경우가 있다. 분쟁 발생 시 책임소재가 중요하다. 주의할 점을 몇 가지 살펴보자면, 금융기관과 시공사의 여신한도로 인하여 자금조달이 되지 않았을 경우 내부승인절차 이행전제 문구는 사업계획서를 제출할 때 이미 합의를 했다고 인정되어 기본법리에 비추어 효력을 인정하기 어렵다. 또한 적극적으로 문제를 해결하려 했는지도 중요한 참고사항이 된다. 일반적인 순서는 사업협약서 등 제반 계약을 확정하고, PFV설립, 착공 및 시공 순으로 진행된다. 사업완료 시 분양과 지분 청산이 이루어지는데, 이 때 공공부문이 PFV의 주요 당사자로 참여하게 되면 사업 좌초 시 귀책사유를 따질 때 더 복잡한 양상을 만들어 낸다. 그 이유는 민간부문은 사업의 이익이 목적이고, 공공은 공공성 확보가 그 목적이기 때문이다.

# 14부

# 주택도시보증공사 보증사업

주택건설사업의 미래 현금수입 및 사업성을 담보로 주택건설업자가 대출받는 토지비 등 사업비에 대한 원리금 상환을 주택도시보증공사에서 지급 보증함으로써 자금을 조달하는 구조를 주택도시보증공사 보증사업이라 한다. 일반적인 사업의 특성을 그대로 승계하고 추가적으로 대출의 기한이익상실 시 주택도시보증공사에서 차주와 시공사를 대신하여 대출상환을 보증한다는 것이 특징이다. 이로 인해 사업 안정성은 증가하고 금리는 낮아진다. 중·소형건설사의 경우 대형건설사보다 신용도가 낮아 고금리로 자금을 조달해야 하는데, 이 방법으로 금리혜택을 볼 수 있다. 대신 실행공정률이 예정공정률 대비 15%이상 차이 나면 안되고, 사업운영계좌는 주택도시보증공사 단독 명의 및 인출되어야 하는 등의 조건이 추가된다. 이러한 상품은 증권사보다는 은행을 통한 대출이 이루어지는 경우가 많다. 보증대상은 주택건설 사업계획승인을 신청한 경우로써 분양보증 또는 임대보증금 보증의 대상이 되는 주택사업분양사업, 임대사업 모두 분양대상이다. 보증제외대상은 도시 및 주거환경정비법 제2조 제2호 나목의 주택재개발사업인 경우와 분양사업일 때 수도권 및 광역시에서 5,000㎡미만, 기타지역의 경우 10,000㎡미만, 임대사업의 경우 지역에 관계없이 5,000㎡미만 인 경우다. 필수요건은 분양사업의 경우 토지비의 10%와 총 사업비의 2%중 큰 금액을 선 투입하여야 하며, 우량 시공사의 대형 사업장의 경우에는 100억원, 토지비의 5%, 총 사업비의 1%중 큰 금액을 선투입해야 한다. 임대사업일 경우는 총 사업비의 5%를 납입해야 한다. 시공자는 주택도시보증공사 신용평가등급이 BB+이상이고, 시공능력평가순위 500위 이내 또는 최근 5년간 주택건설실적 300세대 이상 업체 책임준공이 반드시 필요하다. 마지막으로 사업부지 신탁요건 사업부지 확보 후, 공사 또는 공사가 지정하는 부동산신탁회사에 신탁해야 한다. 추가적으로 조합주택이 시행하는 주택건설사업의 시공자가 파산 등의 사유로 당해 주택에 대한 시공책임 등을 이행할 수 없게 되는 경우에 시공을 이행하거나 주택조합의 손해금 지급을 책임지는 보증상품인 조합주택 시공보증이 존재하는데, 이것이 주택조합에서 은행권 대출로 저금리를 유치할 수 있는 주 이유이다.

# 15부

# 자금조달 방법론

유동화사업에 일정 부분 지면을 할애하는 이유는 유동화가 주 사업원천이 될 수 있기 때문이다. 매출채권 유동화는 자산 보유자가 보유하고 있거나 보유하게 되는 매출채권을 적정 가격에 신탁 또는 양도함으로써 자산보유자는 매출채권을 현금화하게 되고, 유동화증권 발행을 통해 자산보유자에게 매출채권 대가를 지급한 SPC는 매출채권 회수액을 통해 유동화증권의 원리금을 상환받을 수 있다. 매출채권은 확정매출채권과 장래매출채권이 있다. 확정매출채권은 자산보유자가 보유하고 있는 매출채권을 신탁 또는 양도하는 것으로서 Book-off거래이며, 재무제표상 매출채권잔액으로 조달규모가 제한된다. 장래매출채권유동화는 자산보유자가 보유하게 될 매출채권을 신탁 또는 양도하는 것으로 채권의 특정가능성과 발생가능성 조건이 충족되어야 한다. 차입거래로서 장래 추정 매출액이 조달규모가 된다.

유동화 시 자산보유자는 자산확정일 현재의 확정매출채권과 유동화기간 종료일까지 발생하게 될 장래채권을 포괄신탁한다. 여기서 포괄신탁이란 최초 유동화 시점에 거래처를 지정하여 특정 기간 동안 발생하는 특정 거래처에 대한 기업매출채권을 양도하도록 미리 정하는 방식이다. 신탁회사는 신탁원본을 기초로 SPC에 제1종 수익권을 자산보유자에게 제2종 수익권을 발행한다. SPC는 제1종 수익권을 기초로 ABS를 발행하여 제 1종 수익자 지정에 대한 대가를 지급하고 여기서 발생하는 현금흐름을 기초로 ABS의 원리금 및 기타 비용을 지급한다. SPC의 운영 및 관리를 위하여 업무수탁자와 자산관리자가 참여한다. 구조도는 다음과 같다.

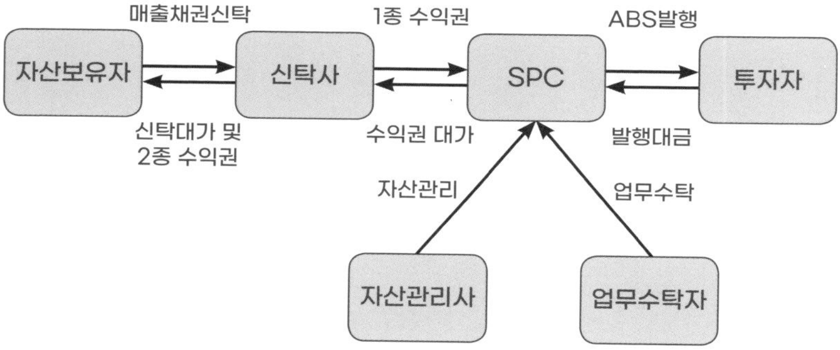


<자금유동화 구조도>

매출채권 회수 시 신탁비용이 우선적으로 집행된다. 순차적으로 ABS이자와 SPC비용 등을 포함한 제1종 수익권의 수익이 집행된다. 그 이후 정상기간과 통제적립기간에는 특별유보금과 통제 적립금이

집행되고 마지막으로 제2종 수익권의 수익이 집행된다. 특별유보금은 제1종 수익권의 권리를 확보하는 장치로써 신탁재산 잔액이 제1종 수익권과 제2종수익권 지분 합산액을 하회하는 경우 회수금원 중 일부를 특별 유보금으로 유보하여 기간 중 어느 시점에서라도 조기상환 사유 발생 시 제1종 수익권이 차질없이 지급되도록 하는 것이다.

매출채권유동화의 위험은 신용위험, 희석화 위험, 집중위험, 자산변동위험, 자산혼장위험이 있다. 신용위험은 거래처의 부도 또는 연체로 인하여 매출채권이 일정 기간 내 회수되지 않는 것이다. 희석화 위험은 채무자가 자산보유자에 대하여 보유한 권리에서 발생하는 위험으로 할인, 상계 등이 있다. 집중도가 높을수록 거래처의 부도 등이 유동화증권상환에 치명적인 위험을 주는데 이를 집중위험이라 한다. 자산변동위험은 리볼빙 구조의 경우 유동화기간 중 지속적으로 포트폴리오 변동이 가능할 때 발생하는 위험이다. 자산혼장위험은 유동화자산이 자산보유자의 파산절차 등에 연루되어 ABS의 상환재원으로 활용되지 못할 위험이다. 이에 대한 통제방안은 장래매출채권의 양도성 확보, 신탁, 적격기준확보, 대항력 확보, 자산혼장위험통제, 집중도한도, 자산실사, 조기상환 트리거장치, 유동화증권 상환구조, 외부 신용보강 등이 있다. 장래매출채권의 양도성확보는 특정한 거래처에 대하여 일정한 기간 동안 발생하는 모든 장래매출채권 포괄적 양도를 통해 리스크를 회피하는 방법이다. 혹은 장기공급계약이 존재할 때 양도 시 기본적 채권관계가 어느 정도 확정되어 있어 그 권리 특정이 가능하고 발생가능성이 있다면 대법원 판례에 따라 장래채권의 양도성이 인정된다. 신탁을 통하면 파산 절연성이 확보되고 기준에 부합하지 않는 매출채권을 유동화자산에서 제외함으로써 안정성을 확보할 수 있다. 대항력확보는 양도 사실을 양도인이 확정일자 있는 증서를 통해 채무자에게 통지하거나 채무자로부터 승낙을 받는 경우 가능하다. 자산혼장위험통제는 거래처에 대하여 수탁자 명의의 계좌로 매출채권 집금계좌의 변경을 통지함으로써 안정성을 확보할 수 있다. 설정된 한도를 초과하는 부분을 계좌잔고 계산 시 차감하는 집중도 한도설정이나 주기적인 자산실사를 통한 안정성 확보 및 실사주기를 단축하지 않을 경우 자산보유자의 신용등급이 높다면 제2종 수익을 가지급하는 구도도 가능하다. 조기상환 트리거 장치는 ABS상환에 영향을 미치는 각종 변수들이 일정 수준을 벗어나면 ABS만기 이전이라도 상환하여 확실성을 확보하는 것이다. 유동화증권상환구조는 정상적인 상황에서 ABS상환재원이 전액 적립될 수 있도록 설정하는 것이며, 외부신용보강은 은행이나 높은 신용도의 법인으로부터 신용공여를 받는 것을 말한다. 이와 관련하여 금융에 관한 유권해석을 더 살펴보고 싶으면 금융규제 법령해석포털에서 회신사례를 찾아보면 된다.

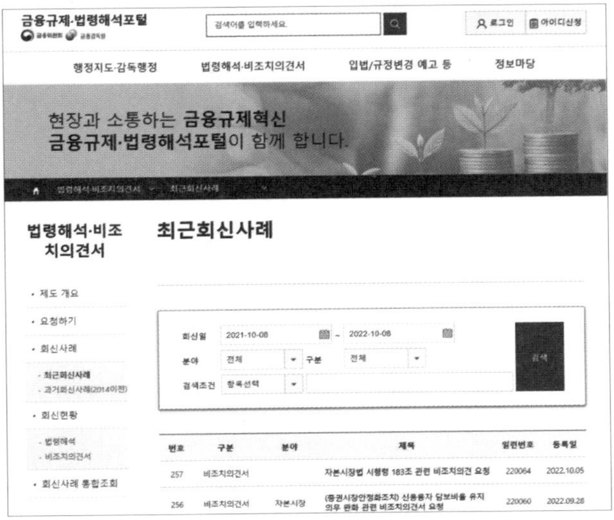


<금융규제법령해석포털예시>

유동화 순서는 사전 협의 및 검토, 참여기관협의, 신용평가, 계약서 체결, SPC설립, 공시업무, 유동화증권 발행순으로 진행된다. 사전협의 시 매출채권의 종류와 형태 등을 확인하고 금융감독원과 협의를 마친 뒤 채권양도 통지 승낙서를 발송한다. 참여기관협의 시 신탁사와 조건을 정한 뒤 신용공여기관 평가를 진행한다. 신용평가는 평가회사에서 진행한 뒤 평가서를 발급하는 것으로 마무리된다. 계약서 체결은 법무법인 검토, 실사보고서 확보, 채권양도통지승낙서 징구, 계약서 서명으로 구성된다. SPC정관을 정하고 이사선임 및 자본금을 납입하면 법인 설립이 완료되고 이를 바탕으로 자산유동화계획등록, 자산양도등록 및 증권신고, 투자설명서 및 발행실적보고서를 제출하면 공시업무가 완료되고 ABS를 발행할 수 있다.

토지매매대금 반환청구권은 토지 매매계약서 상의 토지매수인의 계약해제권 행사에 따른 공기업의 토지매매납입대금 반환의무를 유동화한 구조이다. 구조도는 아래와 같다.

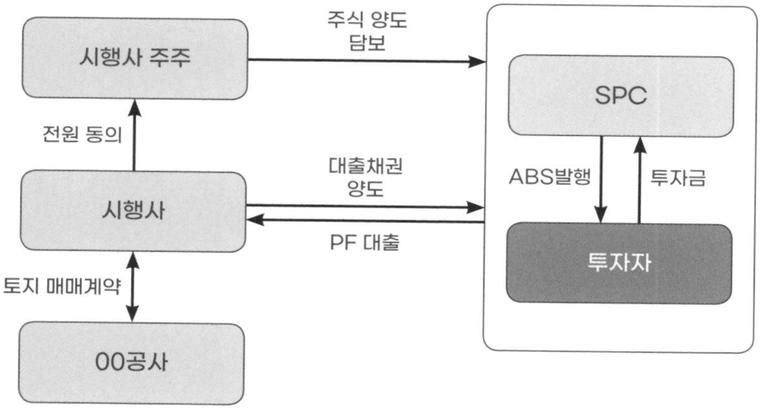


<토지매매대금 반환청구 구조도>

차주는 00공사와 토지 매매계약을 체결하고 SPC로부터 대출을 받을 수 있다. 차주는 매매계약상 계약보증금 및 중도금 환불조건부 계약해제권을 행사할 수 있는데 SPC가 주식 양도담보설정계약 등을 통하여 차주에 대한 통제권을 확보 시 토지매매대금 납입금 환불의무를 바탕으로 자금을 유동화할 수 있다.

# 16부

# 한 눈에 살펴보는 개발사업 장표

## 1. 부지정보 입수

**<정보 수집 경로>**

| 온라인 공고 | 시행사 요청 | 금융사 요청 | 내부고객 요청 |
|---|---|---|---|
| LH, SH공사, 개발공사 (지자체 등) | 기 협력시행사, 신규시행사 | 증권사, 신탁사 등 | 내부 직원 및 지인 |

**<적용 현황>**

- **공공 택지**: 연간 계획에 따른 사전검토 (사전접촉 및 정보관리)
- **민간 택지**: 시행사 및 금융사 사업계획서 검토

**<정보 수집 단계>** ① 사전정보수집 ② 정보원 지속관리

사업정보수집 → 사업 예비타당성 검토 → YES: 사업성 정밀검토추친 / NO: 검토정보 누적관리 (담당자 통보)

- **공공택지:** 관련 업체 홈페이지
- **민간택지:** 시행사/금융사 제안

- **협의부서 의견수렴**
  - 사업개요
  - 개략견적검토
  - 적정분양가
  - 타당분양률

✔ Check point

1) 사업에 대한 사전정보 수집에 활용
2) 사업정보를 조기 제공함으로써 사업정보원 관리
3) 사업추진 전 사업타당성 및 사업구도 검토

## 2. 건축계획 수립

**<적용 현황>**

| 개발계획 수립 | 사업추진 및 자금조달 계획 수립 |
|---|---|
| 설정된 컨셉에 맞는 건축물 및 시설물 결정<br>결정된 시설물의 규모 및 배치계획 수립 | 사업주체 및 방법 계획<br>총 투자비 규모 및 투자비 조달방법 등 수립 |

## 3. 사업성 검토

### ① 현장 조사

<조사 내용>

| 구분 | 조사 항목 | 조사 방법 |
|---|---|---|
| 지역 기초 | •인구(증가율)<br>•가구수<br>•주택보급율 | •통계청 통계자료<br>•지자체 총무부서/공보부<br>•개발계획총람등 전문서적 |
| 교통 여건 | •도로현황(향후계획 포함)<br>•교통(지하철, 버스 등)<br>•교통량 | •지번도, 도시계획도 등<br>•교통통계연감 등<br>•지하철공사, 현장조사 등 |
| 주변 시설 | •채광, 일조권<br>•인구유발시설<br>•혐오시설유무 | •현장조사(사진촬영) 등 |

### ② 계획서 검토

<검토 사항>

**1. 사업수지 적정성**

• 사업 진행방식
 - 지구단위계획, 도시개발사업 등
• 공사비지급방식
 - 기성불, 분양불 등
• 시행사 개발이익 적정규모
 - 적정 분양가 산정여부

**2. 토지조서 및 각종조서**

• 지주수, 필지수 및 권리관계
• 미매입부지 대책여부
• 국공유지 존재시 유상/무상양여 여부
• 동의 및 매매계약여부 파악

**3. 총(예상) 사업비**

• 토지대, 각종용역비(설계, 용역비 등) 투입 등 실집행규모 확인
• 시행사 기투입비 및 상환시기

<계획서 검토 단계>

사업수지 재검토 → 토지조서 및 관련조사검토 → 사업규모확인 → 사업수지 재작성

일정 및 사업비용 등
감안하여 사업수지 재작성

✔ Check point

1) 사업원가 책정 적정성 판단(유사지역 사업 비교검토 필요)
2) 일정에 따른 지연가능성 파악(지구단위, 도시개발사업 등)
3) 시행사 기투입비 및 상환시기 협의

## ③ 시행사 협의

<협의 사항>

| 구분 | 조사 방법 |
|---|---|
| 1. 인허가 사항 | •인허가 제한사항 인허가청 방문확인<br>- 각종 공부조서<br>- 용도변경 및 개발계획안 수립<br>- 학교시설 개설(교육청)<br>- 하수물량 및 하천점용<br>- 제영향평가상 제한항목 파악 |
| 2. 사업계획안 | •사업계획안 실현가능 여부<br>- 용적률, 용도변경, 고도제한 등<br>- 현 사업진행률 기준 실제 가능한 사업일정 도출 |
| 3. 개발이익 및 제반조건 | •시행자 사업참여도에 따른 적정 개발이익 산출 및 당사 매출이익 결정<br>•제반 사업진행 필요조건 협의 |

<시행사 협의 단계>

인허가 사항 → 사업일정 확정 → 시행사, 시공사 원가 협의 → 조건협의 (계약서 문구 작성)

✔ Check point

1) 인허가청 방문을 통한 사업 리스크 사전 방지
2) 실제 가능한 사업일정 도출하여 사업수지 작성
3) 시행사, 시공사 필수 반영조건 계약서상 명기

## 4. 상세 검토

### ① 시공사 내부 유관부서 협의

<협의단계 및 협의사항>

설계검토 → 견적산출 → 분양성 검토 → 심의상정

- 설계검토: 설계검토 보고서 양식화
- 견적산출: 본시공 외 부대공사 견적 병행 검토
- 분양성 검토: 시장조사

<투자심의 주요 이슈>

**PF(지급보증) 최소화(사업구도 다각화 방안)**

- 책임분양, 책임준공을 통한 관리형 신탁
- 대한주택보증, 주택금융공사 PF상품 활용
- 개발리츠 활용

> ✔ **Check point**
> 1) PF가능 사업장 발굴 및 데이터베이스화
> 2) 분양성조사(마케팅팀, 사업팀)에 따른 적정 분양가 사전 조율
> 3) 설계(건축계획안) 체크사항 메뉴얼화

## 6. 약정 또는 계약

### <관리 항목>

| 구분 | 내용 |
|---|---|
| 목적 | 사업계획서 확정 및 사업약정 보완사항 반영 |
| 검토사항 | • 사업개요(건축개요, 공사기간, 계약금액 등)<br>• 당사자간 업무범위(사업구도)<br>• 재원조달(자금관리) 및 자금 인출순서<br>• 공사비, 분양경비 및 사업비 지급조건<br>• 기타 사업조건 및 연계약정(대출약정 등) 명시<br>• 계약금액 조정(설계변경, 물가변동)<br>• 분양가 결정 및 미분양 물건 처리등 문구반영 |

### <도급약정 단계>

도급계약서 협의 (시행사 ↔ 시공사) → 도급계약서 보완 (시행사 협의) → 도급계약 체결

✔ Check point

1) 인허가청 방문을 통한 사업 리스크 사전 방지
2) 실제 가능한 사업일정 도출하여 사업수지 작성
3) 시행사, 시공사 필수 반영조건 계약서상 명기

## 7. 각종 인허가

### <인허가 진행단계>

사업계획 검토 → 도시계획심의 (구역지정, 지구단위) → 조치계획 작성/제출 → 도시계획고지 (구역지정, 지구단위) →

- 사업계획 검토: 시공사 - 사업계획 및 설계도서 검토
- 도시계획심의: 시공사, 설계사 - 도시계획 검토
- 조치계획 작성/제출: 시공사, 설계사 - 조치계획 작성

실시계획 인가 → 건축심의 → 조치계획 작성/제출 → 사업계획 승인

- 실시계획 인가: 시공사, 설계사 - 실시계획 작성
- 건축심의: 시공사, 설계사 - 심의안 작성
- 조치계획 작성/제출: 시공사, 설계사 - 조치계획 작성

## ① 건축 심의

<건축심의 전 인허가>

- **도시개발구역지정 심의, 지구단위계획 심의, MP심의 등이 선행**
  - 지구 지역의 범위, 도시계획시설 계획 등, 사업전반에 따른 계획
    ex) 경관심의, 교통영향평가, 환경영향평가, 교육영향평가 등

| 구분 | 교통영향평가 | 환경영향평가 |
|---|---|---|
| 관련 법령 | 도시교통정비 촉진법 제3장 | 환경영향평가법 제3장 |
| 정의 | 해당 사업의 시행에 따라 발생하는 교통량, 흐름의 변화 및 교통안전에 미치는 영향을 조사·예측·평가하고 그와 관련된 각종문제점을 최소화할 수 있는 방안을 마련하는 행위 | 환경영향평가 대상사업의 사업계획을 수립하려고 할 때에 그 사업의 시행이 환경에 미치는 영향을 미리 조사·예측·평가하여 해로운 환경영향을 피하거나 제거 또는 감소시킬 수 있는 방안을 마련하는 것 |
| 대상 조건 | • 도시개발사업, 대지조성사업, 공공주택지구조성 사업 : 부지면적 10만$m^2$ 이상 | • 도시개발사업, 택지개발사업: -<br>• 주택건설사업, 대지조성사업: 부지면적 30만$m^2$ 이상 |
| 시행 시기 | • 도시개발사업: 실시계획인가 전<br>• 대지조성사업: 사업계획 승인 전<br>• 공공주택지구조성사업: 공공주택지구계획 승인 전 | • 도시개발사업: 실시계획인가 전<br>• 주택건설사업, 대지조성사업: 사업계획 승인 전<br>• 택지개발사업: 실시계획인가 전 |

- 최초 계획대비 확대된 지구지역의 지정 및 도시계획시설 설치 등 **조건 및 심의결과 반영시 상당한 사업비 증가요소 발생**
  - 최초 사업계획의 면밀한 사전검토 필요
  - 도시기본계획 및 관련법규 숙지
  - 유관기관과의 원활한 소통 필요

- **검토 FLOW**

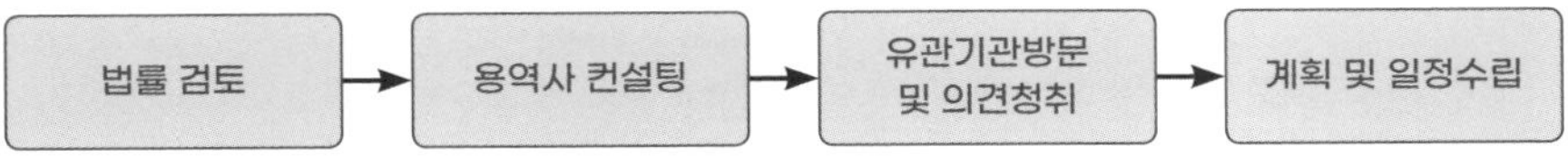


<건축심의시 심의사항>

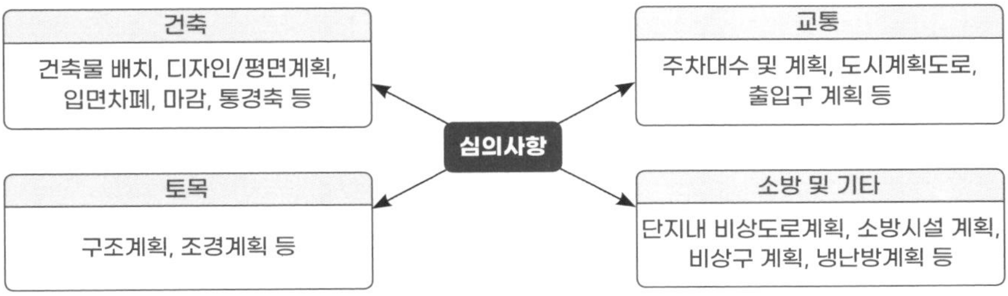


- 지자체별 지침 상이 → 사전 법령 및 지침과 배치여부 확인 필요
- 각 항목별 주요 체크리스트 작성하여 문제제기시 대안 제공 → 입면차폐, 주차계획 등은 사업비와 직접적 연관

## 7. 각종 인허가

### <무리한 인허가 조건 요구 시 대응방안>

**주무기관에 계획안 타당성 제시**

① 관련법규 제시
② 시뮬레이션 제시(교통, 일조 등)
③ 유사사례 제시
(旣 심의사업 또는 타 지자체 사례 제시)

→ 주무기관이 "무리한 조건" 지속 요구시 →

**사업비 부담 최소화**

① 토지수용권 요청
② 도시계획시설 부담 조건에 따른 타 부담금 완화 요청
③ 용적율 상향 요청 등

> ✔ **Check point**
> 고시 등의 행위로 확정될 경우 수정 불가: 사전협의 필요

### ② 사업 계획 승인

<사업계획승인 접수 전 인허가>

- **건축물안전영향평가, 교육환경영향평가 등이 선행**

| 구분 | 건축물 안전영향평가 | 환경영향평가 |
|---|---|---|
| 관련 법령 | 건축법 제13호의 2 | 환경영향평가법 제3장 |
| 목적 | 초고층 건축물 등에 대해 건축허가 전 구조 및 인접대지의 안정성에 대한 종합적인 검토 및 평가 | • 건설공사 시 발생하는 피해를 방지하고 건설공사 후 변화된 주변 환경에 의한 학습환경의 위해성을 최소화함으로써 기존학교의 쾌적한 교육환경을 지속하기 위함<br>• 학교친화형 도시계획 및 정비사업을 유도하여 교육환경을 보다 근본적으로 보호하기 위함 |
| 대상 조건 | • 초고층건축물(층수 50층이상이거나 높이 200m 이상)<br>• 연면적 10만$m^2$ 이상이며 16층 이상인 건축물 | • 「국토의 계획 및 이용에 관한 법률」 제30조에 따라 도시, 군관리 계획으로 결정되어 고시된 학교용지, 「유아교육법」 제2조제2호에 따른 유치원 용지, 「초·중등교육법」 제2조제4호에 따른 특수학교 용지 또는 제60조의3에 따른 대안학교 용지의 학교설립예정지 |
| 시행 시기 | • 건축허가 전(사업승인 전) | • 학교설립계획 수립 완료 전<br>• 해당 계획 또는 사업을 위한 계획 수립 완료 전<br>• 건축법 제11조제1항 단서(21층 이상 또는 10만$m^2$ 이상)에 따른 건축허가를 받기 전 |

<사업계획승인 단계별 관리항목>

＊ 사업계획승인 전 지하안전영향평가 선행

| 사업승인 도서작성 | 사업승인 신청 | 실과 협의 | 사업계획승인 |
|---|---|---|---|
| 사업추진 일정에 맞춰 일정 관리 - 설계변경을 통한 비용절감 | 시공사, 설계사 협의준비 - 각과 승인조건 Check List 작성 | 시공사, 설계사 협조관계 통한 일정 단축 - 승인조건 최소화를 통한 사업비 절감 | 분양신청 준비 - 승인조건 비용산출 및 사업수지 반영 |

✔ Check point

1) 실과 협의 단계에서 사업승인조건 사전 파악 → 최소화 노력
2) 사업승인후 조건 Check List 작성/관리
3) 각 지자체 유관부서 사전의견 조율을 통한 일정단축

## ③ 착공승인

<착공승인 단계별 관리항목>

| 감리자지정 신청 | 타법감리 계약 | 감리계약 체결 | 착공승인 및 신청 |
|---|---|---|---|
| 감리자 지정전 인허가 담당과 사전검토 - 사업비, 공정표, 감리자지정 공고문 등 | 시행사 계약단가 검토 - 시행사 계약단가 검토 (당사기준 협의) | 조속한 계약 진행 | • 제세공과 납부확인 (면허세, 국민주택채권 등)<br>• 착공관련 인허가 조건 검토 |

✔ Check point

1) 인허가 일정 및 사업비 산출관련 인허가 담당자의 사전 협의
2) 감리자 지정 이의신청기간(7일) 중 감리계약서류 검토 협의
3) 타법 감리계약서 당사 기준으로 협의 추친

# 8. 분양승인 및 M/H 오픈

## <분양승인 단계별 관리항목>

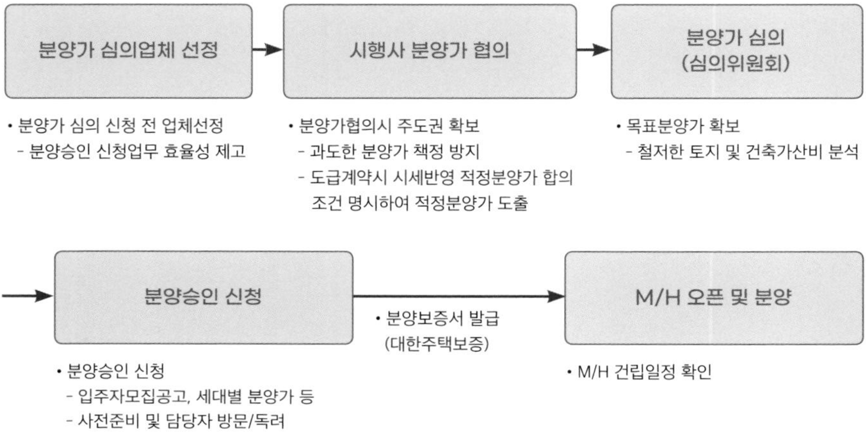


✔ Check point

1) 분양가 상한제 업체 사전 계약 → 적정 분양가 확보

2) 인허가 주무부서 사전협의 진행을 통한 분양일정 단축

1) 주택법을 적용받는 주택(30호 이상 공동주택(보통 아파트), 또는 단독주택)

2) 3천㎡ 이상의 주택이 아닌 건축물 및 30실 이상 오피스텔을 사용승인 전에 2인 이상에게 분양

각각 다음과 같은 업무 프로세스가 진행된다.

### <아파트 분양 절차 (주택 공급에 관한 규칙 적용)>

| 단계 | 내용 |
| --- | --- |
| 분양 보증 | 주택 도시 보증공사로부터 보증료 납부 및 보증서 발행 |
| 분양 승인 | 지자체(시,군,구) 승인 신청 후 5일 내에 결과 통보 (소요기간 5일) |
| 입주자 모집공고 | 분양대상 물건, 청약자격 등을 총망라한 공고문을 일간신문에 최초 청약일 5일 전에 개시 (소요기간 5일) |
| 특별 공급 | 배려가 필요한 수요자들에게 일반 공급전에 공급 (소요기간 1일) |
| 일반 청약 | 청약통장 가입자 대상 인터넷 청약 접수 (소요기간 3일) |
| 당첨자 선정/발표 | 금융결제원 무작위 전산추첨 후 발표 (소요기간 4일) |
| 부적격 검수 | 지정계약일 전까지 당첨자에 대한 부적격 검수를 통해 최종 계약대상자 선별 및 준비 (소요기간 11일) |
| 당첨자 계약 | 당첨자 발표 후 11일 이상 여유를 두고 3일 이상 기간을 정해 계약하도록 규정 |
| 예비당첨자 계약 | 당첨자 계약 포기 또는 부적격 등의 사유로 발생한 미계약 물량을 배정 계약 |
| 선착순 계약 | 예비당첨자 배정까지 마친 후 발생한 미분양 물량에 대해 일반 수요자에 판매 |
| 분양권 전매 | 입주자 지위 승계 절차 |
| 입주 | 최종 잔금 납부 후 입주 |

## <오피스텔 및 상가 분양 절차(건축물의 분양에 관한 법률 적용)>

| 단계 | 내용 |
|---|---|
| 건축 허가 | 연면적 200㎡ 이상이거나 3층 이상인 건축물을 건축할 경우 승인권자 (시장, 군수, 구청장 등)에 건축허가 신청 (신청 후 3일 소요) |
| ↓ 분양 신고 및 승인 | 분양신고 시 사업주체는 대통령령으로 정하는 서류를 갖추어 허가권자에게 제출, 허가권자는 검토하여 적합한 경우 분양신고 수리 후 사업주체에 통보 (분양 신고 후 5일 소요) |
| ↓ 입주자 모집공고 | 공급면적 및 공급규모, 공급금액 및 납부일정, 청약 및 계약 절차 등 (모집공고일은 청약 접수일로부터 5일 전) |
| ↓ 청약 접수 | 300실 이상 오피스텔 인터넷 청약 / 청약 접수기간은 1일 이상 지정가능 |
| ↓ 당첨자 선정/발표 | 인터넷 청약 시 금결원 전산 추첨. 현장 청약 시 견본주택 공개 후 당첨자 발표 |
| ↓ 당첨자 계약 (지정계약) | 청약 당첨자 대상 계약 체결 / 계약일은 1일이상 지정 가능 |
| ↓ 잔여 호실 계약 | 사업주체 임의 분양 (지정계약 이후) |

# 9. 준공(사용검사 승인)

## <단계별 관리 항목>

| 구분 | 내용 |
|---|---|
| 사업승인 조건이행 | •도시계획시설 준공(도로, 교량, 공공공지 등)<br>1) 지자체와 위수탁계약 체결유도 → 비용/시간단축, 토지매입 Risk 축소<br>2) 분양후 관계인허가 조속 진행 → 공기 확보 및 향후 토지매입협상 유리 (토지수용 근거 마련) |
| 토지 매입 | •협의 매입<br>- 준공시기 고려 사업초기부터 매입추진 및 협의과정 근거 마련<br>•토지수용<br>1) 협의매입과 병행 진행(유사시 수용 신청)<br>2) 불명자 존재시 수용절차 조속 진행(공시송달 등) |

| | |
|---|---|
| 기부채납 | • 국공유지<br>1) 착공전 매입조건이 일반적임<br>2) 준공시 기부채납의 경우, 캠코의 매각기간(최소 3개월) 고려하며 사전매입<br>• 사유지<br>1) 인허가청 사전협의로 기부채납 세부조건 확인<br>(소유권이전 요구 또는 등기서류 날인 갈음 등)<br>2) 사업승인조건상 기부채납 토지는 취득세 면제 |
| 준공승인 접수 | • 준공예정일정 준수 및 입주관련 민원 최소화<br>- 준공처리기한(14일) 고려 준공일정 진행<br>- 설계변경(공사현황과 일치) 완료 → 입주자 민원 사전 제거 |
| 민원 대응 | • 각종 민원(입주자, 일조, 조망 등) 협의과정 근거확보 및 인허가청과 민원관련 대응과정 수시 협의 |

**<사용검사승인 단계>**

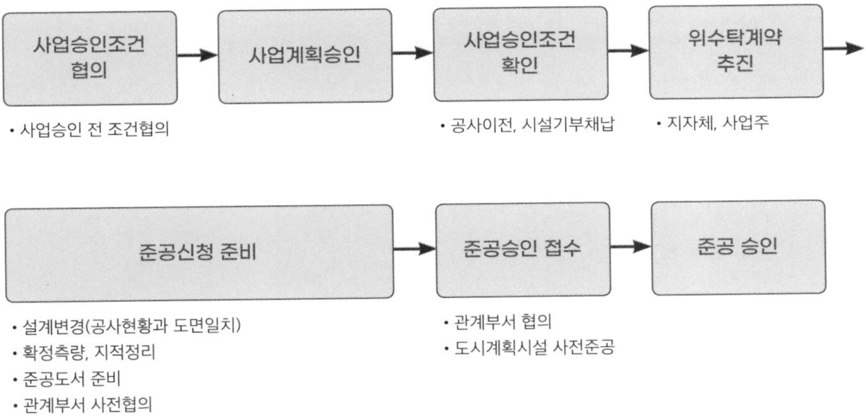


✔ Check point

1) 사업승인조건공사는 지자체의 위수탁계약 체결을 최우선

2) 인허가 주무부서 사전협의 진행을 통한 준공일정 단축

## 10. 사업 정산

### <사업 정산>

| 구분 | 내용 |
|---|---|
| 개요 | • 당초 계획대비 사업비 증감에 따른 비용 배분<br>• 도급계약조건 이행 |
| 세부 내용 | • 사업비 증감의 배부<br>• 시행사 개발이익 확정<br>• 시공사 도급공사비 변경 및 확정<br>• 미분양분 처리(관리처분신탁 및 대물 인수 처리 등)<br>• 정산 이후 업무의 합의 |
| 처리 시점 | • 준공전 협의, 준공월 완료(부가세신고 및 취득세 납부전) |

### <시공사 업무>

1. 사업비 배분, 정산내역서 작성, 정산협의서 작성

2. 대여금보조부, 비과세원가내역(취등록세 납부)

3. 사업별 입금현황(매출총액), 미분양 내역 확인

### <단계별 관리 항목>

| 구분 | 내용 |
|---|---|
| 정산합의서 작성 | • 공사도급금액 변경<br>- 변경시 추후 변경가능성 명기할 것<br>• 시행사 개발이익(정산금)<br>- 정산 내역 명기 또는 첨부<br>• 정산이후 업무내용 명기<br>- 계약자 소유권이전등기 및 세금계산서 발행<br>- 부가세 신고 납부 및 환급금 양도(국세채권 양도신고 등)<br>- 등기미이전세대에 대한 처분신탁등기 시행(혹은 대물인수)<br>- 제세공과 납부(비용 책정): 재산세, 종부세 등 |
| 부가세 처리 | • 준공시 도급공사비 세금계산서 발행<br>- 발행금액 = 공사비 총액 - 기발행액<br>- 도급공사비 변경시 준공전 시행사 정산협의 및 완료할 것<br>• 시공사 도급매출 → 시행사 매입환급 발생<br>- 공사잔액 클 경우 매입환급액 동일하게 발생(시행사 명의 계좌 입금) |

| | |
|---|---|
| 보존 등기 | • 신규건축물 준공시 사업주 명의 보존등기 시행<br>- 취등록세 납부 및 등기<br>• 취득세: 준공후 30일 이내<br>- 등록세: 취득세 납부후 30일 이내<br>- 보존등기: 등록세 납부이후(※ 11. 01월 이후 취등록세 동시 납부)<br>• 취등록세 과표(신규건축물 가액) 산정<br>- 도급공사비 및 각종 용역비, 공사관련 부담금, 비과세 원가자료 반영<br>- 정확한 산정위해 준공시 도급공사비 확정<br>※준공이후(6개월-1년) 해당 세무서 취등록세 실사사례 있음<br>→ 가산세 및 취등록세 추가납부 사전방지 |
| 재정산 | • 정산이후 분기, 반기 단위로 재정산 처리 |

## <사업정산 단계>

**정산협의** →
- 시공사 ↔ 시행사 - 정산내역서 작성 등 사전 준비

**공사 준공(사용검사승인)** → 준공 월
- 시공사 - 사업승인조건 이행 및 최종 건축연면적 확인
- 시공사 ↔ 시행사 - 공사도급변경 계약서 작성 및 정산합의서 작성

**사업 정산** →
- 시공사 ↔ 시행사
  - 공사도급변경계약서 작성 및 정산합의서 작성

**부가세 신고** → 준공 후 30일
- 시공사, 시행사
  - 공사비 세금계산서, 환급액 사전확인

**취득세 납부** → 취득세 납부 후 30일
- 시공사, 시행사
  - 도급공사비 기준 과표산정

**등록세 납부** →
- 시공사, 시행사
  - 도급공사비 기준 과표산정

**보존 등기** →
- 시공사, 시행사
  - 등록세 납부 후 보존등기 시행

**재정산**
- 시공사 ↔ 시행사
  - 분기 반기 단위 재정산 (도급액 변경)

> ✔ Check point
> 준공 1개월전 정산협의, 준공월말 정산완료(공사비 부가세 신고 및 취등록세 준비)

# 17부

# 건설사
# 개발사업 자체 및
# 외주사업 프로세스

| 상위 프로세스 | 하위 프로세스 | 개발사업부서 | 유관부서 | 현장 및 기타 | 소요기간 |
|---|---|---|---|---|---|
| 1. 부지정보 입수 | 1) 자료 취합 | 부지정보 입수 | | 의뢰인을 통한 정보입수 | - |
| 2. 건축계획 수립 | 1) 건축계획수립 | 건축계획 수립 | 설계부서<br>설계사무소 | | 1~2개월 |
| 3. 사업성 검토 | 1) 관련자료취합 | 사업계획 검토 및 사업수지 작성 | | | 1~3개월 |
| | 2) 현장답사 | 현장답사 | | | |
| | 3) 관련공부조사 | | | | |
| | 4) 관련기관자문 | | | | |
| 4. 상세검토 | 1) 관련부서협조 | 사업보고서 작성 | 견적부서<br>마케팅부서 | | 1개월 |
| | 2) 검토결과보고 | 사업진행 여부<br>YES<br>세부사항 검토 및 자료축적 | NO<br>검토결과 보고 | | |
| 5. 투자심의 | 1) 심의용자료작성 | | | | 1~2개월 |
| | 2) 투자심의 | 투자심의 | | | |
| 6. 약정 또는 계약 | 1) 사업참여 조건 최종 협의 | 사업참여 여부 | NO<br>반려 | | 1~2개월 |
| | 2) 계약 | YES<br>(외주)도급계약<br>(자체)토지매매계약 | | | |
| 7. 각종 인허가 및 M/H착공 | 1) 각종 영향평가 | 건축 심의<br>고용환경영향평가<br>환경영향평가<br>교육환경영향평가 | | 설계사무소 및 용역사 | 12~18개월 |
| | 2) 건축심의 | | | | |
| | 3) M/H부지 확보 | M/H부지 확보 | 설계부서 | | |
| | 4) 사업승인 및 건축허가 | 사업계획승인 (건축허가) | | 설계사무소 | |
| | 5) 감리자 지정 및 착공계 신고 | 감리자 지정 및 착공 신고 수리 | | | |
| | 6) 분양보증서 발급 및 분양승인 | 분양보증서 발급 및 분양승인 | | | |
| 8. M/H오픈 및 분양개시 | | 분양개시 | | | - |
| 9. 준공 | 1) 사용승인검사 | 준공 (사용승인완료) | | 현장 | - |
| 10. 정산 | | 정산 | | | 준공후 6~12개월 |
| 11. 하자보수관리 | | 사후관리 | C/S부문 | | - |

# 부록

# 부동산 용어 및 개념정리

001. 대지: 건축물이 있거나 지을 수 있는 땅

002. 위탁자: 소유재산부도산을 일정한 목적하에 수탁자에게 인도하는 자

003. 수탁자신탁사: 신탁재산을 수탁하여 신탁목적에 따라 관리·처분하는 자

004. 수익자: 신탁행위에 따라 발행한 신탁이익을 받는 자수익의 수익자, 원본의 수익자

005. 신탁원본신탁재산: 소유재산 및 소유재산에 속하는 기타의 재산

006. 수익권: 신탁행위개발행위, 처분행위 등에 의하여 신탁의 수익과 원본을 받을 수 있는수익자의 기본권리

007. 수익권증서: 신탁재산의 수익자가 수탁자에 대하여 신탁의 이익을 청구할 수 있는 채권적 권리. 양도 및 담보권 설정이 가능하나 사전 신탁사의 동의가 필요하다.

008. 부지: 일단의 사업이나 계획에 있어 당해 사업 또는 계획에 포함되는 땅

009. 택지: 사업 계획에 의해 주택을 건설할 수 있는 땅

010. 도급약정: 토목, 건축공사 등에서 시공사는 완성할 것을 약정하고, 시행사는 그 일의 결과에 대하여 보수를 지급할 것을 약속하여 성립하는 약정

011. 책임착공: 시공사가 명도여부, 사업부지 확보여부 등 일체의 이유를 불문하고 대출약정상 착공기한까지 착공신고를 완료하고 대주에게 착공신고필증을 제출하여 기한 내 관련 의무를 다 하기로 한 약정이다. 책임착공 의무의 이행 여부는 허가권자가 착공신고필증을 교부한 날이 아니라, 시공사의 대주에 대한 착공신고 필증의 제출여부를 기준으로 판단하며 미이행시 시공권 및 유치권 포기각서를 제출하고 채무인수를 해야 한다. 일반적인 문구는 시공사는 천재지변, 내란, 전쟁 등 불가항력적인 사유를 제외하고는 차주의 부도, 파산, 회생 등의 사유 등 기타 불가항력 이외의 여하한 사유에도 불구하고 본 약정에 정한 바에 따라 유치권이 없는 상태로 최초인출일로부터 해당 기간에 해당하는 날까지 공사도급계약서에 따른 사실상의 착공행위를 개시 및 착공신고필증을 대주에게 제출한다고 되어있다.

012. 책임준공: 시공사가 발주처인 시행사의 공사대금 지급 여부에 관계없이 사전에 약정한 기일 내에 건축물을 준공하기로 한 약정이다. 책임준공 약정은 시공사가 시행사에게 제공할 수도, 대출자에게 직접 제공할 수도 있으나, 대출자의 채권보전을 보다 확실하게 하기 위하여 대출자에게 직접 제공하는 것이 일반적이고, 시공사의 공사 완료에 대한 의지 측면에서 미이행시 채무인수로 연결된다. 일반적인 문구는 시공사는 천재지변, 내란, 전쟁 등 이에 준하는 불가항력적인 경우를 제외하고는 공사비 적기 지급여부에 관계없이 해당일까지 본건 건물을 완성하여 사용승인필증을 교부한다고 수록되는 편이다. 신탁사 책임준공의 경우 시공사의 기한이익 상실 사유에도 불구하고 신탁사는 시공사 여부에 관계없이 사전에 약정한 기일 내에 건축물을 준공하여야 한다.

013. 책임분양: 분양률 미달이라는 일정한 조건 충족시에 장래 완성될 건축

물들을 매입하는 구조이다. 건설회사는 책임분양의 결과 유형자산을 확보한다는 측면에서 일방적인 연대보증이나 채무보증과는 구별된다. 일반적인 문구는 사업 목적물의 사전 분양 결과가 PF대출금 상환이 충분히 확보될만한 분양율에 미치지 못하는 경우 건설회사가 그 미분양된 구분 소유적 건축물들을 매입한다고 수록되어 있다.

**014.** 손해배상: 차주의 기한이익 상실 사유발생시 제3자가 대주에게 발생하는 손해배상의무를 부담하는 약정으로서 손해담보약정은 대주측 과실비율에 따라 과실 상계가 적용되어 상환금액이 축소될 수 있고, 손해액 산정 등의 기간이 필요할 수 있어 개발약정으로 손해배상액을 대출원리금액으로 확정하고, 대주 측 과실을 고려하지 않으며, 차주 측 기한이익 상실발생과 즉시 이행하는 개별 약정이 추가적으로 필요하다. 일반적인 문구는 시공사는 대주에게 대출원리금 전액과 미지급한 지연손해금 등 기타 채무불이행 사유로부터 발생하는 모든 비용과 손실을 배상하여야 하며, 해당 금액이 모두 상환되기 전에는 대주에 대하여 어떠한 권리도 행사할 수 없다고 수록되어 있다.

**015.** 매입약정: 유동화자산과 유동화증권 간 만기 불일치로 인하여 발생하는 유동성 위험을 통제하기 위하여 활용하는 대표적인 유동성 보강구조로 시공사의 신용등급에 좌우된다.

**016.** 매입확약: 유동화회사의 자금부족 발생시 유동화회사가 해당 부족자금의 조달을 위하여 기업어음, 사모사채 등 유동화증권을 발행하고 매입확약기관은 이를 정해진 조건에 매입하기로 하는 신용보강 구조이다.

**017.** 사업이익유동화: 본PF 공사비 지급 후 시행사가 사업이익 회수 가능한 충분한 분양률을 확보하고, 중도금 대출 1회차 납부가 완료**일방적인 계약해지 불가**되며, 시공사의 공사비 증액 한도가 설정될 경우 예상 사업수익의 50%수준의 자금 유동화가 가능하다. 우선수익권 순서로는 시공사 다음 사업주 직전에 해당한다.

018. 대출약정: 사업비, 토지비 등 지급 목적의 대출금을 빌리고 지정된 금리에 따라 원리금을 상환하는 약정

019. 1순위 우선수익권: 수익 발생시 첫 번째로 채무를 변제 받을 권리

020. 대출채권양도: 대주가 시행사에게 받은 채권을 특수목적법인Special Purpose Company, SPC에게 양도하고 그에 상응하는 대금을 받는 유동화수단

021. 필지: 구분경계를 가지는 토지의 등록단위하나의 지번을 가지고 지적공부에 등록되는 토지단위

022. 체비지: 토지구획 정리사업을 하려면 엄청난 비용이 들게 되는데, 이를 충당하기 위해 마련된 땅

023. 환지: 토지개발 후 소유주에게 소유권을 재배분하는 택지

024. 대토: 토지를 수용당한 사람이 수용토지 반경 20km등 인근 허가구역에서 같은 종류의 토지를 구입하는 것 구입시 취등록세 면제

025. 명도: 점유권을 타인에게 넘겨주는 것 재판상 가옥은 명도, 토지는 인도라고 부름

026. 존치: 제도나 설비 따위를 없애지 않고 그대로 둠.

027. 지장물: 공공사업 시행지구 안의 토지에 정확한 건물, 공작물, 시설, 입죽목, 농작물 기타 물건 중 당해 공공사업의 수행을 위해 직접 필요치 않는 물건

028. 다가구주택: 구분소유 및 분양이 불가능하며, 주택사용 층수가 3층 이하인 건물

029. 다세대주택: 구분소유 및 분양이 가능하며, 주택사용 층수가 4층 이하인 건물

030. 공동주택: 하나의 건축물의 벽, 복도, 계단, 그 밖의 설비의 전부/일부를 여러 세대 공동사용하며, 동시에 독립된 주거생활이 가능한 주택의 형태

031. 택지개발 예정지구: 안정적인 주택공급을 위해 일정구역을 지정해 택지

를 조성하는 곳

032. 담보대출: 부동산을 물적 담보로 자금을 융통하는 거래

033. 저당권: 돈을 빌린 사람이 약속한 날까지 돈을 갚지 못할 경우 돈을 빌려준 사람이 담보한 부동산을 처분경매하여 빌려준 돈을 가져갈 수 있는 권리, 이미 확정된 채권담보

034. 근저당권: 채권 최고액의 범위 내에서 계속적인 거래로 증감이 변하여 장차 특정시점의 채권확보근저당권을 설정하면 채무를 상환해도 근저당권 말소행위가 없으면 소멸되는 것이 아니고 다시 대출을 받을 때 기존 설정된 근저당권 사용가능하며 설정한 채권 최고액의 한도내에서 추가로 대출이 가능하다.

035. 전용면적: 현관 안쪽의 실제 사용면적공급면적-공용면적

036. 공용면적: 아파트 내 다른 세대와 공동으로 사용하는 공간복도, 계단 등

037. 공급면적: 전용면적+공용면적 아파트는 공급면적=분양면적

038. 기타공용면적: 아파트 단지 전체면적에서 공급면적을 뺀 나머지 면적

039. 계약면적=공급면적+기타공용면적 상가, 오피스텔, 레지던스 등은 계약면적=분양면적

040. 건축면적: 건축물 외벽의 중심선으로 둘러싸인 부분을 수평으로 투영한 면적이다. 최고 외곽의 벽체 혹은 기둥 중심선으로 둘러싸인 면적으로 처마, 차양, 부연기타 이와 비슷한 1m이상 돌출된 부분이 있을 경우는 수평거리 1m를 후퇴한 선으로 둘러싸인 부분의 면적 산정

041. 연면적: 건물의 각 층 바닥면적의 합계

042. 건폐율: 건물을 얼마나 넓게 지을 수 있는지의 척도로서, 건축면적/대지면적x%

043. 용적률: 건물을 얼마나 높이 지을 수 있는지의 척도로서, 지상연면적/대

지면적x%

**044.** 도급: 당사자의 일방**수급인**이 어떤 일을 완성할 것을 약정하고, 상대방**도급인**이 그 일의 결과에 대하여 보수를 지급할 것을 약정함

**045.** 수급: 공사를 받는 것**수급인**

**046.** 용도지역: 토지의 이용 및 건축물의 용도, 건폐율, 용적률 높이 제한 등 토지의 효율적 사용 명시

**047.** 용도지구: 용도지역의 제한을 강화 또는 완화하며 용도지역의 미관, 안전과 같은 기능 증진

**048.** 용도구역: 용도지역 및 용도지구의 제한을 강화 또는 완화하며 시가지의 무질서한 확산방지

**049.** 발주처: 민법적 개념으로 관급공사일 경우 관호라 시, 군, 구청 외 주택공사 도로공사이며 민간공사일 경우 자금권자

**050.** 시행사: 주택법적 개념으로 사업을 실제로 행하는 주체로 주택건설사업자등록을 필한 자.

**051.** 시공사: 공사를 하는 주체로 건설업등록요건을 충족하는 자

**052.** 현황측량: 지상건축물 등의 현황을 도면에 등록된 경계를 표시하기 위해 실시하는 측량일반 업체에 의뢰하면 된다.

**053.** 경계/복원측량: 일제시대에 정리한 토지 대장을 GPS등 현대식 정밀기계로 재측정하여 갱신 시 면적이 바뀌는 경우가 있어 이 경계를 확정하기 위해 진행하는 측량으로 LX와 같은 국가기관에서 시행한다.

**054.** 택지예정좌표: 면적이 확보되지 않은 상태에서 분양을 하기 때문에, 예정값으로 좌표를 얻어 분양하고 준공 후 확정 좌표를 구한다.

**055.** 분할 측량: 필지1개를 2개로 나누는 측량

**056.** 지목: 토지의 현황, 이용형태를 보여주는 것이다. 28개의 종류가 있으나

중요한 것은 대지, 농지이다. 대지는 집이나 건물이 지어져 있는 토지이고, 농지는 전, 답, 과수원이 있다.

057. 한국주택협회: 국가에 실적을 증명하고 행정처분협의를 일임 받아 처리해주는 협회로 대기업이반드시 가입해야 한다.

058. 대한건설주택협회: 국가에 실적을 증명하고 행정처분협의를 일임받아 처리해주는 협회로 중소기업이 반드시 가입해야 한다.

059. 주택단지의 구분기준이 되는 도로: 8m이상의 도로가 있으면 단지가 분리되어 인허가 승인을 따로 받아야 된다.

060. 특정보증: 보증인이 보증할 당시 기준으로 보증의 대상과 보증금액이 특정 건으로 확정되어 있는 것을 말한다.

061. 근보증: 보증대상 또는 보증금액이 불확정되어 있는 것을 말한다.

062. 특정근보증: 보증당시 기준으로 보증대상이 건수로 특정되어 있으나, 보증금액은 특정되지 않은 것을 말한다.

063. 한정근보증: 보증당시 기준으로 보증대상이 건수로 특정되지 않고, 종류로 특정되어 있으나 보증금액은 특정되지 않은 것을 말한다.

064. 포괄근보증: 보증당시 기준으로 보증대상이 종류조차 특정되지 않고, 보증금액도 특정되지 않은 것을 말한다.
*범위 및 크기에 따라 특정근보증<한정근보증<포괄근보증

065. 지급보증: 보증인이 채무자의 채무를 대신 지급해주는 보증

066. 연대보증: 보증인이 채무자와 연대하여 채권자에 대해 채무 변제의무를 부담하며 계약서상 문구는 연대보증인은 최초 인출일로부터 피담보채무의 완제 시까지 채무자의 채권자에 대한 피담보채무를 연대하여 보증한다라고 수록되어 있다. 연대보증인의 최고 및 검색의 항변권은 인정되지 아니한다. 일반적인 보증의 경우 보증인은 채권자에 대해 채무자의 변제자력이 있다는 사실 및 그 집행이 용이할 것을 증명하여 먼저 채무자에

게 청구할 것과 그 재산에 대해 집행할 것을 항변할 수 있다.

**067.** 채무인수: 채무자의 대출약정에 따른 대출 채무를 포함하여 채무자의 일체의 채무를 인수하는 것으로 대출약정에서 규정한 채무불이행사유 중 어느 하나의 사유가 발생한 경우에 별도의 약정 없이도 대출약정에 의한 채무자의 원리금 상환의무를 포함하여 채무자의 일체의 채무를 이의나 항변권의 유보없이 중첩적으로 인수한다고 계약서상 합의된다. 일반적인 보증의 경우 보증인은 채권자에 대해 채무자의 변제자력이 있다는 사실 및 그 집행이 용이할 것을 증명하여 먼저 채무자에게 청구할 것과 그 재산에 대해 집행할 것을 항변할 수 있다.

**068.** 보전절차: 채권자의 권리를 확보하기 위하여 재판 확정 전까지 채무자가 그의 재산이나 권리를 행사하지 못하도록 임시로 채무자의 재산이나 권리를 묶어두는 절차

**069.** 가압류: 채권에 대하여 동산 또는 부동산에 대한 강제집행을 보전하기 위하여 잠정적으로 압류해두는 절차를 말한다.

**070.** 가처분: 가압류와 더불어 장래에 강제집행이 불가능하거나 곤란하게 되는 것을 막기 위한 보전소송이다.

**071.** 지구단위계획: 도시계획 수립 대상지역의 일부에 대하여 토지 이용을 합리화하고 그 기능을 증진시키며 미관을 개선하고 양호한 환경을 확보하며, 그 지역을 체계적, 계획적으로 관리하기 위하여 수립하는 도시, 군 관리 계획

**072.** 입지규제최소구역: 입지규제최소구역에서 토지의 이용 및 건축물의 용도, 건폐율, 용적률, 높이 등 제한에 관한 사항 등 입지규제최소구역의 관리에 필요한 사항들을 정하기 위하여 수립하는 도시, 군 관리계획

**073.** 도시계획시설: 기반시설 중 도시관리계획으로 결정된 시설

**074.** 광역시설: 기반시설 중 광역적 정비체계가 필요한 시설로 대통령령으로

정하는 시설 둘 이상 관할 구역에 걸쳐있거나 공동으로 이용하는 시설

075. 용도지역: 토지의 이용 및 건축물의 용도, 건폐율, 용적률, 높이 등에 대한 용도지역의 제한을 강화하거나 완화하여 따로 정함으로써 용도지역의 기능을 증진시키고 경관, 안전 등을 도모하기 위하여 도시관리계획으로 결정하는 지역

076. 용도구역: 토지의 이용 및 건축물의 용도, 건폐율, 용적률, 높이 등에 대한 용도지역 및 용도지구의 제한을 강화하거나 완화하여 따로 정함으로써 시가지의 무질서한 확산방지, 계획적이고 단계적인 토지의 이용 도모, 토지이용의 종합적 조정, 관리를 위하여 도시관리계획으로 결정하는 지역

077. 도시지역: 인구와 산업이 밀집되어 있거나 예상되어 그 지역에 대하여 체계적인 개발, 정비, 관리, 보전이 필요한 지역

078. 관리지역: 도시지역의 인구와 산업을 수용하기 위하여 도시지역에 준하여 체계적으로 관리하거나 농림업의 진흥, 자연환경 또는 산림의 보전을 위하여 농림, 자연환경

079. 농림지역: 농림업을 진흥시키고 산림을 보전하기 위하여 필요한 지역

080. 자연환경보전지역: 자연, 수자원, 해안, 생태계, 상수원 및 문화재의 보전과 수산자원의 보호, 육성 등을 위하여 필요한 지역

081. SPCSpecial Purpose Company, 특수목적법인: 다양한 형태가 있지만 목적은 자상 유동화와 부동산개발이다. 자산유동화의 경우는 주로 금융기간에서 부실채권이나 부동산을 처리하기 위해 설립하는 경우다. 이 때 특수목적법인Special Purpose Company, SPC는 부실채권을 인수해 국내외 투자자들에게 팔아 넘기는 중개기관역할을 한다. 자산담보부증권Asset-backed Securities, ABS 등을 발행하여 유동성을 확보하고, 여러가지 방법을 동원한자산관리, 매각 등을 통해 자산담보부증권Asset-backed Securities, ABS의 원리금 상환이 끝나면 자동 해산된다. 부동산개발의 경우 부동산 개발

자금 조달의 부담을 분담하기 위해 또 사업 위험분산 및 사업의 신뢰성 확보 등을 위해 2~3개이내 출자사들이 설립하는 경우이다. PFV는 바로 이러한 부동산 개발의 특수목적법인Special Purpose Company, SPC형태 안에 존재한다. PFV는 특수목적법인Special Purpose Company, SPC의 한 종류가 되는 것이다. 문제는 이중과세다. 사업소득과 배당소득 모두에 과세되는 것이 있는데 여기서 자유로운 것은 법률상에서 세제면제대상으로 지목하는 단순 paper company, 명목회사이다. 법조문 법인세법제51조의2, 조세특례제한법 제119조, 120조 참조 유의할 것은 부동산개발 특수목적법인Special Purpose Company, SPC는 대부분 실체회사형태로 과세대상으로, 세제혜택을 받기 위해서는 PFV로지정 받는 것이 유리하다. 특수목적법인Special Purpose Company, SPC를 통해 자본을 유동화하게 되면 특수목적법인Special Purpose Company, SPC원천세를 지불하게 되는데 그 구조에 대해서 좀 더 자세히 알아보면 다음과 같다.

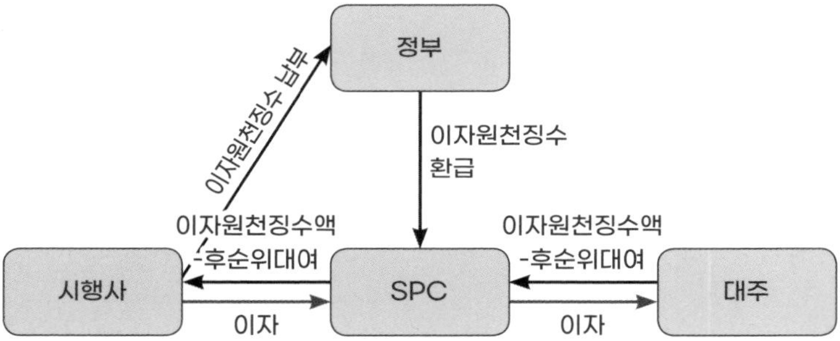


법인은 수취한 당월 수취한 이자소득에 대해 익월 10일까지 원천세 신고 및 납부해야 한다. ex: 4월에 이자를 수취할 경우 5월 10일까지 소득신고 및 납부 하지만, 특수목적법인Special Purpose Company, SPC의 경우 일반적으로 이익이 발생하지 않는 구조로 설립이 되어 운용 되므로 원천세 환급납부 후 약 4개월후 된다. 즉, 특수목적법인Special Purpose Company, SPC가 이자를 수취 시 해당월에 이자수익이 발생한 것처럼 보여 원천징수를 납부해야 하는 시점인 익월에 우선 세금을 납부하지만 실질적으로는 법인세 납부대상이 아니므로 환급된다 Ex 이자 100억원을 시행사가 특수목적법인Special Purpose Company, SPC에게 지급 시 원천징수 15.4억원15.4%을 공제하고 나머지 84.6억원86.4%가 SPC에게 지급된다. 특수목적법인Special Purpose Company, SPC는 대주에게 100억을 지급해야 하므로 15.4억원은 대출약정서에 의거해 후순위 대여하여 대주에게 지급된다. 향후 특수목적법인Special Purpose Company, SPC는 이익이 발생하지 않아서 법인세 납부 대상이 아니므로 법인세 공제내역인 원천징수액 15.4억원을 환급받게 된다. 또한 일반적인 법인세는 연1회 3월에 납부하지만, 특수목적법인Special Purpose Company, SPC의 경우 3개월에 한 번씩 결산한다.

**082.** PFVProject Financing Vehicle, 프로젝트 금융투자 회사: 세제혜택 지원이 가능한 PFV개념을 만들며, 중대형 부동산개발프로젝트에 대한 자금유입이 원활해지도록 유도하는 것이다. PFV가 되기 위한 요건은 법률상에서 아래와 같이 규정한다.

1. 법인세법요건(제51조의2)

①자산을 SOC건설 등 장기간 소유 투자 사업에 운용할 것
②본점 외 영업소가 없고, 직원 또는 상근 임원이 없음 즉, 명목회사일 것
③한시적으로 설립된 회사로서 존립기간이 2년 이상일 것
④주식회사로서 발기설립의 방법으로 설립할 것
⑤발기인, 이사, 감사가 책임능력과 업무수행능력을 보유할 것

2. 법인세법 시행령 요건(제86조의 2)

①금융기관이 발기인으로 5%이상 출자
② 자본금이 50억원 이상일 것
③ 자산관리 업무를 출자법인 등 자산관리회사에 위탁할 것
④ 자금관리 업무를 신탁업을 영위하는 금융기관에 위탁할 것

부동산개발 특수목적법인Special Purpose Company, SPC와 PFV의 차이점은 다음과 같다.

| 구분 | SPC | PFV |
|---|---|---|
| 법률 | 상법 | 상법, 법인세법, 조세특례제한법 |
| 구성원 | 2~3개업체 | 2개이상업체 및 금융기관5%출자 |
| 자본금 | 최소5천만원 | 최소50억원 |
| 사업규모 | 중소형 규모사업 | 중대형 규모사업 |
| 운영기간 | 2~3년(중도하차가능) | 2년이상 반드시 운영 |
| 세제혜택 | 이중과세 | 법인세 소득공제 및 취등록세 감면 |
| 업무 | SPC에서 운영(출자사 결정) | 자산, 자금관리업무 위탁 |

<SPC 및 PFV비교표>

**083.** AMCAsset Manbgement Company, 자산관리 및 업무위탁사: 회사의 부실채권이나 부동산을 맡아 관리하면서 출자전환, 신규자금 지원 등으로 살려낸 뒤 매각하는 일을 전문으로 하며 동시에 부동산개발, 채권추심, 신용조사 등의 업무도 한다.

**084.** 자산담보부증권Asset-backed Securities, ABS: 부동산, 매출채권, 유가증권, 주택저당채권, 기타 재산권 등과 같은 유형 및 무형의 유동화 자산을 기초로 하여 발행된 증권을 말한다. 이는 수탁은행 매입보증이 되지 않고, 위험성이 다소 높다고 할 수 있다. 또한 담보가 토지가 아닌 1순위 우선수익권이라 사업 실패 시 토지에 대한 권리가 없다는 것도 알아두어야 한다. 이제 간단한 예를 통해서 알아보자.

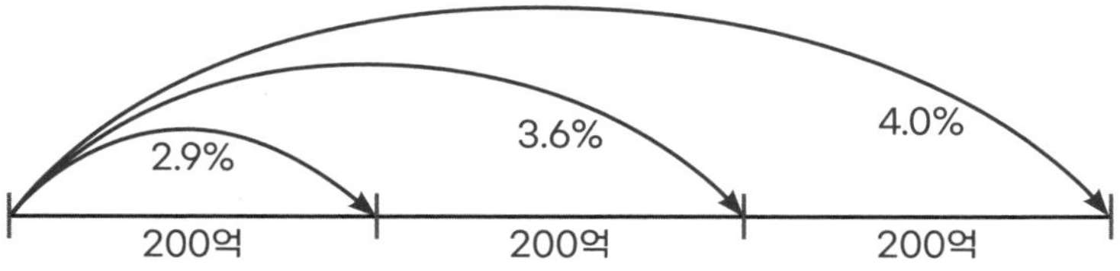

총 600억원의 사업비가 필요할 경우 한 번에 다 필요한 것이 아니라 기간마다 점진적으로 필요하다. 그러므로 600억을 3회에 걸쳐 각기 다른 금리로 3번으로 나누어 대여한 뒤 상환한다. 중도 상환 의향이 있으면 모든 투자자에게 소각질의를 한 뒤에 가능한데 절차가 까다로워 잘 진행하지 않는다. 이 때 담보는 1순위우선수익권으로 설정한다. 이는 사업이 워크아웃 되었을 때 토지에 대한 권리가 없어 원금 상환이 어려워질 수 있다는 것을 뜻한다.

085. ABCP자산담보부 기업어음: 자산담보부증권Asset-backed Securities, ABS의 한 형태로 매출채권 등 만기가 비교적 짧은 자산을 기초로 CP 기업어음를 발행하는 것이다. 기업입장에서는 장단기 금리차 때문에 자산담보부증권Asset-backed Securities, ABS발행보다 자금조달비용을 줄일 수 있어 유리하다. 투자자 입장에서는 소비자 금융채권 등 비교적 안정적인 자산을 근거로 발행되는데다 3개월짜리 단기 상품이기 때문에 안정성과 유동성을 동시에 확보할 수 있다. 다만, 만기마다 전액 발행되어야 한다는 점과 시장에서 판매되지 않으면 시공사나 증권사가 매입약정을 근거로 매입해야 한다는 단서조항에 유의해야 한다. 간단한 예를 통해 알아보자.

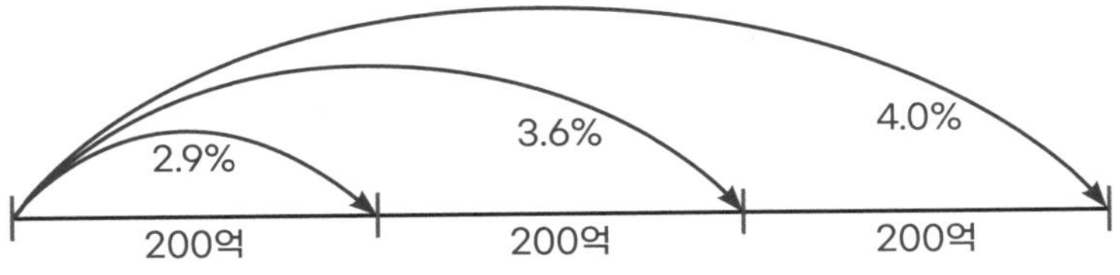


3개월 단위로 발행된다. 사업기간이 좌상과 같이 3년일 경우 3년간 총 12회 ABCP를 발행하며, 상환은 3개월마다 가능하다. 3개월마다 600억 전액이 계속 발행되어야 하는데, ABCP 600억원어치가 완판되지 않으면 특수목적법인Special Purpose Company, SPC는 워크아웃 상태가 되어 시공사가 보증한대로 전액 구매해야 된다. 이를 방지하기 위하여 증권사가 사업 신용NICE평가 등록에 따라서 각기 다른 수수료로 매입약정 혹은 인수확약을 맺어 판매가 부진할 시 대신 구매해 준다. 어음 기간을 364일 이상으로 설정하게 되면 신고서를 작성해야 하므로 그 이하로만 설정한다. 이자는 선취, 후취 선택이 가능하다. 이자납입 시 그 방법은 후순위 대여가 아닌 원천징수액만큼 어음을 발행하는 것이 일반적이다. 또한 ABCP보다는 전자발행이 가능한 ABSTB를 주로 사용한다. 그 이유는 ABCP는 전자관리가 되지 않아 음성화되어 있고, ABSTB는 전자관리가 가능하여 양성화되어 있다는 장점이 있기 때문이다.

**086.** ABSTB전자단기사채: 종이와 같은 실물이 아닌 정자 방식으로 발행되는 1년 미만의 단기 채권을 말한다. 기존의 기업어음 거래의 부작용을 해소하고 단기자금시장을 활성화하고자 하는 목적으로 도입된 제대로 기업어음의 단점을 보완할 수 있는 요건들을 가지고 있다. 자산담보부증권Asset-backed Securities, ABS와 유사하나 등록절차가 없어서 간편하고 3개월 이하일 경우 공시를 할 필요가 없어서 단기 자금 융통에는 자주 사용되는 방법이다.

**087.** 공매: 국제징수법에 의한 압류재산을 환가하거나 형사소송법에 있어서 압수물 중 보관하기 곤란한 물건을 매각하는 것을 말한다. 이는 국가기관이 강제 권한을 가지고 행하는 매매를 말한다. 경매는 민사집행법을 근거로 일반 사적인 채무관계를 해결하고자 하는 것이고, 공매는 국세징수법을 근거로 공적인 채무관계를 해결하는 것이다.

**088.** 공모: 증권을 공모하는 방법의 하나로 신규로 발행되는 증권에 대하여 50인 이상을 대상으로 증권의 취득의 청약을 권유하는 행위이다. 실제로 청약하는 자가 50인 미만이라도 권유 받는 자가 50인 이상이면 공모에 해당한다.

**089.** 객실이용률: 판매된 객실 수 / 만매가능 객실 수 를 백분위화 시킨 것으로 OC-Cupancy의 약자 OCC로 표현한다.

**090.** 객실 개당 수익RevPAR: Revenue Per Available Room의 약자로 판매 가

능한 객실 평균 요금을 말한다. 이는 객실수입액/판매가능 객실 수 로 구한다.

**091.** NPL무수익여신: 부실대출금과 부실지급보증금을 합친 개념으로 금융기관이 빌려준 돈을 회수할 가능성이 없거나 어렵게 된 부실채권을 말한다. 일정기간 이상 이자가 연체된 대출금이나 부도 등으로 회생절차 등에 들어간 기업에 대한 대출금이 NPL로 분류된다.

**092.** 가등기: 가등기는 본등기를 할 수 있는 법적 요건을 갖추지 못한 경우, 장래에 행하여 질 본등기의 순위를 확보하기 위해 임시로 하는 등기를 말한다. 이는 본등기의 순위를 미리 보전해 두는 효력을 가진다. 이는 본등기를 할 때 비로소 물권변동의 효력이 생긴다.

**093.** 비소구금융: 사업주의 모기업과 법적으로 별개인 독립적인 사업으로 프로젝트를 운영, 프로젝트로부터의 현금흐름을 모기업의 그것과 완전히 분리시켜 프로젝트의 소요 자금을 조달하는 기법을 말한다. 원래 PFProject Financing는 비소구금융을 일컬으나, 우리나라에서는 시공사의 책임준공 등 신용보강으로 그 본질을 살린 금융기법은 빛을 잃어버렸다.

**094.** 스왑거래: 쌍방이 미리 정한 계약조건에 따라 현재시점에서 원금, 이자 등을 서로 교환하기로 하고 일정기간 동안 주기적으로 원금이나 이자지급 등 현금흐름을 서로 교환하는 거래를 말한다.

**095.** 우발채무: 현실적으로 존재하는 채무는 아니나 장래에 우발적인 사태가 발생할 경우 확정채무가 될 가능성이 있는 특수한 성질의 채무를 말한다. 책임준공은 연대보증 등과 달리 우발채무로 설정되지 않으나 실제로는 상당한 의무가 요구된다.

**096.** 자산유동화: 특수목적기구가 자산 보유자로부터 유동화 자산을 양도받아 리를 기초로 유동화증권을 발행하고 해당 유동화자산의 관리, 운용, 처분에 의한 수익이나 차입금 등으로 유동화증권의 원리금 또는 배당금을 지급하는 일련의 행위를 말한다.

**097.** 차환발행: 이미 발행한 채권의 원금을 상환하기 위하여 새로 채권을 발행하는 것을 말한다.

**098.** 대출확약서LOC: 대출이행을 위한 세부적인 확약 사항을 명시한 문서를 말한다. 대출확약서에는 대출 금액, 대출 금리, 대출 기간, 대출취급예정일, 채권보전방법, 특약사항 등을 명시하여야 한다.

**099.** LTV, DTI, DSR 비교

LTVLOAN TO VALUE Loan TO Value Ratio는 주택담보인정비율으로 담보가치 주택가격 대비 대출비율을 의미한다.

DTIDebt To Income는 총부채상환비율으로 금융회사에 갚아야 하는 대출금 원금과 이자가 개인의 연소득에서 차지하는 비중을 의미합니다.

DSRDebt Service Ratio는 총부채원리금상환비율으로 연간 총부채 원리금 상환액을 연간 소득으로 나눠 산출하는 것으로 연간 소득 대비 전체 금융부채의 원리금 상환액 비율을 의미한다.

DSR과 DTI의 차이점은 산정방식과 활용방식에서 알 수 있다.

| | 신DTI(Debt to Income) | DSR(Debt Service Ratio) |
|---|---|---|
| 명칭 | 총부채상환비율 | 총체적 상환능력 비율 |
| 산정방식 | (모든 주담대 원리금 상환액+기타대출 이자상환액 / 연간소득 | (모든 대출 원리금 상환액)/연간소득 |
| 활용방식 | 대출심사 시 규제비율로 활용 | 금융회사 여신관리 과정에서 다양한 활용방안 마련예정 |

DTI는 주택담보 대출 심사 시 규제 비율로 적용되고, DSR은 이자가 포함되는 지표로서 신용대출 등에도 사용된다. 그러니 DSR은 학자금대출, 자동차 할부, 카드론, 주택담보대출, 마이너스 통장, 신용대출 모두가 분모로 잡히게 된다. 이제 LTVLOAN TO VALUE, DTI, DSR의 각 규제지표를 알아보자.

LTVLOAN TO VALUE 현행 규제는 다음과 같다.

<table>
<tr><th>주택가격</th><th>소구분</th><th>투기지역 및<br>투기과열지구</th><th>조정대상지역</th><th>기타지역</th></tr>
<tr><td rowspan="3">9억 원 이하</td><td>무주택자</td><td>50%</td><td>60%</td><td rowspan="2">70%</td></tr>
<tr><td>1주택(처분조건)</td><td>40%</td><td>50%</td></tr>
<tr><td>2주택 이상</td><td>불가능</td><td>불가능</td><td rowspan="4">60%</td></tr>
<tr><td rowspan="2">9억 원 초과</td><td>9억 이하분</td><td>40%</td><td>50%</td></tr>
<tr><td>9억 초과분</td><td>20%</td><td rowspan="2">30%</td></tr>
<tr><td>15억 원 초과</td><td>-</td><td>불가능</td></tr>
</table>

DTI는 좀 더 심플하다.

<table>
<tr><th>투기지역</th><th>투기과열지구</th><th>조정대상지역</th></tr>
<tr><td colspan="2">40%</td><td>50%</td></tr>
</table>

DSR은 현재 40%규제가 시행되고 있다.

<table>
<tr><th></th><th>주택담보대출</th><th>신용대출</th></tr>
<tr><td>현행 적용 대상</td><td>투기/투기과열지구</td><td>연소득이 8,000만원 넘으면서 1억원 넘는 신용대출을 받는 경우</td></tr>
<tr><td>1단계<br>(2021년 7월 ~<br>2022년 6월)</td><td>전 규제지역 내 6억 원 초과 주택</td><td>소득에 상관없이 1억원 넘는 신용 대출을 받는 경우</td></tr>
<tr><td>2단계<br>(2022년 7월 ~<br>2023년 6월)</td><td colspan="2">총 대출액이 2억 원 넘을 경우</td></tr>
<tr><td>3단계<br>(2023년 7월 ~)</td><td colspan="2">총 대출액이 1억 원 넘을 경우</td></tr>
</table>

* DSR 계산에서 제외되는 대출: 전세자금대출, 중도금 대출, 300만 원 이하 신용대출, 서민금융상품, 보험계약대출, 예적금 담보대출, 현금 서비스 등

■ 주거 및 체류시설 비교

| 구 분 | 도시형 생활주택 | 오피스텔 | 호텔 | 생활형 숙박 시설 | 휴양 콘도 미니엄 | 주상복합 | 아파트 |
|---|---|---|---|---|---|---|---|
| 법적용도 | 공동주택 | 업무시설(주거용 가능) | 숙박시설 | 숙박 시설 | 숙박시설 | 공동주택 | 공동주택 |
| 개별구분등기 | O | O | X | O | O | O | O |
| 부가 가치세 | X | O | - | O | O | O | O |
| 주거가능 | O | O | X | O | O | O | O |
| 취사 | O | O | X | O | O | O | O |
| 입지조건 | 단독주택 밀집지역 | 중심상업지 (역세권) | 관광지, 중심상업지 | 관광지, 중심상업지 | 관광지 (리조트 결합시설) | 상업지 | 주거지 |
| 용도지역 | 일반 상업지역, 준주거지역 | 중심상업지역, 일반상업지역 | 중심상업지역, 일반 상업지역 | 일반상업지역 | 일반 상업지역, 주거지역 | 일반상업지역 | 주거지역 |
| 실제 사용 용도 | 주거 | 업무/주거 | 숙박 | 주거 또는 숙박 | 숙박 | 주거 | 주거 |
| 운영방식 | 임대 | 임대 | 투숙 (회원제 운영 가능) | 투숙 | 투숙 (회원제 운영 가능) | 임대 | 임대 |
| 수익구분 | 임대수익 | 임대수익 | 객실료 수익 (회원권 판매 수익) | 객실료 수익 | 객실료 수익 (회원권 판매 수익) | 임대수익 | 임대수익 |
| 바닥난방 | O | 전용85㎡이하 | O | O | O | O | O |
| 취사/세탁 | O | O | X | O | O | O | O |
| 전매제한 | X | O(조정대상지역) | - | - | - | O | O |
| 원룸 규제 | 주거전용면적 30㎡미만은 원룸, 30~50㎡ 경우 두 개의 공간으로 구성 가 | X | X | X | X | X | X |

| | | | | | | | |
|---|---|---|---|---|---|---|---|
| 주차장 | | 원룸형 주택은 세대당 주차대수 0.9대 (세대당 전용면적이 30㎡미만인 경우 0.7대)이상 | 세대당 주차대수 1대(세대당 전용면적이 30㎡ 이하인 경우에는 0.5대)이상 | 시설면적 134㎡당 1대 | 호실당 0.7대 이상 | 시설면적 134㎡당 1대 | 세대당 주차대수 1대 (세대당 전용면적이 60㎡ 이하인 경우에는 0.7대) 이상 | 세대당 주차대수 1대 (세대당 전용면적이 60㎡ 이하인 경우에는 0.7대) 이상 |
| 담보대출 | | 규제대상 | 규제대상 아님 | - | 규제대상 아님 | 규제대상 아님 | 규제대상 | 규제대상 |
| 관련법 | | 주택법 | 건축법 | 건축법 | 건축법 | 건축법 | 주택법 | 주택법 |
| 세금 | 부가세 | 비과세 : 환급 불필요 | 업무용임대사업자등록 : 환급O 주택임대사업자등록 : 환급X | - | 환급 | 환급 | 국민주택 (85㎡) 이하 : 비과세 | 국민주택 (85㎡) 이하 : 비과세 |
| | 재산세 | 과세표준(공시가격의 60%)액에 토지분, 건축분 요율 적용 | 과세표준(시가표준의 70%)의 토지분, 건축분 요율 적용 | - | 과세표준(시가표준의 70%)의 토지분, 건축분 요율 적용 | 보통 만원 단위 소액(등기제 콘도) | 과세표준(공시가격의 60%) 액에 토지분, 건축분 요율 적용 | 과세표준(공시가격의 60%) 액에 토지분, 건축분 요율 적용 |
| | 취득세 | 분양가격의 1.1% | 분양가격의 4.6% | - | 분양가격의 4.6% | 분양가격의 4.6% (회원제 : 분양금액의 2.2%) | 분양가격의 1.1~3.5% | 분양가격의 1.1~3.5% |
| | 종합부동산세 | 5년미만 임대사업자 유지 시 합산 | 5년미만 임대사업자 유지 시 합산 | - | 비과세 | 비과세 | 5년미만 임대사업자 유지시 합산 | 5년미만 임대사업자 유지시 합산 |
| | 양도소득세 | 양도차익의 6~42% | 양도차익의 6~42% | - | 중과배제(2년 이상 보유 시 6~35%) | 회원권 매각에 따른 양도차익의 6~42% 일반과세 | 양도차익의 6~42% | 양도차익의 6~42% |
| | 1가구 2주택 | 1세대주택 임대사업자 등록 시 공동주택과 동일하게 적용 | 임대인, 임차인 전입 신고시 1가구 2주택 적용 (주거용도 적용) | - | 1가구 2주택 미적용 | 1가구 2주택 미적용 | 6억원 이하 5년 이상 임대시 비과세 | 6억원 이하 5년이상 임대시 비과세 |

▣ 증권사, 자산운용사, 투자자문사, PE 비교

| 구분 | 정의 | 역할 | 수익구조 |
|---|---|---|---|
| 증권사 | 유가증권의 발행과 유통을 주업으로 삼는 회사이다. | 부동산 개발사업 금융 주선, 금융 자문, 채권발행 및 판매 등을 진행한다. | 수수료를 수취하여 수익을 거둔다. |
| 자산운용사 | 금융투자회사 중 하나로 펀드를 운용하는 회사이다. | 펀드를 설정하여 판매사에 판매를 위탁해 투자자를 모은 뒤 펀드를 운용해 이익을 내고 투자자에게 알려주고 이익금을 투자자에게 배분한다. | 운용보수 및 펀드 평가액의 일정 부분을 보수로 취한다. |
| 투자자문사 | 투자자문을 하고 자문료를 받는 회사 | 개별 계좌를 일임받아 계좌에서 주식을 사고 팔도록 돕는 역할을 수행한다. | 투자 자문에 대한 용역 수수료를 취한다. |
| PE | 소수의 투자자로부터 모은 자금을 운용하는 펀드로 금융감독기관의 감시를 받지 않는다. | 사모로 모은 펀드를 설정하여 자금을 운용하고 이익을 투자자에게 배분한다. | 운용보수 및 펀드 평가액의 일정 부분을 보수로 취한다. |

▣ 표준도급계약서 분석

건설업을 진행함에 있어서 그 시작을 알리는 공식적인 절차는 도급계약서 체결이다. 이번 장에서는 국토교통부에서 제공2022년 1월1일하는 민간건설공사 표준도급계약서를 기반으로 그 계약 내용의 의미와 주의할 점에 대해서 살펴보도록 하겠다.

민간건설공사 표준도급계약서

- 인허가 절차가 완료되기 전에 약정 혹은 가계약을 체결하고 인허가 및 토지확보 완료후 본계약을 체결한다. 약정서를 체결하는 이유는 시공사의 입장에서는 시공권을 선점하는 것에 있으며, 시행사의 경우 시공사의 신용을 공여 받거나 사업을 원활하게 진행하려는 목적으로 체결한다.

민간건설공사 표준도급계약서의 기본은 국토교통부에서 고시하는 계약서를 사용하고 있으며 2022년 기준 도급계약서는 현 계약서와 같다.

계약서는 특약사항, 본문, 특수조건, 일반조건 순서로 법적인 해석의 우위성을 갖으며 본문 및 일반조건은 관공서에 증빙으로 제출할 때 사용되며, 나머지 사항들은 이해관계자끼리 공유한다. 계약서는 조, 항, 호, 목 순으로 작성하고, 그 표기방법은 계약서마다 상이하다.

1. 공 사 명 : 위치와 상품유형을 공사명으로 하는 경우가 많다. Ex. OO시 OO동 공동주택 개발사업
2. 공사장소 : 공사위치와 대지면적을 기술한다.
3. 착공년월일 : 년 월 일
 - 착공일은 다소 이견이 있을 수 있다. 인허가상 착공일을 기재하는 것과 실착공일을 기재하는 방법이 있는데, 실착공일 기재 시 인허가상 착공일보다 착공일이 늦어지게 된다. 이는 전체 공사기간의 차이를 만들 수 있으니 주의해서 작성할 필요가 있다.
4. 준공예정년월일 : 년 월 일
5. 계약금액 : 일금 원정 (부가가치세 포함)
 - 계약금액에서 일금 ~~~원정이라고 기술되어 있으면 향후 모든 문서에서 금액 기술하는 단위를 맞추는 것이 맞다. 흔히 본문에서는 일금 ~~원정이라고 기술하고 나머지 서류에서는 금 ~~원 등과 같이 표기하는 경우가 있는데, 하나의 양식으로 통일하여야 한다. 또한 단위가 큰 사업이라면 원단위 까지 다 적기보다는 천의자리 혹은 백의자리에서 반올림 하는 것이 좋다. 또한 계약금액 옆에는 평당 공사비를 적는 것이 좋은데 그 이유는 설계변경을 통해서 연면적이 변하는 경우 그에 맞는 계약금액을 조정하기 위함이다.
 발코니 확장 공사비는 계약주체에 따라서 상이하게 작성된다. 수분양자와 시행사가 계약한 뒤 시행사가 일괄적으로 시공사와 계약하는 방법이 첫 번째이다. 다른 방법으로는 수분양자와 시공사가 직접적으로 계약하는 방법이다. 계약주체에 따라 도급계약서에 수록이 될 수도 되지 않을 수도 있다.
 계약금액은 공사규모와 함께 기입하는 것이 바람직하며 규모에는 대지면적, 연면적, 건축규모, 건축구조 등이 수록된다. 이 때는 ㎡단위로 기입하며 소수점은 절삭한다.

1) 건설산업기본법 제88조제2항, 동시행령 제84제1항 규정에 의하여 산출한 노임
6. 계약보증금 : 일금 원정
7. 선 금 : 일금 원정(계약 체결 후 OO일 이내 지급)
 - 선금은 시공사의 공사 안정성을 위해서 수령된다. 선금을 받고 공사에 착수하게 되면 시공사의 캐시플로우 개선효과가 나타날 수 있으나, 시행사에서는 선금에 대한 금융비용이 추가적으로 발생할 수 있으므로 협의하여 정하는 것이 맞다.

8. 기성부분금 : ( )월에 1회

- 크게 기성불과 분양불 사업장이 존재한다. 기성불은 협의된 기간마다 공사를 진행한 만큼 공사비를 수령하는 것이고, 분양불은 분양율에 따라서 공사비를 달리 수령하는 것이다. 기성부분금의 수령 기간은 시행사와 시공사가 협의하기에 따라 달라진다. 하도급법에 의하여 종합건설사는 하도급사에게 매달 공사비를 60일 만기의 어음으로 지급하게 되어있다. 종합건설사 전체적인 캐시플로우를 위해서는 60일 단위로 기성금을 수령하는 것이 바람직하다. 하지만 분양율 저조, 시행사와의 협의 지연 등으로 인해 60일 단위로 수금이 어렵다면 현실적인 단위로 수령하는 것이 맞다. 그 이유는 건설업은 기성부분금으로 매출액이 인식되어 세무처리시 탈세의 오해를 받을 수 있기 때문이다.

9. 지급자재의 품목 및 수량

- 지급자재의 품목 및 수량은 시행사와 시공사의 관계와 시공사와 하도급사와의 관계로 나뉜다. 시행사와 시공사 관계에서는 시행사의 컨디션에 따라서 공사 일정부분을 직접 공사 요구를 할 수 있다. 예를 들어 에어컨공사는 전자제품이라 삼성 혹은 LG로 많이 하게 되는데, 이를 시행사가 직접 계약해서 시공하게 되는 경우 시행사 입장에서는 비용을 절감할 수 있다. 시공사와 하도급사 관계에서는 철근, 레미콘 등을 지급자재로 지급하게 된다. 지급자재 품목과 수량이 증가할 수록 시공사 입장에서는 비용이 절감되고 하도급사 입장에서는 단순 노무비만 가져가게 되어 경상이익이 차감된다.

10. 하자담보책임(복합공종인 경우 공종별로 구분 기재)

- 하자담보책임은 대부분의 경우 시공사에게 있으며, 복합공종의 경우 각 공종별로 책임의 소재가 나뉘기도 한다.

11. 지체상금율 :

12. 대가지급 지연 이자율 :

- 지연이자는 앞서 정한 기간에 따라 기성부분금이 지급되지 않을 경우, 발주처에게 청구하는 이자이다. 정산단계에서 지연이자는 이자율에 따라서 수령하게 된다.

13. 기타사항 :

"도급인"과 "수급인"은 합의에 따라 붙임의 계약문서에 의하여 계약을 체결하고, 신의에 따라 성실히 계약상의 의무를 이행할 것을 확약하며, 이 계약의 증거로서 계약문서를 2통 작성하여 각 1통씩 보관한다.

붙임서류 :

1. 민간건설공사 도급계약 일반조건 1부

 -관공서에 제출하는 용도이다.

2. 공사계약특수조건 1부

 -이해관계자끼리 추가적으로 약정할 조항들이 있을 때 명기한다.

3. 설계서 및 산출내역서 1부

- 설계서와 산출내역서를 첨부하는데 이는 서로 투명하게 계약을 하기 위함이다. 기본 사업비와 도급액이 기술되어 있으므로 연면적의 변경시에는 협의후에 정산하고 설계서는 반드시 첨부되어 있어야 향후 변경계약시 근거자료로 사용할 수 있다. 마감재는 재개발 재건축 사업의 경우 다수의 일반인을 대상으로 해서 상세하게 적는 편이나 개발사업은 부대복리시설(헬스장 등), 설치장소와 품명 정도만 기입한다. 판매시설은 리테일 업체에 따라서 상세 마감이 들어가므로 기본마감만 시공된다.

년 월 일

도 급 인 수 급 인

주소 주소

성명 (인) 성명 (인)

## 민간건설공사 표준도급계약 일반조건

제1조(총칙) "도급인"과 "수급인"은 대등한 입장에서 서로 협력하여 신의에 따라 성실히 계약을 이행한다.

제2조(정의) 이 조건에서 사용하는 용어의 정의는 다음과 같다

1. "도급인"이라 함은 건설공사를 건설업자에게 도급하는 자를 말한다.
2. "도급"이라 함은 당사자 일방이 건설공사를 완성할 것으로 약정하고, 상대방이 그 일의 결과에 대하여 대가를 지급할 것을 약정하는 계약을 말한다.
3. "수급인"이라 함은 "도급인"으로부터 건설공사를 도급받는 건설업자를 말한다.
4. "하도급"이라 함은 도급받은 건설공사의 전부 또는 일부를 다시 도급하기 위하여 "수급인"이 제3자와 체결하는 계약을 말한다.
5. "하수급인"이라 함은 "수급인"으로부터 건설공사를 하도급받은 자를 말한다.
6. "설계서"라 함은 공사시방서, 설계도면(물량내역서를 작성한 경우 이를 포함한다) 및 현장설명서를 말한다.
7. "물량내역서"라 함은 공종별 목적물을 구성하는 품목 또는 비목과 동 품목 또는 비목의 규격·수량·단위 등이 표시된 내역서를 말한다.
8. "산출내역서"라 함은 물량내역서에 "수급인"이 단가를 기재하여 "도급인"에게 제출한 내역서를 말한다

9. "분양율"이란 [공동주택의 분양계약을 체결하여 계약금이 수금된 분양 세대의 금액의 합계]/[총 공동주택의 분양금액의 합계]으로 한다.

- 복합시설의 경우 상가시설, 업무시설, 공동주택 등으로 나누어 분양율을 표기하고, 각종 트리거 수수료 등 분양율과 연동된 계약조항에는 매출액 기준 분양율 표기가 가장 이견이 적다.

제3조(계약문서) ① 계약문서는 민간건설공사 도급계약서, 민간건설공사 도급계약 일반조건, 공사계약특수조건, 설계서 및 산출내역서로 구성되며, 상호 보완의 효력을 가진다.

- 여기서 특수조건과 일반조건 등에서 우선권을 가지는 순서를 기입하는 것이 향후 법적 다툼 발생시에 근거자료 활용이 용이하다.

② 이 조건이 정하는 바에 의하여 계약당사자간에 행한 통지문서 등은 계약문서로서의 효력을 가진다.

- 공사를 진행함에 있어서 대외공문으로 문서를 주고 받아야 한다. 이는 향후 소송 시 근거자료로 사용될 수 있으므로 수령 혹은 발신할 때마다 정리하여 보관하는 것이 중요하다. 이 때 메일 및 메신저 내용도 효력을 가질 수 있으므로 수발신에 주의하여야 한다.

③ 이 계약조건 외에 당사자 일방에게 현저하게 불공정한 경우로서 다음 각 호의 어느 하나에 해당하는 특약은 그 부분에 한하여 무효로 한다.

- 도급약정서 체결 시 3항을 삭제하는 경우가 많은데, 이는 중대한 설계변경 혹은 지반 상태가 예측과 달라질 때 도급금액을 기반으로 분쟁이 심해질 수 있으니 꼭 수록하도록 하자.

1. 계약체결 이후 설계변경, 경제상황의 변동에 따라 발생하는 계약금액의 변경을 상당한 이유 없이 인정하지 아니하거나 그 부담을 상대방에게 전가하는 특약

- 코로나와 같은 팬데믹 상황이나 경제위기 시에 서로 협의 하에 공사도급금액을 조정할 수 있는 조항이다.

2. 계약체결 이후 공사내용의 변경에 따른 계약기간의 변경을 상당한 이유 없이 인정하지 아니하거나 그 부담을 상대방에게 전가하는 특약

3. 본 계약의 형태와 공사내용 등 제반사정에 비추어 계약체결 당시 예상하기 어려운 내용에 대하여 상대방에게 책임을 전가하는 특약

4. 계약내용에 대하여 구체적인 정함이 없거나 당사자 간 이견이 있을 경우 그 처리방법 등을 일방의 의사에 따르도록 함으로써 상대방의 정당한 이익을 침해하는 특약

5. 계약불이행에 따른 당사자의 손해배상책임을 과도하게 경감하거나 가중하여 정함으로써 상대방의 정당한 이익을 침해하는 특약

6. 「민법」 등 관계 법령에서 인정하고 있는 상대방의 권리를 상당한 이유 없이 배제하거나 제한하는 특약

④ 계약문서 작성에 따른 인지세는 각 50%씩 "수급인"과 "도급인"이 부담한다. 다만, "도급인"과 공동수급체가 체결하는 공동계약의 경우는 공동 수급체의 구성원 간의 계약액의 지분율에 따라 부담한다.

- 2021년 인지세 이슈 때문에 2022년 1월1에 개정되었다.

제4조(계약보증금 등) ① "수급인"은 계약상의 의무이행을 보증하기 위해 계약서에서 정한 계약보증금을 계약체결전까지 "도급인"에게 현금 등으로 납부하여야 한다. 다만, "도급인"과 "수급인"이 합의에 의하여 계약보증금을 납부하지 아니하기로 약정한 경우에는 그러하지 아니하다

② 제1항의 계약보증금은 다음 각 호의 기관이 발행한 보증서로 납부할 수 있다.

1. 건설산업기본법 제54조 제1항의 규정에 의한 각 공제조합 발행 보증서
2. 보증보험회사, 신용보증기금 등 이와 동등한 기관이 발행하는 보증서
3. 금융기관의 지급보증서 또는 예금증서
   - 금융기관 등의 지급보증서는 담보와 확정이자 지급 시 발행할 수 있는데, 이를 통해 선금을 받기도 한다. 또한 시행사의 경우에는 이러한 보증서를 관공서에 납부함으로써 기반시설부지 매입 등과 같은 착공리스크를 제거할 수 있다.
4. 국채 또는 지방채

③ "수급인"은 제21조부터 제23조의 규정에 의하여 계약금액이 증액된 경우에는 이에 상응하는 금액의 보증금을 제1항 및 제2항의 규정에 따라 추가 납부하여야 하며, 계약금액이 감액된 경우에는 "도급인"은 이에 상응하는 금액의 계약보증금을 "수급인"에게 반환하여야 한다.

④ 제1항 또는 제2항에 따라 "수급인"이 계약의 이행을 보증하는 때에는 "도급인"도 공사대금 지급의 보증 또는 담보를 제공하여야 한다. 다만, "도급인"이 공사대금 지급보증 또는 담보 제공을 하기 곤란한 경우에는 "수급인"이 그에 상응하는 보험 또는 공제에 가입할 수 있도록 계약의 이행 보증을 받은 날로부터 30일 이내에 보험료 또는 공제료(이하 '보험료 등'이라한다)를 지급하여야 한다.

⑤ "도급인"이 제4항에 따른 공사대금의 지급보증, 담보의 제공 또는 보험료 등의 지급을 하지 아니한 때에는 "수급인"은 15일 이내 "도급인"에게 그 이행을 최고하고

공사의 시공을 중지할 수 있다.

- 2022년 개정된 4항과 5항으로 도급인이 계약이행을 보증함과 마찬가지로 수급인 역시 공사대금 지급을 보증하여야 한다고 작성되어 좀 더 균형이 맞추어 졌다.

제5조(계약보증금의 처리) ① 제34조제1항 각 호의 사유로 계약이 해제 또는 해지된 경우 제4조의 규정에 의하여 납부된 계약보증금은 "도급인"에게 귀속한다. 이 경우 계약의 해제 또는 해지에 따른 손해배상액이 계약보증금을 초과한 경우에는 그 초과분에 대한 손해배상을 청구할 수 있다.

- 도급약정 후 시공사 신용공여 등을 통해서 브릿지 대출을 일으켜서 사업을 진행한 뒤 계약을 파기하게 될 수도 있다. 이러한 경우에는 시행사가 시공사에게 손해배상금을 지불해야 한다. 손해금액 입증의 책임은 시공사에게 있으므로 공여된 신용 금액의 추산이 중요하다.

② "도급인"은 제35조제1항 각 호의 사유로 계약이 해제 또는 해지되거나 계약의 이행이 완료된 때에는 제4조의 규정에 의하여 납부된 계약보증금을 지체없이 "수급인"에게 반환하여야 한다.

제6조(공사감독원) ① "도급인"은 계약의 적정한 이행을 확보하기 위하여 스스로 이를 감독하거나 자신을 대리하여 다음 각 호의 사항을 행하는 자(이하 '공사감독원'이라 한다)를 선임할 수 있다.

- 도급인은 시공사가 공사를 제대로 진행하고 있는지 파악하기 위해 감리를 통해서 그 행위를 감독한다. 이 때 법률상으로는 공사기간, 방법 등에 대해서 자유로운 감리사가 시공사를 제대로 감독하기 위해서 시공사와는 전혀 상관없는 감리회사를 선별하는 것이 좋지만 현실적인 여건상 쉽지않다.

1. 시공일반에 대하여 감독하고 입회하는 일
2. 계약이행에 있어서 "수급인"에 대한 지시·승낙 또는 협의하는 일
3. 공사의 재료와 시공에 대한 검사 또는 시험에 입회하는 일
4. 공사의 기성부분 검사, 준공검사 또는 공사목적물의 인도에 입회하는 일
5. 기타 공사감독에 관하여 "도급인"이 위임하는 일

② "도급인"은 제1항의 규정에 의하여 공사감독원을 선임한 때에는 그 사실을 즉시 "수급인"에게 통지하여야 한다.

③ "수급인"은 공사감독원의 감독 또는 지시사항이 공사수행에 현저히 부당하다고 인정할 때에는 "도급인"에게 그 사유를 명시하여 필요한 조치를 요구할 수 있다.

제7조(현장대리인의 배치) ① "수급인"은 착공전에 건설산업기본법령에서 정한 바에

따라 당해공사의 주된 공종에 상응하는 건설기술자를 현장에 배치하고, 그중 1인을 현장대리인으로 선임한 후 "도급인"에게 통지하여야 한다.

② 제1항의 현장대리인은 법령의 규정 또는 "도급인"이 동의한 경우를 제외하고는 현장에 상주하여 시공에 관한 일체의 사항에 대하여 "수급인"을 대리하며, 도급받은 공사의 시공관리 기타 기술상의 관리를 담당한다.

- 현장대리인이란 건설산업기본법에서는 건설기술인이라 칭하고 있다. 현장대리인 배치기준은 건설산업기본법 시행령[별표5]에 기술되어 있다. 공사예정금액 규모가 700억 이상인 경우 기술사가 배치되어야 하며, 500억 이상인 경우에는 기술사 또는 기능장, 특급기술인으로 같은 종류의 시공관리업무에 5년이상 근무한 사람이어야 한다. 배치된 현장대리인은 발주자의 승낙 없이 건설공사 현장을 이탈하여서는 안되고, 발주자는 신체 허약 등의 이유로 업무를 수행할 능력이 없다고 판단되면 현장대리인을 교체할 수 있다. 그러므로 현장에서는 발주처인 시행사와의 협조를 통해서 원활한 공사를 수행하여야 한다.

제8조(공사현장 근로자) ① "수급인"은 해당 공사의 시공 또는 관리에 필요한 기술과 인력을 가진 근로자를 채용하여야 하며 근로자의 행위에 대하여 사용자로서의 모든 책임을 진다.

- 간혹 사업주의 요구로 인해 현장 대리인을 변경하는 경우가 있다. 시공사에서는 이러한 문제에 민감하여 명확한 사유없이는 받아들이지 않으나 사업에 지장을 초래하는 것이 명백한 경우에는 받아들인다.

② "수급인"이 채용한 근로자에 대하여 "도급인"이 해당 계약의 시공 또는 관리상 현저히 부적당하다고 인정하여 교체를 요구한 때에는 정당한 사유가 없는 한 즉시 교체하여야 한다.

③ "수급인"은 제2항에 의하여 교체된 근로자를 "도급인"의 동의 없이 해당 공사를 위해 다시 채용할 수 없다.

제9조(착공신고 및 공정보고) ① "수급인"은 계약서에서 정한 바에 따라 착공하여야 하며, 착공 시에는 다음 각 호의 서류가 포함된 착공신고서를 "도급인"에게 제출하여야 한다.

1. 건설산업기본법령에 의하여 배치하는 건설기술자 지정서
2. 공사예정공정표
3. 공사비 산출내역서 (단, 계약체결시 산출내역서를 제출하고 계약금액을 정한 경우를 제외한다)
4. 공정별 인력 및 장비 투입 계획서

5. 기타 “도급인”이 지정한 사항

② “수급인”은 계약의 이행중에 제1항의 규정에 의하여 제출한 서류의 변경이 필요한 때에는 관련서류를 변경하여 제출하여야 한다.

③ “도급인”은 제1항 및 제2항의 규정에 의하여 제출된 서류의 내용을 조정할 필요가 있다고 인정하는 때에는 “수급인”에게 이의 조정을 요구할 수 있다.

④ “도급인”은 “수급인”이 월별로 수행한 공사에 대하여 다음 각 호의 사항을 명백히 하여 익월 14일까지 제출하도록 요청할 수 있으며, “수급인”은 이에 응하여야 한다.

1. 월별 공정률 및 수행공사금액
2. 인력·장비 및 자재현황
3. 계약사항의 변경 및 계약금액의 조정내용

제 XX조 공사도급금액의 범위

- 표준계약서에는 없으나 도급금액의 범위는 기술하는 것이 현명하다. 민원처리비는 본 공사 시공과 직접적으로 관련되는 범위에 있어서는 도급금액의 범위에 포함하고, 기반시설 등과 같은 부분은 포함하지 않는데, 이를 계약서에 명시하지 않을 경우 분쟁의 여지가 있다. 또한 발주처의 상황에 따라서 공사진입로 등을 공사도급금액에 포함하는 경우가 있고 그렇지 않은 경우도 있다. 구분은 도급액에 포함되는 항목 아닌 항목으로만 기재하는데, 사업의 특성에 따라서 시공사의 유이자 대여항목, 무이자대여항목, 사업비 등으로 나눌 수 있다. 이 외에 철거공사, 토목공사 등 일부 공종을 별도로 발주하거나 지급자재가 있는 경우도 범위에 수록하는 것이 옳다고 할 수 있겠다.

제10조(공사기간) ① 공사착공일과 준공일은 계약서에 명시된 일자로 한다.

② “수급인”의 귀책사유 없이 공사착공일에 착공할 수 없는 경우에는 “수급인”의 현장 인수일자를 착공일로 하며, 이 경우 “수급인”은 공사기간의 연장을 요구할 수 있다.

- 이는 실착공일을 기준으로 하며 공사기간의 연장 신청 시 시공사에게 유리하게 작용한다. 가끔 발주처의 요구로 인허가상 착공일을 착공일로 규정하는 경우가 있는데, 그렇게 되면 실제 착공 준비가 되는 날에 따라서 실제 공사기간이 줄어드는 효과가 나타날 수 있다.

③ 준공일은 “수급인”이 건설공사를 완성하고 “도급인”에게 서면으로 준공검사를 요청한 날을 말한다. 다만, 제27조의 규정에 의하여 준공검사에 합격한 경우에 한 한다.

- 준공일은 행정관청으로부터 사용검사필증(임시사용승인을)받는 것을 의미하는 것으로 규정하는 경우가 많다. 이는 공사지연의 책임이 명확하지 않을 때 수분양

자와의 계약을 이행하기 위해서 임시사용승인도 허가해서 약정서에 기입한다.

제11조(선금) ① "도급인"은 계약서에서 정한 바에 따라 "수급인"에게 선금을 지급하여야 하며, "도급인"이 선금 지급시 보증서 제출을 요구하는 경우 "수급인"은 제4조 제2항 각 호의 보증기관이 발행한 보증서를 제출하여야 한다.

- 계약이행보증을 말하며 시공사도 하도급사에게 모두 수령하므로 시행사 역시 미래를 대비해 수령하는 것이 현명하다. 분쟁 시 보증기관에게 공사이행을 위한 보증금을 청구할 수 있다. 이 경우 시공사는 해당 금액을 예치하지 않으면 추가 보증을 받을 수 없다.

② 제1항에 의한 선금지급은 "수급인"의 청구를 받은 날부터 14일이내에 지급하여야 한다. 다만, 자금사정 등 불가피한 사유로 인하여 지급이 불가능한 경우 그 사유 및 지급시기를 "수급인"에게 서면으로 통지한 때에는 그러하지 아니하다.

- 선금으로 인해서 시공사는 공사비 수금의 안정성 확보, 현금흐름(Cash-Flow) 개선효과, 선금 수금으로 인한 영업외수익(이자수익)의 장점을 가질 수 있다.

③ "수급인"은 선금을 계약목적달성을 위한 용도이외의 타 목적에 사용할 수 없으며, 노임지급 및 자재확보에 우선 사용하여야 한다.

④ 선금은 기성부분에 대한 대가를 지급할 때마다 다음 방식에 의하여 산출한 금액을 정산한다.

⑤ "도급인"은 선금을 지급한 경우 다음 각 호의 1에 해당하는 경우에는 당해 선금잔액에 대하여 반환을 청구할 수 있다.

1. 계약을 해제 또는 해지하는 경우
2. 선금지급조건을 위반한 경우

⑥ "도급인"은 제5항의 규정에 의한 반환청구시 기성부분에 대한 미지급금액이 있는 경우에는 선금잔액을 그 미지급금액에 우선적으로 충당하여야 한다.

제12조(자재의 검사 등) ① 공사에 사용할 재료는 신품이어야 하며, 품질·품명 등은 설계도서와 일치하여야 한다. 다만, 설계도서에 품질·품명 등이 명확히 규정되지 아니한 것은 표준품 또는 표준품에 상당하는 재료로서 계약의 목적을 달성하는데 가장 적합한 것이어야 한다.

- 현장에서는 따로 품질팀을 두어서 별도로 자재 검사를 시행하고 있다. 여력이 되는 시행사는 품질에 대한 검사는 별도로 진행하는 경우가 많다. 이 때는 꼭 사진대장을 만들어서 분쟁 등에 대비함이 맞다.

② 공사에 사용할 자재중에서 "도급인"이 품목을 지정하여 검사를 요구하는 경우에

는 "수급인"은 사용전에 "도급인"의 검사를 받아야 하며, 설계도서와 상이하거나 품질이 현저히 저하되어 불합격된 자재는 즉시 대체하여 다시 검사를 받아야 한다.

③ 제2항의 검사에 이의가 있을 경우 "수급인"은 "도급인"에게 재검사를 요구할 수 있으며, 재검사가 필요하다고 인정되는 경우 "도급인"은 지체없이 재검사하도록 조치하여야 한다.

- 잦은 검사로 인하여 시간과 비용이 낭비되지 않는 선에서 발주처의 합리적인 검사는 공사 품질을 위해 중요하다.

④ "수급인"은 자재의 검사에 소요되는 비용을 부담하여야 하며, 검사 또는 재검사 등을 이유로 계약기간의 연장을 요구할 수 없다. 다만, 제3항의 규정에 의하여 재검사 결과 적합한 자재인 것으로 판명될 경우에는 재검사에 소요된 기간에 대하여는 계약기간을 연장할 수 있다.

⑤ 공사에 사용하는 자재중 조립 또는 시험을 요하는 것은 "도급인"의 입회하에 그 조립 또는 시험을 하여야 한다.

⑥ 수중 또는 지하에서 행하여지는 공사나 준공후 외부에서 확인할 수 없는 공사는 "도급인"의 참여없이 시행할 수 없다. 다만, 사전에 "도급인"의 서면승인을 받고 사진, 비디오 등으로 시공방법을 확인할 수 있는 경우에는 시행할 수 있다.

⑦ "수급인"은 공사수행과 관련하여 필요한 경우 "도급인"에게 입회를 요구할 수 있으며, "도급인"은 이에 응하여야 한다.

제13조(지급자재와 대여품)

- 타일, 위생기기, 냉난방기와 같이 관리가 쉬운 항목 위주로 지급자재를 설정하는 편이다. 석고보드나 철근 등은 관리가 어려워 지급자재 선정 시 발주처의 손해가 더 커진다. 다만, 실무적인 선에서 업체 추천은 과도한 지급자재 선정은 추천하지 않는 편이다. 각 사별 이익률은 정해져 있기 때문에 지급자재 품목을 시공사보다 저렴하게 조달할 수 있지 않으면 큰 의미가 없다. 분리발주와는 다소 다른 개념으로 분리발주는 도급범위에서 제외한 후 해당 항목에 대해 별도의 도급계약을 체결한다. 이 경우 시공사의 해당 업체 관리가 까다로워 선호되지 않는다.

① 계약에 의하여 "도급인"이 지급하는 자재와 대여품은 공사예정공정표에 의한 공사일정에 지장이 없도록 적기에 인도되어야 하며, 그 인도장소는 시방서 등에 따로 정한 바가 없으면 공사현장으로 한다.

- 자재가 현장에 도착하여 하차한 뒤에는 관리의 책임이 해당 하도급사에게 전가

되므로 하역 시 자재 파손여부 등을 검사하는 것이 분쟁을 예방할 수 있는 방법이다.

② 제1항의 규정에 의하여 지급된 자재의 소유권은 "도급인"에게 있으며, "수급인"은 "도급인"의 서면승낙없이 현장 외부로 반출하여서는 아니된다.

③ 제1항의 규정에 의하여 인도된 지급자재와 대여품에 대한 관리상의 책임은 "수급인"에게 있으며, "수급인"이 이를 멸실 또는 훼손하였을 경우에는 "도급인"에게 변상하여야 한다.

④ "수급인"은 지급자재 및 대여품의 품질 또는 규격이 시공에 적당하지 아니하다고 인정할 때에는 즉시 "도급인"에게 이를 통지하고 그 대체를 요구할 수 있다.

⑤ 자재 등의 지급지연으로 공사가 지연될 우려가 있을 때에는 "수급인"은 "도급인"의 서면승낙을 얻어 자기가 보유한 자재를 대체 사용할 수 있다. 이 경우 "도급인"은 대체 사용한 자재 등을 "수급인"과 합의된 일시 및 장소에서 현품으로 반환하거나 대체사용당시의 가격을 지체없이 "수급인"에게 지급하여야 한다.

⑥ "수급인"은 "도급인"이 지급한 자재와 기계·기구 등 대여품을 선량한 관리자의 주의로 관리하여야 하며, 계약의 목적을 수행하는 데에만 사용하여야 한다.

⑦ "수급인"은 공사내용의 변경으로 인하여 필요없게 된 지급자재 또는 사용완료된 대여품을 지체없이 "도급인"에게 반환하여야 한다.

제14조(안전관리 및 재해보상) ① "수급인"은 산업재해를 예방하기 위하여 안전시설의 설치 및 보험의 가입 등 적정한 조치를 하여야 하며, 이를 위해 "도급인"은 계약금액에 「건설기술진흥법」에 따른 안전관리비와 「산업안전보건법」에 따른 산업안전보건관리비 및 산업재해보상 보험료 등 관계 법령에서 규정하는 법정경비의 상당액을 계상하여야 한다.

② 공사현장에서 발생한 산업재해에 대한 책임은 "수급인"에게 있다. 다만, 설계상의 하자 또는 "도급인"의 요구에 의한 작업으로 재해가 발생한 경우에는 "도급인"에 대하여 구상권을 행사할 수 있다.

제15조(건설근로자의 보호) ① "수급인"은 도급받은 공사가 건설산업기본법, 임금채권보장법, 고용보험법, 국민연금법, 국민건강보험법 및 노인장기요양보험법에 의하여 의무가입대상인 경우에는 퇴직공제, 임금채권보장제도, 고용보험, 국민연금, 건강보험 및 노인장기요양보험에 가입하여야 한다. 다만, "수급인"이 도급받은 공사를 하도급한 경우로서 하수급인이 고용한 근로자에 대하여 고용보험, 국민연금, 건강보험 및 노인장기요양보험에 가입한 경우에는 그러하지 아니하다.

② "도급인"은 제1항의 건설근로자퇴직공제부금, 임금채권보장제도에 따른 사업주부

담금, 고용보험료, 국민연금보험료, 국민건강보험료 및 노인장기요양보험료를 계약금액에 계상하여야 한다.

제16조(응급조치) ① "수급인"은 재해방지를 위하여 특히 필요하다고 인정될 때에는 미리 긴급조치를 취하고 즉시 이를 "도급인"에게 통지하여야 한다.

② "도급인"은 재해방지 기타 공사의 시공상 부득이하다고 인정할 때에는 "수급인"에게 긴급조치를 요구할 수 있다. 이 경우 "수급인"은 즉시 이에 응하여야 하며, "수급인"이 "도급인"의 요구에 응하지 않는 경우 "도급인"은 제3자로 하여금 필요한 조치를 하게 할 수 있다.

③ 제1항 및 제2항의 응급조치에 소요된 경비는 실비를 기준으로 "도급인"과 "수급인"이 협의하여 부담한다.

제17조(공사기간의 연장) ① "수급인" 은 다음 각 호의 사유로 인해 계약이행이 현저히 어려운 경우 등 "수급인" 의 책임이 아닌 사유로 공사수행이 지연되는 경우 서면으로 공사기간의 연장을 "도급인" 에게 요구할 수 있다.

1. "도급인" 의 책임있는 사유
2. 태풍·홍수·폭염·한파·악천후·미세먼지 발현·전쟁·사변·지진·전염병·폭동 등 불가항력의 사태(이하 "불가항력"이라고 한다.)
3. 원자재 수급불균형
4. 근로시간단축 등 법령의 제·개정

② "도급인"은 제1항의 규정에 의한 계약기간 연장의 요구가 있는 경우 즉시 그 사실을 조사·확인하고 공사가 적절히 이행될 수 있도록 계약기간의 연장 등 필요한 조치를 하여야 한다.

③ 제1항의 규정에 의거 공사기간이 연장되는 경우 이에 따르는 현장관리비 등 추가경비는 제23조의 규정을 적용하여 조정한다.

④ "도급인"은 제1항의 계약기간의 연장을 승인하였을 경우 동 연장기간에 대하여는 지체상금을 부과하여서는 아니된다.

제18조(부적합한 공사) ① "도급인"은 "수급인"이 시공한 공사중 설계서에 적합하지 아니한 부분이 있을 때에는 이의 시정을 요구할 수 있으며, "수급인"은 지체없이 이에 응하여야 한다. 이 경우 "수급인"은 계약금액의 증액 또는 공기의 연장을 요청할 수 없다.

-현실적으로 공사진행 시 설계변경은 빈번하게 일어나는 편이다. 인허가, 지질상태, 상품개선 등의 사유로 설계변경이 일어나는데, 중대한 요소가 아닐 때는 따로 공기연

장이나 공사도급금액 증액을 하지는 않는 경우가 많다. 반대로 시공사에서 실행공사비를 줄이기 위해 설계변경을 요청해서 시행하는 경우도 있다.

② 제1항의 경우 설계서에 적합하지 아니한 공사가 "도급인"의 요구 또는 지시에 의하거나 기타 "수급인"의 책임으로 돌릴 수 없는 사유로 인한 때에는 "수급인"은 그 책임을 지지 아니한다.

제19조(불가항력에 의한 손해) ① "수급인"은 검사를 마친 기성부분 또는 지급자재와 대여품에 대하여 불가항력에 의한 손해가 발생한 때에는 즉시 그 사실을 "도급인"에게 통지하여야 한다.

② "도급인"은 제1항의 통지를 받은 경우 즉시 그 사실을 조사·확인하고 그 손해의 부담에 있어서 기성검사를 필한 부분 및 검사를 필하지 아니한 부분 중 객관적인 자료(감독일지, 사진 또는 비디오테잎 등)에 의하여 이미 수행되었음이 판명된 부분은 "도급인"이 부담하고, 기타 부분은 "도급인"과 "수급인"이 협의하여 결정한다.

③ 제2항의 협의가 성립되지 않은 때에는 제41조의 규정에 의한다.

제20조(공사의 변경·중지) ① "도급인"이 설계변경 등에 의하여 공사내용을 변경·추가하거나 공사의 전부 또는 일부에 대한 시공을 일시 중지할 경우에는 변경계약서 등을 사전에 "수급인"에게 교부하여야 한다.

② "도급인"이 제1항에 따른 공사내용의 변경·추가 관련 서류를 교부하지 아니한 때에는 "수급인"은 "도급인"에게 도급받은 공사 내용의 변경·추가에 관한 사항을 서면으로 통지하여 확인을 요청할 수 있다. 이 경우 "수급인"의 요청에 대하여 "도급인"은 15일 이내에 그 내용에 대한 인정 또는 부인의 의사를 서면으로 회신하여야 하며, 이 기간내에 회신하지 아니한 경우에는 원래 "수급인"이 통지한 내용대로 공사내용의 변경·추가된 것으로 본다. 다만, 불가항력으로 인하여 회신이 불가능한 경우에는 제외한다.

- 설계변경은 생각보다 자주 있는 일이다. 이로 인해 매번 변경계약을 체결하기보다는 발주처 및 현장소장의 서명이 들어간 현장 회의록 및 발주처 작업지시서로 대체되어 공사를 진행하는 경우가 많다. 다만, 구두로 작업을 지시하고 수행하는 경우에는 문제 발생 소지가 있으므로 메일로 확인이라도 하는 것이 좋다.

③ "도급인"의 지시에 의하여 "수급인"이 추가로 시공한 공사물량에 대하여서는 공사비를 증액하여 지급하여야 한다.

- 펜트하우스의 경우 도급인의 지시에 의해서 추가로 시공하는 요소가 자주 발생한다. 펜트하우스는 고급화를 위해서 마감비용이 상승하는 경우가 많다. 이 경우 시공사에 도급증액을 통해서 시공을 요청하거나 마감을 제외하고 공사를 완

료한 뒤에 직접 시공하는 경우도 있다.

④ "수급인"은 동 계약서에 규정된 계약금액의 조정사유 이외의 계약체결 후 계약조건의 미숙지, 덤핑수주 등을 이유로 계약금액의 변경을 요구하거나 시공을 거부할 수 없다.

- 저가 입찰의 경우 현장설명 때 숙지하지 못한 계약조건 등의 사유로 시공을 거부하는 경우가 많다. 이 때는 발주처와의 우호적 관계를 위해 수급인 측이 계약금액 변경을 강하게 요구하는 경우는 드물다고 볼 수 있다. 하지만, 과도한 적자가 발생한 경우에는 부당 특약 등의 사유로 시공을 거부하고 소송을 이어가는 경우도 있다.

제21조(설계변경으로 인한 계약금액의 조정) ① 설계서의 내용이 공사현장의 상태와 일치하지 않거나 불분명, 누락, 오류가 있을 때 또는 시공에 관하여 예기하지 못한 상태가 발생되거나 안전사고의 우려, 사업계획의 변경 등으로 인하여 추가 시설물(가설구조물을 포함)의 설치가 필요한 때에는 "도급인"은 설계를 변경하여야 한다.

- 앞서 설명하였듯이 설계도면과 현장의 불일치로 발생하는 설계변경은 빈번하게 발생한다. 중대한 변경이 아닌 경우에는 현장에서 설계사와 협의하여 진행하는 경우가 많은데, 차후 발주처의 확인은 꼭 받아야 한다. 도면과 현장이 불일치하여 임의로 선진행 하는 경우에는 차후 도급금액 등을 수령하기 힘들 수도 있기 때문이다. 내역입찰을 진행하였으면 같은 항목의 경우 같은 단가로 도급금액 변경이 이루어지고 신규품목은 양사간 협의를 통하여 증액 및 감액을 진행한다. 총액계약 시에는 양사간 협의를 통해서 도급금액을 변경하는 경우가 많다.

② 제1항의 설계변경으로 인하여 공사량의 증감이 발생한 때에는 다음 각 호의 기준에 의하여 계약금액을 조정하며, 필요한 경우 공사기간을 연장하거나 단축한다.

1. 증감된 공사의 단가는 제9조의 규정에 의한 산출내역서상의 단가를 기준으로 상호 협의하여 결정한다.
2. 산출내역서에 포함되어 있지 아니한 신규비목의 단가는 설계변경 당시를 기준으로 산정한 단가로 한다.
3. 증감된 공사에 대한 일반관리비 및 이윤 등은 산출내역서상의 율을 적용한다.

제22조(물가변동으로 인한 계약금액의 조정)

- 물가변동으로 인한 계약금액은 연간 시공사별 연간 E/S로 반영하는 경우가 많다. 도급약정 체결일과 착공일이 짧게는 몇 달에서 길게는 몇 년 까지 차이가 나는 경우가 많아서 그에 따른 연간 E/S를 반영한다. 과거 실제 실행공사비 인상율이 거의 없을 때는 시공사의 추가이익 수단이 되었다. 역으로 물가인상이 급

격한 경우 시공사 손실의 원인이 되기도 한다. 최근에는 연간 정률적인 도급금액 인상보다는 실제 원가지수에 따른 도급금액 변동을 선호하는 경향이 있다. 도급금액의 고정은 시공사 입장에서는 향후 원가 상승으로 인하여 경상이익 감소 변동 리스크가 있다. 반대로 도급금액을 지수에 연동시키면 고정된 분양가 아래 시행사의 이익이 변동될 경우가 많다. 이러한 사유로 도급계약 체결 시 계약금액 조정에 있어서는 변동 리스크를 최소화하려는 수급인과 도급인간의 대립이 많은 편이다. 아래에 수록된 조항들은 급격한 변동에 대비한 항목이다. 이는 국가 계약법에 근거한 내용으로 민간업체에게 강제할 수는 없다.

① 계약체결후 90일이상 경과한 경우에 잔여공사에 대하여 산출내역서에 포함되어 있는 품목 또는 비목의 가격 등의 변동으로 인한 등락액이 잔여공사에 해당하는 계약금액의 100분의3 이상인 때에는 계약금액을 조정한다. 다만, 제17조제1항의 규정에 의한 사유로 계약이행이 곤란하다고 인정되는 경우에는 계약체결일(계약체결후 계약금액을 조정한 경우 그 조정일)부터 90일이내에도 계약금액을 조정할 수 있다.

② 제1항의 규정에 불구하고 계약금액에서 차지하는 비중이 100분의 1을 초과하는 자재의 가격이 계약체결일(계약체결후 계약금액을 조정한 경우 그 조정일)부터 90일이내에 100분의 15 이상 증감된 경우에는 "도급인"과 "수급인"이 합의하여 계약금액을 조정할 수 있다.

③ 제1항 및 제2항의 규정에 의한 계약금액의 조정에 있어서 그 조정금액은 계약금액 중 물가변동기준일 이후에 이행되는 부분의 대가에 적용하되, 물가변동이 있는 날 이전에 이미 계약이행이 완료되어야 할 부분에 대하여는 적용하지 아니한다. 다만, 제17조제1항의 규정에 의한 사유로 계약이행이 지연된 경우에는 그러하지 아니하다.

④ 제1항의 규정에 의하여 조정된 계약금액은 직전의 물가변동으로 인하여 계약금액 조정기준일(조정 사유가 발생한 날을 말한다)부터 60일이내에는 이를 다시 조정할 수 없다.

⑤ 제1항의 규정에 의하여 계약금액 조정을 청구하는 경우에는 조정내역서를 첨부하여야 하며, 청구를 받은 날부터 30일 이내에 계약금액을 조정하여야 한다

⑥ 제5항의 규정에 의한 계약금액조정 청구내용이 부당함을 발견한 때에는 지체없이 필요한 보완요구 등의 조치를 하여야 한다. 이 경우 보완요구 등의 조치를 통보받은 날부터 그 보완을 완료한 사실을 상대방에게 통지한 날까지의 기간은 제4항의 규정에 의한 기간에 산입하지 아니한다.

제23조(기타 계약내용의 변동으로 인한 계약금액의 조정) ① 제21조 및 제22조에 의

한 경우 이외에 다음 각 호에 의해 계약금액을 조정하여야 할 필요가 있는 경우에는 그 변경된 내용에 따라 계약금액을 조정하며, 이 경우 증감된 공사에 대한 일반관리비 및 이윤 등은 산출내역서상의 율을 적용한다.

1. 계약내용의 변경
2. 불가항력에 따른 공사기간의 연장
3. 근로시간 단축, 근로자 사회보험료 적용범위 확대 등 공사비, 공사기간에 영향을 미치는 법령의 제·개정

② 제1항과 관련하여 "수급인"은 제21조 및 제22조에 규정된 계약금액 조정사유 이외에 계약체결후 계약조건의 미숙지 등을 이유로 계약금액의 변경을 요구하거나 시공을 거부할 수 없다.

제24조(기성부분금) ① 계약서에 기성부분금에 관하여 명시한 때에는 "수급인"은 이에 따라 기성부분에 대한 검사를 요청할 수 있으며, 이때 "도급인"은 지체없이 검사를 하고 그 결과를 "수급인"에게 통지하여야 하며, 14일이내에 통지가 없는 경우에는 검사에 합격한 것으로 본다.

- 향후 정산 시 지연이자를 반영할 때는 기성청구에 대한 증빙과 도급인의 검사요청사항에 대한 기록을 문서로 남겨두어야 유리하다.

② 기성부분은 제2조 제8호의 산출내역서의 단가에 의하여 산정한다. 다만, 산출내역서가 없는 경우에는 공사진척율에 따라 "도급인"과 "수급인"이 합의하여 산정한다.

- 공사현장에서는 공정률에 따라서 공정확인서를 만들게 된다. 이를 감리회사의 확인을 받고 발주처(시행사)로 제출하여 최종적으로 승인을 받는 과정이 이루어진다. 이 공정률에 따른 기성부분금대로 세금계산서를 발행하고 이에 맞는 금액을 수령하게 된다. 여기서 주의할 것은 기성부분금은 시행사의 비용이고, 건설사의 매출이라는 점이다. 2개월 단위로 수금하기로 되어 있으면 그에 맞게 수금이 이루어 져야 시공사에서는 매출인식 오류에 따른 가산세를 부과받지 않을 수 있다. 또한 시행사의 매출은 분양수입금인데, 연말까지는 적정한 공사비가 지출이 되어야 부가세 납부측면에서 불이익을 받지 않을 수 있다. 산출내역서는 관급공사 및 하도급 발주 시 선호된다.

③ "도급인"은 검사완료일로부터 14일이내에 검사된 내용에 따라 기성부분금을 "수급인"에게 지급하여야 한다.

④ "도급인"이 제3항의 규정에 의한 기성부분금의 지급을 지연하는 경우에는 제28조 제3항의 규정을 준용한다.

제25조(손해의 부담) "도급인"·"수급인" 쌍방의 책임 없는 사유로 공사의 목적물이나

제3자에게 손해가 생긴 경우 다음 각 호의 자가 손해를 부담한다.

1. 목적물이 "도급인"에게 인도되기 전에 발생된 손해: "수급인"
2. 목적물이 "도급인"에게 인도된 후에 발생된 손해: "도급인"
3. 목적물에 대한 "도급인"의 인수지연 중 발생된 손해: "도급인"
4. 목적물 검사기간 중 발생된 손해: "도급인"·"수급인"이 협의하여 결정
   - 고가의 외산 자재(돌, 타일, 옵션 상품 등) 구매 시 해당 사항이 중요한 고려 요소이다. 추가로 환율과 운임료 등에 대한 변동금액을 도급인과 수급인이 어떤 방식으로 부담할지 역시 계약사항에 추가되어야 한다.

제26조(부분사용) ① "도급인"은 공사목적물의 인도전이라 하더라도 "수급인"의 동의를 얻어 공사목적물의 전부 또는 일부를 사용할 수 있다.

② 제1항의 경우 "도급인"은 그 사용부분에 대하여 선량한 관리자의 주의 의무를 다하여야 한다.

③ "도급인"은 제1항에 의한 사용으로 "수급인"에게 손해를 끼치거나 "수급인"의 비용을 증가하게 한 때는 그 손해를 배상하거나 증가된 비용을 부담한다.

제27조(준공검사) ① "수급인"은 공사를 완성한 때에는 "도급인"에게 통지하여야 하며 "도급인"은 통지를 받은 후 지체없이 "수급인"의 입회하에 검사를 하여야 하며, "도급인"이 "수급인"의 통지를 받은 후 10일 이내에 검사결과를 통지하지 아니한 경우에는 10일이 경과한 날에 검사에 합격한 것으로 본다. 다만, 불가항력으로 인하여 검사를 완료하지 못한 경우에는 당해 사유가 존속되는 기간과 당해 사유가 소멸된 날로부터 3일까지는 이를 연장할 수 있다.

② "수급인"은 제1항의 검사에 합격하지 못한 때에는 지체없이 이를 보수 또는 개조하여 다시 준공검사를 받아야 한다.

③ "수급인"은 검사의 결과에 이의가 있을 때에는 재검사를 요구할 수 있으며, "도급인"은 이에 응하여야 한다.

④ "도급인"은 제1항의 규정에 의한 검사에 합격한 후 "수급인"이 공사목적물의 인수를 요청하면 인수증명서를 발급하고 공사목적물을 인수하여야 한다.

제28조(대금지급) ① "수급인"은 "도급인"의 준공검사에 합격한 후 즉시 잉여자재, 폐기물, 가설물 등을 철거, 반출하는 등 공사현장을 정리하고 공사대금의 지급을 "도급인"에게 청구할 수 있다.

② "도급인"은 특약이 없는 한 계약의 목적물을 인도 받음과 동시에 "수급인"에게 공사 대금을 지급하여야 한다.

③ "도급인"이 공사대금을 지급기한내에 지급하지 못하는 경우에는 그 미지급금액에 대하여 지급기한의 다음날부터 지급하는 날까지의 일수에 계약서 상에서 정한 대가지급 지연이자율(시중은행의 일반대출시 적용되는 연체이자율 수준을 감안 하여 상향 적용할 수 있다)을 적용하여 산출한 이자를 가산하여 지급하여야 한다.

제29조(폐기물의 처리 등) "수급인"은 공사현장에서 발생한 폐기물을 관계법령에 의거 처리하여야 하며, "도급인"은 폐기물처리에 소요되는 비용을 계약금액에 반영하여야 한다.

- 지반상태를 조사하던 중 예기치 못한 폐기물이 발생하는 경우가 있다. 이를 확인하기 위해서는 공사초기에 지질검사를 반드시 진행해야 한다. 공사 초기부터 지질상태에 따른 공사금액 변동을 충분히 협의한 뒤 공사를 진행하는 것이 좋다. 폐기물이 나올 시 시행사와 협의하여 폐기물 처리에 관한 공사계약을 새롭게 체결할 수 있다.

제30조(지체상금) ① "수급인"은 준공기한내에 공사를 완성하지 아니한 때에는 매 지체일수마다 계약서상의 지체상금율을 계약금액에 곱하여 산출한 금액(이하 '지체상금'이라 한다)을 "도급인"에게 납부하여야 한다. 다만, "도급인"의 귀책사유로 준공검사가 지체된 경우와 다음 각 호의 1에 해당하는 사유로 공사가 지체된 경우에는 그 해당일수에 상당하는 지체상금을 지급하지 아니하여도 된다.

1. 불가항력의 사유에 의한 경우
2. "수급인"이 대체하여 사용할 수 없는 중요한 자재의 공급이 "도급인"의 책임있는 사유로 인해 지연되어 공사진행이 불가능하게 된 경우
3. "도급인"의 귀책사유로 착공이 지연되거나 시공이 중단된 경우
4. 기타 "수급인"의 책임에 속하지 아니하는 사유로 공사가 지체된 경우

② 제1항을 적용함에 있어 제26조의 규정에 의하여 "도급인"이 공사목적물의 전부 또는 일부를 사용한 경우에는 그 부분에 상당하는 금액을 계약금액에서 공제한다. 이 경우 "도급인"이 인허가기관으로부터 공사목적물의 전부 또는 일부에 대하여 사용승인을 받은 경우에는 사용승인을 받은 공사목적물의 해당부분은 사용한 것으로 본다.

③ "도급인"은 제1항 및 제2항의 규정에 의하여 산출된 지체상금은 제28조의 규정에 의하여 "수급인"에게 지급되는 공사대금과 상계할 수 있다.

- 공사비 지연이자도 이와 같이 상계처리하는 조항이 필요하다. '연이자 발생 시 선금 예치이자 한도내에서 상계처리가 가능하며, 금융기관과의 일정 협의상 불가피하게 지연되는 부분에는 양사간의 합의를 통해서 지연이자를 면제할 수 있

다.'이 항목이 제30조(지체상금 및 지연이자)로 수록되어 있으면, 추가 사업수주나 다른 사업을 검토할 때 협상카드로 용이하게 사용될 수 있다.

④ 제1항의 지체상금율은 계약 당사자간에 별도로 정한 바가 없는 경우에는 국가를 당사자로 하는 계약에 관한 법령 등에 따라 공공공사 계약체결시 적용되는 지체상금율을 따른다.

제31조(하자담보) ① "수급인"은 공사의 하자보수를 보증하기 위하여 계약서에 정한 하자보수보증금율을 계약금액에 곱하여 산출한 금액(이하 '하자보수보증금'이라 한다)을 준공검사후 그 공사의 대가를 지급할 때까지 현금 또는 제4조 제2항 각 호의 보증기관이 발행한 보증서로서 "도급인"에게 납부하여야 한다.

- 시공사는 발주처에게 하도급사는 시공사에게 제출하는 보증서이다. 하자보수처리가 미비하면 도급인은 보증기관에 보증금액을 요청하여 하자보수를 진행할 수 있다. 이 때 수급인이 불복하여 소송을 진행하더라도 보증기관에는 보증금액을 납부하여야 다른 공사에 하자담보증권을 수령할 수 있다. 하자담보증권이 있을 때와 없을 때 하자 책임여부가 모호한 하자에 대한 시공사의 이행여부 차이가 극명하게 차이가 나므로 반드시 수령 해야할 증권 중 하나이다.

② "수급인"은 "도급인"이 전체목적물을 인수한 날과 준공검사를 완료한 날 중에서 먼저 도래한 날부터 계약서에 정한 하자담보 책임기간중 당해공사에 발생하는 일체의 하자를 보수하여야 한다. 다만, 다음 각 호의 사유로 발생한 하자에 대해서는 그러하지 아니하다.

1. 공사목적물의 인도 후에 천재지변 등 불가항력이 "수급인"의 책임이 아닌 사유로 인한 경우
2. "도급인"이 제공한 재료의 품질이나 규격 등의 기준미달로 인한 경우
3. "도급인"의 지시에 따라 시공한 경우
4. "도급인"이 건설공사의 목적물을 관계 법령에 따른 내구연한 또는 설계상의 구조내력을 초과하여 사용한 경우

③ "수급인"이 "도급인"으로 부터 제2항의 규정에 의한 하자보수의 요구를 받고 이에 응하지 아니하는 경우 제1항의 규정에 의한 하자보수보증금은 "도급인"에게 귀속한다.

④ "도급인"은 하자담보책임기간이 종료한 때에는 제1항의 규정에 의한 하자보수 보증금을 "수급인"의 청구에 의하여 반환하여야 한다. 다만, 하자담보책임기간이 서로 다른 공종이 복합된 공사에 있어서는 공종별 하자담보 책임기간이 만료된 공종의 하자보수보증금은 "수급인"의 청구가 있는 경우 즉시 반환하여야 한다.

제32조(건설공사의 하도급 등) ①"수급인"이 도급받은 공사를 제3자에게 하도급하고자 하는 경우에는 건설산업기본법 및 하도급거래공정화에관한법률에서 정한 바에 따라 하도급하여야 하며, 하수급인의 선정, 하도급계약의 체결 및 이행, 하도급 대가의 지급에 있어 관계 법령의 제규정을 준수하여야 한다.

② "도급인"은 건설공사의 시공에 있어 현저히 부적당하다고 인정하는 하수급인이 있는 경우에는 하도급의 통보를 받은 날 또는 그 사유가 있음을 안 날부터 30일이내에 서면으로 그 사유를 명시하여 하수급인의 변경 또는 하도급 계약내용의 변경을 요구할 수 있다. 이 경우 "수급인"은 정당한 사유가 없는 한 이에 응하여야 한다.

③ "도급인"은 제2항의 규정에 의하여 건설공사의 시공에 있어 현저히 부적당한 하수급인이 있는지 여부를 판단하기 위하여 하수급인의 시공능력, 하도급 계약 금액의 적정성 등을 심사할 수 있다.

제33조(하도급대금의 직접 지급) ① "도급인"은 "수급인"이 제32조의 규정에 의하여 체결한 하도급계약중 하도급거래공정화에 관한법률과 건설산업기본법에서 정한 바에 따라 하도급대금의 직접 지급사유가 발생하는 경우에는 그 법에 따라 하수급인이 시공한 부분에 해당하는 하도급대금을 하수급인에게 지급한다.

- 도급인은 수급인이 파산하거나 고의로 하도급사에게 대금을 지불하지 않을 때 하도급인에게 바로 기성부분금을 지급할 수 있다. 관급공사 시 원도급사에게 하도급사와의 공사비 분쟁에 대한 합의서를 요구하는 경우가 많다. 이는 하도급사에게 대금을 지불하지 않을 경우 관에 민원을 제기하는 경우를 방지하기 위함이다.

② "도급인"이 제1항의 규정에 의하여 하도급대금을 직접 지급한 경우에는 "도급인"의 "수급인"에 대한 대금지급채무는 하수급인에게 지급한 한도안에서 소멸한 것으로 본다.

제34조("도급인"의 계약해제 등) ① "도급인"은 다음 각 호의 1에 해당하는 경우에는 계약의 전부 또는 일부를 해제 또는 해지할 수 있다.

1. "수급인"이 정당한 이유없이 약정한 착공기일을 경과하고도 공사에 착수하지 아니한 경우
2. "수급인"의 책임있는 사유로 인하여 준공기일내에 공사를 완성할 가능성이 없음이 명백한 경우

- 수급인은 돌관공사비 요구를 위해서 법적 효력이 있는 대외공문으로 공기연장을 요청하는 경우가 있는데, 이는 주의해야한다. 공기연장은 준공기일을 준수할 수 없다는 의미이고, 이는 도급인에게 계약해제 사유에 속하게 된다. 또한 책임준공을 조건으로 Project Financing을 진행했다면, 이는 시공사의 의무 이행 부

정으로 해석되어 채무이행에 있어 불이행 상태가 될 수 있다.

3. 제30조제1항의 규정에 의한 지체상금이 계약보증금 상당액에 도달한 경우로서 계약기간을 연장하여도 공사를 완공할 가능성이 없다고 판단되는 경우
4. 기타 "수급인"의 계약조건 위반으로 인하여 계약의 목적을 달성할 수 없다고 인정되는 경우

② 제1항의 규정에 의한 계약의 해제 또는 해지는 "도급인"이 "수급인"에게 서면으로 계약의 이행기한을 정하여 통보한 후 기한내에 이행되지 아니한 때 계약의 해제 또는 해지를 "수급인"에게 통지함으로써 효력이 발생한다.

③ "수급인"은 제2항의 규정에 의한 계약의 해제 또는 해지 통지를 받은 때에는 다음 각 호의 사항을 이행하여야 한다.

1. 당해 공사를 지체없이 중지하고 모든 공사용 시설·장비 등을 공사현장으로부터 철거하여야 한다.
2. 제13조의 규정에 의한 지급재료의 잔여분과 대여품은 "도급인"에게 반환하여야 한다.

제35조("수급인"의 계약해제 등) ① "수급인"은 다음 각 호의 어느 하나에 해당하는 경우에는 계약의 전부 또는 일부를 해제 또는 해지할 수 있다.

1. 공사내용을 변경함으로써 계약금액이 100분의 40이상 감소된 때
2. "도급인"의 책임있는 사유에 의한 공사의 정지기간이 계약서상의 공사기간의 100분의 50을 초과한 때
3. "도급인"이 정당한 이유없이 계약내용을 이행하지 아니함으로써 공사의 적정이행이 불가능하다고 명백히 인정되는 때
4. 제4조 제5항에 따른 기간 내에 공사대금 지급의 보증, 담보의 제공 또는 보험료 등의 지급을 이행하지 아니한 때

② 제1항의 규정에 의하여 계약을 해제 또는 해지하는 경우에는 제34조제2항 및 제3항의 규정을 준용한다.

제36조(계약해지시의 처리) ① 제34조 및 제35조의 규정에 의하여 계약이 해지된 때에는 "도급인"과 "수급인"은 지체없이 기성부분의 공사금액을 정산하여야 한다.

② 제34조 및 제35조의 규정에 의한 계약의 해제 또는 해지로 인하여 손해가 발생한 때에는 상대방에게 그에 대한 배상을 청구할 수 있다. 다만, 제35조제1항제4호에 해당하여 해지한 경우에는 해지에 따라 발생한 손해에 대하여 청구할 수 없다.

제37조("수급인"의 동시이행 항변권) ① "도급인"이 계약조건에 의한 선금과 기성부분금의 지급을 지연할 경우 "수급인"이 상당한 기한을 정하여 그 지급을 독촉하였음에

도 불구하고 "도급인"이 이를 지급치 않을 때에는 "수급인"은 공사중지기간을 정하여 "도급인"에게 통보하고 공사의 일부 또는 전부를 일시 중지할 수 있다.

② 제1항의 공사중지에 따른 기간은 지체상금 산정시 공사기간에서 제외된다.

③ "도급인"은 제1항의 공사중지에 따른 비용을 "수급인"에게 지급하여야 하며, 공사중지에 따라 발생하는 손해에 대해 "수급인"에게 청구하지 못한다.

제38조(채권양도) ① "수급인"은 이 공사의 이행을 위한 목적이외에는 이 계약에 의하여 발생한 채권(공사대금 청구권)을 제3자에게 양도하지 못한다.

② "수급인"이 채권양도를 하고자 하는 경우에는 미리 보증기관(연대보증인이 있는 경우 연대보증인을 포함한다)의 동의를 얻어 "도급인"의 서면승인을 받아야 한다.

③ "도급인"은 제2항의 규정에 의한 "수급인"의 채권양도 승인요청에 대하여 승인 여부를 서면으로 "수급인"과 그 채권을 양수하고자 하는 자에게 통지하여야 한다.

- 공사대금 유동화 시 수급인과 도급인 및 이해관계자 모두의 동의가 필요하다. 공사비 부족으로 당 프로젝트의 책임준공의무에 피해가 발생할 수 있기 때문이다. 이 외에 시행이익 유동화 역시 향후 발생할 공사비와 Project Financing 원리금에 영향을 줄 수 있어 이해관계자의 협의가 필요하다.

제39조(손해배상책임) ① "수급인"이 고의 또는 과실로 인하여 도급받은 건설공사의 시공관리를 조잡하게 하여 타인에게 손해를 가한 때에는 그 손해를 배상할 책임이 있다.

② "수급인"은 제1항의 규정에 의한 손해가 "도급인"의 고의 또는 과실에 의하여 발생한 것인 때에는 "도급인"에 대하여 구상권을 행사할 수 있다.

③ "수급인"은 하수급인이 고의 또는 과실로 인하여 하도급 받은 공사를 조잡하게 하여 타인에게 손해를 가한 때는 하수급인과 연대하여 그 손해를 배상할 책임이 있다.

- 계약 시 가장 민감하게 대처해야하는 항목이 손해배상에 대한 항목이다. 이를 간과하는 경우가 많은데, 분쟁 발생 시 손해를 입은 측에서 손해에 대한 입증을 해야 한다. 이 때 명시적인 손해액을 추산하기 곤란한 경우가 많으므로 각 분쟁 요소마다 구체적인 손해배상 조건을 수록하는 것이 현명하다. 손해배상 입증에서 가장 많이 활용되는 증거는 회의록, 작업지시서, 이메일 내용, 대외공문, 내용증명 등이다.

제40조(법령의 준수) "도급인"과 "수급인"은 이 공사의 시공 및 계약의 이행에 있어서 건설산업기본법 등 관계법령의 제규정을 준수하여야 한다.

제41조(분쟁의 해결) ① 계약에 별도로 규정된 것을 제외하고는 계약에서 발생하는 문제에 관한 분쟁은 계약당사자가 쌍방의 합의에 의하여 해결한다.

② 제1항의 합의가 성립되지 못할 때에는 당사자는 건설산업기본법에 따른 건설분쟁조정위원회에 조정을 신청하거나 중재법에 따른 상사중재기관 또는 다른 법령에 의하여 설치된 중재기관에 중재를 신청할 수 있다.

③ 제2항에 따라 건설분쟁조정위원회에 조정이 신청된 경우, 상대방은 그 조정 절차에 응하여야 한다.

- 도급인과 수급인이 분쟁조정위원회에서 조정인의 의견에 따를 것을 동의하면 조정인의 의견이 재판 판결과 같은 효력을 지닌다. 이 방법으로 분쟁을 해결할 경우 양사간 소송으로 인한 시간과 비용이 단축되는 효과가 있다.

제42조(특약사항) 기타 이 계약에서 정하지 아니한 사항에 대하여는 "도급인"과 "수급인"이 합의하여 별도의 특약을 정할 수 있다.

- 특약사항에서는 브릿지 대출(시공사의 지급보증 신용공여를 통한 낮은 금리의 대출)에 대한 실행요건, 신탁계약을 체결하는 시기 및 내용, 분양수입금 및 사업비관리(사업비 지급 우선순위지정)방법, 미분양판촉 수단 (할인분양 및 판촉비 명기) 등을 기입한다. Bridge Loan 실행 시 수익권 근질권설정계약서상의 근질권은 수익자에게 양도되어야 한다. 우선수익권은 1순위: 대주, 2순위: 시공자, 3순위: 시행자 순으로 배부된다. 이를 통해서 토지에 대한 제3채권을 방어할 수 있다. 분양가는 분양의 승패를 가리는 가장 중요한 요소 중에 한 가지이다. 이 때문에 시공사와 시행사는 분양가에 대해서 사업초기에 미리 협약하기도 한다. 다만, 시행사는 경험이 많은 시공사에게 좀 더 의지할 수 있다. 시공사가 너무 많은 결정권을 가지고 있으면 실질적인 시행을 했다고 여겨질 수 있다. 이 경우 향후 사업문제가 발생할 경우 시공사로 세금징수 대상이 변경될 수 있다. 결정권과 관련된 것을 특약사항으로 두고 당사자만 가지고 있으면 안전하다고 사료될 수 있으나, 실질적으로 소송을 진행할 때는 그 당사자 간에 진행되기 때문에 영향력이 미비하다. 그러므로 사업에 대한 결정권은 시행사가 갖는 것이 현명하고 시공사가 사업의 결정권을 가지고 오려는 행동은 바람직하지 못하다고 할 수 있다. 계약서에는 발주처인 시행사가 결정권을 갖고 있어도 시공사가 경험과 지식으로 상대방을 잘 설득한다면 사업을 더 나은 방향으로 잘 이끌 수 있다.

  사업정산에 대한 명기도 추가적으로 필요하다. 개발이익이 시행사에게 입금되기 전에 사업정산이 되어야 한다. 세금, 사업에 연관되어 있는 채무자, 소송 등을 미리 정리하지 않으면 시공사에게 책임이 전가될 수 있으므로 시행이익 배분 전 모든 사업정산이 반드시 선행되어야 한다. 사업정산은 보통 보존등기가 완료되면 진행하게 되는데 보존등기는 3.16%로 원시취득세를 납부해야 한다. 보존등기와 취득세는 원시취득자와 수분양자가 납부해야 하는 세금이며, 이중과세의 이슈가 어느정도 존재한다. 보존등기는 신고세라서 누락되면 나중에 과태료를 받을 수 있다. 보존등기는 기본적으로 분리 불가능한 품목(옥상조경, 발코니)은 모두 납부하고 분리 가능한 품목(옵션)은 납부하지 않는다. 보존등기비를 줄이고자 발코니, 옥상 등을 제외하다가 과태료를 납부하는 경우가 종종 있으니 잘 챙겨서 납부해야 한다. 특히 조합사업은 기존 조합원이 이전고시를 하는 등의 사유로 그 기간이 길어질 수 있어서 더욱 중요한 요소이다.

미분양이 발생할 경우에는 4가지 대처방법이 존재한다. 첫 번째는 할인 분양을 진행하는 것이다. 이해관계자의 협의 하에 진행되며 분양율 트리거 수수료 및 시행이익이 할인 분양 재원이 된다. 두번째는 처분신탁이다. 신탁사가 원금이 확보되는 할인율을 적용해서 미분양 물건을 처분하는 방법이다. 세번째는 담보대출이다. 이는 LTV(Loan to Value)최대한도로 대출을 한 뒤 공사비를 지급하고 시행사에게 판매를 요청하는 방법이다. 마지막으로는 소유권이전인데 이는 취등록세를 신탁사, 시공사, 수분양자 총 3번 납부해야 하는 단점이 있고 손해가 가장 큰 방법이다. 많은 경우 시공사에서 채무인수를 하거나 보증을 제공하고 대출을 연장한다. 간혹 대주가 LTV(Loan to Value)한도로 처분해서 원리금을 회수하는 경우도 있는데, 이럴 경우 2순위인 시공사와 3순위인 시행사의 피해가 증가하여 협의 시 선호되지 않는다. 채무인수 혹은 대출연장의 방안으로 진행되는 편이다.

또한 부가가치세의 확인은 중요한 요소이므로 특약사항에 꼭 기입해야 한다. 앞서 다룬 부가가치세는 환급이 발생하는데 이를 시행사가 법인통장으로 수령한 경우가 과거에 종종 있었다. 그러므로 시행사가 신탁사에게 부가세 환급금을 양도한다는 국세 환급금 양도신청서를 작성하여 부가세 환급에 대한 자금 투명성을 확보해야 한다. 작게는 몇 억 원에서 크게는 백억 원 단위의 환급금이 발생할 수 있으므로 적은 금액이 아니다.

## 마무리

400페이지가 넘는 책을 읽어줘서 고맙다는 말씀을 먼저 드리고 싶습니다. 제가 일하는 분야에서 최고가 되고 싶다는 마음을 담아 시공 현장에서부터 배운 것을 열심히 정리했습니다. 그 때도 200페이지 정도는 정리를 했던 것 같은데, 공부를 하면서도 계속 억지로 한다는 느낌이 강했던 기억이 납니다. 그에 반해 개발사업에 대해서 추가 공부를 할 때는 정말 신나서 재밌게 했었습니다. 롯데건설을 퇴사할 때 손에 잡히지도 않을 만큼 많은 양의 정리자료가 쌓인 것을 보고 이제는 책을 쓸 수 있겠다는 생각을 했습니다. 그로부터 3년 부동산 및 건설업을 영위하며 새롭게 익힌 지식으로 부동산 투자서적도 적어보고, 개발과 관련된 이야기는 블로그에 지속적으로 업데이트를 했습니다. 그 다음 2쇄, 4천 5백권의 책이 모두 팔리고 출판계약이 만료되었다는 소식을 들었습니다. 때마침 메리츠증권에 입사하기

전이어서 다시 한 번 정리할 기회를 갖게 되었습니다. 전작 '이해하기 쉬운부동산개발사업'을 읽어보니 부족한 점이 많다는 것이 느껴졌습니다. 관련 업종에 있는 많은 분들이 큰 도움이 되었다고 연락이 올 때면 뿌듯하기도 하고, 또 부끄럽기도 하였습니다. 개발사업 입문서적 파랭이를 더 이상 남부끄럽지 않은 더 좋은 책으로 출판하고 싶은 마음을 꾹꾹 눌러 담아 책을 적었습니다. 저처럼 책을 쓰고 싶어하는 분들이 꽤 되는 것으로 알고 있습니다. 또한 연차만큼 늘어난 후배들을 보면서 조언해주고 싶은 말을 곁들일까 합니다. 새로운 정보를 봤을 때 4가지 대처법이 있습니다. 그냥 넘어가는 방법, 주변 사람에게 물어보는 방법, 법규 및 관련 서적을 찾아보는 방법, 정보를 찾아 본 뒤 전문가에게 한 번 더 확인한 후 정리하는 방법입니다. 저는 이 중에서 마지막 방법을 가장 좋아합니다. 정보를 해석하는 과정에서 오류가 있을 수 있고, 내가 찾은 정보가 틀릴 수도 있습니다. 그렇다고 바로 물어보면 정확한 질문이 나오지 않기 때문에 부정확한 답변을 들을 수 있고, 상대방도 너무 기초적인 질문이라 귀찮아할 수도 있습니다. 정보를 찾아서 공부한 뒤 정확한 포인트를 질문하는 방법을 선호합니다. 이렇게 되면 내가 몰랐던 포인트 외에 추가적인 지식을 더 습득할 기회를 얻음과 동시에 세밀하게 알 수 있습니다. 예전에 모셨던 부장님이 어떤 것을 완벽하게 습득해야 나중에 대충이라도 기억이 난다고 했는데, 그 말이 정말 딱 맞습니다. 또한 정리하고 다시 보는 것은 정말 중요합니다. 우리는 흔히 경력이 짧은 사람을 무시합니다. 그 이유는 경험의 폭이 적은 것도 있지만 그만큼 지식이

내재화 되어 있지 않기 때문입니다. 그런데 세밀하고 넓게 공부한 뒤 정리해서 외우면 어떻게 될까요? 그 시간을 획기적으로 줄일 수 있다고 생각합니다. 그래서 3년 정도 경력이 쌓이면 사람에 따라 오랜 기간 경력을 가진 사람보다 일을 더 잘할 수도 있습니다.

제 경험을 비추어 이야기하면 얼마 전 공동주택 299세대와 오피스텔 10세대 그리고 상가 비율 15%인 사업장을 검토한 적이 있습니다. 이 사업장은 같은 규모 2개 단지로 이루어져있는데, 그 이유는 중간에 8m도로가 있어서였습니다. 2개 단지로 나눈 것은 이해가 갔는데, 이 1개의 단지가 사업승인 대상이 아니라는 점에서 의문이 갔습니다. 책에서 다룬 내용대로라면 300세대 미만의 주상복합이어서 건축허가 대상이 맞는데, 학교용지 부담금 등에서 오피스텔을 주거로 인정하는 경우가 있기 때문입니다. 관련 법률을 찾아보니 다음과 같았습니다.

---

**주택법 시행령**

제27조(사업계획의 승인)

④ 법 제15조제1항 각 호 외의 부분 단서에서 "주택 외의 시설과 주택을 동일 건축물로 건축하는 경우 등 대통령령으로 정하는 경우"란 다음 각 호의 어느 하나에 해당하는 경우를 말한다.

1. 다음 각 목의 요건을 모두 갖춘 사업의 경우
   - 가. 「국토의 계획 및 이용에 관한 법률 시행령」 제30조제1호다목에 따른 준주거지역 또는 같은 조 제2호에 따른 상업지역(유통상업지역은 제외한다)에서 300세대 미만의 주택과 주택 외의 시설을 동일 건축물로 건축하는 경우일 것
   - 나. 해당 건축물의 연면적에서 주택의 연면적이 차지하는 비율이 90퍼센트 미만일 것

---

**주택법**

제2조(정의) 이 법에서 사용하는 용어의 뜻은 다음과 같다. <개정 2017. 12. 26., 2018. 1. 16., 2018. 8. 14., 2020. 6. 9., 2020. 8. 18., 2021. 12. 21.>

1. "주택"이란 세대(世帶)의 구성원이 장기간 독립된 주거생활을 할 수 있는 구조로 된 건축물의 전부 또는 일부 및 그 부속토지를 말하며, 단독주택과 공동주택으로 구분한다.
2. "단독주택"이란 1세대가 하나의 건축물 안에서 독립된 주거생활을 할 수 있는 구조로 된 주택을 말하며, 그 종류와 범위는 대통령령으로 정한다.
3. "공동주택"이란 건축물의 벽·복도·계단이나 그 밖의 설비 등의 전부 또는 일부를 공동으로 사용하는 각 세대가 하나의 건축물 안에서 각각 독립된 주거생활을 할 수 있는 구조로 된 주택을 말하며, 그 종류와 범위는 대통령령으로 정한다.
4. "준주택"이란 주택 외의 건축물과 그 부속토지로서 주거시설로 이용가능한 시설 등을 말하며, 그 범위와 종류는 대통령령으로 정한다.

**주택법 시행령**

제4조(준주택의 종류와 범위) 법 제2조제4호에 따른 준주택의 종류와 범위는 다음 각 호와 같다.

1. 「건축법 시행령」 별표 1 제2호라목에 따른 기숙사
2. 「건축법 시행령」 별표 1 제4호거목 및 제15호다목에 따른 다중생활시설
3. 「건축법 시행령」 별표 1 제11호나목에 따른 노인복지시설 중 「노인복지법」 제32조제1항제3호의 노인복지주택
4. 「건축법 시행령」 별표 1 제14호나목2)에 따른 오피스텔

해당 내용을 살펴보면 주택법상의 주택은 단독주택과 공동주택이고, 오피스텔은 준주택이기 때문에 건축허가 대상으로 봐도 무방해 보였습니다. 하지만 인허가 경험이 많은 신탁사 인허가팀과 건설사 인허가팀에 추가 질의를 해보니 다른 경우도 있었습니다. 대구, 대

전 등과 같은 몇 지자체 조례에는 오피스텔과 주택을 합해서 300세대가 넘으면 사업승인 대상으로 본다는 것입니다. 조례는 주택법보다 하위법이라도 허가권자가 지자체이기 때문에 조례를 따른다는 것입니다. 이처럼 법률로는 명확하지 않은 사례들이 있습니다. 그래서 책에서도 계속해서 허가권자의 재량을 강조하는 것이죠.

여기서 추가적인 궁금증이 있었습니다. 과연 건축허가 시에도 사업승인처럼 매도청구가 가능한지 입니다. 주택법 시행규칙 제6조 제1항 제1호의 2 다목 단서에는 건축법 제11조에 따라 주택과 주택 외의 시설을 동일 건축물로 건축하는 건축허가를 받아 주택법 시행령 제27조 제1홍에 따른 호수 또는 세대수 이상으로 건설 및 공급하는 경우 대지의 소유권에 관한 사항은 주택법 제15조를 준용한다고 규정하고 있기 때문입니다. 한편, 주택법 제15조에서는 주택건설사업계획의 승인에 관하여 규정하고 있고, 같은 법 제21조 제1항 제1호에서는 지구단위 계획의 결정이 필요한 주택건설사업의 해당 대지면적의 80%이상을 사용할 수 있는 권원을 확보하고 확보하지 못한 대지가 같은 법 제22조 및 제23조에 따른 매도청구 대상이 되는 대지에 해당하는 경우에는 사업계획의 승인을 받으려는 자는 해당 주택건설 대지의 소유권을 확보하지 않아도 되도록 규정하고 있고, 동법 제22조 및 제23조에는 사업계획의 승인을 받은 자의 매도청구에 관하여 규정하고 있다. 건축법 시행규칙 제6조 제1항 제1호의2 다목 단서중 주택법 제 15조를 준용한다를 근거로 주택법 시행령 제27조 제1항에 따른 호수 또는 세대수 이상으로 주택과 주택 외의 시설을 동일 건축물로 건축하기 위해서 건축법 제11조에 따른 건축허가를 받는자가 주택법 제22조 및 제23조에 따른 매도청구가 가능할 것으로 보였다. 하지만 이것은 대법원2006.6.2선고 2006도2665판결을 참조하면 알 수 있듯이 상대방에게 의무를 부과하는 것을 지나치게 확장 해석 했다고 판단되어 부결되었습니다.

사업지 정보를 읽으며 하나의 궁금증에서 두 가지의 정보를 알 수 있었습니다. 저는 이렇게 정리한 것을 오랫동안 되새김하며 읽어 보려 합니다. 이 책이 단순히 부동산개발사업 정보를 알려드리는 것을 넘어 독자님의 발전에 도움이 되었으면 좋겠습니다.

# 쉽게익히는 부동산 개발 사업


펴 낸 날 2024년 1월 9일

지 은 이 최필주

펴 낸 이 송현지

편집팀장 송현지

기획편집 최필주

책임마케팅 최필주, 송현지

디 자 인 더블디앤스튜디오

펴 낸 곳 도서출판 드림디벨롭

출판등록 제 2021-000046호

주 소 서울 강동구 고덕로399

전 화 010-5107-3800

이 메 일 feelv77@naver.com

I S B N 979-11-975778-1-9 (13320)

책값은 표지 뒷면에 표기되어 있습니다.